FONTES CHRISTIANI

Neuauusgabe christlicher Quellentexte
s Altertum und Mittelalter

Herausgegeben von
Wilhelm Geerlings, Gisbert Greshake,
iner Ilgner, Rudolf Schieffer

Band 16 / 3

REGOR VON NYSSA
ILIEN ZUM HOHENLIED

GRIECHISCH
DEUTSCH

HERDER

FREIBURG · BASEL · WIEN
ARCELONA · ROM · NEW YORK

H

Zweisprachige
au

Norbert Brox
Ra

C
HOM

B

GREGOR VON NYSSA

IN CANTICUM CANTICORUM HOMILIAE

HOMILIEN ZUM HOHENLIED

DRITTER TEILBAND

ÜBERSETZT UND EINGELEITET
VON
FRANZ DÜNZL

HERDER

FREIBURG · BASEL · WIEN
BARCELONA · ROM · NEW YORK

Abdruck des von H. Langerbeck edierten griechischen Textes aus GNO 6 mit freundlicher Genehmigung des Verlages E.J. Brill, Leiden.

Fontes-Redaktion:
Rosalie Hellmann, Nicolaus Klimek, Horst Schneider

Gedruckt mit Unterstützung der Alfried Krupp von Bohlen und Halbach-Stiftung

Die Deutsche Bibliothek – CIP-Einheitsaufnahme

Gregorius ‹Nyssenus›:
In Canticum canticorum homiliae : griechisch/deutsch = Homilien zum Hohenlied/Gregor von Nyssa. Übers. und eingel. von Franz Dünzl. – Freiburg [im Breisgau] ; Basel ; Wien ; Barcelona ; Rom ; New York : Herder.
(Fontes Christiani ; Bd. 16)
Einheitssacht.: In Canticum canticorum
NE: Dünzl, Franz [Hrsg.]; GT
Teilbd. 3 (1994)
ISBN 3-451-22116-0 kart.
ISBN 3-451-22216-7 geb.

Umschlagbild: Marmorplatte eines Lesepults,
Ravenna, S. Apollinare Nuovo, 6. Jh.

Satz: Nicolaus Klimek, Bochum
Herstellung: Freiburger Graphische Betriebe 1994
ISBN 3-451-22116-0 kartoniert
ISBN 3-451-22216-7 gebunden

INHALTSVERZEICHNIS

ERSTER TEILBAND

EINLEITUNG

TEXT UND ÜBERSETZUNG

Zweiter Teilband

Text und Übersetzung

Dritter Teilband

Text und Übersetzung

Anhang

TEXT UND ÜBERSETZUNG

Λογος ια'

5,2b *Φωνὴ τοῦ ἀδελφιδοῦ μου κρούει ἐπὶ τὴν θύραν·*
ἄνοιξόν μοι, ἀδελφή μου, ἡ πλησίον μου,
περιστερά μου, τελεία μου,
ὅτι ἡ κεφαλή μου ἐπλήσθη δρόσου
καὶ οἱ βόστρυχοί μου ψεκάδων νυκτός.
5,3 *᾿Εξεδυσάμην τὸν χιτῶνά μου, πῶς ἐνδύσομαι αὐτόν;*
᾿Ενιψάμην τοὺς πόδας μου, πῶς μολυνῶ αὐτούς;
5,4 | *᾿Αδελφιδός μου ἀπέστειλε χεῖρα αὐτοῦ διὰ τῆς ὀπῆς* | 315
καὶ ἡ κοιλία μου ἐθροήθη ἐπ᾿ αὐτόν.
5,5 *᾿Ανέστην ἐγὼ ἀνοῖξαι τῷ ἀδελφιδῷ μου,*
χεῖρές μου ἔσταξαν σμύρναν,
οἱ δάκτυλοί μου σμύρναν πλήρη.
᾿Επὶ χεῖρας τοῦ κλείθρου
5,6 *ἤνοιξα ἐγὼ τῷ ἀδελφιδῷ μου,*
ἀδελφιδός μου παρῆλθεν·
ἡ ψυχή μου ἐξῆλθεν ἐν λόγῳ αὐτοῦ.
᾿Εζήτησα αὐτὸν καὶ οὐχ εὗρον αὐτόν,
ἐκάλεσα αὐτὸν καὶ οὐχ ὑπήκουσέ μου.
5,7 *Εὕροσάν με οἱ φύλακες οἱ κυκλοῦντες ἐν τῇ πόλει,*
ἐπάταξάν με, ἐτραυμάτισάν με,
ἦραν τὸ θέριστρον ἀπ᾿ ἐμοῦ οἱ φύλακες τῶν τειχέων.

---

[1] Die LXX-Übersetzung erweitert den Text der hebräischen Vorlage um den Zusatz ἐπὶ τὴν θύραν und verändert den Sinn des Verses dadurch, daß sie die hebräische Interjektion „Horch! Mein Geliebter ..." durch die Wendung φωνὴ τοῦ ἀδελφιδοῦ μου wiedergibt; zur Bezeichnung des Geliebten als ἀδελφιδός im Canticum siehe Anm. 5, oben 201.

[2] Vgl. zu dieser Anrede Anm. 1, oben 200.

[3] Die folgenden Verse Cant 5,5–7 werden in *hom.* 11 nicht mehr behandelt. Die Handschriften überliefern sie jedoch — mit Ausnahme der Textzeugen P und V, die beide den *textus vulgatus* bieten, und des Zeugen T, der mit dieser Handschriftenfamilie kontaminiert ist (siehe oben 90f) — als festen Bestandteil der Lesungsperikope. Der Schreiber der syrischen Übersetzung zeigt durch farbliches Hervorheben dieser Zeilen, daß ihm die Unstimmigkeit zwischen Lesungstext und Homilie bewußt war (vgl. GNO 6, 315 kritischer Apparat; die Angabe LANGER-

5,2b *Die Stimme meines Brudersohnes klopft an die Tür*[1]*:*
Öffne mir, meine Schwester, meine Nächste[2]*,*
meine Taube, meine Vollkommene,
denn mein Haupt wurde voll von Tau
und meine Locken voller Nachttropfen.
5,3 *Ich habe mein Gewand ausgezogen, wieso sollte ich es wieder anziehen?*
Ich habe meine Füße gewaschen, wieso sollte ich sie wieder beflecken?
5,4 *Mein Brudersohn streckte seine Hand durch die Luke,*
und mein Inneres erschrak über ihn.
5,5[3] *Ich stand auf, meinem Brudersohn zu öffnen;*
meine Hände ließen Myrrhe tropfen,
meine Finger reichlich bemessene Myrrhe.
(Meine) Hände am Riegel,
5,6 *öffnete ich meinem Brudersohn;*
mein Brudersohn ging vorüber;
meine Seele ging aus in seinem Wort.
Ich suchte ihn und fand ihn nicht,
ich rief ihn, und er hörte nicht auf mich.
5,7 *Mich fanden die Wächter, die in der Stadt die Runde machen,*
sie schlugen mich, sie verwundeten mich;
den Schleier nahmen die Wächter der Mauern von mir.

BECKS ist mißverstanden bei MORESCHINI, *Gregorio di Nissa* 247 Anm. 1). Wie schon in *hom.* 8 (siehe Anm. 6, oben 460f), erklärt sich diese Unstimmigkeit erneut dadurch, daß ursprünglich eine längere Perikope für die Auslegung vorgesehen war, der Exeget seine Predigt aber vorzeitig abbrechen mußte. In dem abrupten Übergang zur Schlußdoxologie der Homilie ist uns ein weiteres Indiz für diesen Abbruch, der notdürftig die Form wahrt, erhalten (siehe unten 612f). Die Auffälligkeiten der LXX-Verse Cant 5,5–7 werden in *hom.* 12 erklärt.

Ἓν καὶ τοῦτο τῶν μεγάλων παραγγελμάτων ἐστὶ τοῦ κυρίου,
δι' ὧν ἡ διάνοια τῶν μαθητευομένων τῷ λόγῳ καθάπερ τινὰ
χοῦν ἅπαν τὸ ὑλῶδες τῆς φύσεως ἀφ' ἑαυτῆς ἐκτινάξασα
πρὸς τὴν ἐπιθυμίαν τῶν ὑπερκειμένων ἐπαίρεται, [τοῦτο δέ
ἐστι] τὸ δεῖν κρείττους εἶναι τοῦ ὕπνου τοὺς πρὸς τὴν ἄνω
ζωὴν ἀναβλέποντας καὶ διὰ παντὸς ἐγρηγορέναι τῇ διανοίᾳ
οἷον ἀπατεῶνά τινα τῶν ψυχῶν καὶ τῆς ἀληθείας ἐπίβουλον
τὸν νυσταγμὸν τῶν ὀφθαλμῶν ἀπελαύνοντας. | Ἐκεῖνον λέγω 316
τὸν νυσταγμὸν καὶ τὸν ὕπνον, δι' ὧν πλάσσεται τοῖς ἐμβα-
θύνουσι τῇ τοῦ βίου ἀπάτῃ τὰ ὀνειρώδη ταῦτα φαντάσματα·
αἱ ἀρχαί, οἱ πλοῦτοι, αἱ δυναστεῖαι, ὁ τῦφος, ἡ διὰ τῶν
ἡδονῶν γοητεία, τὸ φιλόδοξόν τε καὶ ἀπολαυστικὸν καὶ
φιλότιμον καὶ πάντα ὅσα κατὰ τὸν βίον τοῦτον τοῖς ἀνεπι-
σκέπτοις διά τινος φαντασίας μάτην σπουδάζεται, ἃ τῇ παρ-
οδικῇ τοῦ χρόνου συμπαραρρέοντα φύσει ἐν τῷ δοκεῖν ἔχει
τὸ εἶναι οὔτε ὄντα ὅπερ νομίζεται οὔτε ἐν αὐτῷ τῷ νομίζε-
σθαι πρὸς τὸ διηνεκὲς παραμένοντα ἀλλ' ὁμοῦ γίνεσθαί τε
δοκοῦντα καὶ ἀπολλύμενα κυμάτων δίκην τῶν ἐγκορυφου-
μένων τοῖς ὕδασιν, ἃ πρὸς καιρὸν τῇ κινήσει τῶν ἀνέμων
συνδιογκούμενα ἀβέβαιον εἰς διαμονὴν ἔχει τὸν ὄγκον· ἐν
βραχεῖ γὰρ τῇ ῥοπῇ συναναστάντα τοῦ πνεύματος πάλιν ἐν
ὁμαλῷ τὴν τῆς θαλάσσης ἐπιφάνειαν δείκνυσι συγκαταστα-
λέντα τῷ πνεύματι.

Ὡς ἂν οὖν ἔξω τῶν τοιούτων γένοιτο | φαντασμάτων ἡμῖν 317
ἡ διάνοια, τὸν βαρὺν τοῦτον ὕπνον ἀποσείεσθαι τῶν τῆς
ψυχῆς ὀμμάτων διακελεύεται, ἵνα μὴ τῇ περὶ τὸ ἀνύπαρκτον
σπουδῇ τῶν ὑφεστώτων τε καὶ ὡς ἀληθῶς ὄντων ἀπ-
ολισθήσωμεν. Διὰ τοῦτο καὶ ὑποτίθεται ἡμῖν ἐπίνοιαν τῆς
ἐγρηγόρσεως λέγων· »Ἔστωσαν ὑμῶν αἱ ὀσφύες περιεζωσμέ-
ναι καὶ οἱ λύχνοι καιόμενοι«· τοῖς τε γὰρ ὀφθαλμοῖς τὸ φῶς

---

4 Langerbeck, GNO 6, 315, kennzeichnet die überflüssige Wiederholung τοῦτο δέ ἐστι als sekundären Zusatz.

5 Wörtlich: „Bewegung der Winde".

Zu den erhabenen Weisungen des Herrn, durch die das Denken derer, die unterrichtet werden, alles Materielle ihrer Natur mit der Vernunft wie Schutt abtut und sich zum Verlangen nach dem Höherliegenden erhebt, gehört auch die folgende [um folgendes geht es[4]]: Diejenigen, die zum oberen Leben aufblicken, müssen stärker sein als der Schlaf und müssen mit Hilfe ihres Denkens durchweg wach sein (vgl. Mk 13,33.35.37), indem sie die Schläfrigkeit ihrer Augen gleichsam als Verführer ihrer Seelen und Verfolger der Wahrheit vertreiben. Jene Schläfrigkeit und jenen Schlaf meine ich, infolge deren sich bei den Leuten, die im Irrtum des Lebens versinken, folgende traumhafte Wunschbilder formen: Ämter, Reichtümer, Machtpositionen, Dünkel, die Gaukeleien der Lüste, Ruhmsucht, Ergebenheit dem Genuß gegenüber, Ehrgeiz und alles, was die Unachtsamen mit Hilfe ihrer Einbildungskraft in diesem Leben vergebens erstreben. Da es zusammen mit der vergänglichen Natur der Zeit verfließt, hat es sein Sein nur im Schein. Denn weder ist es das, wofür es gilt, noch bleibt es für immer in solcher Geltung, sondern scheint zu entstehen und vergeht auch schon wieder wie die Wogen, die sich im Wasser auftürmen. Sie schwellen zwar zu bestimmter Zeit zusammen mit der Windstärke[5] an, aber auf Dauer ist ihr Wellenkamm unbeständig. Denn kurz, nachdem sie sich unter dem Windstoß erhoben haben, lassen sie den Meeresspiegel schon wieder in einer ebenen Fläche erkennen, weil sie zusammen mit dem Wind besänftigt sind.

Damit also unser Denken aus dem Einflußbereich solcher Vorstellungsbilder gelange, befiehlt er (*sc.* der Herr), daß dieser schwere „Schlaf" von den Augen der Seele abgeschüttelt werde, damit wir nicht durch den Eifer um das, was in Wirklichkeit gar nicht vorhanden ist, abgleiten von dem, was in sich Bestand hat und wirklich ist. Deshalb gibt er uns auch den Gedanken ans Wachsein ein, wenn er sagt: „Eure Hüften sollen umgürtet sein und eure Lampen brennen" (Lk 12,35). Denn das Licht, das in den Augen

ἐμφαινόμενον ἀποσοβεῖ τῶν ὀμμάτων τὸν ὕπνον καὶ ἡ ὀσφῦς διεσφιγμένη διὰ τῆς ζώνης ἀπαράδεκτον τοῦ ὕπνου παρασκευάζει τὸ σῶμα οὐ προσιεμένης τὴν ἐκ τοῦ ὕπνου ἄνεσιν τῆς τῶν πόνων αἰσθήσεως.

Σαφῆ δὲ πάντως ἐστὶ τὰ διὰ τῶν αἰνιγμάτων δηλούμενα, ὅτι ὁ τῇ σωφροσύνῃ διεζωσμένος ἐν φωτὶ ζῇ τοῦ καθαροῦ συνειδότος τῷ λύχνῳ τῆς παρρησίας τὸν βίον περιαυγάζοντος, δι' ὧν τῆς ἀληθείας προφαινομένης ἄϋπνός τε καὶ ἀνεξαπάτητος ἡ ψυχὴ διαμένει οὐδενὶ τῶν ἀπατηλῶν τούτων ὀνείρων ἐμματαιάζουσα. Εἰ δὲ τοῦτο κατορθωθείη κατὰ τὴν τοῦ λόγου ὑφήγησιν, ἀγγελικός τις ἡμᾶς διαδέξεται βίος· τούτοις γὰρ ἡμᾶς ὁμοιοῖ τὸ θεῖον παράγγελμα, δι' ὧν φησιν ὅτι »Καὶ ὑμεῖς ὅμοιοι ἀνθρώποις προσδεχομένοις τὸν κύριον ἑαυτῶν, | 318 πότε ἀναλύσει ἐκ τῶν γάμων, ἵνα ἐλθόντος καὶ κρούσαντος εὐθέως ἀνοίξωσιν αὐτῷ«· ἐκεῖνοι γάρ εἰσιν οἱ προσδεχόμενοι τοῦ κυρίου τὴν ἐκ τῶν γάμων ἐπάνοδον καὶ ταῖς ἐπουρανίαις πύλαις ἐγρηγορότι τῷ ὀφθαλμῷ προσκαθήμενοι, ἵνα πάλιν εἰσέλθῃ δι' αὐτῶν ἀναλύσας ἐκ τῶν γάμων ὁ βασιλεὺς τῆς δόξης εἰς τὴν ὑπερουράνιον ἐκείνην μακαριότητα. Ὅθεν κατὰ τὴν ψαλμῳδίαν ὡς ἐκ παστάδος ὁ νυμφίος ἐκπορευθεὶς ἡρμόσατο ἑαυτῷ τὴν παρθένον, ἡμᾶς, διὰ τῆς μυστικῆς ἀναγεννήσεως, τὴν τοῖς εἰδώλοις ἐκπορνευθεῖσαν, εἰς ἀφθαρσίαν παρθενικὴν ἀναστοιχειώσας τὴν φύσιν. Τῶν οὖν γάμων ἤδη τετελεσμένων καὶ νυμφευθείσης ὑπὸ τοῦ λόγου τῆς ἐκκλησίας, καθώς φησιν ὁ Ἰωάννης ὅτι »Ὁ ἔχων τὴν νύμφην νυμφίος ἐστί«, καὶ εἰς τὸν τῶν μυστηρίων θάλαμον αὐτῆς παραδεχθείσης ἀνέμενον οἱ ἄγγελοι τὴν

[6] In Offb 19,7 ist zwar auch von der „Hochzeit des Lammes" die Rede, für die sich dessen „Frau" bereit gemacht hat. Dennoch bleibt es gegenüber dem Sprachgebrauch der Bibel ein Novum, daß Logos und Kirche „heiraten".

[7] Mit diesem Querverweis auf Joh 3,29 legitimiert GREGOR, daß er die männliche Hauptfigur des Canticum (in seiner Deutung: den Logos) konstant als „Bräutigam" bezeichnet, während der Canticum-Text selbst den Begriff nicht verwendet.

widerscheint, verscheucht den Schlaf von den Augen, und die mit dem Riemen fest gegürtete Hüfte bewirkt, daß der Leib unfähig wird zum Schlaf, da die Empfindung von Anstrengungen das Erschlaffen aufgrund des Schlafes nicht zuläßt.

Klar ist aber jedenfalls, was durch die Rätselbilder offenbart wird: Wer „fest gegürtet" ist mit Besonnenheit, lebt im Licht des reinen Gewissens, das mit der „Lampe" der Freimütigkeit sein Leben umglänzt. Wenn somit die Wahrheit zum Vorschein kommt, bleibt die Seele schlaflos und verfällt nicht der Täuschung, weil sie sich mit keinem dieser trügerischen Träume törichterweise beschäftigt. Wenn dies aber der Anleitung des Logos gemäß verwirklicht wird, wird uns eine Art engelgleiches Leben empfangen. Mit diesen (*sc.* den Engeln) nämlich vergleicht uns der göttliche Befehl in den Worten, in denen er (*sc.* der Herr) sagt: „Und ihr sollt Menschen ähnlich sein, die darauf warten, wann ihr Herr von der Hochzeit aufbricht, damit sie, wenn er kommt und klopft, ihm sogleich öffnen" (Lk 12,36). Jene (*sc.* die Engel) sind es nämlich, die die Rückkehr des Herrn von der Hochzeit erwarten und wachen Auges bei den himmlischen Toren sitzen, damit der König der Herrlichkeit, nachdem er von der Hochzeit aufgebrochen ist, durch sie hindurch wieder eingehe in jene überhimmlische Seligkeit. Von dort war der Bräutigam dem Psalmengesang zufolge (vgl. Ps 19,6: LXX Ps 18,6) wie aus einem Brautgemach aufgebrochen und vermählte sich dann mit der Jungfrau — (das heißt) mit uns —; (er vermählte sich mit ihr,) die durch die Götzenbilder zur Hure gemacht worden war, durch die mystische Wiedergeburt, indem er ihre Natur zu jungfräulicher Unversehrtheit zurückbildete. Nachdem die Hochzeit also schon beendet und die Kirche vom Logos geheiratet worden war[6] — wie Johannes es sagt: „Wer die Braut hat, ist der Bräutigam" (Joh 3,29)[7] — und sie in das Schlafgemach der Mysterien aufgenommen worden war, erwarteten derweil die Engel die Rückkehr des Königs der

ἐπάνοδον τοῦ βασιλέως τῆς δόξης ἐπὶ τὴν κατὰ φύσιν μακαριότητα. Τούτοις οὖν εἶπε δεῖν ὁμοιοῦσθαι κατὰ τὸν ἡμέτερον βίον, ἵνα καθάπερ ἐκεῖνοι πόρρω κακίας καὶ ἀπάτης πολιτευόμενοι πρὸς ὑποδοχήν εἰσιν εὐτρεπεῖς τῆς δεσποτικῆς παρουσίας, | 319 οὕτω καὶ ἡμεῖς τοῖς προθύροις τῶν καταγωγίων ἡμῶν προσαγρυπνοῦντες ἑτοίμους πρὸς ὑπακοὴν ἑαυτοὺς ποιήσωμεν, ὅταν ἐπιστὰς κρούῃ τὴν θύραν· »Μακάριοι«, γάρ φησιν, »οἱ δοῦλοι ἐκεῖνοι, οὓς ἐλθὼν ὁ κύριος εὑρήσει ποιοῦντας οὕτως.«

Ἐπεὶ οὖν μακάριόν ἐστι τὸ ὑπακούειν τῷ κρούοντι, τούτου χάριν ἡ διὰ παντὸς πρὸς τὴν μακαριότητα βλέπουσα αἰσθάνεται τοῦ παρεστῶτος τῇ θύρᾳ, ἡ καλῶς τοῖς ἰδίοις θησαυροῖς ἐπαγρυπνοῦσα ψυχή, καί φησιν· *Φωνὴ τοῦ ἀδελφιδοῦ μου κρούει ἐπὶ τὴν θύραν.* Πῶς ἄν τις τὴν πρὸς τὰ θειότερα τῆς νύμφης ἄνοδον διὰ τῶν λεγομένων ἀξίως κατανοήσειεν; Ἡ μετὰ τοσαύτης ἐξουσίας τε καὶ πεποιθήσεως τὸν σκληρὸν ἐκεῖνον βορρᾶν ἀφ' ἑαυτῆς ἐξοικίσασα καὶ τὸ φωτεινὸν πνεῦμα πρὸς ἑαυτὴν ἐφελκυσαμένη, ἡ παραδείσους ῥοῶν διὰ τοῦ στόματος ἐργαζομένη ὧν ἀρώματα ἦν τὰ ἀκρόδρυα, ἡ τὸν κῆπον ἑαυτῆς τράπεζαν προθεῖσα τῷ δεσπότῃ τῆς κτίσεως, ἧς ἀπόβλητον ἐφάνη τῶν προτεθέντων οὐδέν, ἀλλὰ πάντα καλὰ εἶναι ἐμαρτυρήθη· ἡ σμύρνα, τὸ ἄρωμα, ὁ μετὰ τοῦ μέλιτος ἄρτος, ὁ μετὰ τοῦ γάλακτος οἶνος, ᾗ ἐμαρτύρησεν ὁ λόγος τὸ τέλειον ὁ εἰπὼν ὅτι »Ὅλη | 320 καλὴ εἶ καὶ μῶμος οὐκ ἔστιν ἐν σοί«, αὕτη νῦν οὕτω διάκειται· ὡς πρώτως

---

[8] Der Text gibt ein Beispiel für die „ungefähre" Zitation biblischer Belege: GREGOR kombiniert Teile der beiden Verse aus dem Lukasevangelium zu einem neuen „Zitat".

[9] Die Wahrnehmung der Gegenwart Gottes durch die Seele gehört nach CANÉVET/DANIÉLOU, *Colombe* 153 Anm. 4, zu den charakteristischen Zügen der Mystik GREGORS, die darin derjenigen eines BERNHARD VON CLAIRVAUX oder einer THERESIA VON AVILA nahekommt. Zu beachten ist jedoch, daß das Wahrnehmen (αἰσθάνειν) des Logos sich auf das „Klopfen" des Geliebten im Canticum-Text bezieht. Die Metaphorik der Bildebene überlagert — wie so oft — die Deutungsebene GREGORS.

Herrlichkeit zu seiner naturgemäßen Seligkeit. Ihnen also, sagte er (*sc.* der Herr), gelte es ähnlich zu werden in unserem Leben, damit auch wir ebenso wie jene, die fernab von Bosheit und Täuschung ihr Leben führen und dadurch zum Empfang bei der Parusie des Herrschers gerüstet sind, bei den Vorhöfen unserer Herbergen wachen und uns zum Gehorsam bereit machen, sobald er herzutritt und an die Tür klopft. „Selig", sagt er nämlich, „sind jene Knechte, die der Herr, wenn er kommt, damit beschäftigt findet" (vgl. Lk 12,37.43)[8].

Da es also selig ist, dem Klopfenden zu gehorchen, nimmt die Seele, die sich durchweg zur Seligkeit hin orientiert, deshalb denjenigen wahr[9], der bei der Türe steht — die Seele, die in rechter Weise bei den eigenen Schätzen wacht —, und sagt: *Die Stimme meines Brudersohnes klopft an die Tür* (Cant 5,2b). Wie nur könnte jemand den Weg der Braut zum Göttlicheren hinauf, wie er in dem Gesagten zum Ausdruck kommt, in adäquater Weise verstehen? Sie, die mit solcher Vollmacht und Zuversicht jenen rauhen „Nordwind" von sich fort trieb und den lichten „Wind" (*sc.* den Heiligen Geist)[10] an sich zog (vgl. Cant 4,16a), sie, die „Paradiesgärten von Granatapfelbäumen" hervorbrachte mit ihrem Mund, deren „Baumfrüchte" Aromata waren (vgl. Cant 4,13a), sie, die ihren „Garten" dem Herrscher der Schöpfung als gedeckten Tisch vorsetzte (vgl. Cant 4,16c–d) — keines von den vorgesetzten Gütern schien daran verschmähenswert, alle erhielten vielmehr die Bestätigung, sie seien gut: die Myrrhe, das Aroma, das Brot mit dem Honig, der Wein mit der Milch (vgl. Cant 5,1a–d) —, sie, der der Logos Vollkommenheit bescheinigte, als er sagte: „Ganz und gar schön bist du, und einen Tadel gibt es nicht an dir" (vgl. Cant 4,7), gerade sie

[10] Vgl. dazu oben 551–553 mit Anm. 14.

μέλλουσα δέχεσθαι τοῦ θεοῦ τὴν ἐμφάνειαν καὶ ὡς οὐδέπω τὸν νῦν ἑστῶτα πρὸ τῶν θυρῶν λόγον εἰσδεξαμένη καὶ εἰσοικίσασα ἐν θαύματι τῆς φωνῆς ποιεῖται τὴν δύναμιν. Διὰ τοῦτό φησιν οὔπω ἑαυτῆς ἀλλὰ τῆς θύρας αὐτῆς ἅπτεσθαι τὴν τοῦ νυμφίου φωνήν· *Φωνή*, γάρ φησι, *τοῦ ἀδελφιδοῦ μου κρούει ἐπὶ τὴν θύραν.*

Ὁρᾷς, πῶς ἀόριστός ἐστι τοῖς πρὸς τὸν θεὸν ἀνιοῦσιν ὁ δρόμος, πῶς τὸ ἀεὶ καταλαμβανόμενον ἀρχὴ πρὸς τὸ ὑπερκείμενον γίνεται· ὅτε γὰρ στάσιν τινὰ τοῦ δρόμου τῆς ἐπὶ τὰ ὑψηλὰ πορείας διὰ τῶν πρὸς αὐτὴν εἰρημένων ἠλπίσαμεν (τί γὰρ ἄν τις μετὰ τὴν τῆς τελειότητος μαρτυρίαν πλέον ζητήσειεν;) τότε βλέπομεν ἔτι ἔνδον οὖσαν αὐτὴν καὶ οὔπω τῶν θυρῶν ἐκτὸς γεγενημένην οὐδὲ τῆς κατὰ πρόσωπον ἐμφανείας κατατρυφήσασαν ἀλλ' ἔτι διὰ τῆς ἀκοῆς πρὸς τὴν τῶν ἀγαθῶν μετουσίαν ὁδηγουμένην. Τοῦτο οὖν διὰ τῶν εἰρημένων τὸ δόγμα μανθάνομεν, ὅτι πάντοτε τοῖς ἐπὶ τὸ μεῖζον προκόπτουσιν ἁρμόδιός ἐστιν ἡ τοῦ ἀποστόλου φωνὴ ἡ λέγουσα ὅτι »Εἴ τις δοκεῖ ἐγνωκέναι τι, οὔπω ἔγνω καθὼς δεῖ γνῶναι«· ἔγνω μὲν γὰρ αὐτὸν ἐν | τοῖς φθάσασιν ἡ ψυχὴ | 321 τοσοῦτον ὅσον κατέλαβεν, ἀλλ' ἐπειδὴ τὸ μήπω κατειλημμένον ἀπειροπλάσιον τοῦ καταληφθέντος ἐστί, διὰ τοῦτο καὶ ὤφθη πολλάκις τῇ ψυχῇ ὁ νυμφίος καὶ ὡς μηδέπω ἐν ὀφθαλμοῖς γενόμενος ὀφθήσεσθαι τῇ νύμφῃ διὰ τῆς φωνῆς ἐπαγγέλλεται.

Ὡς δ' ἂν σαφέστερον ἡμῖν τὸ νόημα γένοιτο, εἰκόνα τινὰ δι' ὑποδείγματος προσθήσω τῷ λόγῳ· ὥσπερ γὰρ εἴ τις

---

[11] GREGORS Rekapitulation, die hier bis auf Cant 4,7 zurückgreift, zielt darauf ab, den Zuhörern den Kontrast zwischen den bisher erreichten Höhen des spirituellen Aufstiegs und der neuen Situation, in der die Braut wieder ganz am Anfang zu stehen scheint, vor Augen zu führen. Mit diesem Kunstgriff veranschaulicht GREGOR die Unendlichkeit des Weges zu Gott.

[12] Das „Hören/Gehör" (ἀκοή) bezeichnet konkret die „Sinneswahrnehmung" der Braut in Cant 5,2b.

befindet sich nun in folgendem Zustand[11]: Als ob sie die Erscheinung Gottes zum *ersten* Mal erfahren sollte und den Logos, der nun vor der Türe steht, noch nicht eingelassen hätte beziehungsweise noch nicht hätte einziehen lassen, erachtet sie die Macht seiner Stimme für wunderbar. Deshalb sagt sie, die Stimme des Bräutigams berühre noch nicht sie selbst, sondern (nur) ihre Tür: *Die Stimme meines Brudersohnes*, sagt sie nämlich, *klopft an die Tür* (Cant 5,2b).

Du siehst, wie grenzenlos die Bahn ist für diejenigen, die zu Gott aufsteigen, wie das jeweils Erfaßte zu einem Anfang in Hinsicht auf das Höherliegende wird. Als wir nämlich einen gewissen Stillstand auf der Bahn jener Reise zum Hohen erhofften aufgrund dessen, was zu ihr (*sc.* der Braut) gesagt worden war — was nämlich könnte jemand nach der Bestätigung der Vollkommenheit (in Cant 4,7) noch weiter erstreben? —, da sehen wir, daß sie noch „drinnen" ist und sich noch nicht „draußen vor der Tür" befindet und auch nicht in der Wonne der Erscheinung von Angesicht zu Angesicht schwelgt, sondern noch durch ihr Gehör[12] zur Teilhabe am Guten angeleitet wird. Folgenden Grundsatz also lernen wir durch das Gesagte, daß für diejenigen, die zu Größerem hin Fortschritte machen, das Wort des Apostels fortwährend passend ist, das da sagt: „Wenn jemand glaubt, etwas erkannt zu haben, hat er noch nicht erkannt, wie man erkennen muß" (1 Kor 8,2). Die Seele erkannte ihn (*sc.* den Logos) nämlich im Vorausgegangenen zwar als so groß, wie sie ihn erfaßte, nachdem aber das noch nicht Erfaßte unendlich viel mehr ist als das bereits Erfaßte, zeigte sich der Bräutigam darum oftmals der Seele und verheißt ihr nun wieder, als ob er ihr noch nicht unter die Augen gekommen wäre, mit seiner Stimme, daß er sich der Braut zeigen werde.

Damit aber der Gedanke für uns klarer wird, werde ich dem Text mit Hilfe eines Beispiels ein Gleichnis zur Seite stellen: Es ist nämlich, wie wenn jemand sich jener Quelle

πλησίον ἐκείνης γένοιτο τῆς πηγῆς, ἣν ἀναβαίνειν εἶπεν ἐκ τῆς γῆς κατ' ἀρχὰς ἡ γραφὴ τοσαύτην οὖσαν τὸ πλῆθος ὡς ἅπαν τῆς γῆς ἐπικλύζειν τὸ πρόσωπον, θαυμάσει μὲν ὁ τῇ πηγῇ πλησιάσας τὸ ἄπειρον ὕδωρ ἐκεῖνο τὸ πάντοτε αὐτῆς ἀνομβροῦν τε καὶ προχεόμενον, οὐ μὴν εἴποι ἂν ὅλον ἑωρακέναι τὸ ὕδωρ (πῶς γὰρ ἂν ἴδοι τὸ ἔτι τοῖς κόλποις τῆς γῆς ἐγκρυπτόμενον; Ὥστε κἂν ἐπὶ πολὺ παραμείνῃ τῷ βρύοντι, ἀεὶ ἐν ἀρχαῖς ἐστι τῆς θεωρίας τοῦ ὕδατος· οὐ γὰρ παύεται τὸ ὕδωρ ἀεί τε ῥέον καὶ ἀεὶ τοῦ βρύειν ἀρχόμενον), οὕτως ὁ πρὸς τὸ θεῖον ἐκεῖνο καὶ ἀόριστον κάλλος βλέπων, ἐπειδὴ τὸ πάντοτε εὑρισκόμενον καινότερόν τε καὶ παραδοξότερον πάντως παρὰ τὸ ἤδη κατειλημμένον ὁρᾶται, θαυμάζει μὲν τὸ ἀεὶ προφαινόμενον, οὐδέποτε δὲ ἵσταται τῆς τοῦ ἰδεῖν ἐπιθυμίας διὰ τὸ πάντως τοῦ ἑωραμένου μεγαλοπρεπέστερόν τε καὶ θειότερον εἶναι τὸ προσδοκώμενον. Διὰ τοῦτο οὖν καὶ ἐνταῦθα ἡ νύμφη ἀεὶ θαυμάζουσά τε καὶ ἐκπληττομένη τὸ γινωσκόμενον οὐδέποτε ἐν τοῖς ἐγνωσμένοις ἵστησι τοῦ θεωρουμένου τὸν πόθον. Οὗ χάριν καὶ νῦν ὡς ἔτι | [322] θυροκρουστοῦντος τοῦ λόγου αἰσθάνεται καὶ πρὸς τὴν ὑπακοὴν διανίσταται καί φησι· *Φωνὴ τοῦ ἀδελφιδοῦ μου κρούει ἐπὶ τὴν θύραν.*

Εἶτα ἡσυχίαν ταῖς ἀκοαῖς ἐνδοῦσα ἀκούει τοῦ διὰ τῆς φωνῆς προσηχήσαντος λόγου. Ὁ δὲ λόγος τοιοῦτός ἐστιν· *Ἄνοιξόν μοι, ἀδελφή μου, ἡ πλησίον μου, περιστερά μου, τελεία μου, ὅτι ἡ κεφαλή μου ἐπλήσθη δρόσου καὶ οἱ βόστρυχοί μου ψεκάδων νυκτός.*

Τούτου δὲ τὴν διάνοιαν οὕτως ἄν τις καταλάβοι τῇ θεωρίᾳ· τῷ μεγάλῳ Μωϋσῇ διὰ φωτὸς ἤρξατο ἡ τοῦ θεοῦ

[13] Am Beispiel des Mose illustriert GREGOR hier den unendlichen Aufstieg der Seele zu Gott. Die Wahl dieses Exempels lag nahe, da GREGOR ihm bereits ein eigenes Werk, die *Vita Moysis*, gewidmet hatte. Zur relativen Chronologie der *Vita Moysis* und der *Canticum-Homilien* siehe DÜNZL, *Homilien*.

näherte, von der die Schrift sagte, sie steige im Anfang aus der Erde auf; ihrer Fülle nach sei sie so gewaltig, daß sie das ganze Antlitz der Erde überschwemmen könne (vgl. Gen 2,6). Wer sich nun der Quelle genähert hat, bestaunt zwar jenes unendliche Wasser, das fortwährend hervorsprudelt und sich aus ihr ergießt, doch könnte er wohl nicht sagen, er habe das Wasser ganz gesehen. — Wie nämlich könnte er das sehen, was noch im Schoß der Erde verborgen ist? Daher kommt, auch wenn er lange bei dem sprudelnden (Wasser) verweilt, die Betrachtung dieses Wassers über den Anfang nie hinaus. Denn das Wasser hört nicht auf, immerfort weiterzufließen und immerzu mit dem Sprudeln neu anzufangen. — Genau so verhält es sich mit dem, der zu jener göttlichen und unbegrenzten Schönheit hinsieht. Weil das, was nach und nach gefunden wird, auf jeden Fall für neuartiger und seltsamer angesehen wird im Vergleich zu dem bereits Erfaßten, bewundert er zwar, was jeweils zum Vorschein kommt, niemals aber kommt er zum Stillstand im Verlangen nach dem Schauen, weil das in Aussicht Stehende bestimmt großartiger und göttlicher ist als das bereits Gesehene. Deshalb bringt die Braut auch hier die Sehnsucht nach dem Geschauten niemals bei dem bereits Erkannten zur Ruhe, während sie sich immerzu über das Erkannte wundert und es anstaunt. Darum nimmt sie auch nun wahr, wie der Logos gleichsam noch an die Tür klopft, sie steht auf, um gehorsam zu sein, und sagt: *Die Stimme meines Brudersohnes klopft an die Tür* (Cant 5,2b).

Nachdem sie dann Ruhe gibt, um zu horchen, hört sie die Rede, die mit der Stimme herübertönt. Der Text lautet so: *Öffne mir, meine Schwester, meine Nächste, meine Taube, meine Vollkommene, denn mein Haupt wurde voll von Tau und meine Locken voller Nachttropfen* (Cant 5,2c–f).

Den Sinn dieser (Rede) könnte man mit Hilfe der Betrachtung etwa auf folgende Weise (in Worte) fassen: Für den großen Mose[13] begann die Gotteserscheinung im Me-

ἐπιφάνεια, μετὰ ταῦτα διὰ νεφέλης αὐτῷ ὁ θεὸς διαλέγεται, εἶτα ὑψηλότερος καὶ τελειότερος ἤδη γενόμενος ἐν γνόφῳ τὸν θεὸν βλέπει.

Ὃ δὲ διὰ τούτου μανθάνομεν τοιοῦτόν ἐστιν· ἡ πρώτη ἀπὸ τῶν ψευδῶν καὶ πεπλανημένων περὶ θεοῦ ὑπολήψεων ἀναχώρησις ἡ ἀπὸ τοῦ σκότους εἰς φῶς ἐστι μετάστασις, ἡ δὲ προσεχεστέρα τῶν κρυπτῶν κατανόησις ἡ διὰ τῶν φαινομένων χειραγωγοῦσα τὴν ψυχὴν πρὸς τὴν ἀόρατον φύσιν οἷόν τις νεφέλη γίνεται τὸ φαινόμενον μὲν ἅπαν ἐπισκιάζουσα πρὸς δὲ τὸ κρύφιον | βλέπειν τὴν ψυχὴν χειραγωγοῦσα | 323 καὶ συνεθίζουσα, ἡ δὲ διὰ τούτων ὁδεύουσα πρὸς τὰ ἄνω ψυχή, ὅσον ἐφικτόν ἐστι τῇ ἀνθρωπίνῃ φύσει καταλιποῦσα, ἐντὸς τῶν ἀδύτων τῆς θεογνωσίας γίνεται τῷ θείῳ γνόφῳ πανταχόθεν διαληφθεῖσα, ἐν ᾧ τοῦ φαινομένου τε καὶ καταλαμβανομένου παντὸς ἔξω καταλειφθέντος μόνον ὑπολείπεται τῇ θεωρίᾳ τῆς ψυχῆς τὸ ἀόρατόν τε καὶ ἀκατάληπτον, ἐν ᾧ ἐστιν ὁ θεός, καθώς φησι περὶ τοῦ νομοθέτου ὁ λόγος ὅτι »Εἰσῆλθε δὲ Μωϋσῆς εἰς τὸν γνόφον οὗ ἦν ὁ θεός«.

Τούτων δὲ ἡμῖν οὕτω θεωρηθέντων σκεπτέον ἂν εἴη καὶ τῶν προκειμένων ἡμῖν ῥητῶν τὴν πρὸς τὰ εἰρημένα συγγένειαν. Ἦν ὅτε μέλαινα ἦν ἡ νύμφη τοῖς ἀφωτίστοις δόγμασιν

---

[14] Gemeint ist damit die Epiphanie am brennenden Dornbusch (Ex 3, 2f; der Hinweis auf Ex 19, 3 im Testimonienapparat, GNO 6, 322, dagegen gibt keinen Sinn). Bestätigt wird diese Annahme durch GREGORS *Vita Moysis*, in der der brennende Dornbusch zweimal thematisiert wird, und zwar in derselben Licht-Diktion; siehe dort 1 (GNO 7, 1, 9) und 2 (ebd. 39–41).

[15] Gedacht ist wohl an die Wolkensäule, die die Israeliten auf dem Zug zum Sinai begleitete und aus der heraus der Herr zu Mose sprach (vgl. z.B. Ex 16, 10f). Am Sinai verheißt der Herr dem Mose ebenfalls die Erscheinung in der Wolkensäule (vgl. Ex 19, 9).

[16] Der Terminus γνόφος begegnet in Ex 20, 21 LXX bei der Szene am Sinai. Nachdem Gott dort den Dekalog verkündet hat, geht Mose „in das Dunkel hinein, in dem Gott war".

[17] Zum Begriff ἄδυτον vgl. Anm. 17, oben 126.

[18] Die Auslegung von Cant 5, 2c–f wird bei DANIÉLOU, *Platonisme* 18–21, zu einem Argument für dessen Modell des Aufstiegs der Seele,

dium des Lichtes (vgl. Ex 3,2f)[14]. Danach unterhält sich Gott mit ihm durch eine Wolke hindurch (vgl. z.B. Ex 16,10f)[15]. Dann, als er bereits höher gelangt und vollkommener geworden ist, erblickt er Gott im Dunkel (vgl. Ex 20,21)[16].

Daraus lernen wir folgendes: Der Übergang von Finsternis zu Licht meint die erste Abkehr von den Lügen und verfehlten Meinungen über Gott. Das genauere Verstehen des Verborgenen, das die Seele durch die Phänomene hindurch zur unsichtbaren Natur hinführt, wird gleichsam zu einer Art Wolke, weil es einerseits alles Sichtbare beschattet, andererseits die Seele dazu führt und daran gewöhnt, auf das Verborgene zu schauen. Wenn dann aber die Seele, die durch dies hindurch nach oben wandert, alles zurückläßt, was immer der menschlichen Natur erreichbar ist, gelangt sie ins Adyton[17] der Gotteserkenntnis, ringsum vom göttlichen Dunkel umfaßt. Darin bleibt, nachdem alles Sichtbare und Erfaßbare draußen gelassen wurde, für die Schau der Seele nur das Unsichtbare und Unfaßbare übrig, worin Gott ist, wie es der Bibeltext vom Gesetzgeber sagt: „Mose aber trat ein in das Dunkel, wo Gott war" (Ex 20,21 LXX)[18].

Nachdem diese Inhalte von uns wie besprochen betrachtet wurden, dürfte auch die Kongruenz der uns vorliegenden Worte (des Canticum) mit dem Gesagten zu prüfen sein: Es gab einmal eine Zeit, da die Braut „schwarz" war (vgl. Cant 1,5.6a), verfinstert durch die unerhellten Glau-

---

der aus drei Etappen bestehen soll, nämlich der Reinigung (bzw. der Erleuchtung), der Erkenntnis und der mystischen Gotteserfahrung. Diese Interpretation hat für sich, daß GREGOR den Aufstieg der Seele des öfteren in triadischen Strukturen veranschaulicht, inhaltlich aber werden dabei immer wieder andere Akzente gesetzt, die keine feste Konzeption erkennen lassen; vgl. DÜNZL, *Braut* 285–288. Zu beachten ist auch, daß der Weg des Menschen zu Gott grundsätzlich als ein unendlicher gedacht ist, was GREGOR u. a. durch seine Rekapitulationen demonstriert.

ἐσκοτισμένη παραβλέψαντος αὐτὴν τοῦ ἡλίου τοῦ διὰ τῶν πειρασμῶν τὴν ἄρριζον ἐπὶ τῶν πετρῶν σπορὰν ἐπικαίοντος, ὅτε τῶν ἐν αὐτῇ μαχεσαμένων ἡττηθεῖσα τὸν ἀμπελῶνα τὸν ἑαυτῆς οὐκ ἐφύλαξεν, ὅτε ἑαυτὴν ἀγνοήσασα τὰς τῶν ἐρίφων ἀγέλας ἀντὶ τῶν προβάτων ἐποίμαινεν. Ἀλλ' ἐπειδὴ τῆς πρὸς τὸ κακὸν συμφυΐας ἑαυτὴν ἀποσπάσασα διὰ τοῦ μυστικοῦ ἐκείνου φιλήματος τῇ πηγῇ τοῦ φωτὸς προσαγαγεῖν τὸ στόμα ἐπόθησε, τότε καλὴ γίνεται τῷ | [324] φωτὶ τῆς ἀληθείας περιλαμφθεῖσα καὶ τὸ μέλαν τῆς ἀγνοίας ἀποκλυσαμένη τῷ ὕδατι. Εἶτα ἵππῳ ὁμοιοῦται διὰ τὸ εὔδρομον καὶ τῇ περιστερᾷ διὰ τὸ τάχος τῆς πτήσεως. Δι' ὧν πᾶν τὸ καταλαμβανόμενόν τε καὶ φαινόμενον ὡς ἵππος διαδραμοῦσα καὶ ὡς περιστερὰ διαπτᾶσα πρότερον μὲν τῇ σκιᾷ τοῦ μήλου μετὰ ἐπιθυμίας ἐπαναπαύεται μῆλον ἀντὶ νεφέλης τὸ ἐπισκιάζον κατονομάσασα, νῦν δὲ ἤδη ὑπὸ τῆς θείας νυκτὸς περιέχεται, καθ' ἣν ὁ νυμφίος παραγίνεται μὲν οὐ φαίνεται δέ. Πῶς γὰρ ἂν ἐν νυκτὶ φανείη τὸ μὴ ὁρώμενον; Ἀλλ' αἴσθησιν μέν τινα δίδωσι τῇ ψυχῇ τῆς παρουσίας, ἐκφεύγει δὲ τὴν ἐναργῆ κατανόησιν τῷ ἀοράτῳ τῆς φύσεως ἐγκρυπτόμενος.

Τίς τοίνυν ἐστὶν ἡ γινομένη τῇ ψυχῇ διὰ τῆς νυκτὸς ταύτης μυσταγωγία; Ἅπτεται τῆς θύρας ὁ λόγος. Θύραν δὲ νοοῦμεν

---

[19] An dieser Stelle wird der Begriff δόγματα (vgl. dazu Anm. 6, oben 160f, und Anm. 12, oben 494) einmal in negativem Zusammenhang verwendet.

[20] GREGOR hält sich bei dieser Rekapitulation nicht an die Reihenfolge der Canticum-Verse und zeigt dadurch, daß es ihm in erster Linie nicht um eine textgetreue Wiederholung der besprochenen Themen geht, sondern um die suggestive Darstellung jener „Entwicklungslinie", die ihm bei der Deutung des Canticum vorschwebt.

[21] Als „Taube" (περιστερά) wird die Geliebte erst Cant 2,10b apostrophiert. Möglicherweise denkt GREGOR aber auch an Cant 1,10a, wo von der „Turteltaube" (τρυγών) die Rede ist. Das Motiv des schnellen Flugs ist den Deutungen *beider* Verse (in *hom.* 5 bzw. 3) gegenüber neu eingeführt.

[22] GREGOR parallelisiert also den Aufstieg der Braut mit dem des Mose und benennt die Entsprechungen.

[23] Nach DANIÉLOU, *Platonisme* 195f, handelt es sich bei der αἴσθησις παρουσίας um einen zentralen Begriff der Mystik GREGORS. Dabei wird

benssätze[19]; denn die „Sonne“, die durch die Versuchungen die wurzellose Saat auf dem Felsboden verbrannte, hatte sie „angeblickt“ (vgl. Cant 1,6b); es gab eine Zeit, da sie, besiegt von denen, die in ihr kämpften, ihren eigenen „Weinberg“ nicht hütete (vgl. Cant 1,6c–e); es gab eine Zeit, da sie, weil sie sich selbst nicht kannte, die „Herden der Böcke“ statt der „Schafe“ weidete (vgl. Cant 1,8). Aber nachdem sie sich von der Verbindung mit dem Bösen losgerissen hatte und sich danach sehnte, den Mund in jenem mystischen „Kuß“ (vgl. Cant 1,2a)[20] an die Quelle des Lichtes zu legen, da wird sie schön, weil sie vom Licht der Wahrheit umleuchtet wird und die Schwärze der Unwissenheit mit Wasser abwäscht. Dann wird sie mit einer Stute verglichen (vgl. Cant 1,9) wegen ihrer Geschicklichkeit im Laufen und mit einer Taube (vgl. Cant 1,10a bzw. 2,10b) wegen der Schnelligkeit ihres Flugs[21]. Nachdem sie infolgedessen alles Erfaßbare und Sichtbare wie eine Stute durchlaufen und wie eine Taube durchflogen hat, findet sie zuerst im „Schatten des Apfelbaums“ voll Verlangen Ruhe (vgl. Cant 2,3c). Was hier „Schatten“ spendet, nennt sie dabei „Apfelbaum“ statt „Wolke“[22]. Nun aber wird sie bereits von der göttlichen Nacht umfaßt. Während dieser Nacht findet sich der Bräutigam zwar ein, wird aber nicht sichtbar. Wie sollte denn nachts sichtbar werden, was man nicht sieht? Doch gewährt er der Seele eine Art Wahrnehmung seiner Gegenwart[23], entzieht sich aber dem deutlicheren Verstehen, indem er sich in der Unsichtbarkeit seiner Natur verbirgt.

Worin besteht demnach die Mystagogie, die der Seele durch diese „Nacht“ zuteil wird? Der Logos berührt die Tür (vgl. Cant 5,2b). Unter der „Tür“ aber verstehen wir

---

jedoch übersehen, daß die „Wahrnehmung der Gegenwart“ des Logos hier als eingeschränkte Möglichkeit gegenüber einem „deutlicheren Verstehen“ gezeichnet, also gerade nicht zu einer überragenden „mystischen Erfahrung“ hochstilisiert wird; vgl. zur Diskussion um die Interpretation dieser Stelle DÜNZL, *Braut* 301f.

τὴν στοχαστικὴν τῶν ἀρρήτων διάνοιαν, δι' ἧς εἰσοικίζεται τὸ ζητούμενον. Ἔξω τοίνυν ἑστῶσα τῆς φύσεως ἡμῶν ἡ ἀλήθεια διὰ τῆς ἐκ μέρους γνώσεως, καθώς φησιν ὁ ἀπόστολος, ἐν ὑπονοίαις τισὶ καὶ αἰνίγμασι θυροκρουστεῖ τὴν διάνοιαν »Ἄνοιξον« λέγουσα καὶ μετὰ τῆς προτροπῆς ὑποτιθεμένη τὸν τρόπον, ὅπως ἀνοιγῆναι προσήκει τὴν θύραν, οἷόν τινας κλεῖς ὀρέγουσα τὰ καλὰ ταῦτα ὀνόματα, δι' ὧν τὸ κεκλεισμένον ἀνοίγεται· κλεῖδες γάρ εἰσιν ἄντικρυς αἱ τῶν ὀνομάτων | τούτων ἐμφάσεις αἱ τὰ κρυπτὰ διανοίγουσαι· 325 ἀδελφὴ καὶ πλησίον καὶ περιστερὰ καὶ τελεία. »Εἰ γὰρ βούλει σοι«, φησίν, »ἀνοιγῆναι τὴν θύραν καὶ ἐπαρθῆναι τῆς ψυχῆς σου τὰς πύλας, ἵνα εἰσέλθῃ ὁ βασιλεὺς τῆς δόξης, χρή σε ἀδελφήν μου γενέσθαι ἐν τῷ τὰ θελήματά μου τῇ ψυχῇ παραδέξασθαι«, καθὼς ἐν τῷ εὐαγγελίῳ φησὶν ἀδελφὸν αὐτοῦ καὶ ἀδελφὴν γίνεσθαι τὸν ἐν τοῖς θελήμασιν αὐτοῦ ζῶντα, »χρὴ δέ σε καὶ προσεγγίσαι τῇ ἀληθείᾳ καὶ πλησίον ἀκριβῶς γενέσθαι, ὥστε μηδενὶ μέσῳ διατειχίζεσθαι καὶ ἐν τῇ φύσει τῆς περιστερᾶς ἔχειν τὸ τέλειον, τοῦτο δέ ἐστι τὸ ἀνελλιπῆ τε καὶ πεπληρωμένην εἶναι πάσης ἀκακίας καὶ καθαρότητος. Ταῦτα λαβοῦσα, ὦ ψυχή, οἷόν τινας κλεῖς τὰ ὀνόματα ἄνοιξον δι' αὐτῶν τῇ ἀληθείᾳ τὴν εἴσοδον ἀδελφὴ γενομένη καὶ πλησίον καὶ περιστερὰ καὶ τελεία.

Ἔσται δέ σοι τὸ κέρδος ἐκ τοῦ εἰσδέξασθαί με καὶ εἰσοικίσασθαι ἡ ἐκ τῆς κεφαλῆς μου δρόσος, ἧς πλήρης εἰμί, καὶ αἱ τῆς νυκτὸς ψεκάδες αἱ τῶν βοστρύχων τῶν ἐμῶν ἀπορρέουσαι.« Ἐκ τούτων δὲ τὸ μὲν ἴασιν εἶναι τὴν δρόσον παρὰ τοῦ προφήτου σαφῶς μεμαθήκαμεν ὅς φησιν ὅτι »Ἡ

das zum Vermuten des Unsagbaren fähige Denken, durch das das Gesuchte einzieht. Da die Wahrheit demnach außerhalb unserer Natur steht aufgrund der fragmentarischen Erkenntnis, wie der Apostel sagt (vgl. 1 Kor 13, 9. 12), klopft sie in Vermutungen und Rätseln an die „Tür" des Denkens und sagt: „Öffne mir!" Dabei gibt sie mit der Ermunterung zugleich die Art und Weise an, wie es sich ziemt, die „Tür" zu öffnen, und überreicht gleichsam als „Schlüssel" die folgenden schönen Namen, durch die das Verschlossene geöffnet wird. Denn die Bedeutungen dieser Namen, die das Verborgene öffnen — „Schwester", „Nächste", „Taube" und „Vollkommene" —, sind geradezu „Schlüssel". „Wenn du nämlich willst", sagt sie (*sc.* die Wahrheit), „daß dir die Tür geöffnet werde und die Pforten deiner Seele sich nach oben heben, damit der König der Herrlichkeit einzieht (vgl. Ps 24, 7. 9: LXX Ps 23, 7. 9), so mußt du dadurch meine ‚Schwester' werden, daß du meinen Willen mit deiner Seele annimmst." Im Evangelium heißt es ja, daß derjenige sein Bruder und seine Schwester wird, der in seinem Willen lebt (vgl. Mk 3, 35 par). „Du mußt dich aber auch der Wahrheit annähern und in strengem Sinn ihre ‚Nächste' werden, so daß du durch keine Trennmauer in der Mitte (zwischen euch) auf Distanz gehalten wirst. Und du mußt Vollkommenheit in der Natur der Taube besitzen, das aber heißt, kein Defizit zu haben und ganz erfüllt zu sein von Unschuld und Reinheit. Wenn du, Seele, diese Namen wie Schlüssel an dich genommen hast, öffne mit ihnen der Wahrheit den Zugang, indem du zu einer ‚Schwester', einer ‚Nächsten', einer ‚Taube' und ‚Vollkommenen' wirst.

Der Gewinn daraus, daß du mich einläßt und mich in dir wohnen läßt, wird für dich der ‚Tau' meines Hauptes sein — ich bin voll davon — und die ‚Tropfen der Nacht', die von meinen Locken fließen." Daß von diesen (Metaphern) der „Tau" Heilung meint, haben wir in aller Deutlichkeit von dem Propheten gelernt, der sagt: „Der Tau, der von dir

δρόσος ἡ παρὰ σοῦ ἴαμα αὐτοῖς ἐστιν«, αἱ δὲ τῆς νυκτὸς ψεκάδες τῆς προθεωρηθείσης ἔχονται διανοίας· οὐ γάρ ἐστι δυνατὸν τὸν ἐντὸς τῶν ἀδύτων τε | καὶ ἀθεωρήτων γενόμενον | 326 ὄμβρῳ τινὶ τῆς γνώσεως ἐντυχεῖν ἢ χειμάρρῳ, ἀλλ' ἀγαπητὸν εἰ λεπταῖς τισι καὶ ἀμυδραῖς διανοίαις ἐπιψεκάζοι τὴν γνῶσιν αὐτῶν ἡ ἀλήθεια διὰ τῶν ἁγίων τε καὶ θεοφορουμένων τῆς λογικῆς σταγόνος ἀπορρεούσης. Βοστρύχους γὰρ οἶμαι τῆς τοῦ παντὸς κεφαλῆς ἐξηρτημένους τροπικῶς ὀνομάζεσθαι προφήτας καὶ εὐαγγελιστὰς καὶ ἀποστόλους, ὧν ἕκαστος ὅσον ἐχώρουν ἐκ τῶν σκοτεινῶν τε καὶ ἀποκρύφων καὶ ἀοράτων θησαυρῶν ἀρυόμενοι ἡμῖν μὲν ποταμοὶ γίνονται πλήρεις ὑδάτων. Ὡς δὲ πρὸς τὴν ὄντως ἀλήθειαν δροσώδεις εἰσὶ ψεκάδες, κἂν τῷ πλήθει τε καὶ μεγέθει τῆς διδασκαλίας πλημμύρωσιν.

Οἷος ὁ Παῦλος ἦν ποταμὸς ὑπὲρ τὸν οὐρανὸν τοῖς τῶν νοημάτων κύμασι κορυφούμενος ἕως τρίτου οὐρανοῦ, ἕως τοῦ παραδείσου, ἕως τῶν ἀρρήτων τε καὶ ἀνεκφωνήτων ῥημάτων καὶ διὰ πάσης τῆς τοιαύτης μεγαληγορίας πελαγίζων τῷ λόγῳ δείκνυσι πάλιν ὅτι ψεκάς τίς ἐστι δροσώδης ὁ λόγος οὗτος συγκρίσει τοῦ ὄντως λόγου, δι' ὧν φησιν ὅτι »Ἐκ μέρους γινώσκομεν καὶ ἐκ μέρους προφητεύομεν«· καὶ »Εἴ τις δοκεῖ ἐγνωκέναι τι, οὔπω ἔγνω καθὼς δεῖ γνῶναι«· καὶ »Ἐγὼ ἐμαυτὸν οὔπω λογίζομαι κατειληφέναι«. Εἰ τοίνυν ἡ ἰκμὰς τῆς δρόσου καὶ ἡ τῶν βοστρύχων ψεκὰς ποταμοὶ

---

[24] Einige Textzeugen (S und Θ; P und V) aus zwei verschiedenen Handschriftenfamilien (siehe oben 89–91) bieten statt αὐτῶν das grammatikalisch folgerichtigere αὐτῷ (vgl. GNO 6, 326 kritischer Apparat). Es handelt sich aber offenbar um eine nachträgliche Korrektur, die an zwei voneinander unabhängigen Punkten der Textüberlieferung vorgenommen wurde.

[25] Im Adjektiv λογικός sind die Konnotationen „Wort“, „Vernunft“, „Sinn“ und „Logos“ mitzuhören.

[26] Die Übersetzungen von DANIÉLOU/MUSURILLO, MCCAMBLEY und MORESCHINI deuten μεγαληγορία allgemein auf die Eloquenz des Paulus. Wegen des beigefügten τοιαύτη beziehe ich den Term dagegen auf

stammt, dient ihnen als Heilmittel" (Jes 26,19 LXX). Die „Tropfen der Nacht" wiederum hängen mit dem zuvor betrachteten Sinn (des Verses) zusammen. Wer nämlich in das Adyton und den Bezirk des Unbetrachtbaren gelangt, gerät unmöglich in einen „Regenguß" oder „Sturzbach" der Erkenntnis; vielmehr ist es schon zufriedenstellend, wenn die Wahrheit mit subtilen und schwer nachvollziehbaren Gedanken auf ihre[24] Erkenntnis „tröpfeln" wollte, sobald der „Tropfen" des Wortes[25] herabfließt dank der heiligen und gottbegeisterten Menschen. „Locken" nämlich, die am Haupt des Alls hängen, werden, wie ich meine, figurativ die Propheten, Evangelisten und Apostel genannt. Sie alle werden zwar *für uns* zu „Flüssen voll Wasser", da sie aus den finsteren, verborgenen und unsichtbaren Schatzkammern schöpften, soviel sie fassen konnten. In Hinsicht auf die *wirkliche Wahrheit* aber sind sie „tauartige Tropfen", auch wenn sie überströmen von der Fülle und Größe der Lehre.

Ein solcher „Fluß" war Paulus, der sich mit den „Wogen" seiner Gedanken über den Himmel hinaus auftürmte bis zum dritten Himmel, bis zum Paradies, bis zu den unsagbaren und unaussprechlichen Worten (vgl. 2Kor 12,2–4). Und obwohl er durch alles derartige Rühmen[26] überschwemmt ist vom Wort, zeigt er doch wieder, daß dieses Wort im Vergleich zum wirklichen Wort (*sc.* dem Logos) ein „tauartiger Tropfen" ist, und zwar (zeigt er das) durch die Stellen, wo er sagt: „Fragmentarisch erkennen wir, und fragmentarisch prophezeien wir" (1Kor 13,9); und: „Wenn einer glaubt, etwas erkannt zu haben, hat er noch nicht erkannt, wie man erkennen muß" (1Kor 8,2); und: „Ich bilde mir nicht ein, daß ich es schon erfaßt hätte" (Phil 3,13). Wenn demnach schon die Feuchtigkeit des „Taus" und der „Tropfen der Locken" wie „Flüsse", „Mee-

---

die vorausgegangene Anspielung auf 2Kor 12,2–4 — Verse, in denen sich Paulus gewollt „großsprecherisch" seiner Visionen „rühmt".

δοκοῦσι | [327] καὶ πελάγη καὶ κύματα πρὸς τὴν ἡμετέραν κρινόμενα δύναμιν, τί χρὴ περὶ τῆς πηγῆς ἐκείνης λογίσασθαι τῆς εἰπούσης ὅτι »Εἴ τις διψᾷ, ἐρχέσθω πρός με καὶ πινέτω«; Αὐτὸς ἕκαστος τῶν ἀκουόντων δι' ἀναλογίας τῶν εἰρημένων στοχασμὸν λαμβανέτω τοῦ θαύματος. Εἰ γὰρ ἡ ψεκὰς εἰς ποταμῶν ἐξήρκεσε γένεσιν, τί αὐτὸν τὸν τοῦ θεοῦ ποταμὸν διὰ τῆς ψεκάδος ταύτης ἔστιν ἀναλογίσασθαι;

Ἴδωμεν δὲ καὶ πῶς ὑπακούει τῷ λόγῳ ἡ νύμφη, πῶς ἀνοίγει τῷ νυμφίῳ τὴν εἴσοδον. *Ἐξεδυσάμην*, φησί, *τὸν χιτῶνά μου, πῶς ἐνδύσομαι αὐτόν; Ἐνιψάμην τοὺς πόδας μου, πῶς μολυνῶ αὐτούς;* Καλῶς ἤκουσε τοῦ κελεύσαντος ἀδελφὴν αὐτὴν καὶ πλησίον γενέσθαι καὶ περιστερὰν καὶ τελείαν, ἵνα διὰ τούτων εἰσοικισθῇ τῇ ψυχῇ ἡ ἀλήθεια· ἐποίησε γὰρ ἅπερ ἤκουσεν ἐκδυσαμένη τὸν δερμάτινον ἐκεῖνον χιτῶνα, ὃν μετὰ τὴν ἁμαρτίαν περιεβάλετο, καὶ ἀπονιψαμένη τῶν ποδῶν τὸ γεῶδες, ᾧ ἐνειλήθη ἀπὸ τῆς ἐν παραδείσῳ διαγωγῆς εἰς τὴν γῆν ἀναλύσασα, ὅτε ἤκουσεν ὅτι »Γῆ εἶ καὶ εἰς γῆν ἀπελεύσῃ«.

Διὰ τούτων ἤνοιξεν ἐπὶ τὴν ψυχὴν τῷ λόγῳ τὴν εἴσοδον διασταλέντος τοῦ τῆς | [328] καρδίας παραπετάσματος, τουτέστι τῆς σαρκός. Σάρκα δὲ εἰπὼν τὸν παλαιὸν λέγω ἄνθρωπον, ὃν ἐκδύσασθαί τε καὶ ἀποθέσθαι κελεύει ὁ θεῖος ἀπόστολος τοὺς μέλλοντας τῷ λουτρῷ τοῦ λόγου τὸν ῥύπον τῶν βάσεων τῆς ψυχῆς ἀποκλύζεσθαι. Οὐκοῦν ὁ τὸν παλαιὸν ἀπεκδυσάμενος ἄνθρωπον καὶ περιελὼν τῆς καρδίας τὸ κάλυμμα,

---

27 GREGOR betont hier die Überdimensionalität der Unfaßbarkeit Gottes, ohne sie jedoch zu verabsolutieren. Über die Bibel erreichen uns immerhin „Tropfen" aus der göttlichen Quelle — mehr allerdings auch nicht. Doch ist für unser Fassungsvermögen auch das Wenige schon fast zuviel.

28 Vgl. dazu Anm. 36, oben 184.

29 GREGOR deutet die LXX-Fassung von Gen 3,19 hier nicht auf die Sterblichkeit des Menschen, sondern auf den Verlust seiner „himmlischen" Lebensweise, die gegen eine „irdisch"-animalische Existenz eingetauscht wurde.

30 Gemeint ist die Taufe, deren Ritus in den folgenden Zeilen bei manchen Motiven durchschimmert.

re“ und „Wogen“ scheinen, wenn man sie nach unserem Fassungsvermögen beurteilt, was muß man dann von jener „Quelle“ halten, die sagt: „Wenn einer dürstet, soll er zu mir kommen und trinken“ (Joh 7,37)? Jeder Zuhörer soll sich selbst eine Meinung über das Wunder bilden aufgrund einer Analogie zu dem Gesagten. Denn wenn schon ein „Tropfen“ zur Entstehung von „Flüssen“ ausreicht, was — so muß man aufgrund dieses „Tropfens“ analog schließen — ist dann der „Fluß“ Gottes selbst?[27]

Laßt uns nun aber auch sehen, wie die Braut dem Logos gehorcht, wie sie dem Bräutigam den Eingang öffnet: *Ich habe mein Gewand ausgezogen*, sagt sie, *wieso sollte ich es wieder anziehen? Ich habe meine Füße gewaschen, wieso sollte ich sie wieder beflecken?* (Cant 5,3). In rechter Weise hörte sie auf den, der befahl, daß sie „Schwester“, „Nächste“, „Taube“ und „Vollkommene“ werde, damit die Wahrheit dadurch in der Seele einwohne. Denn sie tat, was sie hörte: Sie zog jenes „Fellgewand“ aus, das sie sich nach dem Sündenfall übergeworfen hatte (vgl. Gen 3,21)[28], und wusch sich das erdige Element von den Füßen ab, in das sie sich verstrickt hatte, als sie vom Aufenthalt im Paradies zur Erde wegging. Denn damals hörte sie: „Erde bist du, und zur Erde wirst du weggehen“ (Gen 3,19 LXX)[29].

Dadurch also öffnete sie dem Logos den Eingang zur Seele, nachdem der „Vorhang“ des Herzens — das heißt das Fleisch — auseinandergezogen war. Wenn ich indes „Fleisch“ sage, meine ich den „alten Menschen“. Diesen auszuziehen und abzulegen befiehlt der göttliche Apostel (vgl. Eph 4,22; Kol 3,9) denen, die durch das Bad des Logos[30] den Schmutz von den „Füßen“ der Seele abspülen wollen. Wer demnach den alten Menschen ausgezogen und die „Hülle“ des Herzens abgelegt hat[31], der hat dem Logos

---

31 Die Wortwahl läßt an dieser Stelle erkennen, daß GREGOR bei seiner Idee eines „Vorhangs vor dem Herzen“ des Menschen 2Kor 3,15f im Blick hat.

ἤνοιξε τῷ λόγῳ τὴν εἴσοδον, ὃν ἐντὸς γενόμενον ἔνδυμα ποιεῖται ἑαυτῆς ἡ ψυχὴ κατὰ τὴν τοῦ ἀποστόλου ὑφήγησιν, ὃς κελεύει τὸν ἐκδυσάμενον τὴν ῥακώδη τοῦ παλαιοῦ ἀνθρώπου περιβολὴν ἐνδύσασθαι τὸν καινὸν χιτῶνα τὸν κατὰ θεὸν κτισθέντα ἐν ὁσιότητι καὶ δικαιοσύνῃ· Ἰησοῦν δὲ λέγει εἶναι τὸ ἔνδυμα.

Ἡ δὲ ὁμολογία τῆς νύμφης τοῦ μηκέτι τὸν ἀποβληθέντα χιτῶνα πάλιν ἀναλαμβάνειν, ἀλλ' ἀρκεῖσθαι τῷ ἑνὶ χιτῶνι κατὰ τὸν δοθέντα τοῖς μαθηταῖς νόμον, ὃν διὰ τῆς ἄνωθεν γεννήσεως ἀνακαινισθεῖσα μετημφιάσατο, βεβαιοῖ τοῦ κυρίου τὸν λόγον τὸν κελεύοντα τοὺς ἅπαξ τῷ θείῳ κοσμηθέντας ἐνδύματι μηκέτι ἐπενδύσασθαι τὸν τῆς ἁμαρτίας χιτῶνα, μηδὲ δύο χιτῶνας ἔχειν, ἀλλὰ τὸν ἕνα μόνον, ἵνα μὴ δύο περὶ τὸν αὐτὸν ὦσιν οἱ ἀσύμβατοι πρὸς ἀλλήλους χιτῶνες. Τίς γὰρ κοινωνία τῷ σκοτεινῷ ἐνδύματι πρὸς τὸ φωτοειδές | [329] τε καὶ ἄϋλον;

Οὐ μόνον δὲ τοῦτό φησιν ὁ νόμος τὸ μὴ δεῖν δύο χιτῶνας ἔχειν, ἀλλὰ μηδὲ ἐπιρράπτειν τὸ καινὸν ὕφασμα τῷ παλαιῷ ἱματίῳ, ἵνα μὴ χείρων γένηται ἡ ἀσχημοσύνη τοῦ τὸ τοιοῦτον περιβαλλομένου μήτε τοῦ ἐνραφέντος μείναντος καὶ τοῦ παλαιοῦ χεῖρον τὸ σχίσμα παθόντος καὶ δυσθεράπευτον· »Αἴρει«, γάρ φησι, »τὸ πλήρωμα τὸ καινὸν τοῦ παλαιοῦ καὶ χεῖρον σχίσμα γίνεται«, ὡς δημοσιεύεσθαι δι' αὐτοῦ τὰ ἀσχήμονα. Διὰ τοῦτό φησιν· *Ἐξεδυσάμην τὸν χιτῶνά μου, πῶς ἐνδύσομαι αὐτόν;* Τίς γὰρ ἂν βλέπων περὶ ἑαυτὸν τὸν ἡλιοειδῆ τοῦ κυρίου χιτῶνα τὸν διὰ καθαρότητος καὶ

---

[32] Der Exeget spiritualisiert hier eine realistisch gemeinte Anweisung Jesu, die es den ausgesandten Jüngern verwehrte, zwei Gewänder mit auf ihren Weg zu nehmen, und macht sie damit für *seine* Zeit „brauchbar".

den Eingang geöffnet. Ihn macht die Seele, sobald er sich in ihr befindet, zu ihrem „Kleid“, der Weisung des Apostels entsprechend, der befiehlt, daß der, der den zerlumpten Überwurf des alten Menschen ausgezogen hat, das neue Gewand anziehe, das nach Gott geschaffen ist in Heiligkeit und Gerechtigkeit (vgl. Eph 4,24). Jesus aber, sagt er, sei das „Gewand“ (vgl. Röm 13,14).

Das Einverständnis der Braut aber, sie werde das abgelegte Gewand nicht wieder aufheben, sondern sich mit dem *einen* Gewand begnügen, dem Gesetz entsprechend, das den Jüngern gegeben worden war (vgl. Mt 10,10) — (jenem Gewand,) das sie im Austausch mit dem anderen angelegt hatte, durch die Geburt von oben erneuert —, (dieses Einverständnis) bekräftigt das Wort des Herrn, das folgendes befiehlt: Diejenigen, die ein für allemal mit dem göttlichen Gewand geschmückt wurden, sollen das „Gewand der Sünde“ nicht mehr darüberziehen und sollen auch nicht zwei Gewänder haben[32], sondern nur das *eine*, damit nicht zwei miteinander unvereinbare Gewänder denselben Menschen bekleiden. Welche Gemeinsamkeit hätte denn das finstere Gewand mit dem lichten und immateriellen?

Aber nicht nur das sagt das Gesetz, daß man keine zwei Gewänder besitzen dürfe, sondern auch, daß man neues Gewebe nicht auf den alten Mantel nähen dürfe (vgl. Mk 2,21 par), damit nicht die Unschicklichkeit dessen, der sich so etwas überwirft, noch schlimmer werde, weil das angenähte Stück nicht hält und das alte einen noch schlimmeren und kaum wiedergutzumachenden Riß bekommt. „Das neue Ersatzstück“, heißt es nämlich, „reißt vom alten Gewand ab, und der Riß wird noch schlimmer“ (Mk 2,21); dadurch würde das Unschickliche eines solchen Aussehens allgemein bekannt. Deshalb sagt sie (*sc.* die Braut): *Ich habe mein Gewand ausgezogen, wieso sollte ich es wieder anziehen?* (Cant 5,3a). Denn wer sich selbst mit dem sonnengleichen Gewand des Herrn bekleidet sieht, das in Reinheit

ἀφθαρσίας ἱστουργηθέντα, οἷον ἐπὶ τῆς <ἐπὶ> τοῦ ὄρους μεταμορφώσεως ἔδειξεν, εἶτα καταδέχεται τὸ πτωχόν τε καὶ ῥακῶδες ἱμάτιον ἑαυτῷ περιθεῖναι, ὅπερ ὁ μέθυσος καὶ πορνοκόπος, καθὼς ἡ Παροιμία φησί, περιβάλλεται;

'Αλλ' οὐδὲ τοὺς πόδας νιψαμένη πάλιν τῇ βάσει τὸν ἐκ τῆς γῆς μολυσμὸν παραδέχεται· *Ἐνιψάμην*, γάρ φησι, *τοὺς πόδας μου, πῶς μολυνῶ αὐτούς;* Οὐδὲ γὰρ Μωϋσῆς τῷ θείῳ προστάγματι τῆς νεκρᾶς τῶν δερμάτων περιβολῆς ἐλευθερώ|σας τοὺς πόδας, ὅτε τῆς ἁγίας τε καὶ πεφωτισμένης ἐπ- | 330
έβαινε γῆς, πάλιν ἱστορεῖται διαλαβὼν τοὺς πόδας τοῖς ὑποδήμασιν, ὅς γε καὶ τὴν ἱερατικὴν ἐσθῆτα κατὰ τὸν τύπον τὸν ἐν τῷ ὄρει δειχθέντα φιλοτεχνήσας, χρυσοῦ καὶ πορφύρας καὶ βύσσου καὶ ὑακίνθου καὶ κόκκου τὰς αὐγὰς συγκεράσας ἐν τῷ ὑφάσματι, ὥστε σύμμικτον ἐκ πάντων ἀπαστράπτειν τὸ κάλλος, οὐδένα τοῖς ποσὶ κόσμον ἐπετεχνήσατο, ἀλλ' ἦν καλλωπισμὸς τοῦ ἱερατικοῦ ποδὸς τὸ γυμνὸν εἶναι πάσης περιβολῆς καὶ ἐλεύθερον· χρὴ γὰρ τὸν ἱερέα πάντως ἐπὶ τῆς ἁγίας βεβηκέναι γῆς, ἧς μετὰ νεκρῶν δερμάτων ἐπιβατεύειν οὐ θέμις.

Διὰ τοῦτο καὶ τοῖς μαθηταῖς ὁ κύριος ἀπαγορεύει τὰ ὑποδήματα, ἐπειδὴ κελεύει αὐτοὺς εἰς ὁδὸν ἐθνῶν μὴ πορεύεσθαι ἀλλὰ διὰ τῆς ἁγίας ὁδοῦ προϊέναι. Οὐκ ἀγνοεῖς δὲ πάντως τὴν ἁγίαν ὁδόν, δι' ἧς οἱ μαθηταὶ τρέχειν κελεύονται, μαθὼν παρὰ τοῦ εἰπόντος ὅτι »'Εγώ εἰμι ἡ ὁδός«, ἧς οὐκ ἔστιν

[33] Der Editor verdeutlicht den griechischen Text in Anlehnung an die syrische Übersetzung durch die Einfügung der Präposition ἐπί; vgl. GNO 6, 329 kritischer Apparat.

[34] GREGORS Mahnung entspricht dem altchristlichen Ideal, nach der Taufe sündenfrei zu leben.

[35] Die Symbolik der „Fell-Schuhe" entspricht der des „Fell-Gewandes" (siehe oben 593) und ist als Hinweis auf die irdisch-animalische Existenz des Menschen zu verstehen.

[36] „Byssus" meint feines weißes Linnen, als „Hyazinth" wird der vio-

und Unversehrtheit gewebt wurde, wie er (*sc.* Christus) es bei der Verwandlung auf[33] dem Berg zeigte (vgl. Mt 17,2 par), der wird doch dann nicht gestatten, daß ihm ein zerlumpter Bettlermantel umgelegt werde, den sich der Säufer und Hurenfreund überwirft, wie das Sprichwort (vgl. Spr 23,21 LXX) sagt[34]?

Nachdem sie (*sc.* die Braut) sich aber die Füße gewaschen hat, läßt sie auch den Schmutz von der Erde nicht mehr an ihren Fuß kommen: *Ich habe meine Füße gewaschen,* sagt sie nämlich, *wieso sollte ich sie wieder beflecken?* (Cant 5,3b). Denn auch als Mose auf göttlichen Befehl hin seine Füße von der toten Fellumhüllung[35] befreit hatte, wie berichtet wird (vgl. Ex 3,5), als er das heilige und erleuchtete Land betrat, zwängte er danach seine Füße nicht wieder in Schuhe. Und er war es, der doch auch die priesterliche Kleidung nach dem Typos (vgl. Ex 25,9), der ihm auf dem Berg gezeigt worden war (vgl. Ex 28), mit Kunstverstand anfertigen ließ (vgl. Ex 39), indem er den verschiedenartigen Schimmer von Gold, Purpur, Byssus, Hyazinth[36] und Scharlach im Gewebe mischte, so daß die Schönheit als ein Gemisch aus allem erstrahlte. Doch ersann er keinen zusätzlichen Schmuck für die Füße. Der Schmuck für den Fuß der Priester war es vielmehr, nackt und frei von jeder Umhüllung zu sein. Denn der Priester muß jedenfalls auf dem heiligen Land stehen (vgl. Ex 3,5), das man mit toten Fellen rechtmäßigerweise nicht betreten darf.

Deshalb untersagt der Herr auch den Jüngern Schuhe (vgl. Mt 10,10), nachdem er ihnen ja befiehlt, nicht auf einen Weg der Heiden zu gehen (vgl. Mt 10,5), sondern auf dem heiligen Weg voranzuschreiten. Bestimmt aber kennst du den „heiligen Weg“, auf dem zu eilen die Jünger geheißen sind, weil du es von dem gelernt hast, der sagte: „Ich bin der Weg“ (Joh 14,6). Diesen Weg kann der nicht betre-

---

lette Purpur bezeichnet.

ἅψασθαι τὸν μὴ ὑπολυσάμενον τὴν τοῦ νεκροῦ ἀνθρώπου περιβολήν.

Ἐπεὶ οὖν ἐν ταύτῃ ἐγένετο τῇ ὁδῷ ἡ νύμφη, ἐν ᾗ τῶν δι' αὐτῆς περιπατούντων ὁ κύριος νίπτει τοὺς πόδας τῷ ὕδατι καὶ ἐκμάσσει τῷ λεντίῳ ᾧ διεζώσατο (δύναμις δέ ἐστι καθαρτικὴ τῶν ἁμαρτιῶν τὸ τοῦ κυρίου διάζωσμα· »Ἐνεδύσατο«, γάρ φησι, »κύριος δύναμιν καὶ περιεζώσατο«), διὰ τοῦτο καθαρθεῖσα τοὺς πόδας ἐπὶ τῆς ὁδοῦ τῆς βασιλικῆς ἑαυτὴν φυλάσσει οὐκ | ἐκκλίνουσα εἰς δεξιὰ ἢ εἰς ἀριστερά, ἵνα μὴ I 331 καθ' ἑκάτερον ἔξω τῆς ὁδοῦ παρενεγκοῦσα τὸ ἴχνος μολύνῃ τῷ πηλῷ τὸν πόδα. Νοεῖς δὲ πάντως τὸ διὰ τῶν εἰρημένων δηλούμενον ὅτι ἡ ἅπαξ διὰ τοῦ βαπτίσματος ὑπολυσαμένη τὰ ὑποδήματα (ἴδιον γὰρ τοῦ βαπτίζοντος ἔργον τὸ λύειν τοὺς ἱμάντας τῶν ὑποδεδεμένων, καθὼς Ἰωάννης διεμαρτύρατο μὴ δύνασθαι τοῦτο ἐπὶ μόνου τοῦ κυρίου ποιῆσαι· πῶς γὰρ ἂν ἔλυσε τὸν μηδὲ τὴν ἀρχὴν τῷ ἱμάντι τῆς ἁμαρτίας ἐνδεδεμένον;) αὕτη τοὺς πόδας ἐνίψατο πάντα γήϊνον ῥύπον συναποβαλοῦσα τοῖς ὑποδήμασιν. Φυλάσσει τοίνυν ἐπὶ τῆς πεπλακωμένης ὁδοῦ τὴν βάσιν ἀμόλυντον, ὡς καὶ ὁ Δαβὶδ ἐποίει, ὅτε τοῦ πηλοῦ τὴν ἰλὺν ἀποκλυσάμενος ἐπὶ τῆς πέτρας ἔστησε τοὺς ἑαυτοῦ πόδας οὕτως εἰπὼν τῷ λόγῳ ὅτι »Ἀνήγαγέ με ἐκ λάκκου ταλαιπωρίας καὶ ἀπὸ πηλοῦ ἰλύος καὶ ἔστησεν ἐπὶ πέτραν τοὺς πόδας μου καὶ κατεύθυνε τὰ διαβήματά μου«. Πέτραν δὲ νοοῦμεν τὸν κύριον ὅς ἐστι φῶς καὶ ἀλήθεια καὶ ἀφθαρσία καὶ δικαιοσύνη, δι' ὧν ἡ πνευματικὴ | ὁδὸς διαπλακοῦται. I 332 Ὧν ὁ μὴ παρατραπεὶς καθ' ἑκάτερον καθαρὸν διασῴζει τὸ ἴχνος οὐδαμόθεν τῷ πηλῷ τῆς ἡδονῆς

[37] Die Form καθαρθεῖα in GNO 6,330 Zeile 22, ist in καθαρθεῖσα abzuändern. Es liegt ein einfacher Druckfehler vor (vgl. PG 44, 1008 A).

ten, der die Umhüllung des toten Menschen nicht abgestreift hat.

Die Braut begab sich also auf diesen Weg, auf dem der Herr die Füße derer mit Wasser wäscht, die auf ihm wandeln, und sie mit dem Leintuch abtrocknet, mit dem er sich umgürtete (vgl. Joh 13,5). — Der „Gürtel" des Herrn aber ist die Kraft, die zur Reinigung von Sünden dient: „Der Herr", heißt es nämlich, „kleidete sich in Kraft und umgürtete sich damit" (vgl. Ps 93,1b: LXX Ps 92,1c). — Und deshalb hält sie (*sc.* die Braut) sich, nachdem sie an den Füßen gereinigt wurde[37], auf dem königlichen Weg, ohne nach links oder rechts abzubiegen, damit sie nicht, wenn sie ihre Fußsohle in eine von beiden Richtungen abseits des Weges setzt, den Fuß mit Lehm befleckt. Du verstehst bestimmt, was durch das Gesagte deutlich gemacht werden soll: Die (Braut), die ein für allemal durch die Taufe ihre „Schuhe" abgestreift hat — es ist nämlich die spezifische Aufgabe des Taufenden, die Riemen derer zu lösen, die sich Sandalen untergebunden haben, wie Johannes es klar bezeugte, einzig beim Herrn könne er dies nicht tun (vgl. Mk 1,7; Lk 3,16); denn wie hätte er den, der von vornherein nicht im „Riemen" der Sünde eingebunden war, davon losmachen sollen? —, diese also wusch sich die Füße, wobei sie allen irdenen Schmutz mitsamt den „Schuhen" abstreifte. Sie bewahrt also ihren Fuß auf dem gepflasterten Weg ohne Befleckung, wie es auch David tat, als er den Lehmschlamm abgespült hatte und seine Füße auf den Felsen stellte. Wörtlich sagte er folgendes: „Heraufgeführt hat er mich aus der Elendsgrube und weg vom Lehmschlamm, hat meine Füße auf Felsen gestellt und meine Schritte begradigt" (Ps 40,3: LXX Ps 39,3). Unter dem „Felsen" aber verstehen wir den Herrn, der Licht und Wahrheit, Unvergänglichkeit und Gerechtigkeit ist. Mit diesen Werten wird der geistliche Weg gepflastert. Wer nicht davon abweicht nach einer von beiden Seiten, hält seine Fußsohle glücklich rein, weil sie nirgends mit dem

μολυνόμενον. Ταῦτά ἐστι κατά γε τὸν ἐμὸν λόγον, δι' ὧν ἡ θύρα τῷ λόγῳ παρὰ τῆς νύμφης ἀνοίγεται· ἡ γὰρ ὁμολογία τοῦ μηκέτι ἀναλαβεῖν τὸν ἀποβληθέντα πηλὸν μηδὲ τῇ πορείᾳ τοῦ βίου τὸν γεώδη μολυσμὸν παραδέξασθαι εἴσοδος γίνεται τοῦ ἁγιασμοῦ ἐπὶ τὴν οὕτω παρεσκευασμένην ψυχήν. Ἁγιασμὸς δὲ ὁ κύριος. Καὶ τοῦτο μὲν τοῖς εἰρημένοις ἐπεραιώθη τὸ νόημα.

Πάλιν δὲ μετὰ τοῦτο τῆς ὑπερκειμένης ἀναβάσεως ἅπτεται ἡ ψυχὴ οὐκέτι φωνῆς τὴν καρδίαν θυροκρουστούσης ἀλλ' αὐτῆς τῆς θείας χειρὸς διὰ τῆς ὀπῆς ἐπὶ τὰ ἐντὸς παραδύσης· *Ἀδελφιδός μου*, γάρ φησιν, *ἀπέστειλε τὴν χεῖρα αὐτοῦ διὰ τῆς ὀπῆς, καὶ ἡ κοιλία μου ἐθροήθη ἐπ' αὐτόν.* Δῆλον δὲ πάντως ἐστὶ τῷ συνετῶς ἐπαΐοντι, ὅσον πλεονάζει τῷ ὕψει τὰ νῦν εἰρημένα παρὰ τὰ πρότερον. »Ἄνοιξον« λέγει πρὸς τὴν νύμφην ὁ λόγος· δίδωσιν αὐτῇ διὰ τῶν θείων ὀνομάτων τοῦ ἀνοῖξαι τὴν δύναμιν· ὑπακούει τῷ λόγῳ ἡ νύμφη· γίνεται γὰρ ὅπερ ἤκουσεν· ἀδελφὴ καὶ πλησίον καὶ περιστερὰ καὶ τελεία· ἀποδύεται τὸν δερμάτινον ἐκεῖνον χιτῶνα καὶ τὸν ῥύπον τῶν ποδῶν ἀπονίπτεται καὶ οὔτε τὸ εἰδεχθὲς καὶ ῥωγαλέον ἐκεῖνο ἱμάτιον πάλιν ἑαυτῇ περιτίθησιν | 333 οὔτε τῇ γῇ πρὸς τὸ λοιπὸν ἐναπερείδει τὸ ἴχνος· ἤκουσεν οὖν αὐτοῦ τῆς φωνῆς καὶ τῷ προστάγματι πείθεται· ἀνοίγει τὴν θύραν περιελομένη τῆς καρδίας τὸ κάλυμμα· διέσχε τῆς θύρας τὸ τῆς σαρκὸς παραπέτασμα· πᾶσα ἠνοίγη τῆς ψυχῆς ἡ πύλη, ἵνα εἰσέλθῃ ὁ βασιλεὺς τῆς δόξης. Ἀλλ' ἡ τῆς πύλης εὐρυχωρία μικρά τις ἀπεδείχθη τρυμαλιὰ στενὴ καὶ βραχεῖα, δι' ἧς οὐκ αὐτὸς ὁ νυμφίος ἀλλ' ἡ χεὶρ αὐτοῦ μόγις ἐχώρησεν, ὥστε δι' αὐτῆς ἐπὶ τὸ ἐντὸς γενέσθαι καὶ ἅψασθαι τῆς ἐπιθυμούσης

„Lehm“ der Lust befleckt wird. Das ist es, nach meinem Verständnis wenigstens, wodurch dem Logos die Tür von der Braut geöffnet wird. Denn ihr Einverständnis, den abgeschüttelten „Lehm“ nicht wieder anzurühren und auf der Reise des Lebens die Befleckung mit Erde nicht mehr an sich herankommen zu lassen, wird zu einem Zugang der Heiligung zu der so gerüsteten Seele. Die Heiligung aber ist der Herr. Dahingehend wurde der gedankliche Gehalt (des Verses) durch unsere Worte übersetzt.

Wiederum aber macht sich die Seele im Anschluß daran an den weiterführenden Aufstieg. Nun klopft nicht mehr die Stimme an die Tür des Herzens, sondern die göttliche Hand selbst dringt durch die Luke ins Innere ein. *Mein Brudersohn*, sagt sie nämlich, *streckte seine Hand durch die Luke, und mein Inneres erschrak über ihn* (Cant 5,4). Bestimmt aber ist es dem, der verständig zuhört, deutlich, wie sehr das nun Gesagte das Frühere im Vergleich an Höhe überbietet. „Öffne!“ sagt der Logos zur Braut. Er gibt ihr mit den göttlichen Namen die Befähigung zum Öffnen (vgl. Cant 5,2c–e). Die Braut gehorcht dem Logos. Sie wird nämlich das, was sie hörte: „Schwester“, „Nächste“, „Taube“ und „Vollkommene“. Sie zieht jenes „Fellgewand“ aus und wäscht den Schmutz von ihren Füßen. Und weder legt sie sich wieder jenen scheußlichen und zerfetzten „Mantel“ um, noch setzt sie ihre Fußsohle fernerhin auf die Erde (vgl. Cant 5,3). Sie hörte also seine Stimme und gehorcht dem Befehl: Sie öffnet die Tür, nachdem sie die „Hülle des Herzens“ abgenommen hat (vgl. 2 Kor 3,15 f); sie zog den „Vorhang des Fleisches“ an der Tür auseinander. Das Tor der Seele wurde ganz geöffnet, damit der König der Herrlichkeit einziehe. Aber der breite Raum des Tores erwies sich als eine Art kleiner, enger, unbedeutender Spalt, durch den nicht der Bräutigam selbst, sondern sogar seine Hand kaum hindurchpaßte, in der Absicht, da hindurch nach innen zu gelangen und diejenige zu berühren, die den Bräutigam zu sehen verlang-

τὸν νυμφίον ἰδεῖν, ἢ τοσοῦτον ἐκέρδανε μόνον ὅσον γνῶναι ὅτι ἡ χεὶρ ἐκείνη τοῦ ποθουμένου ἐστίν.

Οἷα δὲ ἡμῖν ὑποδείκνυται δόγματα διὰ τῆς ἐν τοῖς εἰρημένοις φιλοσοφίας μάθοιμεν ἄν, εἰ μικρὸν τῷ λόγῳ προσδιατρίψαιμεν· ἡ ἀνθρωπίνη ψυχὴ δύο φύσεων οὖσα μεθόριος, ὧν ἡ μὲν ἀσώματός ἐστι καὶ νοερὰ καὶ ἀκήρατος ἡ δὲ ἑτέρα σωματικὴ καὶ ὑλώδης καὶ ἄλογος, ἐπειδὰν τάχιστα τῆς πρὸς τὸν παχύν τε καὶ γεώδη βίον σχέσεως | ἐκκαθαρθεῖσα δι᾽ |334 ἀρετῆς ἀναβλέψῃ πρὸς τὸ συγγενὲς καὶ θειότερον, οὐ παύεται διερευνωμένη καὶ ἀναζητοῦσα τὴν τῶν ὄντων ἀρχήν, τίς ἡ τοῦ κάλλους τῶν ὄντων πηγή, πόθεν βρύει ἡ δύναμις, τί τὸ πηγάζον τὴν ἐμφαινομένην τοῖς οὖσι σοφίαν. Πάντας δὲ λογισμοὺς καὶ πᾶσαν ἐρευνητικὴν νοημάτων δύναμιν ἀνακινοῦσα καὶ περιεργαζομένη καταλαβεῖν τὸ ζητούμενον ὅρον ποιεῖται τῆς καταλήψεως τοῦ θεοῦ τὴν ἐνέργειαν μόνην τὴν μέχρις ἡμῶν κατιοῦσαν, ἧς διὰ τῆς ζωῆς ἡμῶν αἰσθανόμεθα.

Καὶ ὥσπερ τὸ τῷ ὕδατι συναναδιδόμενον ἐκ τῆς γῆς πνεῦμα οὐχ ἵσταται περὶ τὸν πυθμένα τῆς λίμνης, ἀλλὰ πομφόλυξ γενόμενον ἐπὶ τὸ ἄνω πρὸς τὸ συγγενὲς ἀνατρέχει καί, ὅταν διέλθῃ τὴν ἄκραν τοῦ ὕδατος ἐπιφάνειαν καὶ καταμιχθῇ πρὸς τὸν ἀέρα, τότε τῆς ἐπὶ τὸ ἄνω κινήσεως ἵσταται, τοιοῦτόν τι πάσχει καὶ ἡ τὰ θεῖα διερευνωμένη ψυχή· ἐπειδὰν ἐκ τῶν κάτωθεν πρὸς τὴν τῶν ὑπερκειμένων γνῶσιν ἑαυτὴν ἀνατείνῃ, τὰ τῆς ἐνεργείας αὐτοῦ θαύματα καταλαβοῦσα

---

[38] Zur Bedeutung und Verwendung des Begriffs μεθόριος bei GREGOR siehe DANIÉLOU, *L'être* 116–132, hier speziell 119. DANIÉLOU hebt hervor, daß GREGOR nicht einfach die Teilhabe des Menschen an zwei unterschiedlichen Naturen konstatiert, sondern ihn damit vor eine Wahl gestellt sieht, was im vorliegenden Text aus *hom.* 11 besonders deutlich wird.

[39] An dieser Stelle ist der Pneuma-Begriff noch in seiner konkret-materiellen Bedeutung gebraucht.

te. Nur so viel gewann sie (*sc.* die Braut) dabei, daß sie erkannte, jene Hand gehöre dem Ersehnten.

Was für Lehrsätze uns durch die Philosophie, die in dem Gesagten enthalten ist, versteckt angedeutet werden, dürften wir erfahren, wenn wir ein wenig bei der Thematik verweilen. Die menschliche Seele ist doch Grenzscheide zweier Naturen[38], von denen die eine leiblos, verständig und lauter ist, die andere aber körperlich, materiell und unvernünftig. Sobald sie (*sc.* die Seele) nun schnellstmöglich gereinigt ist von der Neigung zum groben und irdischen Leben und mit Hilfe der Tugend zu dem aufblickt, was ihr verwandt und göttlicher ist, hört sie nicht auf, den Ursprung des Seienden auszuforschen und danach zu suchen, wer die Quelle der Schönheit des Seienden ist, woher die Kraft strömt und welches (Prinzip) die Weisheit, die sich im Seienden zeigt, hervorfließen läßt. Aber obwohl sie alle Überlegungen und alle forschende Kraft der Gedanken aufbringt und sich wißbegierig abmüht, das Gesuchte zu erfassen, macht sie das (göttliche) Wirken, das allein bis zu uns herabreicht, zur Grenze im Erfassen Gottes. Denn dieses Wirken nehmen wir in unserem Leben wahr.

Und es ist wie mit dem Gas (dem Pneuma[39]), das zusammen mit dem Wasser aus der Erde hervorquillt. Es steht am Grunde des Sees nicht still, sondern eilt, zur Luftblase geworden[40], nach oben zum verwandten Element empor und hält, sobald es die Grenze der Wasseroberfläche durchdrungen und sich mit der Luft vermischt hat, dann in der Bewegung nach oben an. Etwas in der Art erleidet auch die Seele, die das Göttliche durchforscht: Sobald sie sich aus dem Bereich der unteren Dinge ausstreckt zur Erkenntnis des Höherliegenden, vermag sie, nachdem sie die Wunder seines (*sc.* Gottes) Wirkens erfaßt hat, nicht weiter voran-

---

[40] Zur Verwendung dieses ursprünglich epikureischen Bildes bei GREGOR vgl. SAFFREY, *Homo bulla*, zur vorliegenden Passage aus *hom.* 11 ebd. 536f.

περαιτέρω προελθεῖν διὰ τῆς πολυπραγμοσύνης τέως οὐ δύναται, ἀλλὰ θαυμάζει καὶ | σέβεται τὸν ὅτι ἔστι μόνον δι’ | 335 ὧν ἐνεργεῖ γινωσκόμενον.

Ὁρᾷ τὸ οὐράνιον κάλλος, τὰς τῶν φωστήρων αὐγάς, τὴν ὀξεῖαν τοῦ πόλου κυκλοφορίαν, τὴν εὔτακτόν τε καὶ ἐναρμόνιον τῶν ἐντὸς ἄστρων περιφοράν, τὸν ἐνιαύσιον κύκλον τέσσαρσι καιροῖς εἰς ἑαυτὸν ἀναστρέφοντα, τὴν γῆν συνδιατιθεμένην τῷ περιέχοντι καὶ τῇ διαφορᾷ τῆς τῶν ὑπερκειμένων κινήσεως τὰς ἰδίας ἐνεργείας συνεξαλλάσσουσαν, τάς τε πολυειδεῖς ἐν τοῖς ζῴοις φύσεις τῶν τε καθ’ ὕδατος διαιτωμένων καὶ τῶν τὴν διαέριον ἀπολαχόντων φορὰν καὶ οἷς χερσαῖος ὁ βίος, τάς τε παντοδαπὰς τῶν φυτῶν ἰδέας καὶ τὰς ποικίλας πόας ποιότητι καὶ δυνάμει καὶ σχήματι ἀλλήλων διαφερούσας καὶ τὰς τῶν καρπῶν τε καὶ χυμῶν ἰδιότητας· <ταῦτα τοίνυν> καὶ τὰ ἄλλα, δι’ ὧν ἡ ἐνέργεια τοῦ θεοῦ διαδείκνυται, βλέπουσα ἡ ψυχὴ διὰ τοῦ θαύματος τῶν φαινομένων ἀναλογίζεται τῇ διανοίᾳ τὸν διὰ τῶν ἔργων νοούμενον ὅτι | ἔστιν. | 336

Ἴσως δὲ κατὰ τὸν αἰῶνα τὸν μέλλοντα, ὅταν παρέλθῃ πᾶν τὸ ὁρώμενον κατὰ τὴν τοῦ κυρίου φωνήν, ὅς φησιν ὅτι »Ὁ οὐρανὸς καὶ ἡ γῆ παρελεύσεται«, καὶ εἰς ἐκείνην μετέλθωμεν

---

[41] Die „vielgeschäftige Wißbegier“ (im Text durch das Nomen πολυπραγμοσύνη und — weiter oben — durch das Partizip περιεργαζομένη gekennzeichnet) scheint hier gegenüber der Auslegung von Cant 3,1–4 in *hom.* 6 (siehe oben 370f mit Anm. 14) nicht rundweg erfolglos, sondern in ihrem „Ertrag“ begrenzt, da sie über indirekte Gotteserkenntnis nicht hinausführt.

[42] In dieser Beschreibung liegt ein weiteres Indiz (vgl. auch *hom.* 10 zu Cant 4,16a, oben 550f mit Anm. 11 und 12) für das sphärische Weltbild GREGORS vor, demzufolge der Himmel eine in Bewegung befindliche (Hohl-)Kugel darstellt, in deren Mittelpunkt die Erde zu denken ist. Eine übersichtliche Zusammenfassung der astronomischen Vorstellungen der Griechen, die hier nachwirken, findet man bei GUNDEL, *Astronomie* 831f, der ebd. 835 allerdings zu Unrecht auch GREGOR die „biblische Vorstellung“ zuweist, „daß die Erde eine Scheibe ist“.

[43] Hier könnte an die (optische) Veränderung der Sonnenbahn im Laufe eines Jahres gedacht sein, mit der der Wechsel der Jahreszeiten in sinnfälligem Zusammenhang steht.

zukommen durch die bis dahin betriebene Wißbegier[41]. Vielmehr bewundert und verehrt sie den, den man lediglich durch das, was er wirkt, als existent erkennt.

Sie sieht die himmlische Schönheit, den Glanz der Sterne, die rasche Drehung des Himmelsgewölbes[42], den geordneten und harmonischen Umlauf der Sterne in dessen Innerem, den Jahreskreis, der mit den vier Jahreszeiten sich selbst ständig wiederholt, die Erde, wie sie in Übereinstimmung mit ihrer Umgebung eingerichtet ist und in Übereinstimmung mit der unterschiedlichen Bewegung der (Himmelskörper) über ihr das eigene Wirken verändert[43]. Und sie sieht die vielgestaltigen Naturen unter den Lebewesen, sowohl derer, die sich unter Wasser aufhalten, als auch derer, die die Fortbewegung durch die Luft zugewiesen erhielten, und derer, deren Leben sich auf dem festen Land abspielt. Sie sieht auch die mannigfachen Arten der Pflanzen und die vielfältigen Kräuter, die sich in Qualität, Wirkkraft und Form voneinander unterscheiden, und die Eigenarten der Früchte und Säfte. Wenn die Seele <dies also>[44] und auch das andere, wodurch sich das Wirken Gottes deutlich zeigt, erblickt, erschließt sie durch das Wunder der Phänomene mit ihrem Denken den, dessen Existenz aufgrund seiner Werke zu erkennen ist[45].

Vermutlich werden wir im kommenden Äon, wenn alles Sichtbare vergangen ist — dem Wort des Herrn zufolge, der sagt: „Himmel und Erde werden vergehen" (Mt

---

[44] Es handelt sich um einen Zusatz der syrischen Übersetzung, den der Editor unter Vorbehalt in den Text mit aufnahm, obwohl der Syrer die vorliegende Passage noch an weiteren Stellen ergänzt; vgl. GNO 6, 335 mit kritischem Apparat.

[45] Die Gotteserkenntnis aufgrund des staunenswerten Kosmos ist ein geläufiger Topos antiker (aristotelischer) Philosophie (vgl. etwa das Aristoteles-Zitat bei Cicero, *nat. deor.* 2,95 [783–787 Pease]), der über Weish 13,1–9 und Röm 1,19f auch in das hellenistisch-jüdische sowie christliche Denken einging. Bei Gregor relativiert diese Erkenntnismöglichkeit die Unfaßbarkeit Gottes in begrenztem Maße.

τὴν ζωήν, ἣ ὑπὲρ ὀφθαλμόν τέ ἐστι καὶ ἀκοὴν καὶ διάνοιαν, τότε οὐκέτι ἐκ μέρους διὰ τῶν ἔργων ἐπιγνωσόμεθα τὴν τοῦ ἀγαθοῦ φύσιν ὥσπερ καὶ νῦν οὐδὲ διὰ τῆς τῶν φαινομένων ἐνεργείας τὸ ὑπερκείμενον νοηθήσεται, ἀλλ' ἑτέρως καταληφθήσεται πάντως τὸ εἶδος τῆς ἀφράστου μακαριότητος καὶ ἄλλος τρόπος τῆς ἀπολαύσεως, ὃς νῦν ἐπὶ καρδίαν ἀνθρώπου ἀναβῆναι φύσιν οὐκ ἔχει. Τέως δὲ νῦν ὅρος τῇ ψυχῇ τῆς τοῦ ἀφράστου γνώσεώς ἐστιν ἡ ἐμφαινομένη τοῖς οὖσιν ἐνέργεια, ἣν χεῖρα λέγεσθαι τροπικῶς ἐνοήσαμεν.

Τοῦτο τοίνυν ἡμῖν τὸ δόγμα διὰ τῶν θείων τούτων λογίων πεφιλοσόφηται, δι' ὧν ἡ καθαρὰ ψυχή, οὐκέτι τοῦ γηΐνου τε καὶ ὑλικοῦ βίου ἐπιβατεύουσα, ἵνα μὴ μολύνῃ ἑαυτῆς τὸ ἴχνος τοῖς κάτω ἐνερειδόμενον, προσδοκήσασα αὐτὸν ὑποδέξασθαι τὸν νυμφίον ὅλον ἐν τῷ οἴκῳ γενόμενον, ἠγάπησε μόνην τέως τὴν χεῖρα θεασαμένη, δι' ἧς ἑρμηνεύεται ἡ ἐνεργητικὴ αὐτοῦ δύναμις· *Ἀδελφιδός μου*, γάρ φησιν, *ἀπέστειλε τὴν χεῖρα* | *αὐτοῦ διὰ τῆς ὀπῆς*. Οὐ γὰρ χωρεῖ ἡ | 337 ἀνθρωπίνη πενία τὴν ἀόριστόν τε καὶ ἀπερίληπτον φύσιν ἐν ἑαυτῇ δέξασθαι.

Ἡ δὲ κοιλία μου, φησίν, *ἐθροήθη ἐπ' αὐτόν*. Ἔκπληξίν τινα σημαίνει καὶ ξενισμὸν ἐπὶ τῷ φανέντι θαύματι τὸ τῆς θροήσεως ὄνομα· πᾶσα γὰρ αὐτῆς ἡ διανοητικὴ δύναμις συνεκινήθη πρὸς τὸ θαῦμα τῶν διὰ τῆς θείας χειρὸς ἐνεργουμένων, ὧν ἡ κατανόησις ὑπερκειμένη τῆς ἀνθρωπίνης δυνάμεως τὸ ἀκατάληπτόν τε καὶ ἀχώρητον τῆς τοῦ ἐνεργοῦντος φύσεως δι' ἑαυτῆς ἑρμηνεύει. Πᾶσα γὰρ ἡ τῶν ὄντων

---

[46] Im Anschluß an die Darstellung der (begrenzten) Gotteserkenntnis aufgrund der Schöpfungswerke schärft GREGOR sofort wieder die prinzipielle Unfaßbarkeit des göttlichen Wesens ein, die ihm seit der eunomianischen Kontroverse ein besonderes Anliegen ist; vgl. oben 17–21.

24,35) — und wenn wir in jenes Leben hinübergegangen sind, das Sehen, Hören und Denken übersteigt, dann die Natur des Guten nicht mehr bruchstückhaft erkennen aufgrund der Werke wie jetzt noch. Und vermutlich wird man das Höherliegende dann nicht mehr durch die Wirksamkeit an den Phänomenen wahrnehmen. Vielmehr wird die Erscheinungsweise der unaussprechlichen Seligkeit bestimmt auf andere Weise zu erfassen sein, und es wird eine andere Weise des Genießens geben, welche jetzt naturgemäß noch nicht ins Herz des Menschen aufsteigen kann (vgl. 1 Kor 2,9). Bis dahin aber ist die im Seienden aufscheinende Wirksamkeit, die, wie wir bemerkten, figurativ „Hand" genannt wird, für die Seele die Schranke der Erkenntnis des Unaussprechlichen.

Dieser Grundsatz also wurde uns durch die göttlichen Logien philosophisch vermittelt, die die reine Seele benutzte (um folgendes auszudrücken): Sie setzt ihren Fuß nicht mehr ins irdisch-materielle Leben, um ihre Sohle nicht zu beflecken, indem sie sich auf die Wirklichkeit hier drunten stützt; und trotz ihrer Erwartung, den Bräutigam selbst zu empfangen, sobald er in ganzer Gestalt ins Haus eintritt, gab sie sich damit zufrieden, vorerst nur seine „Hand" zu schauen, durch die seine wirkende Kraft versinnbildlicht wird. *Mein Brudersohn*, sagt sie nämlich, *streckte seine Hand durch die Luke* (Cant 5,4a). Denn es gelingt der menschlichen Armut nicht, die unbegrenzte und unumfaßbare Natur in sich aufzunehmen.

Mein Inneres, fährt sie indes fort, *erschrak über ihn* (Cant 5,4b). Der Begriff „Erschrecken" bezeichnet eine Art Bestürzung und Befremdung über das offenbar gewordene Wunder. Ihre ganze Denkkraft nämlich wurde mit hingerissen zum Staunen über das, was von der göttlichen „Hand" bewirkt wurde. Die geistige Wahrnehmung dieser (Phänomene), die jenseits der menschlichen Fassungskraft liegt, erläutert durch sich schon die Unbegreiflichkeit und Unfaßbarkeit der Natur des Wirkenden[46]. Denn die ganze

κτίσις τῆς χειρὸς ἐκείνης τῆς διὰ τῆς ὀπῆς ἡμῖν φανερωθείσης ἔργον ἐστίν, ὡς ὁ Ἰωάννης τε βοᾷ λέγων καὶ ὁ προφήτης τῷ εὐαγγελίῳ συμφθέγγεται· ὁ μὲν γάρ φησιν ὅτι »Πάντα δι' αὐτοῦ ἐγένετο«, ὁ δὲ προφήτης χεῖρα ὀνομάζει τὴν ποιητικὴν τῶν ὄντων δύναμιν εἰπὼν ὅτι »Ἡ χείρ μου ἐποίησε ταῦτα πάντα.« Εἰ οὖν τῆς ἐνεργείας ἐκείνης ἔργα τά τε ἄλλα πάντα καὶ τὰ οὐράνια κάλλη, οὔπω δὲ κατείληφεν ἡ ζητητικὴ τοῦ ἀνθρώπου διάνοια, τί κατ' οὐσίαν ὁ οὐρανός ἐστιν ἢ ὁ ἥλιος ἢ ἄλλο τι τῶν φαινομένων ἐν τῇ κτίσει θαυμάτων, τούτου χάριν θροεῖται πρὸς τὴν θείαν ἐνέργειαν ἡ καρδία, ὅτι εἰ ταῦτα καταλαβεῖν οὐ χωρεῖ, πῶς τὴν ὑπερκειμένην τούτων καταλήψεται φύσιν;

Τάχα δέ τις καὶ ἄλλως μεταλαβὼν τὰ τῶν εἰρημένων 338 αἰνίγματα οὐκ ἔξω τοῦ εἰκότος προάξει τὴν θεωρίαν· οἶμαι γὰρ οἶκον νοεῖσθαι τῆς νύμφης πᾶσαν τὴν ἀνθρωπίνην ζωήν, ταύτῃ δὲ τὴν χεῖρα τὴν πάντων τῶν ὄντων ποιητικὴν ἐνδημήσασαν πρὸς τὸ βραχύ τε καὶ οὐτιδανὸν τοῦ ἀνθρωπίνου βίου ἑαυτὴν συστεῖλαι διὰ τοῦ μετασχεῖν τῆς φύσεως ἡμῶν »κατὰ πάντα καθ' ὁμοιότητα χωρὶς ἁμαρτίας«, ἐν ἡμῖν δὲ γενομένην θρόησιν ἐμποιῆσαι καὶ ξενισμὸν ταῖς ψυχαῖς· πῶς ὁ θεὸς ἐν σαρκὶ φανεροῦται; Πῶς ὁ λόγος γίνεται σάρξ; Πῶς ἐν παρθενίᾳ τόκος καὶ ἐν μητρὶ παρθενία; Πῶς τῷ σκότει τὸ φῶς καταμίγνυται καὶ τῷ θανάτῳ ἡ ζωὴ κατακίρναται; Πῶς χωρεῖ ἡ βραχεῖα τοῦ βίου τρυμαλιὰ τὴν περιεκτικὴν πάντων τῶν ὄντων χεῖρα ἐν ἑαυτῇ δέξασθαι, ᾗ πᾶς ὁ οὐρανὸς ἐκμετρεῖται καὶ ἡ γῆ πᾶσα καὶ τὸ ὕδωρ ἅπαν ἐμπεριέχεται;

---

[47] GREGOR interpretiert den Begriff κοιλία in Cant 5,4b, der eigentlich „Unterleib/Bauchhöhle/Eingeweide" bedeutet und den ich allgemeiner durch „Inneres" wiedergegeben habe, hier durch das Wort καρδία (Herz).

Schöpfung des Seienden ist ein Werk jener „Hand“, die uns durch die „Luke“ offenbar wurde. So ruft es Johannes in seinen Worten aus, und der Prophet stimmt mit dem Evangelium überein. Der eine sagt nämlich: „Alles ist durch ihn (*sc.* den Logos) geworden“ (Joh 1,3). Der Prophet aber nennt die Kraft, die das Seiende schaffen kann, „Hand“, wenn er sagt: „Meine (*sc.* Gottes) Hand hat dies alles gemacht“ (Jes 66,2). Wenn also sowohl alles andere wie auch die Beispiele himmlischer Schönheit Werke jenes (göttlichen) Wirkens sind, das suchende Denken des Menschen aber noch nicht einmal erfaßt hat, was Himmel, Sonne oder irgend etwas anderes von den Wundern, die sich in der Schöpfung zeigen, ihrem Wesen nach sind, erschrickt darum das Herz[47] angesichts des göttlichen Wirkens. Denn wenn es ihm nicht gelingt, dies zu erfassen, wie sollte es die Natur begreifen, die jenseits dessen liegt?

Vielleicht aber wird jemand, der die Rätselbilder dieser Verse auch anders auffaßt, die Betrachtung trotzdem nicht abseits der Wahrscheinlichkeit fortführen. Ich meine nämlich, daß das ganze menschliche Leben als „Haus“ der Braut zu verstehen ist, daß weiterhin die „Hand“, die alles Seiende schaffen kann, sich darin aufhielt und sich zusammenzog zur Geringfügigkeit und Nichtigkeit des menschlichen Lebens, und zwar dadurch, daß sie partizipierte an unserer Natur — „in allem uns ähnlich außer der Sünde“ (Hebr 4,15). Sobald sie sich aber unter uns einfindet, ruft sie Erschrecken und Befremdung in den Seelen hervor: Wie kann Gott im Fleisch geoffenbart werden? Wie kann der Logos Fleisch werden? Wie kann es Geburt in Jungfräulichkeit und Jungfräulichkeit bei einer Mutter geben? Wie kann sich das Licht mit der Finsternis vermischen und das Leben mit dem Tod vermengen? Wie gelingt es dem unbedeutenden „Spalt“ des Lebens, die „Hand“, die alles Seiende umfassen kann, in sich aufzunehmen — (jene „Hand“), durch die der ganze Himmel ausgemessen wird und die ganze Erde und alles Wasser umfaßt werden (vgl. Jes

Εἰκὸς τοίνυν τὴν τοῦ εὐαγγελίου χάριν διὰ τοῦ τῆς χειρὸς αἰνίγματος προφητικῶς ἡμῖν ὑπὸ τῆς νύμφης διασημαίνεσθαι· ὅτε γὰρ ἐπὶ τῆς γῆς ὤφθη καὶ τοῖς ἀνθρώποις συνανεστράφη ὁ κύριος, τὸ καθαρόν τε καὶ ἄϋλον τοῦ νυμφίου κάλλος καὶ τὴν τοῦ λόγου θεότητα καὶ τὴν τοῦ ἀληθινοῦ φωτὸς λαμπηδόνα διὰ τῆς τῶν ἐνεργειῶν χειρὸς ἐγνωρίσαμεν· χεῖρα γὰρ νοοῦμεν τὴν τῶν θαυμάτων ἀπεργαστικὴν αὐτοῦ δύναμιν, | δι' ἧς ἐζωοποιοῦντο μὲν οἱ νεκροὶ καὶ τῶν τυφλῶν | 339 αἱ ὄψεις ἀποκαθίσταντο καὶ τὸ τῆς λέπρας πάθος ἐφυγαδεύετο καὶ πᾶν εἶδος ἀνιάτου καὶ χαλεπῆς ἀρρωστίας ἀπεχώρει τῶν σωμάτων διὰ προστάγματος.

Προτεθείσης δὲ ἡμῖν τῆς διπλῆς ταύτης ἐπὶ τῇ χειρὶ θεωρίας, ὧν ἡ μὲν ὑποτίθεται τὴν θείαν φύσιν ἀκατάληπτον οὖσαν παντελῶς καὶ ἀνείκαστον διὰ μόνης τῆς ἐνεργείας γινώσκεσθαι, ἡ δὲ τὴν εὐαγγελικὴν χάριν προαναφωνεῖσθαι λέγει διὰ τῶν λόγων τούτων ὑπὸ τῆς νύμφης, ἐπὶ τῷ ἀκροατῇ ποιησόμεθα τὴν προσφυεστέραν τε καὶ μᾶλλον τοῖς ὑποκειμένοις ἁρμόζουσαν πρὸ τῆς ἑτέρας ἐκλέξασθαι. Πλὴν ὅτιπερ ἂν νομισθῇ ψυχωφελέστερον εἶναι, γένοιτο ἂν ἡμῖν δι' ἑκατέρου τῶν εἰρημένων αὐτάρκης ἡ πρὸς τὸ ἀγαθὸν ὁδηγία· ἐκ μὲν γὰρ τοῦ γνῶναι, ὅτι τοῦ θεοῦ τὸ γνωστὸν κατὰ τὴν τοῦ Παύλου φωνὴν διὰ τῆς τοῦ κόσμου κτίσεως νοούμενον καθορᾶται, τῆς περὶ τῶν ἀκαταλήπτων πολυπραγμοσύνης φεισόμεθα, ὡς ἂν μὴ διὰ τοῦ φυσιολογεῖσθαι τὴν ἀνέφικτόν τε καὶ ἀνεκφώνητον φύσιν ὕλην λάβοι κατὰ τῆς ἀληθείας ἡ αἱρε-

---

[48] Mit dem Adverb προφητικῶς erinnert GREGOR seine Zuhörer wieder (vgl. Anm. 26, oben 270, und Anm. 18, oben 312) daran, daß das alttestamentliche Hohelied nur als *Weissagung* auf Christus bezogen werden kann.

[49] GREGOR thematisiert an dieser Stelle die Gefährlichkeit der πολυπραγμοσύνη (vgl. demgegenüber Anm. 41, oben 604, und Anm. 14, oben 370). Zugleich liegt hier eine der wenigen Passagen der *Canticum-Homilien* vor, in denen eine polemische Frontstellung gegenüber anderen

40,12)? Es ist demnach wahrscheinlich, daß uns von der Braut die Gnade des Evangeliums in prophetischer Weise[48] mit dem Rätselbild der „Hand" bezeichnet wird. Als nämlich der Herr auf Erden erschien und mit den Menschen Umgang hatte, da lernten wir die reine und immaterielle Schönheit des Bräutigams, die Gottheit des Logos und das Strahlen des wahren Lichts durch die „Hand" seines vielfältigen Wirkens kennen. Denn unter der „Hand" verstehen wir seine Kraft, Wunder zu vollbringen. Durch sie wurden die Toten lebendig gemacht und die Augen der Blinden wiederhergestellt, das Leiden des Aussatzes wurde vertrieben, und jede Art von unheilbarer und schwerer Krankheit wich auf einen Befehl hin von den Leibern.

Diese zweifache Betrachtung zum Thema „Hand" wurde von uns vorgelegt. Die eine davon stellt den Grundsatz auf, daß die göttliche Natur, da sie durchaus unfaßbar und unvergleichlich ist, allein durch ihr Wirken erkannt wird. Die andere aber besagt, daß die Gnade, die das Evangelium darstellt, durch diese Worte im voraus von der Braut geweissagt wird. Wir werden es nun dem Hörer überlassen, der angemesseneren Betrachtung, die auch eher zur Grundlage (*sc.* des Canticum-Textes) paßt, den Vorzug vor der anderen zu geben. Abgesehen davon, was immer man als nützlicher für die Seele beurteilt — uns dürfte die Anleitung zum Guten bei jeder von beiden vorgetragenen (Auslegungen) in sich selbst genug sein. Denn aufgrund der Erkenntnis, daß nach dem Wort des Paulus das, was an Gott erkennbar ist, durch die Schöpfung des Kosmos mit Einsicht geschaut wird (vgl. Röm 1,20), werden wir von der vielgeschäftigen Wißbegier[49] in bezug auf das Unfaßbare ablassen, damit nicht etwa die Häresie dadurch „Stoff" gegen die Wahrheit bekomme, daß die unerreichbare und unaussprechliche Natur nach Art der Naturen-

---

theologischen Richtungen zutage tritt, ohne daß freilich Namen genannt werden.

σις· εἰ δὲ πρὸς τὸ εὐαγγέλιον βλέπειν τὸ αἴνιγμα τῆς χειρὸς ὑποθώμεθα, καὶ οὕτω βεβαιοτέρα ἡμῖν τῶν μυστικῶν δογμάτων ἡ πίστις γενήσεται διὰ | τῆς προαναφωνήσεως τῶν I 340 δογμάτων προσλαβοῦσα τὸ ἀναμφίβολον, ἐν Χριστῷ Ἰησοῦ, ᾧ ἡ δόξα εἰς τοὺς αἰῶνας. Ἀμήν.

[50] Es läßt den Sinn der Aussage nicht ganz deutlich werden, wenn man (wie BOER, *Anthropologie* 163) übersetzt: „auf naturwissenschaftliche Weise". Wir denken bei „Naturwissenschaft" gerade nicht an metaphysisch-theologische Fragen, die aber in der Auseinandersetzung um die Einheit oder Vielheit der göttlichen φύσις die entscheidende Rolle spielten.

Lehre[50] behandelt wird. Wenn wir aber die These aufstellen, das Rätselbild der „Hand“ ziele auf das Evangelium, wird auch so der Glaube der mystischen Grundsätze für uns fester werden, wenn er durch die Weissagung der Dogmata Zuverlässigkeit hinzugewinnt — in Christus Jesus, dem Ehre sei in Ewigkeit. Amen[51].

[51] Die kurze Schlußformel, die kunstlos an den letzten Satz der Predigt angehängt ist, weist ihrerseits auf den vorzeitigen Abbruch der Homilie hin (vgl. Anm. 3, oben 572f). In zwei voneinander unabhängigen griechischen Textzeugen (Θ und N) hat sich zudem die nachträgliche Notiz eines Schreibers erhalten, hier liege wirklich „das Ende“ von *hom.* 11 vor; vgl. GNO 6, 340 kritischer Apparat.

Λογοσ ιβʹ

5,5 *Ἀνέστην ἐγὼ ἀνοῖξαι τῷ ἀδελφιδῷ μου,*
χεῖρές μου ἔσταξαν σμύρναν,
οἱ δάκτυλοί μου σμύρναν πλήρη.
Ἐπὶ χεῖρας τοῦ κλείθρου
5,6 *ἤνοιξα ἐγὼ τῷ ἀδελφιδῷ μου,*
ἀδελφιδός μου παρῆλθεν·
ἡ ψυχή μου ἐξῆλθεν ἐν λόγῳ αὐτοῦ.
Ἐζήτησα αὐτὸν καὶ οὐχ εὗρον αὐτόν,
ἐκάλεσα αὐτὸν καὶ οὐχ ὑπήκουσέ μου.
5,7 *Εὕροσάν με οἱ φύλακες οἱ κυκλοῦντες ἐν τῇ πόλει,*
ἐπάταξάν με, ἐτραυμάτισάν με,
ἦραν τὸ θέριστρον ἀπ᾽ ἐμοῦ οἱ φύλακες τῶν τειχέων.

Οἱ τὴν διαπόντιον ἀποδημίαν κατ᾽ ἐλπίδα πλούτου στελλόμενοι, ὅταν ἤδη τὴν ὁλκάδα τοῦ λιμένος ἀποσαλεύσωσι | καὶ | 341 πρὸς τὸ πέλαγος στρέψῃ διὰ τῶν πηδαλίων τὴν πρῴραν ὁ τῶν οἰάκων ὑπερκαθήμενος, εὐχὴν ποιοῦνται τῆς ναυτιλίας προοίμιον θεὸν γενέσθαι καθηγεμόνα σφίσι τῆς εὐπλοίας

---

[1] Mit Cant 5,5–7 behandelt GREGOR nun jene Canticum-Verse, die noch für die vorhergehende Predigt vorgesehen waren, dort aber nicht mehr ausgelegt werden konnten (siehe Anm. 3, oben 572 f, und Anm. 51, oben 613).

[2] Zu dieser LXX-Bezeichnung für den Geliebten siehe Anm. 5, oben 201.

[3] Den von LANGERBECK eingefügten Artikel αἱ (*sc.* χεῖρές μου) bezeugen die Handschriften der *Canticum-Homilien* weder hier noch im Lemma von *hom.* 11 (vgl. GNO 6,315 und 340 kritischer Apparat); GREGOR zitiert den Stichus in *hom.* 12 einmal ohne und einmal mit Artikel (siehe unten 618 und 624) — eine Korrektur des überlieferten LXX-Textes ist deshalb nicht erforderlich.

[4] Mit dem Adjektiv πλήρη ist ein hebräisches Partizip wiedergegeben, das auf den flüssigen Zustand der Myrrhe hinweist.

[5] Dieser Stichus gibt eine hebräische Wendung wieder, die — für sich genommen — „an den Griffen des Riegels“ bedeutet. Der Bezug dieser

5,5[1] *Ich stand auf, meinem Brudersohn*[2] *zu öffnen;*
meine Hände[3] *ließen Myrrhe tropfen,*
meine Finger reichlich bemessene[4] *Myrrhe.*
(Meine) Hände am Riegel[5],
5,6 *öffnete ich meinem Brudersohn;*
mein Brudersohn ging vorüber;
meine Seele ging aus in seinem Wort[6].
Ich suchte ihn und fand ihn nicht,
ich rief ihn, und er hörte nicht auf mich.
5,7 *Mich fanden die Wächter, die in der Stadt die Runde machen,*
sie schlugen mich, sie verwundeten mich;
den Schleier nahmen die Wächter der Mauern von mir.

Diejenigen, die sich in der Hoffnung auf Reichtum zu einer Reise über das Meer aufmachen, sprechen als Eröffnung der Seefahrt ein Gebet, sobald sie ihr Lastschiff bereits aus dem Hafenbecken gebracht haben und der Navigator[7] den Schiffsbug mit Hilfe der Steuerruder zur offenen See hinaus wendet. Sie bitten darum, daß Gott ihnen zum Führer auf einer glücklichen Schiffsreise[8] werde. Die Hauptsache

---

Wendung im Satzzusammenhang ist bei den heutigen Exegeten umstritten. GREGOR versteht das Wort χεῖρας im griechischen Text indes von seiner Grundbedeutung her als „Hände" und muß daher den folgenden Genitiv auf die Präposition ἐπί beziehen, um dem Satz einen erträglichen Sinn abzugewinnen; vgl. die Auslegung zu Cant 5,5d–6c (unten 633 bis 635 mit Anm. 29 sowie 641).

[6] Die LXX gibt den hebräischen Text hier lexikonartig wieder, ohne sich um den Sinn zu kümmern. Im Deutschen würde die angemessene Übertragung des Stichus in etwa lauten: „Ich geriet außer mir: Er (*sc.* der Geliebte) war weg!"

[7] Wörtlich: „der, der an den Griffen (des Steuerruders) sitzt".

[8] Auf die übertragene Anwendung des antiken *Euploia*-Motivs bei den Kirchenvätern macht RAHNER, *Εὔπλοια* 5–7, aufmerksam. Ein Hinweis auf die hier vorliegende Stelle findet sich ebd. 5 mit Anm. 38.

αἰτούμενοι. Τὸ δὲ κεφάλαιόν ἐστιν αὐτοῖς τῆς εὐχῆς πνεῦμα προσηνές τε καὶ πλόϊμον ἐμπεσεῖν τῷ ἱστίῳ πρὸς τὸν σκοπὸν τοῦ κυβερνήτου, κατὰ πρύμναν ἱστάμενον· οὗ καταθυμίως αὐτοῖς ἐπιπνέοντος ἡδεῖα μὲν ἡ θάλασσα γίνεται τοῖς ἠρεμαίοις κύμασι γλαφυρῶς ὑποφρίσσουσα, ἄλυπα δὲ τοῦ πελάγους τὰ πλάτη δι' εὐκολίας τῆς νεὼς ἐφιπταμένης καὶ ἐπολισθαινούσης τοῖς ὕδασι, πρὸ ὀφθαλμῶν δὲ ὁ πλοῦτος ὁ διὰ τῆς ἐμπορίας αὐτοῖς ἐλπιζόμενος ἤδη τῆς εὐπλοίας ἐγγυωμένης καὶ πρὸ τῆς πείρας τὴν εὐπορίαν.

Ἀλλὰ πρὸς ὅ τι βλέπων ἐντεῦθεν προοιμιάζομαι, δῆλον πάντως ἐστὶ τοῖς εὐμαθεστέροις τῶν ἀκροατῶν τὸ τῷ σκοπῷ τοῦ προοιμίου προκείμενον· μέγα πρόκειται τῷ λόγῳ τὸ πέλαγος τῆς τῶν θείων ῥητῶν θεωρίας, πολὺς δὲ διὰ τῆς ναυτιλίας ταύτης ὁ τῆς γνώσεως πλοῦτος ἐλπίζεται, ἡ δὲ ἔμψυχος αὕτη ναῦς, ἡ ἐκκλησία, ἐν παντὶ τῷ ἰδίῳ πληρώματι πρὸς τὸν πλοῦν τῆς ἐξηγήσεως βλέπει μετέωρος. | Ἀλλ' οὐ πρότερον | 342 ἅπτεται τῶν οἰάκων ὁ κυβερνήτης λόγος, πρὶν ἂν ἐκ κοινοῦ γένηται τοῦ πληρώματος τῆς νεὼς πρὸς τὸν θεὸν ἡ εὐχή, ὡς ἐπιπνεῦσαί τε ἡμῖν τὴν τοῦ ἁγίου πνεύματος δύναμιν καὶ ἀνακινῆσαι τῶν νοημάτων τὰ κύματα καὶ δι' αὐτῶν εὐπλοοῦντα προαγαγεῖν δι' εὐθείας τὸν λόγον, ἵνα οὕτω πελάγιοι διὰ τῆς θεωρίας γενόμενοι τὸν τῆς γνώσεως πλοῦτον ἐμπορευσώμεθα, εἴπερ ἔλθοι διὰ τῶν εὐχῶν ὑμῶν τὸ πνεῦμα τὸ ἅγιον ἐπὶ τὸν λόγον πλησίστιον.

[9] GREGOR macht sich — wie so oft — den Umstand zunutze, daß das griechische Wort πνεῦμα sowohl meteorologisch als auch theologisch verwendet werden kann (siehe das Folgende).

[10] Nach RAHNER, *Symbole der Kirche* 275, war es „in der antiken Rhetorik üblich, den Beginn und das Ende einer großen Rede, eines

an ihrem Gebet ist ihnen, daß ein freundlicher und günstiger Wind (ein Pneuma[9]), der in Richtung auf das Ziel des Steuermanns bläst, in das Segel fährt, indem er von der Seite des Achterdecks her einsetzt. Wenn dieser Wind ihrem Wunsch entsprechend weht, gibt sich das Meer freundlich, da es sich sanft in friedlichen Wellen kräuselt, die Weiten des Meeres fallen nicht beschwerlich, weil das Schiff mit Leichtigkeit dahinfliegt und auf den Wassern dahingleitet, vor Augen aber steht der Reichtum, der aufgrund der Handelsfahrt für sie zu erhoffen ist, wobei die glückliche Fahrt bereits den Wohlstand verbürgt — noch vor der Realisierung des Unternehmens.

Worauf ich indes mit dem Proömium hier abziele, ist bestimmt denen unter den Zuhörern deutlich, die leichter begreifen, was der Absicht des Proömiums vorschwebt. Groß ist die „See" der Betrachtung der göttlichen Worte, die uns durch den Text (*sc.* des Canticum) vorgelegt ist. Gewaltig wiederum ist der Reichtum der Erkenntnis, der aufgrund dieser „Seefahrt" zu erhoffen ist. Jenes beseelte „Schiff" aber, die Kirche, blickt „auf hoher See" mit der Gesamtheit ihrer eigenen „Besatzung" auf die „Schiffahrt" der Auslegung[10]. Doch nicht eher faßt der „Steuermann" Vernunft die Griffe (des Steuerruders) an, bis von der gesamten „Schiffsbesatzung" zu Gott gebetet wird: Die Kraft des Heiligen Geistes soll uns anwehen und die „Wogen" der Gedanken aufwühlen und unsere Rede, die mit deren Hilfe glücklich dahinfährt, geraden Weges voranbringen, damit wir, wenn wir so auf „offene See" gelangt sind durch die Betrachtung, den Reichtum der Erkenntnis einhandeln, sofern der Heilige Geist auf euere Bitten hin „segelschwellend" über unsere Rede kommen wolle.

Gedichts, einer philosophischen Untersuchung mit dem Auslaufen und Landen eines Schiffes zu vergleichen". RAHNER verweist ebd. Anm. 26 auf den vorliegenden Text bei GREGOR.

Ἀρχὴ δὲ γενέσθω τοῦ λόγου τῶν θεοπνεύστων ῥημάτων ἡ μνήμη ἐπὶ λέξεως ἔχουσα οὕτως· *Ἀνέστην ἐγὼ ἀνοῖξαι τῷ ἀδελφιδῷ μου, χεῖρές μου ἔσταξαν σμύρναν, οἱ δάκτυλοί μου σμύρναν πλήρη.*

Ὅτι μὲν οὖν οὐκ ἔστιν ἄλλως ἐν ἡμῖν γενέσθαι τὸν ζῶντα λόγον (τὸν καθαρὸν λέγω καὶ ἀσώματον νυμφίον τὸν δι' ἀφθαρσίας καὶ ἁγιότητος ἑαυτῷ τὴν ψυχὴν συνοικίζοντα), εἰ μή τις διὰ τοῦ νεκρῶσαι τὰ μέλη τὰ ἐπὶ τῆς γῆς περιέλοιτο τὸ τῆς σαρκὸς παραπέτασμα καὶ οὕτως | ἀνοίξοι τῷ λόγῳ τὴν 343 θύραν, δι' ἧς εἰς τὴν ψυχὴν εἰσοικίζεται, δῆλόν ἐστιν οὐ μόνον ἐκ τῶν θείων τοῦ ἀποστόλου δογμάτων ἀλλὰ καὶ ἐκ τῶν νῦν εἰρημένων παρὰ τῆς νύμφης· »*Ἀνέστην*«, γάρ φησιν, »*ἀνοῖξαι τῷ ἀδελφιδῷ μου* διὰ τοῦ ποιῆσαι τὰς χεῖράς μου τῆς σμύρνης πηγὰς ἀφ' ἑαυτῶν ῥεούσας τὸ ἄρωμα καὶ πλήρωμα τῶν δακτύλων δεῖξαι τὴν σμύρναν.« Τὸν γὰρ τρόπον, δι' οὗ ἀνοίγεται τῷ νυμφίῳ ἡ θύρα, φησὶ διὰ τῶν εἰρημένων ὅτι »Διὰ τοῦ συνταφῆναι αὐτῷ διὰ τοῦ βαπτίσματος εἰς τὸν θάνατον ἀνέστην· οὐ γὰρ ἂν ἐνήργησεν ἡ ἀνάστασις μὴ προκαθηγησαμένης τῆς ἑκουσίου νεκρότητος«. Ἐνδείκνυται δὲ τὸ ἑκούσιον ἡ ἐκ τῶν χειρῶν αὐτῆς ἀπορρέουσα τῆς σμύρνης σταγὼν καὶ τὸ πεπληρῶσθαι τοὺς δακτύλους αὐτῆς τοῦ ἀρώματος τούτου· οὐ γὰρ ἑτέρωθεν ἐγγενέσθαι τῇ χειρὶ λέγει τὴν σμύρναν (ἦ γὰρ ἂν ἐνομίσθη διὰ τούτου περιστατικὸν αὐτῇ καὶ ἀκούσιον συμβῆναι τὸ διὰ τῆς σμύρνης δηλούμενον), ἀλλ' αὐτάς φησι τὰς χεῖρας (σημαίνει

---

[11] GREGOR knüpft an die Auslegung von Cant 5,3, oben 593–595, an.

[12] Zum Begriff δόγματα vgl. Anm. 6, oben 160f, sowie Anm. 12, oben 494.

[13] Der Exeget setzt hier wieder die Technik der Paraphrase ein, um einen schwierigen Canticum-Vers in eine verständlichere Form zu überführen, die der eigenen Intention näherkommt.

[14] GREGOR nutzt die Doppeldeutigkeit, die das Verbum ἀνέστην im Horizont christlicher Theologie gewinnt. In Cant 5,5a ist natürlich das „Aufstehen" vom nächtlichen Lager gemeint, GREGOR aber bringt das „Auferstehen aus dem Tod" ins Spiel, das hier wie in Kol 3,1–11 prä-

Den Anfang der Rede soll das Zitat der göttlich inspirierten Worte bilden, das im Wortlaut folgendes beinhaltet: *Ich stand auf, meinem Brudersohn zu öffnen; meine Hände ließen Myrrhe tropfen, meine Finger reichlich bemessene Myrrhe* (Cant 5,5a–c).

Unmöglich also ist es, daß sich der lebendige Logos — den reinen und leiblosen Bräutigam meine ich, der sich in Unvergänglichkeit und Heiligkeit mit der Seele verbindet — in uns einfindet, wenn nicht jemand dadurch, daß er die irdischen Glieder „tötet", den „Vorhang des Fleisches" ringsherum abnehmen und so dem Logos die Tür öffnen wollte, durch die er in die Seele einzieht[11]. Das ist nicht nur aus den göttlichen Lehrsätzen[12] des Apostels (vgl. Kol 3,5; 2 Kor 3,16) deutlich, sondern auch aus dem, was nun von der Braut gesagt worden ist: „*Ich stand auf*", sagt sie nämlich, „*meinem Brudersohn* dadurch *zu öffnen*, daß ich meine Hände zu ‚Quellen von Myrrhe' machte, die von sich aus das Aroma fließen lassen, und (dadurch,) daß ich zeigte, daß ‚Myrrhe' meine Finger füllt."[13] Mit diesen Worten nämlich gibt sie an, auf welche Weise dem Bräutigam die Tür geöffnet wird: „Dadurch, daß ich mit ihm begraben wurde durch die Taufe in den Tod (vgl. Röm 6,4), erstand ich auf. Denn das Auferstehen[14] hätte sich nicht wirksam erweisen können, wenn nicht das freiwillige ‚Totsein' vorangegangen wäre." Die Freiwilligkeit zeigt dabei indes der Myrrhe-Tropfen an, der von ihren Händen abfließt, sowie die Tatsache, daß ihre Finger voll von diesem Aroma sind. Sie sagt nämlich nicht, die Myrrhe sei von anderer Seite her an ihre Hand geraten — denn fürwahr, man hätte sonst aus diesem Grund glauben müssen, ihr sei etwas Mißliches und Unfreiwilliges widerfahren bei dem, was durch die Myrrhe verdeutlicht werden soll. — Sie sagt vielmehr, ihre eigenen Hände — mit den „Händen" bezeichnet sie die wirkenden

---

sentisch verstanden ist. Dabei verstärkt GREGOR durch die Anspielung auf Röm 6,4 die Bezugnahme auf die Taufe.

δὲ διὰ τῶν | χειρῶν τὰς ἐνεργητικὰς τῆς ψυχῆς κινήσεις) ἀφ' | 344 ἑαυτῶν στάξαι τὴν σμύρναν, τὴν οἴκοθεν ἐκ προαιρέσεως τῶν σωματικῶν παθημάτων γινομένην νέκρωσιν διὰ τούτου σημαίνων, ἣν ἐν πᾶσι τοῖς δακτύλοις πεπληρῶσθαι λέγει, τὰ καθ' ἕκαστον εἴδη τὰ διῃρημένως δι' ἀρετῆς σπουδαζόμενα τῷ τῶν δακτύλων διερμηνεύων ὀνόματι· ὡς εἶναι πάντα τὸν νοῦν τῶν λεγομένων τοιοῦτον ὅτι »Ἔλαβον δύναμιν ἀναστάσεως διὰ τοῦ νεκρῶσαι τὰ μέλη μου τὰ ἐπὶ τῆς γῆς ἑκουσίως μοι τῆς τῶν τοιούτων μελῶν ἐνεργηθείσης νεκρώσεως, οὐ παρ' ἄλλου ταῖς χερσὶν ἐντεθείσης τῆς σμύρνης ἀλλ' ἐκ τῆς ἐμῆς προαιρέσεως ἀπορρεούσης, ὡς καὶ πᾶσι τοῖς κατ' ἀρετὴν ἐπιτηδεύμασιν«, ἅπερ δακτύλους ὠνόμασεν, »ἀνελλιπῆ τὴν τοιαύτην ἐνορᾶσθαι διάθεσιν«.

Ἔστι γὰρ ἐπὶ τῶν ἀτελῶς τὴν ἀρετὴν μετιόντων ἰδεῖν ἐνὶ μὲν αὐτούς τινι τεθνεῶτας πάθει ἐν ἑτέροις δὲ ζῶντας, καθάπερ ὁρῶμέν τινας νεκροῦντας μὲν ἐν ἑαυτοῖς τὸ ἀκόλαστον, ἂν οὕτω τύχῃ, τρέφοντας δὲ δι' ἐπιμελείας τὸν τῦφον ἢ ἕτερόν τι πάθος τὸ τῇ ψυχῇ λυμαινόμενον, οἷον τὸ φιλοχρήματον ἢ τὸ ὀργίλον ἢ τὸ φιλόδοξον ἢ ἄλλο τι τοιοῦτον, οὗ κακῶς ἐν τῇ ψυχῇ ζῶντος οὐκ ἔστι | πλήρεις τοὺς δακτύλους ἐπιδεῖξαι | 345 τῆς σμύρνης· οὐ γὰρ διὰ πάντων φαίνεται τῶν ἐπιτηδευμάτων ἡ τοῦ κακοῦ νέκρωσίς τε καὶ ἀλλοτρίωσις, πάντων δὲ πληρωθέντων τῶν τοιούτων δακτύλων τῆς νοηθείσης σμύρνης καὶ ἀνίσταται ἡ ψυχὴ καὶ ἀνοίγει τῷ νυμφίῳ τὴν εἴσοδον.

Διὰ τοῦτο τάχα καὶ ὁ μέγας Παῦλος καλῶς νοήσας τὴν τοῦ δεσπότου φωνὴν ᾗ φησιν ὅτι οὐκ ἔστι φυῆναι στάχυν, ἐὰν μὴ προδιαλυθῇ τῷ θανάτῳ ὁ κόκκος, τοῦτο κηρύσσει τῇ ἐκκλησίᾳ τὸ δόγμα ὅτι χρὴ θάνατον τῆς ζωῆς καθηγήσα-

---

[15] Zum Begriff προαίρεσις vgl. Anm. 38, oben 146, sowie Anm. 15, oben 495.

Seelenregungen — hätten von sich aus die Myrrhe herabtropfen lassen. Damit bezeichnet sie das Abtöten der leiblichen Leidenschaften, das aus eigenem Antrieb, aufgrund freier Entscheidung[15], geschieht. Diese Abtötung, sagt sie, habe an all ihren „Fingern“ das volle Maß erreicht, wobei sie mit dem Begriff „Finger“ die einzelnen Formen der Tugend, die man bei deren Ausübung je eigens erstrebt, deutet. Alles in allem ist der Sinn dieser Worte daher folgender: „Kraft zum Auferstehen empfing ich durch das Abtöten meiner irdischen Glieder. Dabei wurde die Abtötung dieser Art von Gliedern freiwillig von mir bewerkstelligt, da die ‚Myrrhe‘ mir nicht von einem anderen in die Hände gelegt wurde, sondern aus meiner freien Entscheidung ‚abfließt‘, mit der Konsequenz, daß man an allen Betätigungen, die der Tugend entsprechen“ — diese nannte sie „Finger“ —, „sieht, daß der so beschriebene Zustand frei von Mängeln ist.“

Man kann nämlich bei denen, die der Tugend in unvollkommener Weise nachgehen, beobachten, daß sie zwar *einer* Leidenschaft „gestorben“ sind, in anderen aber „leben“. Wir sehen beispielsweise, daß Leute zwar gegebenenfalls die Zügellosigkeit in sich töten, eifrig aber den Dünkel nähren oder eine andere Leidenschaft, die der Seele schadet, wie zum Beispiel die Habsucht, den Jähzorn, die Ruhmsucht oder etwas anderes in der Art. Wenn so etwas verkehrterweise in der Seele lebt, läßt sich unmöglich erweisen, daß die „Finger“ voll von Myrrhe sind. Denn die Tötung und Entfremdung des Bösen zeigen sich nicht in allen Betätigungen. Wenn aber alle derartigen „Finger“ von der geistig verstandenen „Myrrhe“ erfüllt sind, ersteht die Seele auf und öffnet dem Bräutigam den Eingang.

Weil auch der große Paulus das Wort des Herrn gut verstanden hat, das besagt, eine Ähre könne unmöglich wachsen, wenn das Samenkorn nicht vorher durch den Tod aufgelöst werde (vgl. Joh 12,24), verkündet er der Kirche deshalb vielleicht diesen Grundsatz, daß der Tod dem Le-

σθαι, ὡς οὐκ ἐνδεχόμενον ἄλλως ἐν ἀνθρώπῳ τὴν ζωὴν γενέσθαι, εἰ μὴ διὰ θανάτου λάβοι τὴν πάροδον.

Διπλῆς γὰρ ἐν ἡμῖν οὔσης τῆς φύσεως, τῆς μὲν λεπτῆς τε καὶ νοερᾶς καὶ κούφης, τῆς δὲ παχείας καὶ ὑλικῆς καὶ βαρείας, ἀνάγκη πᾶσα ἀσύμβατον πρὸς τὴν ἑτέραν ἐν ἑκατέρᾳ τούτων τὴν ὁρμὴν εἶναι καὶ ἰδιάζουσαν· τὸ μὲν γὰρ νοερόν τε καὶ κοῦφον οἰκείαν ἔχει τὴν ἐπὶ τὸ ἄνω φοράν, τὸ δὲ βαρὺ καὶ ὑλῶδες ἀεὶ πρὸς τὸ κάτω ῥέπει καὶ φέρεται. Ἐξ ἐναντίου τοίνυν γινομένης αὐτοῖς φυσικῶς τῆς κινήσεως οὐκ ἔστιν εὐοδωθῆναι τὸ ἕτερον μὴ ἀτονήσαντος τοῦ ἄλλου πρὸς τὴν κατὰ φύσιν φοράν. Μέση δὲ ἀμφοῖν ἑστῶσα ἡ αὐτεξούσιος ἡμῶν δύναμίς τε καὶ προαίρεσις δι᾽ ἑαυτῆς ἐμποιεῖ καὶ τόνον τῷ κάμνοντι καὶ | [346] ἀτονίαν τῷ κατισχύοντι· ἐν ᾧ γὰρ ἂν γένηται μέρει, τούτῳ δίδωσι κατὰ τοῦ ἄλλου τὰ νικητήρια.

Οὕτως ἐν τῷ εὐαγγελίῳ ἐπαινεῖται μὲν ὁ πιστὸς καὶ φρόνιμος οἰκονόμος (οὗτος γάρ ἐστι κατά γε τὸν ἐμὸν λόγον ἡ καλῶς τῶν ἐν ἡμῖν ἐπιστατοῦσα προαίρεσις· ἐπαινεῖται γὰρ ὅτι τρέφει τὴν οἰκετείαν τοῦ δεσπότου διὰ τῆς τῶν ἐναντίων νεκρώσεως· ἡ γὰρ ἐκείνων φθορὰ τροφή τε καὶ εὐεξία τῶν κρειττόνων ἐστίν), κατηγορεῖται δὲ ὁ κακὸς δοῦλος ἐκεῖνος ὁ διὰ τοῦ τοῖς μεθύουσι συνεῖναι πληγαῖς αἰκιζόμενος τὴν τοῦ θεοῦ οἰκετείαν· πληγὴ γάρ ἐστιν ὡς ἀληθῶς κατὰ τῶν ἀρετῶν ἡ τῆς κακίας εὐημερία.

Οὐκοῦν καλῶς ἔχει τὸν προφητικὸν ζηλώσαντας λόγον πρωΐαν ἑαυτοῖς ποιεῖν διὰ τοῦ ἀποκτεῖναι »πάντας τοὺς

---

[16] Hier tritt die ausschlaggebende Bedeutung der προαίρεσις im Spiel der menschlichen Kräfte und Neigungen besonders klar zutage.

[17] In diesem Fall bezieht die eigenwillige (und als subjektiv gekennzeichnete) Interpretation GREGORS ihr „Recht“ daraus, daß Mt 24,45 bis 51; Lk 12,42–46 als Gleichnis erkennbar nach einer Deutung verlangen.

ben vorangehen muß (vgl. 1 Kor 15,36). Das heißt: Das Leben kann unmöglich auf andere Weise in den Menschen gelangen, wenn es nicht durch den Tod Zugang gewinnt.

Von zweierlei Art nämlich ist in uns die Natur: die eine fein, geistig und leicht, die andere grob, stofflich und schwer. Daraus ergibt sich mit aller Notwendigkeit, daß der Drang in jeder von diesen beiden unvereinbar mit der anderen und von spezifischer Art ist. Denn dem Geistigen und Leichten eignet die Bewegung nach oben, das Schwere und Stoffliche aber sinkt und stürzt immerzu nach unten fort. Da ihre Bewegung demnach von Natur aus von entgegengesetzten Impulsen herrührt, kann das eine nur dann gut vorankommen, wenn das andere nicht zu seiner naturgemäßen Bewegung angespannt ist. Weil aber die Kraft der Selbstbestimmung beziehungsweise unsere Vorzugswahl in der Mitte von beiden steht, verursacht sie durch ihren Einfluß Anspannung in dem (Teil des Menschen), der müde wird, und Entspannung in dem (Teil), der an Macht überlegen ist. Der Seite, auf die sie sich schlägt, verleiht sie nämlich den Siegespreis gegen die andere[16].

So wird im Evangelium auf der einen Seite der treue und besonnene Hausverwalter gelobt — das ist nämlich, wenigstens meinem Verständnis nach, die Vorzugswahl[17], die in rechter Weise über unser Inneres Aufsicht führt; denn sie wird gelobt, weil sie die „Dienerschaft“ des Herrschers (vgl. Mt 24,45; Lk 12,42) durch das Töten der entgegengesetzten (Kräfte) nährt; deren Vernichtung bedeutet nämlich Ernährung und Wohlbefinden des Besseren. — Auf der anderen Seite wird jener schlechte Knecht gescholten, der aufgrund seines Zusammenseins mit den Betrunkenen die Dienerschaft Gottes mit Schlägen mißhandelt (vgl. Mt 24,48f; Lk 12,45). Denn der Erfolg der Bosheit ist wahrhaftig ein „Schlag“ gegen die Tugenden.

Man tut also gut daran, dem prophetischen Wort (*sc.* Ps 100,8 LXX) nachzueifern und sich dadurch eine „frühe Morgenstunde“ zu verschaffen, daß man „alle Sünder der

ἁμαρτωλοὺς τῆς γῆς τοῦ ἐξολεθρεῦσαι ἐκ πόλεως κυρίου« (ψυχὴ δὲ ἡ πόλις) »πάντας« τοὺς λογισμοὺς »τοὺς ἐργαζομένους τὴν ἀνομίαν«, ὧν ὁ ὄλεθρος ζωὴ γίνεται τῶν ἀμεινόνων.

Οὕτως οὖν διὰ τοῦ θανάτου ζῶμεν, ὅταν τῶν ἐν ἡμῖν, καθώς φησιν ὁ προφήτης, τὸ μὲν ἀποκτείνῃ τὸ δὲ ζωοποιήσῃ ὁ λόγος ὁ εἰπὼν ὅτι »Ἐγὼ ἀποκτενῶ καὶ ζῆν | ποιήσω«, ὡς | 347
καὶ ὁ Παῦλος ἀποθανὼν ἔζη καὶ ἀσθενῶν ἴσχυε καὶ δεδεμένος ἐνήργει τὸν δρόμον καὶ πτωχεύων ἐπλούτιζε καὶ πάντα κατεῖχεν ἔχων οὐδέν, πάντοτε τὴν νέκρωσιν τοῦ Ἰησοῦ ἐν τῷ ἰδίῳ σώματι περιφέρων καὶ πάντοτε τὴν ζωὴν αὐτοῦ ἐν ἑαυτῷ φανερῶν.

Ἀλλ' ἐπὶ τὸ προτεθὲν ἐπανέλθωμεν· ὅτι διὰ θανάτου ἡ ψυχὴ ἐκ τοῦ θανάτου ἀνίσταται (ἐὰν γὰρ μὴ ἀποθάνῃ, νεκρὰ διὰ παντὸς μένει καὶ τῆς ζωῆς ἀπαράδεκτος· ἐκ δὲ τοῦ ἀποθανεῖν ἐν ζωῇ γίνεται πᾶσαν ἀποθεμένη νεκρότητα), καὶ τοῦτο ἡμῖν ἐκ τοῦ προκειμένου ῥητοῦ βεβαιοῦται τὸ δόγμα οὕτως εἰπούσης τῆς νύμφης ὅτι *Ἀνέστην ἐγὼ ἀνοῖξαι τῷ ἀδελφιδῷ μου· αἱ χεῖρές μου ἔσταξαν σμύρναν, οἱ δάκτυλοί μου σμύρναν πλήρη.* Θανάτου δὲ σύμβολον εἶναι τὴν σμύρναν οὐκ ἄν τις ἀμφιβάλοι τῶν ταῖς θείαις ὡμιληκότων γραφαῖς.

Πῶς οὖν ὁ θάνατος ἡμᾶς ἐκ τοῦ θανάτου ἀνίστησιν, ἐπιζητεῖν οἶμαί τινας τὸν περὶ τούτου λόγον εὐκρινηθῆναι

---

[18] Die gewünschte Spiritualisierung des Psalmverses, der von der Vernichtung der Frevler in den frühen Morgenstunden spricht, erreicht GREGOR durch die Einfügung des Nomens λογισμοί. Die Drohung des Verses gilt damit nicht mehr den Sündern, sondern den schlechten Gedanken in jedem Menschen.

[19] Die Paradoxie in der vorliegenden Passage beruht darauf, daß von zweierlei Tod und zweierlei Leben gesprochen wird und diese Varianten ständig miteinander kontrastiert werden.

Erde tötet, um alle" Überlegungen[18], „die Gesetzlosigkeit verursachen, aus der Stadt des Herrn zu vertilgen". Die „Stadt" aber ist die Seele. Das Verderben dieser (Überlegungen) bedeutet zugleich das Leben des Besseren.

So also leben wir durch den Tod, sobald der Logos, wie der Prophet sagt, die eine der verschiedenen Seiten in uns tötet, die andere aber lebendig macht. Er (*sc.* der Logos) sagt nämlich: „Ich werde töten und werde lebendig machen" (Dtn 32,39). So blieb auch Paulus sterbend am Leben (vgl. 2Kor 6,9) und war in seiner Schwäche stark (vgl. 2Kor 12,10). Gebunden brachte er den Lauf hinter sich (vgl. Apg 20,22–24) und machte andere als Bettler reich. Und alles hatte er in Besitz, ohne irgend etwas zu haben (vgl. 2Kor 6,10). Denn ständig trug er das Todesleiden Jesu am eigenen Leib umher (vgl. 2Kor 4,10), und ständig offenbarte er dessen Leben an sich selbst.

Aber laßt uns zur vorgelegten Thematik zurückkehren, daß die Seele durch den Tod aus dem Tod aufersteht. — Wenn sie nämlich nicht „stirbt", bleibt sie für immer „tot" und unfähig, das Leben anzunehmen. Aufgrund des „Sterbens" aber gelangt sie ins Leben, nachdem sie all ihr „Gestorbensein" abgelegt hat[19]. — Auch dieser Grundsatz wird uns aufgrund des vorliegenden Verses bestätigt, sagt doch die Braut folgendes: *Ich stand auf, meinem Brudersohn zu öffnen; meine Hände ließen Myrrhe tropfen, meine Finger reichlich bemessene Myrrhe* (Cant 5,5a–c). Daß aber die Myrrhe ein Todessymbol ist, wird wohl niemand von denen bezweifeln, die sich mit den göttlichen Schriften beschäftigt haben.

Einige (Zuhörer) verlangen[20], meine ich, es sollte eine klarere Argumentation in der Frage, wie der Tod uns aus dem Tod auferstehen lassen kann, gewählt werden. Wir

---

20 GREGOR schützt den Wunsch der Zuhörer vor, um die folgende lange Abschweifung von der eigentlichen Exegese des Canticum-Textes zu rechtfertigen.

σαφέστερον. Ἐροῦμεν τοίνυν ὅπως ἂν οἷόν τε ᾖ τάξιν τινὰ δι' ἀκολουθίας ἐπιθέντες τῷ λόγῳ.

Πάντα ὅσα ἐποίησεν ὁ θεὸς καλὰ λίαν εἶναι ὁ τῆς κοσμογενείας λόγος μαρτύρεται. Ἓν δὲ τῶν λίαν καλῶν ἦν καὶ ὁ ἄνθρωπος, μᾶλλον δὲ πλεῖον | [348] τῶν ἄλλων κεκοσμημένος τῷ κάλλει· τί γὰρ ἂν ἕτερον οὕτως εἴη καλὸν ὡς τὸ τοῦ ἀκηράτου κάλλους ὁμοίωμα; Εἰ δὲ πάντα καλὰ λίαν, ἐν δὲ τοῖς πᾶσιν ἢ καὶ πρὸ πάντων ὁ ἄνθρωπος ἦν, οὐκ ἦν πάντως ἐν τῷ ἀνθρώπῳ ὁ θάνατος· οὐ γὰρ ἂν καλόν τι ὁ ἄνθρωπος ἦν, εἴπερ εἶχεν ἐν ἑαυτῷ τῆς τοῦ θανάτου κατηφείας τὸν σκυθρωπὸν χαρακτῆρα. Ἀλλὰ τῆς ἀϊδίου ζωῆς ἀπεικόνισμα ὢν καὶ ὁμοίωμα καλὸς ἦν ὡς ἀληθῶς καὶ λίαν καλὸς τῷ φαιδρῷ τῆς ζωῆς χαρακτῆρι καλλωπιζόμενος. Ἦν δὲ αὐτῷ καὶ ὁ θεῖος παράδεισος διὰ τῆς εὐκαρπίας τῶν δένδρων βρύων ζωήν, καὶ ἡ ἐντολὴ τοῦ θεοῦ ζωῆς ἦν νόμος τὸ μὴ ἀποθανεῖν παραγγέλλουσα.

Ὄντος δὲ κατὰ τὸ μέσον τῆς τοῦ παραδείσου φυτείας τοῦ τὴν ζωὴν βρύοντος ξύλου, τί ποτε χρὴ τὸ ξύλον νοεῖν ἐκεῖνο οὗ ὁ καρπὸς ἡ ζωή, καὶ τοῦ θανατηφόρου δὲ ξύλου, οὗ καλὸν ἅμα καὶ κακὸν εἶναι τὸν καρπὸν ἀποφαίνεται ὁ λόγος, καὶ | [349] αὐτοῦ κατὰ τὸ μέσον ὄντος τοῦ παραδείσου, ἀδυνάτου δὲ ὄντος ἐν τῷ μεσαιτάτῳ τοῖς δύο ξύλοις χώραν γενέσθαι; Ὁπότερον γὰρ ἂν δῶμεν ἐξ ἀμφοτέρων ἐπέχειν τὸ μέσον, κατὰ πᾶσαν ἀνάγκην τὸ ἕτερον τῆς τοῦ μέσου χώρας πάντως ἐξείργεται· πρὸς γὰρ τὸ περιέχον ἡ ἀκριβὴς τοῦ μέσου θέσις καταλαμβάνεται, ὅταν ἴσοις ἁπαντοχόθεν τοῖς διαστήμασιν ἀπέχῃ τοῦ πέρατος. Ἐπειδὰν τοίνυν ἓν δι' ἀκριβείας ᾖ τοῦ

---

[21] Dasselbe Problem hatte GREGOR bereits im sog. Prolog der *Canticum-Homilien* angesprochen (vgl. oben 107–109 mit Anm. 12). Im folgenden legt er nun seine Lösung dar.

werden also sagen, wie das möglich ist, indem wir der Argumentation durch logische Folgerichtigkeit eine bestimmte Ordnung auferlegen.

Die Darstellung der Weltentstehung bezeugt, daß alles, was Gott machte, sehr schön war (vgl. Gen 1,31). Eines von den sehr schönen (Geschöpfen) war auch der Mensch, eher aber noch mehr als die anderen mit Schönheit geschmückt. Was nämlich könnte sonst noch so schön sein wie das Gleichnis (vgl. Gen 1,26f) der lauteren Schönheit? Wenn nun alles sehr schön war, unter allem oder auch vor allem anderen aber der Mensch, dann gab es im Menschen keinesfalls den Tod. Denn der Mensch wäre nichts Schönes gewesen, wenn er den finsteren Wesenszug der Trostlosigkeit des Todes an sich gehabt hätte. Da er aber Abbild des ewigen Lebens und dessen Gleichnis war (vgl. Gen 1,26f), war er wirklich schön und sogar sehr schön, geschmückt mit dem heiteren Wesenszug des Lebens. Aber auch das göttliche Paradies gewährte ihm in überströmendem Maß Leben dank der Fruchtbarkeit seiner Bäume, und Gottes Gebot war Lebensgesetz, da es das Nicht-Sterben-Müssen proklamierte.

In der Mitte der Pflanzung des Paradieses aber stand der Baum, der das Leben hervorsprießen ließ. Was in aller Welt soll man unter jenem Baum verstehen, dessen Frucht das Leben ist, da es doch auch den todbringenden Baum gab, dessen Frucht, wie der Text zeigt (vgl. Gen 2,9.17; 3,3.6), zugleich schön und schlecht war, und da auch er in der Mitte des Paradieses stand? Unmöglich aber kann es in der exakten Mitte (*sc.* des Gartens) Platz für die zwei Bäume geben![21] Denn welchen von beiden (*sc.* Bäumen) auch immer wir die Mitte besetzen lassen — der andere jedenfalls wird mit aller Notwendigkeit vom Platz in der Mitte ausgeschlossen. Die genaue Position des Mittelpunkts läßt sich nämlich im Blick auf den Kreisumfang bestimmen, insofern sie in allseits gleichem Abstand von der Grenzlinie (*sc.* des Kreises) entfernt ist. Wenn demnach *ein* Punkt mit

κύκλου τὸ μέσον, οὐκ ἂν γένοιτο μηχανὴ τοῦ αὐτοῦ μένοντος κύκλου δύο κέντρα κατὰ τὸ μέσον χώραν εὑρεῖν· εἰ γὰρ ἕτερον παρατεθείη κέντρον τῷ προλαβόντι, πρὸς τοῦτο κατ' ἀνάγκην συμμετατεθέντος τοῦ κύκλου ἔξω τοῦ μέσου τὸ πρότερον γίνεται τῆς τοῦ κύκλου περιοχῆς τῷ δευτέρῳ κέντρῳ περιγραφείσης. Ἀλλὰ μὴν ἐν τῷ μέσῳ φησὶν εἶναι τοῦ παραδείσου καὶ τοῦτο καὶ τοῦτο, καίτοι ἐναντίως πρὸς ἄλληλα κατὰ τὴν δύναμιν ἔχοντα, τό τε ζωοποιὸν λέγω ξύλον καὶ οὗ θάνατος ἦν ὁ καρπός, ὅπερ ἁμαρτίαν ὁ Παῦλος ὠνόμασεν εἰπὼν ὅτι »Καρπὸς ἁμαρτίας ὁ θάνατος«.

Νοῆσαι ἄρα προσήκει διὰ τῆς τῶν εἰρημένων φιλοσοφίας τοῦτο τὸ δόγμα ὅτι τῆς μὲν τοῦ θεοῦ φυτείας τὸ μεσαίτατόν ἐστιν ἡ ζωή, ὁ δὲ θάνατος ἀφύτευτος καθ' ἑαυτόν ἐστι καὶ ἄρριζος ἰδίαν οὐδαμοῦ χώραν ἔχων, τῇ δὲ στερήσει τῆς ζωῆς | ἐμφυτεύεται, ὅταν ἀργήσῃ τοῖς ζῶσιν ἡ μετουσία τοῦ κρείττονος. Ἐπεὶ οὖν ἐν τῷ μέσῳ τῶν θείων φυτῶν ἐστιν ἡ ζωή, τῇ δὲ ἀποπτώσει ταύτης ἐνυφίσταται ἡ τοῦ θανάτου φύσις, διὰ τοῦτο καὶ τὸ θανατηφόρον ξύλον ὁ τὸ δόγμα τοῦτο δι' αἰνιγμάτων φιλοσοφήσας ἐν τῷ μέσῳ εἶναι τοῦ παραδείσου λέγει, οὗ τὸν καρπὸν εἶπε σύμμικτον ἔχειν ἐκ τῶν ἐναντίων τὴν δύναμιν· τὸ γὰρ αὐτὸ καλόν τε εἶναι ἅμα καὶ κακὸν διωρίσατο, τῆς ἁμαρτίας οἶμαι διὰ τούτου τὴν φύσιν ὑπαινιττόμενος. Ἐπειδὴ γὰρ πάντων τῶν διὰ κακίας ἐνεργουμένων ἡδονή τις καθηγεῖται πάντως καὶ οὐκ ἔστιν εὑρεῖν ἁμαρτίαν ἡδονῆς διεζευγμένην, ὅσα τε διὰ

[22] Dieselbe geometrische Argumentation findet sich bereits im Prolog der *Canticum-Homilien.*

[23] Am Beispiel von Tod und Leben zeigt GREGOR hier, daß das Schlechte keinen „Stand in sich selbst" hat, sondern einen Defekt des Guten darstellt; vgl. dazu auch Anm. 32, oben 178f. GREGORS Verhältnisbestimmung von Tod und Leben wird konkret von ORIGENES abhängig sein (vgl. *princ.* 1,2,4 [128 GÖRGEMANNS/KARPP]), doch beschäftigt die Unvereinbarkeit der beiden Bäume in der Mitte des Paradieses bereits PHILO VON ALEXANDRIEN, der seinerseits den Gedanken entwickelt,

Exaktheit die Mitte des Kreises darstellt, dürfte es keine Möglichkeit geben, daß zwei Zentren in der Mitte Platz fänden, sofern der Kreis derselbe bleibt. Wenn nämlich ein anderes Zentrum neben das vorherige gesetzt werden sollte, verlagert sich das frühere, da sich zudem notwendigerweise der Kreis mit ändert, außerhalb des Kreismittelpunktes, da der Kreisumfang (nun) dem zweiten Zentrum umschrieben wäre[22]. Es heißt nun aber, in der Mitte des Paradieses befänden sich sowohl dieser als auch jener (*sc.* Baum), auch wenn sie ihrer Wirkkraft nach im Gegensatz zueinander stehen — den lebenspendenden Baum meine ich und den, dessen Frucht der Tod war. Paulus nannte den letzteren „Sünde", indem er sagte: „Die Frucht der Sünde ist der Tod" (Röm 6,23).

Es gilt also, mit Hilfe der Philosophie, die in dem Gesagten enthalten ist, folgenden Grundsatz zu verstehen: Exakte Mitte der „Pflanzung" Gottes ist das Leben. Der Tod aber ist — für sich genommen — „ungepflanzt" und „wurzellos", da er nirgends eigenen Raum hat. Durch den Entzug des Lebens aber wird er „eingepflanzt", sobald die Teilhabe am Besseren bei den Lebenden keine Verwirklichung findet. Nachdem also in der Mitte der göttlichen „Pflanzen" das Leben ist, das Wesen des Todes aber im Abfall davon besteht[23], sagt deshalb derjenige, der diesen Grundsatz in Rätselbildern philosophisch behandelt, auch der todbringende Baum befinde sich in der Mitte des Paradieses. Seine Frucht, sagte er, besitze eine Wirkkraft, die in einer Mischung von Gegensätzen bestehe. Ein und dasselbe nämlich sei schön und schlecht zugleich, definierte er. Dadurch deutete er, wie ich meine, dunkel das Wesen der Sünde an. Denn jedenfalls geht allem, was durch Bosheit ins Werk gesetzt wird, eine gewisse Lust voraus, und es ist unmöglich, Sünde von Lust getrennt zu finden — (ich

---

daß das Schlechte nicht *neben* dem Guten existieren kann, sondern es „ersetzt"; vgl. HARL, *Adam* 354f. 382.

θυμοῦ καὶ ὅσα δι᾽ ἐπιθυμίας γίνεται πάθη, τούτου χάριν καὶ καλὸς ὁ καρπὸς ὀνομάζεται κατὰ τὴν ἡμαρτημένην τοῦ καλοῦ κρίσιν τοῖς τὸ καλὸν ἐν ἡδονῇ τιθεμένοις τοιοῦτος δοκῶν. Πονηρὸς δὲ μετὰ ταῦτα τῇ πικρᾷ τῆς βρώσεως ἀναδόσει εὑρίσκεται κατὰ τὴν παροιμιώδη φωνὴν ἥ φησι μέλι τῶν χειλέων τῆς κακίας ἀποστάζειν, ἣ πρὸς καιρὸν μὲν λιπαίνει τὸν φάρυγγα, μετὰ ταῦτα δὲ πικρότερον χολῆς τοῖς κακῶς γλυκανθεῖσιν εὑρίσκεται.

Ἐπειδὴ τοίνυν ἀποστὰς τῆς τῶν ἀγαθῶν παγκαρπίας ὁ ἄνθρωπος τοῦ φθοροποιοῦ καρποῦ διὰ τῆς παρακοῆς ἐνεπλήσθη (ὄνομα δὲ τοῦ καρποῦ τούτου ἡ θανατοποιὸς ἁμαρτία), εὐθὺς ἐνεκρώθη τῷ κρείττονι | βίῳ τὴν ἄλογον καὶ κτηνώδη | 351 ζωὴν τῆς θειοτέρας ἀνταλλαξάμενος. Καὶ καταμιχθέντος ἅπαξ τοῦ θανάτου τῇ φύσει συνδιεξῆλθε ταῖς τῶν τικτομένων διαδοχαῖς ἡ νεκρότης. Ὅθεν νεκρὸς ἡμᾶς διεδέξατο βίος αὐτῆς τρόπον τινὰ τῆς ζωῆς ἡμῶν ἀποθανούσης· νεκρὰ γὰρ ἄντικρύς ἐστιν ἡμῶν ἡ ζωὴ τῆς ἀθανασίας ἐστερημένη.

Διὰ τοῦτο ταῖς δύο ταύταις ζωαῖς μεσιτεύει ὁ »ἐν μέσῳ τῶν δύο ζωῶν« γινωσκόμενος, ἵνα τῇ ἀναιρέσει τῆς χείρονος

---

[24] Im Fehlurteil des Menschen bezüglich dessen, was wirklich schön bzw. gut ist, sieht GREGOR offenbar die (einzig mögliche) Motivation für die Wahl des Bösen; vgl. dazu auch Anm. 211, oben 65, und *hom.* 2 zu Cant 1,6c–e, oben 175–179 mit Anm. 29.

[25] BALTHASAR, DANIÉLOU/MUSURILLO und MCCAMBLEY übersetzen νεκρότης mit „Sterblichkeit" (mortality), was natürlich einen guten Sinn ergibt. Doch scheint mir der Skopos der Aussage vorrangig nicht der zu sein, daß die Menschen alle einmal sterben müssen, sondern daß sie im Zustand der Sünde schon „tot" *sind* für das bessere Leben.

[26] Die Anspielung auf die LXX-Fassung von Hab 3,2 — dort liegt eine *Gottes*prädikation vor — zeigt eindeutig, daß GREGOR vom Logos spricht und nicht vom Menschen (gegen BALTHASAR, DANIÉLOU/MUSURILLO und MCCAMBLEY; richtig LANGERBECK, GNO 6, 351 kritischer Apparat). Was in Hab 3,2c LXX (ἐν μέσῳ δύο ζῴων γνωσθήσῃ) gemeint ist, bleibt dunkel. Der Genitiv in diesem Stichus kann — bei Vernachlässigung des unterscheidenden *Iota subscriptum* und der Akzentsetzung — sowohl von ζῷον (Lebewesen) abgeleitet werden als auch von ζωή (Leben). Das letztere vertritt hier GREGOR (anders die Übersetzung von CANÉVET/DANIÉLOU), wie die Erörterung über die zweierlei Arten

denke an) all die Leidenschaften, die durch Triebhaftigkeit, und alle, die durch Begierde entstehen. Darum wird auch die Frucht „schön" genannt. Das entspricht einer verfehlten Beurteilung des Schönen[24], da es denen, die das Schöne in der Lust ansetzen, nur so *scheint*. Nachher aber wird sie (*sc.* die Frucht) durch die bittere Verdauung der Speise für schlecht befunden — dem Satz aus dem Buch der Sprichwörter gemäß, der besagt: Von den Lippen der Bosheit tropft Honig, der für den Augenblick zwar die Kehle schmiert; hernach aber stellt sich heraus, daß er für diejenigen, die sich in verkehrter Weise vom Süßen nähren, bitterer ist als Galle (vgl. Spr 5,3 f).

Nachdem also der Mensch von der „Allfruchtbarkeit" des Guten abgefallen war und sich aufgrund seines Ungehorsams an der verderbenbringenden Frucht gesättigt hatte — der Name dieser „Frucht" lautet „todbringende Sünde" —, wurde er sogleich für das bessere Leben „getötet", weil er das vernunftlose und viehische Leben für das göttlichere eingetauscht hatte. Und nachdem der Tod nun einmal mit der Natur vermischt war, drang das „Totsein"[25] zugleich mit der Folge der Generationen vollends durch. Von daher empfing uns ein „totes" Leben, nachdem unser eigentliches Leben in gewisser Weise gestorben war. Geradezu „tot" ist nämlich unser Leben, wenn es der Unsterblichkeit beraubt ist.

Deshalb nimmt derjenige (*sc.* der Logos), der „in der Mitte der zweierlei Arten von Leben" zu erkennen ist (Hab 3,2c LXX)[26], die Mitte zwischen diesen beiden Arten von Leben ein[27], damit er durch die Zerstörung des schlechteren

---

von Leben vorweg zeigt.

27 Das Verbum μεσιτεύειν kann an dieser Stelle nicht in positivem Sinn „vermitteln" bedeuten, weil es ja um die *Zerstörung* der minderwertigen Lebensweise geht. Gedacht ist hier wohl an die Inkarnation, durch die der Logos den Platz in der Mitte zwischen dem göttlichen und dem verdorbenen menschlichen Leben einnahm, um dem Menschen wieder zum wahren Leben zu verhelfen. Erstaunlicherweise erklärt GREGOR diese Andeutung nicht näher.

δῷ τῇ ἀκηράτῳ τὰ νικητήρια. Ὥσπερ τοίνυν τῷ ἀποθανεῖν τῇ ἀληθινῇ ζωῇ ὁ ἄνθρωπος εἰς τὸν νεκρὸν τοῦτον μετέπεσε βίον, οὕτως ὅταν ἀποθάνῃ τῇ νεκρᾷ ταύτῃ καὶ κτηνώδει ζωῇ, πρὸς τὴν ἀεὶ ζῶσαν ἀντιμεθίσταται, ὡς ἀναμφίβολον εἶναι ὅτι οὐκ ἔστιν ἐν τῇ μακαρίᾳ γενέσθαι ζωῇ μὴ νεκρὸν τῇ ἁμαρτίᾳ γενόμενον.

Οὗ χάριν ἐν τῷ αὐτῷ κατὰ τὸ μέσον ἑκάτερον τῶν ξύλων εἶναι ὑπὸ τοῦ λόγου πεφιλοσόφηται ὡς τοῦ μὲν φύσει ὄντος, τοῦ δὲ ἐπιγινομένου τῷ ὄντι διὰ στερήσεως· ἐκ γὰρ τοῦ αὐτοῦ ἐπὶ τὸ αὐτὸ διὰ μετουσίας τε καὶ στερήσεως ἡ ἀντιμετάστασις γίνεται καὶ ζωῆς καὶ θανάτου ἐπειδὴ ὁ νεκρωθεὶς τῷ ἀγαθῷ ζῇ τῷ κακῷ καὶ ὁ νεκρὸς ἐν κακίᾳ | γενόμενος πρὸς τὴν | 352 ἀρετὴν ἀνεβίω.

Οὐκοῦν καλῶς πλήρεις δείκνυσι τῆς σμύρνης τὰς ἑαυτῆς χεῖρας ἡ νύμφη διὰ τῆς ἐν πάσῃ τῇ κακίᾳ νεκρότητος ἀνισταμένη πρὸς τὸ ἀνοῖξαι τῷ λόγῳ τὴν εἰς ἑαυτὴν εἴσοδον· ζωὴ δὲ ὁ λόγος ὃν εἰσοικίζεται.

Πρὸς τοσοῦτον δὲ μέγεθος ἐπαρθεῖσα διὰ τῶν θεωρηθέντων ἡμῖν ἡ πρὸς τὸν θεὸν ὁρῶσα ψυχὴ οὔπω, καθώς φησιν ὁ Παῦλος, οὕτως ἔγνω καθὼς δεῖ γνῶναι, οὐδὲ λογίζεται ἑαυτὴν κατειληφέναι, ἀλλ᾽ ἔτι πρὸς τὸ ὑπερκείμενον τρέχει τοῖς ἔμπροσθεν ἑαυτὴν ἐπεκτείνουσα. Ἡ γὰρ ἀκολουθία τῶν ἐφεξῆς λόγων ταῦτα νοεῖν περὶ αὐτῆς ὑποτίθεται· *Ἐπὶ χεῖρας τοῦ κλείθρου ἤνοιξα ἐγὼ τῷ ἀδελφιδῷ μου·* καὶ ἐπήγαγεν ὅτι *Ἀδελφιδός μου παρῆλθεν· ἡ ψυχή μου ἐξῆλθεν ἐν λόγῳ*

[28] Gegen die einhellige Bezeugung der griechischen Handschriften ersetzt LANGERBECK, GNO 6, 351, unter Berufung auf die syrische Übersetzung das überlieferte ἐπὶ τὸ αὐτό durch ἐπὶ τοῦ αὐτοῦ (*sc.* καιροῦ bzw. τόπου; vgl. ebd. kritischer Apparat). Diese Korrektur scheint jedoch unnötig. M. E. will GREGOR hier betonen, daß der Wechsel von Tod und

dem lauteren den Siegespreis verleiht. Wie demnach der Mensch dadurch, daß er dem wahren Leben starb, in dieses „tote" Leben verfiel, so wechselt er, sobald er diesem „toten" und viehischen Leben gestorben ist, zum immerwährenden Leben über. Unzweifelhaft ist es folglich, daß man sich nicht im seligen Leben befinden kann, ohne der Sünde abgestorben zu sein.

Deshalb ist vom Text in philosophischer Manier erklärt worden, jeder von beiden Bäumen stehe an derselben Stelle in der Mitte (*sc.* des Paradieses). Das bedeutet, daß der eine von Natur aus da ist, der andere aber zu dem bereits vorhandenen durch einen Raub hinzukommt. Denn der Wechsel von Leben und Tod geschieht ausgehend von ein und demselben (Objekt) an ein und demselben (Objekt)[28] durch Partizipation und Beraubung, weil ja der, der für das Gute „getötet" wurde, für das Schlechte lebt und der, der zu einem „Toten" in der Bosheit geworden ist, wieder auflebte zur Tugend.

In rechter Weise also zeigt die Braut, daß ihre Hände voll Myrrhe sind, weil sie durch ihr „Totsein" in jeder Art von Bosheit aufersteht, um dem Logos den Zugang zu sich zu öffnen. Der Logos aber, den sie einziehen läßt, bedeutet Leben.

Zu solcher Größe erhoben dank dessen, was wir betrachtet haben, hat die Seele, die auf Gott hinsieht, jedoch noch nicht in der Weise erkannt, wie man erkennen muß, wie Paulus sagt (vgl. 1 Kor 8,2), und bildet sich auch nicht ein, daß sie es schon erfaßt hätte, sondern läuft noch auf das Höherliegende zu, indem sie sich ausstreckt nach dem, was vor ihr liegt (vgl. Phil 3,13). Dies nämlich läßt uns die Sequenz der folgenden Worte von ihr denken: *(Meine) Hände am Riegel, öffnete ich meinem Brudersohn.* Und sie fügte hinzu: *Mein Brudersohn ging vorüber; meine Seele*

Leben sich an ein und demselben Objekt vollzieht, und verweist daher auf den identischen Ausgangs- und Zielpunkt des Geschehens.

αὐτοῦ. Διδάσκει γὰρ διὰ τούτων ἡμᾶς ὅτι ἐπὶ τῆς πάντα νοῦν ὑπερεχούσης δυνάμεως εἷς καταλήψεώς ἐστι τρόπος οὐ τὸ στῆναι περὶ τὸ κατειλημμένον ἀλλὰ τὸ ἀεὶ ζητοῦντα τὸ πλεῖον τοῦ καταληφθέντος μὴ ἵστασθαι.

Ἡ γὰρ πλήρης γενομένη τῆς σμύρνης πᾶσι τοῖς τοῦ βίου ἐπιτηδεύμασιν, ἅπερ δακτύλους τροπικῶς ὀνομάζει, τὴν | πρὸς τὸ κακὸν ἐπισημαίνουσα νέκρωσιν καὶ τὸ ἑκούσιον (353) τῆς ἀρετῆς διὰ τοῦ οἴκοθεν ἀποστάξαι τῶν χειρῶν τὴν σμύρναν ἐνδειξαμένη ἅψασθαί φησι τὰς χεῖρας ἑαυτῆς τοῦ κλείθρου, τουτέστι τὰ ἔργα ἑαυτῆς ἐγγίσαι λέγει τῇ στενῇ καὶ τεθλιμμένῃ εἰσόδῳ ἧς τὸ κλεῖθρον ἐγχειρίζει τοῖς κατὰ Πέτρον ὁ λόγος. Ἀνοίγει τοίνυν δι' ἑκατέρων ἑαυτῇ τῆς βασιλείας τὴν θύραν, διά τε τῶν χειρῶν δι' ὧν τὰ ἔργα δηλοῦται καὶ διὰ τοῦ κλείθρου τῆς πίστεως· δι' ἀμφοτέρων γὰρ τούτων, ἔργων τε λέγω καὶ πίστεως, ἡ κλεὶς τῆς βασιλείας ἡμῖν ὑπὸ τοῦ λόγου κατασκευάζεται.

Ὅτε τοίνυν ἤλπισε κατὰ τὸν Μωϋσέα γνωστῶς ἐμφανήσεσθαι αὐτῇ τοῦ ποθουμένου τὸ πρόσωπον, τότε παρῆλθε τὴν κατάληψιν αὐτῆς ὁ ζητούμενος. Φησὶ γὰρ ὅτι *Ἀδελφιδός μου παρῆλθεν*, οὐ καταλιπὼν τὴν ἑπομένην αὐτῷ ψυχὴν ἀλλὰ πρὸς ἑαυτὸν ἐφελκόμενος· *Ἡ ψυχὴ* γάρ *μου*, φησίν, *ἐξῆλθεν ἐν λόγῳ αὐτοῦ*. Ὦ μακαρίας ἐξόδου ἐκείνης ἣν ἐξέρχεται ἡ τῷ λόγῳ ἑπομένη ψυχή. »Κύριος φυλάξει τὴν ἔξοδόν σου καὶ τὴν εἴσοδόν σου«, φησὶν ὁ προφήτης. Αὕτη ἐστὶν ὡς ἀληθῶς ἡ ὑπὸ τοῦ θεοῦ φυλασσομένη τοῖς ἀξίοις ἔξοδος ἅμα καὶ | εἴσοδος γινομένη· ἡ γὰρ ἀπὸ τοῦ ἐν ᾧ ἐσμεν (354) ἔξοδος τῶν ὑπερκειμένων ἀγαθῶν εἴσοδος γίνεται. Ταύτην

---

[29] Mit dieser Umschreibung gibt GREGOR zu erkennen, wie er den dunklen Stichus Cant 5,5d (vgl. dazu Anm. 5, oben 614f) auffaßt.

[30] In Mt 16,19 ist die Form κλεῖδας von κλείς (Schlüssel/Querriegel) gebraucht.

[31] Zur Problematik des LXX-Textes in Cant 5,6c siehe Anm. 6, oben 615. GREGOR versteht das Nomen λόγος hier wieder als Hinweis auf den *göttlichen* Logos.

ging aus in seinem Wort (Cant 5,5d–6c). Dadurch nämlich lehrt sie uns, daß es der alle Vernunft übersteigenden Kraft (*sc.* Gott) gegenüber eine einzige Weise des Erfassens gibt: nicht beim Erfaßten stehenzubleiben, sondern in dauernder Suche nach mehr als dem Erfaßten nicht haltzumachen.

Denn die (Braut) war durch alle Betätigungen ihres Lebens, die sie in figurativer Weise „Finger" nennt (vgl. Cant 5,5c), voller „Myrrhe" geworden. Sie gab, wenn sie ihre Abtötung dem Bösen gegenüber hervorhob, auch einen Hinweis auf die Freiwilligkeit der Tugend dadurch, daß sie die Myrrhe aus eigenem Antrieb von ihren Händen tropfen ließ (vgl. Cant 5,5b). (Nun) sagt sie, ihre Hände berührten den Riegel[29], das heißt, sie sagt, ihre Werke näherten sich dem schmalen und beengten Eingang (*sc.* zum Leben bzw. Reich Gottes; vgl. Mt 7,14), dessen „Riegel" der Logos Menschen nach Art des Petrus in die Hand legt (vgl. Mt 16,19[30]). Mit Hilfe von beidem also öffnet sie sich die Tür des Königreiches — sowohl mit den „Händen", durch die die Werke dargestellt werden, als auch mit dem „Riegel" des Glaubens. Durch diese beiden, (durch) Werke und Glaube, meine ich, wird uns nämlich der Schlüssel des Königreiches vom Logos bereitgelegt.

Als sie demnach nach dem Vorbild des Mose die Hoffnung gefaßt hatte, das Antlitz des Ersehnten werde sich ihr in erkennbarer Weise zeigen (vgl. Ex 33,13 LXX), da entging der Gesuchte ihrem Begreifen. Sie sagt nämlich: *Mein Brudersohn ging vorüber* (Cant 5,6b); dabei verließ er die ihm folgende Seele nicht, sondern zog sie zu sich heran: *Meine Seele*, sagt sie nämlich, *ging aus in seinem Wort* (Cant 5,6c)[31]. Wie selig ist jener Ausgang, den die Seele nimmt, die dem Logos folgt! „Der Herr wird deinen Ausgang und deinen Eingang behüten", sagt der Prophet (Ps 120,8a LXX). Dies ist wahrhaftig der Ausgang, der bei denen, die es wert sind, von Gott behütet wird und der gleichzeitig zum Eingang wird: Denn das Ausgehen von dem, worin wir sind, wird zum Eingang zu den höheren Gütern. Die-

οὖν ἐξῆλθεν ἡ ψυχὴ τὴν ἔξοδον ὁδηγῷ κεχρημένη τῷ λόγῳ τῷ εἰπόντι ὅτι »Ἐγώ εἰμι ἡ ὁδὸς καὶ ἡ θύρα«, καὶ ὅτι »Δι' ἐμοῦ ἐάν τις εἰσέλθῃ, καὶ εἰσελεύσεται καὶ ἐξελεύσεται, οὐδέποτε οὔτε τοῦ εἰσιέναι λήγων οὔτε τοῦ ἐξιέναι παυόμενος, ἀλλὰ πάντοτε διὰ προκοπῆς εἰς τὰ ὑπερκείμενα εἰσιὼν καὶ ἀεὶ τῶν κατειλημμένων ἔξω γινόμενος.«

Οὕτω παρῆλθέ ποτε καὶ τὸν Μωϋσέα τὸ ποθούμενον ἐκεῖνο πρόσωπον τοῦ κυρίου καὶ οὕτως ἡ ψυχὴ τοῦ νομοθέτου ἀεὶ ἔξω ἐγίνετο τοῦ ἐν ᾧ ἦν ἑπομένη προϊόντι τῷ λόγῳ. Τίς γὰρ οὐκ οἶδε τὰς ἀναβάσεις ἐκείνας ἃς ἀνέβη ὁ Μωϋσῆς, ὁ ἀεὶ μέγας γινόμενος καὶ μηδέποτε ἱστάμενος τῆς ἐπὶ τὸ μεῖζον αὐξήσεως; Ηὐξήθη κατ' ἀρχὰς ὅτε τῆς τῶν Αἰγυπτίων βασιλείας ὑψηλότερον τὸν ὀνειδισμὸν τοῦ Χριστοῦ ἐποιήσατο »μᾶλλον ἑλόμενος συγκακουχεῖσθαι τῷ λαῷ τοῦ θεοῦ ἢ πρόσκαιρον ἔχειν ἁμαρτίας ἀπόλαυσιν«· ηὐξήθη πάλιν ὅτε καταπονοῦντος τὸν Ἑβραῖον τοῦ Αἰγυπτίου θανατοῖ τὸν ἀλλόφυλον ὑπὲρ τοῦ Ἰσραηλίτου ἀγωνιζόμενος. Νοεῖς δὲ πάντως ἐν τούτοις τὸν τῆς αὐξήσεως τρόπον μεταβαλὼν τὴν ἱστορίαν εἰς τροπικὴν θεωρίαν. Πάλιν | ἑαυτοῦ μείζων ἐγένετο (| 355) ἀπεριήχητον τὴν ζωὴν φυλάσσων διὰ τῆς ἐν τῇ ἐρήμῳ φιλοσοφίας ἐν χρόνῳ πολλῷ. Εἶτα τῷ πυρὶ τῷ ἐπὶ τῆς βάτου φωτίζεται. Μετὰ τοῦτο καὶ τὴν ἀκοὴν ταῖς τοῦ φωτὸς ἀκτῖσι διὰ τοῦ λόγου περιαυγάζεται. Γυμνοῖ πρὸς τούτοις τῆς νεκρᾶς περιβολῆς τὰς ἑαυτοῦ βάσεις, ἀναλίσκει τῇ ῥάβδῳ τοὺς

---

[32] Mit dieser Umschreibung interpretiere ich den Plural ἀναβάσεις.

[33] Hier beginnt eine der auffälligsten Rekapitulationen der *Canticum-Homilien*, die sich nicht mit dem Aufstieg der Braut, sondern dem des Mose befaßt. Auffällig ist das deshalb, weil GREGOR die Mosegeschichte, die er rekapituliert, zuvor in keiner der vorliegenden Homilien dargestellt hatte. Man wird dies als Indiz dafür werten dürfen, daß GREGOR hier auf eines seiner früheren Werke, die *Vita Moysis*, zurückgreift; vgl. DÜNZL, *Homilien* 371–374.377.

[34] Das Mose-Bild ist in diesem Satz nach Hebr 11,24–26 stilisiert.

[35] Der reflexive *Genitivus comparationis* kann im Deutschen nicht unmittelbar nachgeahmt werden.

sen Ausgang also nahm die Seele, wobei ihr der Logos als Führer diente, der sagt: „Ich bin der Weg (Joh 14,6) und die Tür", und: „Wenn jemand durch mich eintritt, wird er ein und aus gehen (vgl. Joh 10,9), ohne jemals vom Eingehen abzulassen noch mit dem Ausgehen aufzuhören. Vielmehr geht er ständig aufgrund seines Fortschritts ins Höhere ein und begibt sich immerzu aus dem Bereich des Erfaßten hinaus."

Ebenso ging einst auch jenes ersehnte Antlitz des Herrn an Mose vorüber (vgl. Ex 33,18–23), und so begab sich die Seele des Gesetzgebers immerzu aus dem Bereich, in dem sie war, hinaus, weil sie dem vorausgehenden Logos folgte. Wer nämlich wüßte nichts von jenem fortgesetzten Aufstieg[32], den Mose unternahm — er, der immerfort im Groß-Werden begriffen war und im Wachstum zu Größerem nie innehielt?[33] Er wuchs anfangs, als er die Schmach Christi höher schätzte als die Königsherrschaft der Ägypter, „weil er es vorzog, mit dem Volk Gottes Ungemach zu leiden als zeitweiligen Genuß an der Sünde zu haben"[34] (Hebr 11,25). Er wuchs wiederum, als er, weil der Ägypter den Hebräer mit Arbeit plagte, den Fremdstämmigen tötete, indem er für den Israeliten kämpfte (vgl. Ex 2,11f). Bestimmt verstehst du hierin aber die Art seines Wachstums, wenn du die Geschichtserzählung in der Weise figurativer Betrachtung auffaßt. Wiederum wurde er größer, als er zuvor war[35], indem er sein Leben durch die Philosophie in der Wüste (vgl. Ex 3,1) in einem langen Zeitraum freihielt vom lärmenden Getriebe. Dann wird er durch das Feuer am Dornbusch erleuchtet (vgl. Ex 3,2). Danach trifft der Glanz der Lichtstrahlen auch sein Gehör durch das Wort (das er vernimmt: vgl. Ex 3,4–6 usw.). Daraufhin entblößt er seine Füße von ihrer toten Umhüllung (vgl. Ex 3,5)[36], tötet mit seinem Stock die ägyptischen Schlangen (vgl. Ex 7,12),

---

[36] Das Ablegen der Schuhe deutet GREGOR bereits in *hom.* 11 bei der Auslegung von Cant 5,3, oben 597–599.

Αἰγυπτίους δράκοντας, ἐξαιρεῖται τῆς τυραννίδος τοῦ Φαραὼ τὸ ὁμόφυλον, ὁδηγεῖται διὰ νεφέλης, διαιρεῖ τὸ πέλαγος, ὑποβρύχιον ποιεῖ τὴν τυραννίδα, γλυκαίνει τὴν Μερράν, παίει τὴν πέτραν, ἐμφορεῖται τῆς τῶν ἀγγέλων τροφῆς, τῶν σαλπίγγων ἀκούει, τοῦ καιομένου ὄρους κατατολμᾷ, τῆς ἀκρωρείας ἅπτεται, τὴν νεφέλην ὑπέρχεται, ἐντὸς τοῦ γνόφου γίνεται ἐν ᾧ ἦν ὁ θεός, τὴν διαθήκην δέχεται, ἥλιος γίνεται ἀπροσπέλαστον τοῖς προσεγγίζουσιν ἐκ τοῦ προσώπου τὸ φῶς ἀπαστράπτων. Καὶ πῶς ἄν τις πάσας αὐτοῦ τὰς ἀναβάσεις καὶ τὰς ποικίλας θεοφανείας διεξέλθοι τῷ λόγῳ;

᾿Αλλ᾿ ὅμως ὁ τοσοῦτος, ὁ τοιοῦτος, ὁ ἐν τοσούτοις γενόμενος καὶ διὰ τοσούτων πρὸς τὸν θεὸν | [356] ὑψωθεὶς ἔτι ἀπλήστως τῆς ἐπιθυμίας ἔχει τοῦ πλείονος καὶ τοῦ κατὰ πρόσωπον ἰδεῖν τὸν θεὸν ἱκέτης γίνεται καίτοι μαρτυρήσαντος ἤδη τοῦ λόγου τῆς κατὰ πρόσωπον αὐτὸν ὁμιλίας ἠξιῶσθαι. ᾿Αλλ᾿ ὅμως οὔτε τὸ ὡς φίλον φίλῳ προσδιαλέγεσθαι οὔτε ἡ στόμα κατὰ στόμα γινομένη αὐτῷ πρὸς τὸν θεὸν ὁμιλία τῆς τῶν ἀνωτέρων αὐτὸν ἐπιθυμίας ἵστησιν, ἀλλ᾿ »Εἰ εὕρηκα χάριν«, φησίν, »ἐνώπιόν σου, ἐμφάνισόν μοι σεαυτὸν γνωστῶς«. Καὶ ὁ τὴν αἰτηθεῖσαν χάριν δώσειν ἐπαγγειλάμενος, ὁ εἰπών· »Ἔγνων σε παρὰ πάντας«, παρέρχεται αὐτὸν ἐπὶ τοῦ θείου τόπου ἐν τῇ πέτρᾳ ὑπὸ τῆς θείας χειρὸς σκεπαζόμενον, ὥστε μόγις ἰδεῖν μετὰ τὴν πάροδον αὐτοῦ τὰ

[37] Auch auf das „Dunkel“, in dem Gott zu suchen ist, geht GREGOR bereits bei der Exegese von Cant 5,2c–f in *hom.* 11, oben 583–587, ein.

entreißt das eigene Volk der Tyrannei des Pharao, wird durch eine Wolke geführt (vgl. Ex 13,21), teilt das Meer, ertränkt den Tyrannen (vgl. Ex 14), macht (das Wasser von) Mara süß (vgl. Ex 15,25), schlägt auf den Felsen (vgl. Ex 17,6), sättigt sich an der Nahrung der Engel (vgl. Ps 77,25 LXX; Ex 16), hört die Posaunen (vgl. Ex 19,16.19), wagt sich gegen den brennenden Berg (vgl. Ex 19,18) vor, betritt die Bergspitze (vgl. Ex 19,20), geht ein in die Wolke (vgl. Ex 24,18), gelangt ins Dunkel, in dem Gott war (vgl. Ex 20,21 LXX)[37], nimmt den Bund in Empfang (vgl. Ex 24,7) und wird zur Sonne, indem er von seinem Antlitz her Licht ausstrahlt, das unnahbar ist für die Herankommenden (vgl. Ex 34,29–35). — Wie nur könnte jemand alle Stufen seines Aufstiegs und die vielfältigen Theophanien in der Rede vollständig abhandeln?

Aber dennoch: Dieser Mann, der solche Größe und Beschaffenheit erreicht hatte, der zu so Großartigem gelangt und durch derart bedeutende Widerfahrnisse zu Gott erhöht worden war, hält immer noch unersättlich am Verlangen nach mehr fest. Er fleht darum, Gott von Angesicht zu Angesicht sehen zu dürfen, obwohl der Bibeltext doch bereits bestätigt hatte, er sei des vertrauten Umgangs von Angesicht zu Angesicht gewürdigt worden (vgl. Dtn 34,10 LXX)! Aber dennoch läßt ihn weder die Tatsache, daß er sich wie ein Freund mit einem Freund (vgl. Ex 33,11 LXX) unterhält, noch der vertraute Umgang mit Gott — von Mund zu Mund —, der ihm zuteil wird, zu einem Stillstand im Verlangen nach dem Höheren kommen. Vielmehr sagt er: „Wenn ich Gnade vor dir gefunden habe, zeige dich mir in erkennbarer Weise!“ (vgl. Ex 33,13 LXX). Und er (*sc.* Gott), der versprach, die erbetene Gnade zu gewähren, und sagte: „Ich habe dich erkannt vor allen anderen“ (Ex 33,12.17 LXX), er geht an ihm vorüber, während (Mose) an dem göttlichen Ort auf dem Felsen von der göttlichen Hand bedeckt wird, so daß er nach dessen Vorübergang kaum seine Rückseite sieht (vgl. Ex 33,21–23). Dadurch

ὀπίσθια, διδάσκων, οἶμαι, διὰ τούτων ὁ λόγος ὅτι ὁ ἰδεῖν τὸν θεὸν ἐπιθυμῶν ἐν τῷ ἀεὶ αὐτῷ ἀκολουθεῖν ὁρᾷ τὸν ποθούμενον καὶ ἡ τοῦ προσώπου αὐτοῦ θεωρία ἐστὶν ἡ ἄπαυστος πρὸς αὐτὸν πορεία διὰ τοῦ κατόπιν ἕπεσθαι τῷ λόγῳ κατορθουμένη.

Οὕτω τοίνυν καὶ νῦν ἡ ψυχή, ὅτε ἀνέστη διὰ τοῦ θανάτου, ὅτε ἐπληρώθη τῆς σμύρνης, ὅτε προσήγαγε τῷ κλείθρῳ διὰ τῶν ἔργων τὰς χεῖρας καὶ εἰσοικίσασθαι τὸν ποθούμενον ἤλπισε, τότε ὁ μὲν παρέρχεται, | ἡ δὲ ἐξέρχεται οὐκέτι μένου- | 357 σα ἐν οἷς ἦν, ἀλλὰ τῷ λόγῳ ἐπὶ τὰ πρόσω προηγουμένῳ ἐφεπομένη.

Ὁ δὲ ἐφεξῆς λόγος μᾶλλον ἡμῖν βεβαιοῖ τὴν προθεωρηθεῖσαν διάνοιαν ὅτι οὐκ ἐν τῷ καταλαμβάνεσθαι τὸ μέγεθος τῆς θείας γνωρίζεται φύσεως ἀλλ᾽ ἐν τῷ παριέναι πᾶσαν καταληπτικὴν φαντασίαν καὶ δύναμιν· ἡ γὰρ ἐκβᾶσα ἤδη τὴν φύσιν ψυχή, ὡς ἂν μηδενὶ τῶν συνηθῶν πρὸς τὴν γνῶσιν τῶν ἀοράτων κωλύοιτο, οὔτε ζητοῦσα τὸ μὴ εὑρισκόμενον ἵσταται οὔτε καλοῦσα τὸ ἀνεκφώνητον παύεται, φησὶ γὰρ ὅτι *Ἐζήτησα αὐτὸν καὶ οὐχ εὗρον αὐτόν*. Πῶς γὰρ ἂν εὑρεθείη ὃν μηνύει τῶν γινωσκομένων οὐδέν, οὐκ εἶδος, οὐ χρῶμα, οὐ περιγραφή, οὐ ποσότης, οὐ τόπος, οὐ σχῆμα, οὐ στοχασμός, οὐκ εἰκασμός, οὐκ ἀναλογία; Ἀλλὰ πάσης καταληπτικῆς ἐφόδου ἐξώτερος ἀεὶ εὑρισκόμενος ἐκφεύγει πάντως τὴν τῶν ζητούντων λαβήν, διὰ τοῦτό φησιν· »Ἐζήτησα αὐτόν, διὰ τῶν ἐρευνητικῶν τῆς ψυχῆς δυνάμεων ἐν λογισμοῖς καὶ νοήμασι, καὶ πάντων ἐξώτερος ἦν τὸν προσεγγισμὸν τῆς διανοίας διαδιδράσκων.«

Ὁ δὲ παντὸς γνωριστικοῦ χαρακτῆρος ἐξώτερος ἀεὶ εὑρισκόμενος πῶς ἂν διά τινος ὀνοματικῆς σημασίας περι-

---

[38] Die ἄπαυστος πορεῖα ist eines der bekanntesten und griffigsten Bilder für den Gedanken des unabschließbaren spirituellen Fortschritts, den GREGOR lehrt. Nach DÖRRIE, *Gregor* 880, liegt hier einer der „Kernsätze von G.s Mystik" vor.

lehrt der Text folgendes, wie ich meine: Wer Gott zu sehen verlangt, sieht den Ersehnten dadurch, daß er ihm immerzu folgt. Und die Schau seines Angesichts ist das unaufhörliche Auf-ihn-zu-Gehen[38], das dadurch vollbracht wird, daß man dem Logos nachfolgt.

Ebenso ist es demnach nun auch um die Seele bestellt: Sobald sie durch den „Tod“ auferstanden und voll von „Myrrhe“ geworden war (vgl. Cant 5,5a–c), durch ihre Werke die „Hände“ an den Riegel gelegt (vgl. Cant 5,5d) und die Hoffnung gefaßt hatte, der Ersehnte werde nun einziehen, da geht dieser zwar vorüber, sie aber geht aus, bleibt nicht mehr, worin sie war, sondern folgt dem vorausgehenden Logos nach.

Der folgende Text aber bestätigt uns noch mehr den Gedanken, der zuvor betrachtet wurde, daß man die Größe der göttlichen Natur nicht dadurch kennenlernt, daß man sie erfaßt, sondern dadurch, daß sie „vorübergeht“ an aller dem Erfassen dienlichen Vorstellung und (geistigen) Kraft. Die Seele, die bereits über ihre Natur hinausging, um durch nichts Gewohntes an der Erkenntnis des Unsichtbaren gehindert zu werden, macht nämlich nicht halt in der Suche nach dem Unauffindbaren, noch hört sie auf, das Unaussprechliche zu rufen. Denn sie sagt: *Ich suchte ihn und fand ihn nicht* (Cant 5,6d). Wie nämlich könnte man den finden, den nichts Erkennbares kundtut — nicht Aussehen, Farbe, Umriß, Quantität, Ort, Form, nicht Vermutung, Gleichnis oder Analogie? Weil er vielmehr stets außer Reichweite eines jeden Zugangs zu finden ist, der dem Erfassen dient, entgeht er auf jede Weise dem Zugriff der Suchenden. Darum sagt sie (*sc.* die Braut): „Ich suchte ihn mit den forschenden Kräften der Seele in meinen Überlegungen und Gedanken, und er war weiterhin außerhalb von all dem, weil er der Annäherung des Denkens entging.“

Wie aber könnte man den, der stets außer Reichweite eines jedes kennzeichnenden Merkmals zu finden ist, mit irgendeiner begrifflichen Bezeichnung erfassen? Darum

ληφθείη; Τούτου χάριν ἐπινοεῖ | μὲν παντοίαν ὀνομάτων (358) δύναμιν εἰς τὴν τοῦ ἀφράστου ἀγαθοῦ σημασίαν, ἡττᾶται δὲ πᾶσα φραστικὴ λόγου δύναμις καὶ τῆς ἀληθείας ἐλάττων ἐλέγχεται. Διό φησιν ὅτι »Ἐγὼ μὲν ἐκάλουν ὡς ἐδυνάμην ἐπινοοῦσα φωνὰς ἐνδεικτικὰς τῆς ἀφράστου μακαριότητος, ὁ δὲ κρείττων ἦν τῆς τῶν σημαινομένων ἐνδείξεως.«

Οἷον δὴ ἐποίει πολλάκις καὶ ὁ μέγας Δαβὶδ μυρίοις ὀνόμασι τὸ θεῖον καλῶν καὶ ἡττᾶσθαι τῆς ἀληθείας ὁμολογῶν· »Σύ«, γάρ φησιν, »ὁ θεὸς οἰκτίρμων καὶ ἐλεήμων, μακρόθυμος καὶ πολυέλεος καὶ ἀληθινός, καὶ ἰσχὺς καὶ στερέωμα καὶ καταφυγὴ καὶ δύναμις καὶ βοηθὸς καὶ ἀντιλήπτωρ καὶ κέρας σωτηρίας« καὶ τὰ τοιαῦτα. Καὶ πάλιν ὁμολογεῖ ὅτι τὸ ὄνομα αὐτοῦ ἐν πάσῃ τῇ γῇ οὐχὶ γινώσκεται ἀλλὰ θαυμάζεται· »Ὡς θαυμαστόν«, γάρ φησι, »τὸ ὄνομά σου ἐν πάσῃ τῇ γῇ.« Οὕτω φησὶ καὶ πρὸς τὸν Μανωὲ ὁ περὶ τοῦ παιδὸς αὐτῷ χρηματίσας, ὅτε ἠρωτήθη περὶ τοῦ ὀνόματος, ὅτι »Θαυμαστόν ἐστι τοῦτο καὶ κρεῖττον ἢ ὥστε ὑπ' ἀνθρωπίνης ἀκοῆς χωρηθῆναι«.

Διὰ τοῦτο καὶ ἡ ψυχὴ τὸν λόγον καλεῖ μὲν ὡς δύναται, δύναται δὲ οὐχ ὡς βούλεται· βούλεται γὰρ πλεῖον ἢ δύναται. Οὐ μὴν οὐδὲ θελῆσαι τοσοῦτον δύναται, | ὅσον ἐκεῖνός ἐστιν, (359) ἀλλ' ὅσον βουληθῆναι ἡ προαίρεσις δύναται. Ἐπεὶ οὖν ἀνέφικτός ἐστιν ὁ καλούμενος τῇ τοῦ καλοῦντος ὁρμῇ, διὰ τοῦτό φησιν· *Ἐκάλεσα αὐτὸν καὶ οὐχ ὑπήκουσέ μου.*

Ὅσα δὲ τοῖς εἰρημένοις ἡ νύμφη προστίθησι, κἂν σκυθρωποτέραν κατὰ τὸ πρόχειρον ἔχῃ τὴν ἔνδειξιν, ἀλλ' ἐμοὶ δοκεῖ πρὸς τὸν αὐτὸν σκοπὸν βλέπειν καὶ τῆς τῶν ὑψηλοτέρων ἀναβάσεως ἔχεσθαι· φησὶ γὰρ ὅτι *Εὕροσάν με*

---

[39] Manoach sollte Vater des Richters Simson werden. In Ri 13 wird die Ankündigung der Geburt des Helden geschildert.

ersinnt (die Braut) zwar alle möglichen bedeutsamen Namen zur Bezeichnung des unsagbar Guten, aber alle Aussagekraft eines Wortes versagt und erweist sich geringer als die Wahrheit. Deswegen sagt sie: „Ich rief ihn zwar, so gut ich es vermochte, indem ich Worte ersann, die die unsagbare Seligkeit anzeigen konnten, er aber war weiterhin jedem Hinweis auf das Bezeichnete überlegen."

Oftmals machte es etwa auch der große David so, wenn er das Göttliche mit unzähligen Namen anrief und doch bekannte, der Wahrheit zu unterliegen: „Du bist", sagt er nämlich, „der mitleidige und barmherzige Gott, langmütig, reich an Erbarmen und wahrhaftig (vgl. Ps 86,15: LXX Ps 85,15), bist Stärke, Stütze und Zuflucht (vgl. Ps 18,2–3: LXX Ps 17,2–3a), Kraft, Helfer (vgl. Ps 46,2: LXX Ps 45,2) und Beistand, ‚Horn des Heils' (vgl. Ps 17,3c LXX)" und dergleichen. Und wiederum bekennt er, daß sein (*sc.* Gottes) Name auf der ganzen Erde nicht erkannt, sondern bewundert werde. Denn er sagt: „Wie wunderbar ist dein Name auf der ganzen Erde!" (Ps 8,2a.10). Ebenso sprach auch derjenige zu Manoach[39], der ihm die Weissagung über sein Kind mitteilte, als er nach dem Namen gefragt wurde: „Wunderbar ist er (Ri 13,18) und zu mächtig, als daß er vom menschlichen Gehör gefaßt werden könnte."

Deshalb ruft zwar auch die Seele den Logos, wie sie es vermag, sie vermag es aber nicht so, wie sie will. Denn sie will mehr, als sie vermag. Fürwahr, sie vermag nicht einmal so Großes zu wollen, wie jener ist, sondern nur so Großes, wie ihre Vorzugswahl sich zu entschließen vermag. Nachdem der Gerufene also unerreichbar ist für das Drängen des Rufenden, sagt sie darum: *Ich rief ihn, und er hörte nicht auf mich* (Cant 5,6e).

Was die Braut an das Gesagte anschließt, scheint mir, auch wenn es vordergründig einen eher düsteren Hinweis beinhaltet, jedoch dasselbe Ziel im Blick und unmittelbar mit dem Aufstieg zum Höheren zu tun zu haben. Sie sagt

οἱ φύλακες οἱ κυκλοῦντες ἐν τῇ πόλει, ἐπάταξάν με, ἐτραυμάτισάν με, ἦραν τὸ θέριστρον ἀπ' ἐμοῦ οἱ φύλακες τῶν τειχέων. Ταῦτα γὰρ ἴσως δόξει τισὶν ὀδυρομένης μᾶλλον ἤπερ εὐφραινομένης εἶναι τὰ ῥήματα, τὸ *ἐπάταξαν* καὶ *ἐτραυμάτισαν* καὶ *ἦραν τὸ θέριστρον*· τῷ δὲ ἀκριβῶς ἐπεσκεμμένῳ τὴν τῶν λεγομένων διάνοιαν μεγαλαυχουμένης ἐπὶ τοῖς καλλίστοις εἰσὶν αἱ φωναί.

Οὑτωσὶ δὲ γένοιτ' ἂν ἡμῖν καταφανὲς τὸ λεγόμενον· μικρὸν πρὸ τούτων ἐν τοῖς κατόπιν καθαρεύειν αὐτὴν παντὸς προκαλύμματος ὁ λόγος μαρτύρεται, ἐν οἷς φησιν ἐκ προσώπου τῆς νύμφης ὅτι »Ἐξεδυσάμην τὸν χιτῶνά μου, πῶς ἐνδύσομαι αὐτόν;« Ἐνταῦθα δὲ πάλιν ἀφῃρῆσθαι αὐτῆς λέγει τὸ θέριστρον. Περιβόλαιον δὲ νυμφικόν ἐστι τὸ θέριστρον συγκαλύπτον μετὰ τῆς | [360] κεφαλῆς καὶ τὸ πρόσωπον, καθὼς περὶ τῆς Ῥεβέκκας λέγει ἡ ἱστορία. Πῶς οὖν ἡ γυμνωθεῖσα παντὸς περιβλήματος ἔτι τὸ θέριστρον ἔχει ὅπερ νῦν αὐτῆς ἀφαιροῦνται οἱ φύλακες;

Ἦ δῆλον διὰ τῶν εἰρημένων ἐστίν, ὅσον ἀπ' ἐκείνου πάλιν ἐπὶ τὸ ὑψηλότερον διὰ προκοπῆς ἀνελήλυθεν; Ἡ γὰρ ἀπεκδυσαμένη τὸν παλαιὸν χιτῶνα καὶ πάσης περιβολῆς καθαρεύσασα τοσοῦτον ἑαυτῆς γίνεται καθαρωτέρα, ὡς συγκρίσει τῆς ἄρτι γενομένης αὐτῇ καθαρότητος μὴ δοκεῖν ἀποδεδῦσθαι τὸ περιβόλαιον, ἀλλ' εὑρεῖν τι πάλιν μετὰ τὴν γύμνωσιν ἐκείνην περὶ ἑαυτὴν ὃ ἀποθῆται. Οὕτως ἡ πρὸς τὸ θεῖον ἄνοδος τοῦ ἀεὶ εὑρισκομένου τὸ περὶ αὐτὴν παχύτερον δείκνυσιν. Διὰ τοῦτο συγκρίσει τῆς νῦν καθαρότητος ἡ προ-

[40] Die Formulierung φησὶν ἐκ προσώπου τῆς νύμφης erinnert daran, daß der Text des Canticum auf verschiedene Rollen („Personen“) verteilt ist und man stets angeben muß, welche Figur den jeweiligen Vers spricht.

nämlich: *Mich fanden die Wächter, die in der Stadt die Runde machen, sie schlugen mich, sie verwundeten mich; den Schleier nahmen die Wächter der Mauern von mir* (Cant 5,7). Einigen nämlich wird es vielleicht so scheinen, als seien das eher die Worte einer Klagenden als die einer Frau, die sich freut: *Sie schlugen mich, sie verwundeten mich* und: *sie nahmen den Schleier weg*. Für denjenigen aber, der den Sinn des Gesagten mit Sorgfalt untersucht, sind es die Worte einer Frau, die sich des Schönsten rühmt.

Auf folgende Weise könnte uns das Gemeinte deutlich werden: Kurz zuvor, im zurückliegenden Abschnitt, bezeugt der Text (*sc.* des Canticum), daß sie von jeder Verhüllung frei sei — an der Stelle, wo er die Braut sagen läßt[40]: „Ich habe mein Gewand ausgezogen, wieso sollte ich es wieder anziehen?“ (Cant 5,3a). Hier nun wieder sagt sie, der *Schleier* sei ihr weggenommen worden. Der Schleier ist ein Überwurf, der für eine Braut geeignet ist, weil er mit dem Haupt auch das Antlitz verhüllt, wie es die Geschichte von Rebekka berichtet (vgl. Gen 24,65). Wie also (ist es denkbar), daß die von jeder Umhüllung entblößte Braut noch einen Schleier hat, den ihr die Wächter nun wegnehmen?

Oder ist aufgrund des Gesagten deutlich, wie weit sie von dort aus wiederum zum Höheren aufgestiegen ist dank ihres Fortschritts? Sie hatte nämlich das alte Gewand abgelegt und war schon rein von jedem Überwurf gewesen. Nun aber wird sie um so viel reiner als zuvor[41], daß sie, gemessen an der Reinheit, die ihr gerade zuteil wird, den Überwurf nicht abgelegt zu haben scheint, sondern nach jener früheren Entkleidung wieder etwas an sich findet, was sie ablegen sollte. So zeigt der Weg zum Göttlichen hinauf, daß das, was sie umgibt, dichter ist als das, was sich jeweils neu herausstellt. Im Vergleich zu der jetzigen Rein-

[41] Zu dieser Übersetzung vgl. Anm. 35, oben 636.

γενομένη τοῦ χιτῶνος ἐκείνου γύμνωσις ὡς κάλυμμα πάλιν περιαιρεῖται παρὰ τῶν εὑρισκόντων αὐτήν. Οὗτοι δέ εἰσιν οἱ φύλακες οἱ κυκλοῦντες τὴν πόλιν (ψυχὴ δὲ ἡ πόλις) οἱ διὰ τοῦ πατάξαι καὶ τραυματίσαι περιελόντες τὸ θέριστρον, ὧν ἔργον ἐστὶ τὸ φυλάσσειν τὰ τείχη τῆς πόλεως.

Ὅτι μὲν οὖν ἀγαθόν τί ἐστιν ἡ τοῦ θερίστρου περιαίρεσις, ὥστε ἐλεύθερον τοῦ προκαλύμματος τὸν ὀφθαλμὸν ἀπαραποδίστως ἐνατενίζειν τῷ ποθουμένῳ κάλλει, οὐκ ἄν τις ἀμφιβάλοι | [361] πρὸς τὸν ἀπόστολον βλέπων, ὃς τῇ δυνάμει τοῦ πνεύματος τὴν τοῦ καλύμματος περιαίρεσιν ἀνατίθησι λέγων· »Ὅταν δὲ ἐπιστρέψῃ πρὸς κύριον περιαιρεῖται τὸ κάλυμμα· ὁ δὲ κύριος τὸ πνεῦμά ἐστιν.« Ὅτι δὲ τὸ τοῦ ἀγαθοῦ παρασκευαστικὸν καὶ αὐτὸ πάντως ἐστὶν ἀγαθόν, οὐκ ἄν τις ἀμφιβάλοι τῶν ἐπισταμένων πρὸς τὸ ἀκόλουθον βλέπειν. Εἰ τοίνυν ἀγαθὸν ἡ τοῦ καλύμματος περιαίρεσις, ἀγαθὸν ἂν εἴη πάντως καὶ ἡ πληγὴ καὶ τὸ τραῦμα δι' ὧν κατορθοῦται ἡ περιαίρεσις. Ἀλλ' ἐπειδὴ κατὰ τὴν πρόχειρον ἔννοιαν ἀηδία τις ἐμφαίνεται τοῖς ῥήμασι τούτοις (ἄλγημα γὰρ ἐνδείκνυται ἡ φωνὴ τοῦ *ἐπάταξάν με* καὶ *ἐτραυμάτισάν με*), καλῶς ἂν ἔχοι κατανοῆσαι πρῶτον τῆς ἁγίας γραφῆς τὴν τῶν τοιούτων ῥημάτων χρῆσιν, εἴ που πρὸς τὸ κρεῖττον αὐτῶν τὴν μνήμην πεποίηται, εἶθ' οὕτω θεωρῆσαι τῶν ἐνταῦθα λεγομένων τὴν δύναμιν.

Πῶς ῥύεται ἡ σοφία τὴν τοῦ νέου ψυχὴν ἀπὸ θανάτου; Τί συμβουλεύει ποιεῖν, ἵνα μὴ ἀποθάνῃ ὁ νέος; Αὐτῆς ἀκού-

---

[42] Mit dieser komplizierten Beschreibung variiert GREGOR den Gedanken des unendlichen Fortschritts, diesmal auf die innere Reinheit des Menschen bezogen. Das Ablegen der „Gewänder“ symbolisiert dabei das Freiwerden von hinderlichen Bindungen an das Grob-Stoffliche (auf den Bereich der Materie verweist die Steigerung des Adjektivs παχύς — „dicht/grob/fest“). Doch wäre es Illusion zu meinen, man käme damit je an ein Ende. Selbst die subtilste Reinheit bedeutet noch „Verhüllung“ einer bisher nicht „aufgedeckten“ Möglichkeit spiritueller Reinigung.

[43] Diese Assoziation findet sich schon einmal bei der Auslegung von Cant 5,5a–c, oben 625.

heit ist deshalb das frühere Ablegen jenes Gewandes seinerseits wie eine „Decke“, die nun wieder weggenommen wird[42] von denen, die sie (*sc.* die Braut) finden. Dies sind die Wächter, die die Stadt umrunden — die „Stadt“ aber ist die Seele[43] —, die durch Schlagen und Verwunden den Schleier abnehmen. Ihre Aufgabe ist es, die „Mauern der Stadt“ zu bewachen.

Daß indes die Wegnahme des Schleiers etwas Gutes ist, weil sie zur Folge hat, daß das Auge, vom Vorhang befreit, ungehindert auf die ersehnte Schönheit hinsieht, dürfte wohl niemand bezweifeln, sofern er sich am Apostel orientiert, der die Wegnahme der Decke der Kraft des Geistes zuweist, wenn er sagt: „Sobald sich (Israel) aber zum Herrn hinwendet, wird die Decke weggenommen. Der Herr aber ist der Geist“ (2 Kor 3,16f). Daß zum andern aber die Vorbereitung des Guten jedenfalls auch selber gut ist, dürfte wohl niemand von denen bezweifeln, die es verstehen, auf logische Folgerichtigkeit zu achten. Wenn demnach die Wegnahme der Decke gut ist, dürften jedenfalls auch der „Schlag“ und die „Verwundung“ gut sein, durch die die Wegnahme der Decke verwirklicht wird. Nachdem sich aber der vordergründigen Bedeutung zufolge eine Unannehmlichkeit in diesen Worten zeigt — denn der Ausspruch *sie schlugen mich* und *sie verwundeten mich* weist auf Schmerz hin —, dürfte es richtig sein, zuerst die Verwendung solcher Worte in der Heiligen Schrift zu erwägen, ob sie sie irgendwo in einem besseren Sinn erwähnt hat, und sodann den Gehalt des hier Gesagten zu betrachten[44].

Auf welche Weise rettet die Weisheit die Seele des jungen Menschen vor dem Tod? Was rät sie zu tun, damit der junge Mensch nicht stirbt? Laßt uns die Weisheit selbst hören:

---

[44] Die folgende Beweisführung demonstriert hervorragend die legitimierende Funktion der biblischen „Seitenreferenzen“ für die allegorische Exegese.

σωμεν τῆς σοφίας· »Ἐὰν πατάξῃς αὐτόν«, φησί, »ῥάβδῳ, οὐ μὴ ἀποθάνῃ· σὺ μὲν γὰρ ῥάβδῳ πατάξεις αὐτόν, τὴν δὲ ψυχὴν αὐτοῦ ῥύσῃ ἐκ θανάτου.« Ἔοικε τοίνυν ἀθανασίαν ἑρμηνεύειν ἡ τοῦ *ἐπάταξάν με* λέξις, καθὼς ὁ λόγος φησὶν ὅτι »Ἐὰν πατάξῃς τῇ ῥάβδῳ, οὐ μὴ ἀποθάνῃ«, καὶ ὅτι »Οὐκ ἔστιν ἄλλως ῥυσθῆναι τὴν ψυχὴν ἐκ θανάτου ἐὰν μὴ παταχθῇ | 362 τῇ ῥάβδῳ.« Καλὸν ἄρα τὸ παταχθῆναι διὰ τῶν εἰρημένων ἡμῖν ἀποδέδεικται, διότι καλόν ἐστιν ὡς ἀληθῶς τὸ ἐκ θανάτου τὴν ψυχὴν ῥυσθῆναι. Οὕτω ποιεῖν καὶ τὸν θεὸν ὁ προφήτης φησὶ διὰ τοῦ ἀποκτέννειν ζωοποιοῦντα καὶ διὰ τοῦ πατάσσειν ἰώμενον· »Ἐγώ«, γάρ φησιν, »ἀποκτενῶ καὶ ζῆν ποιήσω, πατάξω κἀγὼ ἰάσομαι.« Διὰ τοῦτο καὶ ὁ μέγας Δαβὶδ οὐχὶ πληγὴν εἶπεν ἀλλὰ παράκλησιν ἐκ τῆς τοιαύτης γίνεσθαι ῥάβδου, λέγων· »Ἡ ῥάβδος σου καὶ ἡ βακτηρία σου, αὗταί με παρεκάλεσαν«· δι' ὧν γίνεται ἡ τῆς θείας αὐτῷ τραπέζης ἑτοιμασία καὶ ὅσα κατὰ τὸ ἀκόλουθον περιέχει ἡ ψαλμῳδία· καὶ τὸ ἐπὶ τῆς κεφαλῆς ἔλαιον καὶ ὁ τοῦ ποτηρίου ἄκρατος, ὁ τὴν νηφάλιον μέθην ἀπεργαζόμενος, καὶ ὁ καλῶς αὐτὸν καταδιώκων ἔλεος καὶ ἡ ἐν τῷ οἴκῳ τοῦ θεοῦ μακροβίωσις. Εἰ οὖν ταῦτα παρέχει ἡ γλυκεῖα ἐκείνη πληγὴ κατά τε τὴν παροιμιώδη διδασκαλίαν καὶ κατὰ τὴν τοῦ προφήτου φωνήν, ἀγαθὸν ἄρα ἐστὶ τὸ παταχθῆναι τῇ ῥάβδῳ, ἀφ' ἧς ἐστιν ἡ τῶν τοσούτων ἀγαθῶν εὐθηνία.

Μᾶλλον δὲ τὸ παρεθὲν πρὸ τῶν εἰρημένων διεξετάσωμεν· παρῆλθε τὴν νύμφην ὁ λόγος ἀνέφικτος τῇ λαβῇ τῆς ποθούσης | 363 γενόμενος· παρῆλθε δὲ οὐχ ὥστε καταλιπεῖν ἣν παρέδραμεν, ἀλλ' ὥστε μᾶλλον αὐτὴν πρὸς ἑαυτὸν ἐπισπάσασθαι· φησὶ γὰρ ὅτι »Ἡ ψυχή μου ἐξῆλθεν ἐν λόγῳ αὐτοῦ.«

[45] Vgl. zu diesem Oxymoron Anm. 35, oben 330.

„Wenn du ihn", sagt sie, „mit dem Stock schlägst, stirbt er bestimmt nicht. Denn du wirst ihn zwar mit dem Stock schlagen, seine Seele aber wirst du aus dem Tod erretten" (Spr 23,13b–14). Demnach scheint der Wortlaut *sie schlugen mich* Unsterblichkeit zu bedeuten, wie es das Wort sagt: „Wenn du ihn mit dem Stock schlägst, stirbt er bestimmt nicht", und: „Die Seele kann nicht anders aus dem Tod errettet werden, als daß sie mit dem Stock geschlagen wird." Durch das Gesagte ist von uns also der Beweis erbracht, daß das Geschlagen-Werden schön ist, und zwar deshalb, weil es wirklich schön ist, daß die Seele aus dem Tod errettet wird. Ebenso, sagt der Prophet, handle auch Gott, indem er durch das Töten lebendig macht und durch das Schlagen heilt: „Ich werde töten", heißt es nämlich, „und ich werde lebendig machen, ich werde schlagen, und ich werde auch heilen" (Dtn 32,39 LXX). Deshalb meinte auch der große David, von einem solchen Stock gehe kein Schlag, sondern Trost aus, wenn er sagt: „Dein Stock und dein Stab, sie trösteten mich" (Ps 23,4d: LXX Ps 22,4c). Durch sie wird ihm die Bereitung des göttlichen Tisches zuteil und alles, was der Psalmengesang in der Folge noch beinhaltet (vgl. Ps 23,5f: LXX Ps 22,5f): das Öl auf dem Haupt, der ungemischte Wein im Becher, der die „nüchterne Trunkenheit"[45] hervorruft, sowie das Erbarmen, das ihm so schön auf den Fersen folgt, und das lange Leben im Hause des Herrn. Wenn also jener süße Schlag dies alles gewährt nach der Lehre der Sprichwörter und dem Spruch des Propheten, ist es folglich gut, mit dem Stock geschlagen zu werden, von dem die Fülle so bedeutender Güter ausgeht.

Laßt uns indes lieber das untersuchen, was vor dieser Passage bisher übergangen wurde: Der Logos ging an der Braut vorüber, unerreichbar für den Zugriff der Sehnsüchtigen. Er ging aber nicht derart vorüber, daß er sie, an der er vorübereilte, verlassen hätte, sondern vielmehr derart, daß er sie zu sich heranzog. Es heißt nämlich: „Meine Seele

Ἐξέρχεται τοίνυν πρῶτον ἀπὸ τοῦ ἐν ᾧ ἦν ἡ ψυχὴ καὶ οὕτως ὑπὸ τῶν φυλασσόντων τὴν πόλιν εὑρίσκεται· *Εὕροσαν γάρ με,* φησίν, *οἱ φύλακες οἱ κυκλοῦντες ἐν τῇ πόλει.* Εἰ μὲν οὖν ἢ κίνδυνοι ᾅδου εὗρον αὐτὴν ἢ λῃσταῖς αὐτὴν εὑρῆσθαι ἔλεγε, χαλεπὸν ἦν τὸ τῶν τοιούτων αὐτὴν εὕρημα γενέσθαι (ὁ γὰρ »κλέπτης οὐκ ἔρχεται, εἰ μὴ ἵνα κλέψῃ καὶ θύσῃ καὶ ἀπολέσῃ«), εἰ δὲ οἱ φύλακες αὐτὴν εὑρίσκουσιν οἱ κυκλοῦντες ἐν τῇ πόλει, μακαριστὴ πάντως ἐστὶ τῆς τοιαύτης εὑρέσεως· ὁ γὰρ ὑπὸ τοῦ φύλακος εὑρεθεὶς ὑπὸ λῃστῶν κλαπῆναι οὐ δύναται.

Τίνες οὖν εἰσιν οἱ φύλακες; Τίνες ἄλλοι ἢ πάντως οἱ ὑπηρέται τοῦ φυλάσσοντος τὸν Ἰσραήλ, τοῦ διὰ τῆς | φυλακῆς τὴν δεξιὰν χεῖρα σκεπάζοντος, τοῦ ἀπὸ παντὸς κακοῦ τὴν ψυχὴν φυλάσσειν πεπιστευμένου, ὃς καὶ εἰσόδου καὶ ἐξόδου γίνεται φύλαξ; Ἐκεῖνός ἐστιν ὁ φύλαξ τῆς πόλεως περὶ οὗ φησιν ὅτι »Ἐὰν μὴ κύριος φυλάξῃ πόλιν, εἰς μάτην ἠγρύπνησεν ὁ φυλάσσων«. Τὰ τοίνυν »λειτουργικὰ πνεύματα, τὰ εἰς διακονίαν ἀποστελλόμενα διὰ τοὺς μέλλοντας κληρονομεῖν σωτηρίαν«, ἐνδείκνυται διὰ τῶν φυλάκων ὁ λόγος τῶν κυκλούντων τὴν πόλιν. Ψυχὴ δέ, καθὼς εἴρηται, ἡ πόλις ἐστί, τὸ τοῦ θεοῦ οἰκητήριον. I 364

Παρὰ τούτων οὖν εὑρέθη, φησίν, ἡ ψυχή, ὡς εὑρέθη ποτὲ παρὰ τοῦ καλοῦ ποιμένος τὸ πρόβατον, ἐφ' οὗ πᾶσαι τῶν ἀγγέλων αἱ χορεῖαι πρὸς εὐφροσύνην συνεκινήθησαν κατὰ τὴν τοῦ κυρίου φωνήν. Οὕτως εὑρέθη ποτὲ καὶ ἡ δραχμὴ ὑπὸ τοῦ λύχνου, ἐφ' ᾗ χαίρουσι πάντες οἱ φίλοι τε καὶ οἱ γείτονες.

---

[46] Im Anschluß an Lk 15,4–7 ist hier natürlich auf Lk 15,8–10 angespielt. Dort wird die Drachme allerdings von der Frau, die sie verloren hatte, wiedergefunden. Damit steht diese — wie zuvor der gute Hirte — im Gleichnis an der Stelle Gottes bzw. seines Sohnes. GREGOR läßt sich davon offenbar irritieren und ersetzt die Frau durch den Leuchter (das

ging aus in seinem Wort“ (Cant 5,6c). Demnach geht die Seele zunächst von dem aus, worin sie war, und so wird sie von denen gefunden, die die Stadt bewachen. *Mich fanden die Wächter*, sagt sie nämlich, *die in der Stadt die Runde machen* (Cant 5,7a). Wenn freilich die „Gefahren der Unterwelt“ sie gefunden hätten (Ps 114,3b LXX) oder wenn es geheißen hätte, sie sei von Räubern gefunden worden, wäre es schlimm, daß sie ein Fund solcher (Mächte) geworden wäre — denn „der Dieb kommt nur, um zu stehlen, zu schlachten und zu vernichten“ (Joh 10,10) —, wenn aber die Wächter sie finden, die in der Stadt die Runde machen, ist sie bestimmt höchst selig, derart gefunden zu sein. Denn wer vom Wächter gefunden wurde, kann von Räubern nicht gestohlen werden.

Wer also sind die Wächter? — Wer anders als jedenfalls die Diener dessen, der Israel bewacht, der mit seiner Bewachung die rechte Hand beschirmt, dem man zutraut, daß er die Seele vor allem Bösen bewahrt, und der auch Wächter von Eingang und Ausgang wird (vgl. Ps 120,4–8 LXX). Jener ist der Wächter der Stadt, von dem es heißt: „Wenn nicht der Herr eine Stadt bewacht, wacht der, der Wache hält, umsonst“ (Ps 127,1c–d: LXX Ps 126,1d–e). Mit den Wächtern, die die Stadt umrunden, verweist der Text demnach auf die „dienenden Geister, die zum Dienst entsandt werden wegen derer, die das Heil erben sollen“ (Hebr 1,14). Die Seele aber ist, wie gesagt, die „Stadt“, die Wohnung Gottes.

Von diesen (Mächten) also wurde die Seele gefunden, heißt es, wie einst das Schaf vom guten Hirten gefunden wurde; daraufhin wurden alle Chöre der Engel zu Freude hingerissen dem Ausspruch des Herrn zufolge (vgl. Lk 15,4–7). So wurde einst auch die Drachme vom Leuchter[46] gefunden, worüber sich alle Freunde und Nachbarn freuen.

---

griechische Wort λύχνος ist maskulin), der in der Gleichniserzählung nur die unbedeutende Rolle eines Hilfsmittels gespielt hatte.

Τοιοῦτον εὕρημα καὶ Δαβίδ, ὁ δοῦλος τοῦ κυρίου, γίνεται, καθὼς ἡ ψαλμῳδία φησὶν ἐκ προσώπου τοῦ θεοῦ ὅτι »Εὗρον Δαβὶδ τὸν δοῦλόν μου, ἐν ἐλαίῳ ἁγίῳ μου ἔχρισα αὐτόν«. Ὃς ἐπειδὴ κτῆμα τοῦ εὑρόντος ἐγένετο, ἀκούσωμεν οἵων ἀξιοῦται· »Ἡ χείρ μου«, φησίν, »συναντιλήψεται αὐτῷ καὶ ὁ βραχίων μου | κατισχύσει αὐτόν· οὐκ ὠφελήσει ἐχθρὸς ἐν 365 αὐτῷ καὶ υἱὸς ἀνομίας οὐ κακώσει αὐτόν, καὶ συγκόψω ἀπὸ προσώπου αὐτοῦ τοὺς ἐχθροὺς αὐτοῦ καὶ τοὺς μισοῦντας αὐτὸν τροπώσομαι«· καὶ ὅσα ἄλλα ὁ τῆς εὐλογίας περιέχει κατάλογος. Οὐκοῦν καλόν ἐστι τὸ εὑρεθῆναι ὑπὸ τῶν κυκλούντων τὴν πόλιν, τὴν ψυχήν, ἀγγέλων. Οὕτω γὰρ νοεῖν ὁ μέγας Δαβὶδ ὑποτίθεται λέγων· »Παρεμβαλεῖ ἄγγελος κυρίου κύκλῳ τῶν φοβουμένων αὐτὸν καὶ ῥύσεται αὐτούς.«

Οὐκοῦν ἡ εἰποῦσα ὅτι »Οἱ φύλακές με ἐπάταξαν«, προσθήκην τινὰ γεγενῆσθαι αὐτῇ τῆς ἐπὶ τὸ ἄνω προκοπῆς ἐκαυχήσατο. Εἰ δὲ καὶ ἐν τραύματι γεγενῆσθαι λέγει, τὸν ἐν βάθει γενόμενον αὐτῇ διὰ τῆς θείας ῥάβδου τύπον τῷ λόγῳ παρίστησιν· οὐ γὰρ ἐπιπολαίως τῆς πνευματικῆς ῥάβδου τὴν ἐνέργειαν ἐφ' ἑαυτῆς δέχεται, ὡς μὴ ἐπιγνωσθῆναι τὸν τόπον ἐν ᾧ τὴν ῥάβδον ἐδέξατο, ἀλλ' ἐπίσημος διὰ τοῦ τραύματος γίνεται ἡ πληγὴ ᾗ ἐγκαυχᾶται ἡ νύμφη.

Τὸ δὲ λεγόμενον τοιοῦτόν ἐστιν· ἡ θεία ῥάβδος ἐκείνη καὶ ἡ παρακλητικὴ βακτηρία, ἡ διὰ τοῦ πατάσσειν ἐνεργοῦσα τὴν ἴασιν, τὸ πνεῦμά ἐστιν, οὗ καρπὸς τά τε ἄλλα τῶν ἀγαθῶν ὅσα ὁ Παῦλος | ἠρίθμησε, καὶ μετὰ τῶν ἄλλων ἡ 366 παιδαγωγὸς τῆς ἐναρέτου πολιτείας ἐγκράτεια. Οὕτω γὰρ καὶ Παῦλος, ὁ τῶν τοιούτων πληγῶν στιγματίας, τοῖς τραύμασι τούτοις ἐπαγαλλόμενος ἔλεγεν ὅτι »Τὰ στίγματα τοῦ Χριστοῦ ἐν τῷ σώματί μου περιφέρω«, δεικνὺς τὴν ἐν παντὶ κακῷ

---

[47] Mit der Wendung φησὶν ἐκ προσώπου gibt GREGOR den „Sprecher" des folgenden Psalmverses an.

[48] GREGOR kombiniert hier Motive aus Ps 22,4c LXX und Dtn 32,39 LXX, d.h. Texte, die er weiter oben schon zitiert hatte (vgl. oben 649), neu.

Ein solcher Fund wurde auch David, der Knecht des Herrn, wie der Psalmengesang Gott sagen läßt[47]: „Ich fand David, meinen Knecht, mit meinem heiligen Öl salbte ich ihn“ (Ps 89,21: LXX Ps 88,21). Nachdem dieser Besitztum des Finders geworden war, laßt uns hören, wessen er für würdig befunden wird: „Meine Hand“, heißt es, „wird ihm helfen, und mein Arm wird ihn stärken. Ein Feind wird sich an ihm nicht schadlos halten, und ein Sohn der Gesetzlosigkeit wird ihn nicht mißhandeln. Ich werde seine Feinde zerschlagen vor seinem Angesicht und werde diejenigen, die ihn hassen, in die Flucht schlagen“ (vgl. Ps 88,22–24 LXX) und alles andere, was die Auflistung des Segens beinhaltet. Demnach ist es schön, von den Engeln gefunden zu werden, die die „Stadt“, (das heißt) die Seele, umrunden. Auch der große David rät, so zu denken, wenn er sagt: „Ein Engel des Herrn wird sich im Kreis um die lagern, die ihn fürchten, und wird sie erretten“ (Ps 34,8: LXX Ps 33,8).

Diejenige, die sagte: „Die Wächter schlugen mich“, rühmte sich also, ihr sei eine zusätzliche Gabe beim Fortschritt zum Oberen hin zuteil geworden. Wenn sie indes sagt, sie sei auch verwundet worden, legt sie mit diesem Satz dar, daß das Prägemal, das der göttliche „Stock“ verursacht, tief in sie eingedrungen ist. Nicht oberflächlich nämlich erfuhr sie die Wirkung des geistlichen „Stocks“ an sich selbst, so daß die Stelle, an der der „Stock“ sie traf, nicht wiederzuerkennen wäre. Vielmehr wird der Schlag, dessen sich die Braut rühmt, markiert durch die Wunde.

Was damit gemeint ist, ist folgendes: Jener „göttliche Stock“ und „tröstende Stab“, der durch Schlagen Heilung bewirkt[48], ist der Geist, dessen Frucht sowohl alle anderen Güter sind, die Paulus aufzählte (vgl. Gal 5,22), als auch — zusammen mit den anderen — die Erzieherin im tugendhaften Lebenswandel, die Enthaltsamkeit. So sagte nämlich auch Paulus, der von solchen „Schlägen“ gezeichnet war, als er über diese „Wunden“ jubelte: „Ich trage die Male Christi an meinem Leib“ (Gal 6,17). Er wies damit

ἀσθένειαν, δι' ἧς ἡ κατὰ Χριστὸν δύναμις ἐν ἀρετῇ τελειοῦται. Καλὸν οὖν καὶ τὸ τραῦμα διὰ τῶν εἰρημένων ἡμῖν ἀναπέφηνε, δι' οὗ γέγονεν αὐτῇ τοῦ θερίστρου ἡ περιαίρεσις, ὥστε ἀνακαλυφθῆναι τὸ τῆς ψυχῆς κάλλος μηκέτι ἐπισκοτοῦντος τοῦ ἐπιβλήματος.

'Αλλ' ἐπαναλάβωμεν πάλιν ἀνακεφαλαιωσάμενοι τὴν τῶν εἰρημένων διάνοιαν· ἡ πρὸς τὸν θεὸν ὁρῶσα ψυχὴ καὶ τὸν ἀγαθὸν ἐκεῖνον πόθον τοῦ ἀφθάρτου κάλλους ἀναλαμβάνουσα ἀεὶ νέαν τὴν πρὸς τὸ ὑπερκείμενον ἐπιθυμίαν ἔχει οὐδέποτε κόρῳ τὸν πόθον ἀμβλύνουσα. Διὰ τοῦτο πάντοτε τοῖς ἔμπροσθεν ἐπεκτεινομένη οὐ παύεται καὶ ἀπὸ τοῦ ἐν ᾧ ἐστιν ἐξιοῦσα καὶ πρὸς τὸ ἐνδότερον εἰσδυομένη ἐν ᾧ οὔπω ἐγένετο καὶ τὸ πάντοτε θαυμαστὸν αὐτῇ καὶ μέγα φαινόμενον κατώτερον ποιουμένη τοῦ ἐφεξῆς διὰ τὸ περικαλλέστερον πάντως εἶναι τοῦ προκατειλημμένου τὸ ἀεὶ εὑρισκόμενον, καθὼς καὶ ὁ Παῦλος καθ' ἡμέραν ἀπέθνῃσκεν, ἐπειδὴ πάντοτε πρὸς καινήν τινα μετῄει ζωὴν νεκρὸς ἀεὶ τῷ παρῳχηκότι γινόμενος καὶ λήθην τῶν προδιηνυσμένων ποιούμενος.

Διὰ τοῦτο καὶ ἡ πρὸς τὸν νυμφίον τρέχουσα νύμφη | στά- | 367
σιν τινὰ τῆς ἐπὶ τὸ μεῖζον προκοπῆς οὐχ εὑρίσκει· παραδείσους ποιεῖ ῥοῶν διὰ στόματος ἀρώματα ῥέοντας, τροφὴν ἑτοιμάζει τῷ δεσπότῃ τῆς κτίσεως τοῖς ἰδίοις αὐτὸν δεξιουμένη καρποῖς, πηγάζει κήπους, φρέαρ γίνεται ὕδατος ζῶντος, ὅλη καλὴ καὶ ἄμωμος δείκνυται κατὰ τὴν μαρτυρίαν τοῦ λόγου. Πάλιν ὑπὲρ ταῦτα γενομένη αἰσθάνεται μεγαλοπρεπέστερον προσιόντος τοῦ λόγου, πληρουμένου κατὰ τὴν κεφαλὴν τῆς δρόσου καὶ τῶν τῆς νυκτὸς ψεκάδων τῶν ἐν τοῖς

---

[49] Aus der Exegese von Cant 4,15 in *hom.* 9 (oben 534f mit Anm. 37) nimmt GREGOR die Deutung des Genitivs in der Wendung πηγὴ κήπων (Cant 4,15a) als *Genitivus obiectivus* in seine Rekapitulation herüber, wie die verbale Formulierung πηγάζει κήπους hier zeigt.

[50] Wenn der Exeget hier — im Widerspruch zur Abfolge des Canticum-Textes — bis auf Cant 4,7 (und damit bis auf *hom.* 7) zurückgreift, so deshalb, weil er das höchste Lob über die Seele aussprechen will, jedoch nur, um es sofort wieder zu relativieren und damit den Aufstieg zu Gott als unendlich zu erweisen. Letzteres ist der Sinn aller Rekapitulationen.

auf die Schwachheit in allem Bösen hin, durch die die Kraft, die Christus entspricht, in der Tugend vollendet wird. Schön erscheint uns also aufgrund des Gesagten auch die Verwundung, durch die ihr (*sc.* der Braut) der Schleier weggenommen ist, so daß die Schönheit der Seele aufgedeckt wurde, weil sie der Überwurf nicht mehr verfinsterte.

Aber laßt uns nun den Sinn des Gesagten in einer Rekapitulation wieder aufnehmen: Die Seele, die auf Gott schaut, hat — auch wenn sie jene gute Sehnsucht nach der unvergänglichen Schönheit wieder aufgreift — stets *neu* Verlangen nach dem Höheren, weil sie niemals die Sehnsucht durch Überdruß abstumpfen läßt. Unaufhörlich streckt sie sich deshalb fortwährend nach dem aus, was vor ihr liegt, geht dabei aus von dem, worin sie ist, und dringt ins Innere ein, wo sie noch nicht war. Und alles, was ihr fortwährend wunderbar und groß erscheint, schätzt sie für niedriger ein als das Folgende, weil das, was jeweils (neu) gefunden wird, auf jeden Fall rundweg schöner ist als das zuvor Erfaßte. So starb ja auch Paulus täglich (vgl. 1 Kor 15,31), weil er ständig zu einem neuen Leben überging, wobei er jeweils für das Vergangene „tot" wurde und das bislang Vollendete vergaß (vgl. Phil 3,13).

Deshalb findet auch die Braut, die auf den Bräutigam zuläuft, bei ihrem Fortschritt zum Größeren kein Halten. Sie schafft Paradiesgärten von Granatapfelbäumen, die Aromata aus ihrem Mund strömen lassen (vgl. Cant 4,13a), sie richtet dem Herrscher der Schöpfung Nahrung her, indem sie ihn mit den eigenen Früchten willkommen heißt (vgl. Cant 4,13f. 16c–d. 5,1a–d), sie läßt Gärten wie aus einer Quelle fließen[49], wird zum Brunnen lebendigen Wassers (vgl. Cant 4,15a), zeigt sich dem Zeugnis des Logos zufolge ganz und gar schön und tadellos (vgl. Cant 4,7[50]). Wieder gelangt sie darüber hinaus und nimmt wahr, wie der Logos prächtiger herzukommt, am Haupt voller Tau und voller Tropfen der Nacht, die sich an den Locken befinden

βοστρύχοις γινομένων, νίπτεται τοὺς πόδας, τὸν χιτῶνα ἐκδύεται, σμύρναν διὰ τῶν χειρῶν ἀποστάζει, προσάγει τῷ κλείθρῳ τὰς χεῖρας, ἀνοίγει τὴν εἴσοδον, ζητεῖ τὸν μὴ καταλαμβανόμενον, φωνεῖ τὸν ἀνέφικτον, εὑρίσκεται ὑπὸ τῶν φυλάκων, δέχεται ἐφ' ἑαυτῆς τὴν πατάσσουσαν ῥάβδον, μιμεῖται τὴν πέτραν περὶ ἧς φησιν ὁ προφήτης ὅτι »Ἐπάταξε πέτραν καὶ ἐρρύησαν ὕδατα«. Ὁρᾷς εἰς ὅσον ἀνέδραμεν ὕψος ἡ νύμφη· διὰ τοῦτο πατασσομένη ὥσπερ ἡ ἀκρότομος ὑπὸ τοῦ Μωϋσέως, ἵνα καθ' ὁμοιότητα ἐκείνης καὶ αὕτη πηγάσῃ τοῖς διψῶσι τὸν | [368] λόγον ἐκ τῆς πληγῆς ἀνομβρήσαντα. Εἶτα ἐπὶ τούτοις γυμνοῖ τὸ κάλλος τῆς ὄψεως τῶν φυλάκων αὐτῆς περιελόντων τὸ θέριστρον.

Ταῦτά ἐστιν ἃ κατὰ τὸν τόπον τοῦτον ἡμεῖς καταλαβεῖν ἠδυνήθημεν. Φθόνος δὲ οὐδεὶς γενέσθαι τινὶ παρὰ τοῦ ἀποκαλύπτοντος τὰ κεκρυμμένα μυστήρια ψυχωφελεστέραν τινὰ θεωρίαν ἐν τοῖς προκειμένοις.

Ἴσως δὲ φήσει τις καὶ τοῦ Ἠσαΐου τὴν ὀπτασίαν ἔχειν τινὰ πρὸς τὰ προκείμενα ῥητὰ κοινωνίαν· ἐκείνην λέγω τὴν ὀπτασίαν, ὅτε ἀποθανόντος τοῦ λεπροῦ βασιλέως ἑωρακέναι φησὶ τὸν ἐπὶ τοῦ ὑψηλοῦ τε καὶ ἐπηρμένου θρόνου μεγαλοπρεπῶς προκαθήμενον, οὗ σχῆμα μὲν καὶ εἶδος καὶ μέγεθος ἰδεῖν οὐκ ἐχώρησεν (ἦ γὰρ ἂν εἶπε πάντως, εἴπερ ἐχώρησε, καθάπερ καὶ ἐπὶ τῶν ἄλλων ὧν εἶδεν ἐποίησε πτέρυγας ἀριθμήσας καὶ στάσιν καὶ πτῆσιν διηγησάμενος), φωνῆς δὲ μόνης ἀκηκοέναι φησίν, ὅτε ἐπήρθη τὸ ὑπέρθυρον ὑπὸ τῆς τῶν Σεραφὶμ ὑμνῳδίας καὶ ὁ οἶκος ἐπλήσθη καπνοῦ καὶ δι'

---

[51] An den Einzelheiten der Aufzählung läßt sich ablesen, mit welchem Geschick GREGOR die Aufstiegslinie herausarbeitet. Die parataktische Reihung der Verben ergibt eine konsequente Handlungsfolge, die freilich dem Canticum-Text nicht gerecht wird, weil dort die „gewaschenen Füße" und das „ausgezogene Gewand" gerade ein Hindernis für das Öffnen der Tür bedeuten.

(vgl. Cant 5,2e–f). Sie wäscht sich die Füße, zieht das Gewand aus (vgl. Cant 5,3), läßt Myrrhe durch ihre Hände herabträufeln (vgl. Cant 5,5b), führt die Hände zum Riegel (vgl. Cant 5,5d), öffnet den Eingang (vgl. Cant 5,6a)[51], sucht den, der nicht zu fassen ist, ruft den Unerreichbaren (vgl. Cant 5,6d–e), wird von den Wächtern gefunden (vgl. Cant 5,7a), bekommt am eigenen Leib den Stock zu spüren, der zuschlägt (vgl. Cant 5,7b) und ahmt den Felsen nach, von dem der Prophet sagt: „Er schlug an einen Felsen, und es flossen Wasser“ (Ps 78,20a–b: LXX Ps 77,20a). Du siehst, zu welcher Höhe die Braut emporeilte. Sie wird deshalb wie die Felswand von Mose (vgl. Ex 17,6; Num 20,11) geschlagen, damit sie — jener (Felswand) ähnlich — auch ihrerseits den Dürstenden das Wort wie aus einer Quelle zufließen läßt, das aus ihrer „Wunde“ regnet. Zudem entblößt sie noch die Schönheit ihres Angesichts, weil ihr die Wächter den Schleier abnehmen.

Das ist es, was wir bezüglich der vorliegenden Stelle zu erfassen vermochten. Neid aber kommt nicht auf (bei dem Gedanken), daß jemandem von dem, der die verborgenen Mysterien enthüllt, beim vorliegenden Text eine für die Seele nützlichere Schau zuteil werden könnte.

Vielleicht aber wird jemand sagen, auch die Vision des Jesaja (vgl. Jes 6,1–7) habe etwas gemeinsam mit den vorliegenden Worten. Jene Vision meine ich, als er nach dem Tode des aussätzigen Königs (*sc.* Usija; vgl. Jes 6,1), wie er sagt, den geschaut habe, der auf dem hohen und erhabenen Thron in Pracht dasaß. Seine Gestalt, sein Aussehen und seine Größe zu sehen, gelang ihm nicht — er hätte es nämlich sonst bestimmt gesagt, wenn es ihm gelungen wäre, wie er es doch auch bei den anderen (Wesen), die er sah, tat, deren Flügel er zählte und deren Aufstellung und Flug er darlegte. — Nur eine Stimme, sagt er, habe er gehört, nachdem der Türsturz vom Lobgesang der Serafim emporgehoben worden war, das Haus (des Tempels) sich mit Rauch gefüllt hatte und eine glühende Kohle durch

ἑνὸς τῶν Σεραφὶμ ἐπεβλήθη τῷ στόματι τοῦ προφήτου διά-
πυρος ἄνθραξ, οὗ γενομένου οὐ τὰ χείλη μόνον ἀλλὰ καὶ ἡ
ἀκοὴ πρὸς τὴν τοῦ λόγου ὑποδοχὴν καθαρίζεται.

Ὡς γὰρ | ἐνταῦθα παταχθῆναι λέγει καὶ τραυματισθῆναι 369
παρὰ τῶν φυλάκων ἡ νύμφη καὶ οὕτω γυμνωθῆναι τῆς τοῦ
θερίστρου περιβολῆς, οὕτω κἀκεῖ ἀντὶ μὲν τοῦ θερίστρου τὸ
ὑπέρθυρον αἴρεται, ὥστε ἀνεμπόδιστον αὐτῷ γενέσθαι τῶν
ἐν τοῖς ἀδύτοις τὴν θεωρίαν, ἀντὶ δὲ τῶν φυλάκων τὰ Σεραφὶμ
ὀνομάζεται, ἀντὶ δὲ τῆς ῥάβδου ὁ ἄνθραξ, ἀντὶ δὲ τῆς πληγῆς
ἡ καῦσις. Κοινὸν δὲ τὸ πέρας ἐπί τε τῆς νύμφης καὶ ἐπὶ τῆς
τοῦ προφήτου ψυχῆς ἡ καθαρότης ἐστίν. Ὡς οὖν ὁ προφήτης
διὰ τοῦ ἄνθρακος οὐχὶ ἀλγύνεται καιόμενος, ἀλλὰ δοξάζεται
λαμπρυνόμενος, οὕτω καὶ ἐνταῦθα ἡ νύμφη οὐκ ὀδύνην ἐκ
τῆς πληγῆς αἰτιᾶται, ἀλλ' ἐπικαυχᾶται τῇ τῆς παρρησίας
προσθήκῃ ἐν τῇ ἀφαιρέσει τοῦ προκαλύμματος, ὃ θέριστρον
ὁ λόγος ὠνόμασεν.

Ἔστι δέ τινα καὶ ἄλλην διάνοιαν ἐν τοῖς προκειμένοις
εὑρεῖν οὐδὲν τῶν τεθεωρημένων ἀπᾴδουσαν· ἡ γὰρ ἐξελθοῦ-
σα ψυχὴ ἐν τῷ λόγῳ αὐτοῦ καὶ ζητοῦσα μὲν τὸν οὐχ εὑρι-
σκόμενον, ἀνακαλοῦσα δὲ τὸν τῇ σημασίᾳ τῶν ὀνομάτων
ἀνέφικτον διδάσκεται παρὰ τῶν φυλάκων ὅτι τοῦ ἀνεφίκτου
ἐρᾷ καὶ τοῦ ἀκαταλήπτου ἐφίεται. Δι' ὧν τρόπον τινὰ πλήσ-
σεται καὶ τραυματίζεται τῇ ἀνελπιστίᾳ τοῦ ποθουμένου
ἀτελῆ τε καὶ ἀναπόλαυστον τοῦ καλοῦ τὴν ἐπιθυμίαν νομί-
σασα. Ἀλλὰ περιαιρεῖται τὸ τῆς λύπης θέριστρον διὰ τοῦ
μαθεῖν ὅτι τὸ ἀεὶ προκόπτειν ἐν τῷ ζητεῖν καὶ τὸ μηδέποτε
τῆς | ἀνόδου παύεσθαι τοῦτό ἐστιν ἡ ἀληθὴς τοῦ ποθουμένου 370
ἀπόλαυσις τῆς πάντοτε πληρουμένης ἐπιθυμίας ἑτέραν ἐπι-
θυμίαν τοῦ ὑπερκειμένου γεννώσης. Ὡς οὖν περιείλετο τῆς

[52] Zum Begriff ἄδυτον, den GREGOR hier im Plural verwendet, siehe Anm. 17, oben 126.

[53] Der dialektische Umschlag des Leids in Genuß demonstriert, daß das Problem der Unfaßbarkeit Gottes seine Lösung, den endlosen Aufstieg der Seele, bereits in sich birgt; vgl. dazu ausführlicher DÜNZL, *Braut* 318–321.

einen der Serafim auf den Mund des Propheten gelegt worden war. Wenn dies geschieht, werden nicht nur die Lippen, sondern es wird auch das Gehör für die Aufnahme des Wortes gereinigt.

Wie nämlich hier die Braut sagt, sie sei von den Wächtern geschlagen und verwundet und auf diese Weise des übergeworfenen Schleiers entledigt worden, so wird auch dort anstelle des Schleiers der Türsturz hochgehoben — mit der Folge, daß die Schau der Dinge im Adyton[52] für ihn (*sc.* den Propheten) von Hindernissen frei wird —, anstelle der Wächter werden die Serafim genannt (vgl. Jes 6,1–7), anstelle des Stocks die Kohle, anstelle des Schlags das Brennen. Gemeinsames Endergebnis ist bei der Braut und bei der Seele des Propheten die Reinheit. Wie also der Prophet durch die Kohle keinen Schmerz empfindet — obwohl er (damit) gebrannt wird —, sondern Herrlichkeit erlangt, weil er leuchtend wird, so beklagt sich auch hier die Braut nicht über Schmerz aufgrund des Schlags, sondern rühmt sich der Zunahme an Freimütigkeit, die in der Wegnahme der Verhüllung besteht, die der Text „Schleier“ nannte.

Man kann aber noch einen anderen Sinn im vorliegenden Text entdecken, der in nichts von dem bisher Betrachteten abweicht: Die Seele nämlich, die ausgeht in seinem Wort und den sucht, der nicht zu finden ist, sowie den laut ruft, der unerreichbar für die Bezeichnung mit Namen ist (vgl. Cant 5,6 c–e), wird von den Wächtern (in Cant 5,7) belehrt, daß sie den Unerreichbaren liebt und nach dem Unfaßbaren verlangt. Dadurch wird sie in gewisser Weise „geschlagen“ und „verwundet“ von der Hoffnungslosigkeit des Ersehnten, da sie das Verlangen nach dem Schönen für erfolglos und unstillbar hält. Der „Schleier“ des Leids wird ihr jedoch dadurch abgenommen, daß sie lernt: Ständig fortzuschreiten im Suchen und niemals vom Aufstieg abzulassen, eben das ist der wahre Genuß des Ersehnten, da das Verlangen, das je und je erfüllt wird, anderes Verlangen nach dem Höheren erzeugt[53]. Sowie sie also den „Schleier“

ἀνελπιστίας τὸ θέριστρον καὶ εἶδε τὸ ἀόριστόν τε καὶ ἀπερίγραπτον τοῦ ἀγαπωμένου κάλλος ἐν πάσῃ τῇ ἀϊδιότητι τῶν αἰώνων κρεῖττον ἀεὶ εὑρισκόμενον, ἐν σφοδροτέρῳ τείνεται πόθῳ καὶ μηνύει τῷ ἀγαπωμένῳ διὰ τῶν τῆς Ἰερουσαλὴμ θυγατέρων τὴν τῆς καρδίας διάθεσιν, ὅτι τὸ ἐκλεκτὸν τοῦ θεοῦ βέλος ἐν ἑαυτῇ δεξαμένη διὰ τῆς κατὰ τὴν πίστιν ἀκίδος βέβληται τὴν καρδίαν ἐν τῷ καιρίῳ δεξαμένη τὴν τῆς ἀγάπης τοξείαν. Θεὸς δέ ἐστιν ἡ ἀγάπη, κατὰ τὴν Ἰωάννου φωνήν, ᾧ πρέπει ἡ δόξα καὶ τὸ κράτος εἰς τοὺς αἰῶνας τῶν αἰώνων. Ἀμήν.

der Hoffnungslosigkeit abnahm und sah, daß sich die unbegrenzte und unumschreibbare Schönheit des Geliebten in alle Ewigkeit der Äonen jeweils als besser herausstellt, spannt sie sich in heftigerer Sehnsucht an und verrät dem Geliebten durch die Töchter Jerusalems den Zustand ihres Herzens: Daß sie den „auserwählten Pfeil" (vgl. Jes 49,2 LXX) Gottes[54] in sich aufnahm und von der Pfeilspitze, die dem Glauben entspricht, ins Herz getroffen ist, da sie den Pfeilschuß der Liebe an dieser lebenswichtigen Stelle hinnehmen mußte. Gott aber ist die Liebe, dem Wort des Johannes zufolge (vgl. 1Joh 4,8.16). Ihm gebühren Ehre und Macht für immer und ewig. Amen.

---

[54] Vgl. zu diesem Motiv die Auslegung von Cant 2,5bβ–6, oben 286–291 mit Anm. 43.

ΛΟΓΟΣ ιγ'

5,8 *Ὥρκισα ὑμᾶς, θυγατέρες Ἰερουσαλήμ,*
ἐν ταῖς δυνάμεσι καὶ ἐν ταῖς ἰσχύσεσι τοῦ ἀγροῦ,
ἐὰν εὕρητε τὸν ἀδελφιδόν μου, ἀπαγγείλατε αὐτῷ
| *ὅτι τετρωμένη ἀγάπης εἰμὶ ἐγώ.* | 371
5,9 *Τί ἀδελφιδός σου ἀπὸ ἀδελφιδοῦ, ἡ καλὴ ἐν γυναιξίν;*
Τί ἀδελφιδός σου ἀπὸ ἀδελφιδοῦ, ὅτι οὕτως ὥρκισας ἡμᾶς;
5,10 *Ἀδελφιδός μου λευκὸς καὶ πυρρός,*
ἐκλελοχισμένος ἀπὸ μυριάδων.
5,11 *Κεφαλὴ αὐτοῦ χρυσίον κεφάζ,*
βόστρυχοι αὐτοῦ ἐλάται, μέλανες ὡς κόραξ.
5,12 *Ὀφθαλμοὶ αὐτοῦ ὡς περιστεραὶ ἐπὶ πληρώματα ὑδάτων,*
λελουμέναι ἐν γάλακτι,
καθήμεναι ἐπὶ πληρώματα ὑδάτων.

---

[1] Die Fehlübersetzung des Versbeginns in der LXX entspricht Cant 2,7a–b und 3,5a–b; vgl. die Einleitung, oben 43. Darüber hinaus stellt Cant 5,8b eine Erweiterung der LXX gegenüber dem hebräischen Text dar.

[2] Vgl. zu dieser LXX-Bezeichnung für den Geliebten Anm. 5, oben 201.

[3] Gegen die fast einhellige Bezeugung der Handschriften (die voneinander unabhängigen Textzeugen Θ und P lassen — wohl aufgrund der Wiederholung der Anfangsworte im nächsten Stichus — Cant 5,9a ganz weg) kürzt LANGERBECK, GNO 6, 371 (vgl. dort den kritischen Apparat), den Stichus so, wie GREGOR ihn zweimal in seiner Auslegung zitiert (siehe die Auslegung zu Cant 5,9, unten 676. 678). Zwei Möglichkeiten scheinen mir in diesem Fall erwägenswert: Daß entweder der Exeget den Schrifttext in seinen Zitaten wieder einmal (vgl. dazu Anm. 4, oben 460, und Anm. 3, oben 540f) eigenmächtig veränderte, weil er die unge-

5,8 *Ich ließ euch schwören, Töchter Jerusalems,*
bei den Kräften und Mächten des Feldes[1],
wenn ihr meinen Brudersohn[2] *findet, meldet ihm:*
Ich bin verwundet von Liebe.
5,9 *Was ist dein Brudersohn im Unterschied zu einem (anderen) Brudersohn*[3], *Schöne unter den Frauen?*
Was ist dein Brudersohn im Unterschied zu einem (anderen) Brudersohn, daß du uns so vereidigt hast?
5,10 *Mein Brudersohn ist weiß und rötlich,*
(durch Geburt) herausgehoben[4] *aus Myriaden.*
5,11 *Sein Haupt ist Kephaz*[5]*-Gold,*
seine Locken sind Fichten[6], *schwarz wie ein Rabe.*
5,12 *Seine Augen sind wie Tauben an Unmengen von Wassern,*
gebadet in Milch,
sitzend an Unmengen von Wassern.

---

schickte Formulierung ἀπὸ ἀδελφιδοῦ sich nicht zweimal „leisten" wollte, oder daß diese naheliegende Glättung bereits in seinem LXX-Text vorgenommen war. Dann allerdings hätten die Schreiber diesen LXX-Text nachträglich anhand anderer Exemplare des Canticum korrigiert. Ich gebe im Lemma der Canticum-Perikope der Lesart der griechischen Textzeugen den Vorzug vor LANGERBECKS Emendation.

[4] Zu dieser Deutung des Partizips ἐκλελοχισμένος, das heutigen Exegeten zufolge eher als „militärischer Terminus" aufzufassen wäre (ausgewählt aus einem λόχος/einer Abteilung), siehe die Auslegung zu Cant 5,10, unten 691–697 mit Anm. 44.

[5] Zur Entstehung und Bedeutung dieses Wortes siehe Anm. 47, unten 696f.

[6] Die Übersetzung orientiert sich an GREGORS Deutung; siehe Anm. 52, unten 698f.

Ὁ διὰ Μωϋσέως μὲν νομοθετήσας τὰ τοῦ νόμου μυστήρια, πληρώσας δὲ δι᾽ ἑαυτοῦ ὅλον τὸν νόμον καὶ τοὺς προφήτας, καθὼς ἐν τῷ εὐαγγελίῳ φησὶν ὅτι »Οὐκ ἦλθον καταλῦσαι τὸν νόμον, ἀλλὰ πληρῶσαι«, ὁ τῇ μὲν ἀναιρέσει τῆς ὀργῆς συνεξαλείψας τὸν φόνον, τῷ δὲ ἀφανισμῷ τῆς ἐπιθυμίας συνεξελὼν τῆς μοιχείας τὸ ἄγος, οὗτος ἐκβάλλει τοῦ βίου καὶ τὴν ἐκ τῆς ἐπιορκίας κατάραν τῇ ἀπαγορεύσει τοῦ ὅρκου πεδήσας ἐν ἀπραξίᾳ τὸ δρέπανον· οὐ γάρ ἐστι δυνατὸν ὅρκου γενέσθαι παράβασιν μὴ ὄντος ὅρκου. Διό φησιν· | »Ἠκού- | 372
σατε ὅτι ἐρρέθη τοῖς ἀρχαίοις· ›Οὐκ ἐπιορκήσεις, ἀποδώσεις δὲ κυρίῳ τοὺς ὅρκους σου.‹ Ἐγὼ δὲ λέγω σοι«, φησί, »μὴ ὀμόσαι ὅλως· μήτε ἐν τῷ οὐρανῷ, ὅτι θρόνος ἐστὶ τοῦ θεοῦ, μήτε ἐν Ἱεροσολύμοις, ὅτι πόλις ἐστὶ τοῦ μεγάλου βασιλέως, μήτε ἐν τῇ κεφαλῇ σου ὀμόσῃς, ὅτι οὐ δύνασαι ποιῆσαι τρίχα λευκὴν ἢ μέλαιναν. Ἔστω δὲ ὑμῶν ὁ λόγος τὸ ναὶ ναὶ καὶ τὸ οὒ οὔ· τὸ δὲ περισσὸν τούτων ἐκ τοῦ διαβόλου ἐστίν.«

Ἡ δὲ διὰ τοῦ Ἄισματος τῶν Ἀισμάτων ἐπὶ τελειότητι μεμαρτυρημένη ψυχὴ καὶ περιελομένη μὲν τῆς καρδίας τὸ κάλυμμα ἐν τῇ ἀπεκδύσει τοῦ παλαιοῦ χιτῶνος, τοῦ δὲ προσώπου τὸ θέριστρον ἀποβαλοῦσα, ὅπερ νοοῦμεν πᾶσαν διστάζουσάν

---

[7] Anders als bei früheren Homilien ist das Proömium in *hom.* 13 nicht so eindeutig von der eigentlichen Auslegung abzugrenzen, da die Bibelstelle, die GREGOR hier bemüht, direkt zu Cant 5,8 hinführt. Dennoch setzt der Exeget auch in dieser Homilie nicht *unmittelbar* mit dem auszulegenden Text ein, sondern formuliert einen eigenen „Einstiegsgedanken".

[8] Ohne Erläuterung bleibt die Anspielung GREGORS auf Sach 5,1 f LXX für die Leser (und auch für die Hörer der Predigten?) unerkennbar (daher der explizite Hinweis auf Sacharja in der syrischen Übersetzung; vgl. den kritischen Apparat bei LANGERBECK, GNO 6, 371) und damit unverständlich. Sach 5,1–4 überliefert eine Vision des Propheten und deren Deutung. Im LXX-Text handelt es sich beim Gegenstand der Vision um eine Sichel, die den Fluch symbolisiert, der (u. a.) auch den Meineidigen trifft. Dieser Fluch wird durch das generelle Verbot des Schwörens in den Antithesen der Bergpredigt gewissermaßen „gefesselt".

Er[7] (*sc.* der Logos), der zum einen durch Mose die Mysterien des Gesetzes festlegte, zum anderen in eigener Person das ganze Gesetz und die Propheten erfüllte, wie er im Evangelium sagt: „Ich bin nicht gekommen, das Gesetz aufzuheben, sondern es zu erfüllen" (vgl. Mt 5,17) — er, der durch die Eliminierung des Zorns auch den Mord mit auslöschte und durch die Vernichtung der Begierde auch das Verbrechen des Ehebruchs mit zerstörte (vgl. Mt 5,21 bis 32), dieser verbannt auch den Fluch, der auf Meineid steht, durch das Verbot des Eides aus dem Leben (vgl. Mt 5,33–37), weil er die „Sichel" in Untätigkeit gefesselt hält (vgl. Sach 5,1f LXX)[8]. Unmöglich nämlich ist es, daß ein Eid übertreten wird, wenn es keinen Eid gibt. Deshalb sagt er: „Ihr habt gehört, daß zu den Alten gesagt worden ist: ‚Du sollst keinen Meineid schwören, sondern dem Herrn deine Schwüre halten.' Ich aber sage dir", heißt es, „schwöre überhaupt nicht, weder beim Himmel, denn er ist Gottes Thron, noch bei Jerusalem, denn es ist die Stadt des großen Königs[9]. Schwöre auch nicht bei deinem Haupt, denn du kannst kein Haar weiß oder schwarz machen. Eure Rede soll ‚Ja, ja' und ‚Nein, nein' sein; was darüber hinausgeht, ist vom Teufel" (vgl. Mt 5,33–37).

Die Seele aber, die durch das Hohelied ein Zeugnis über ihre Vollkommenheit ausgestellt bekommen hat, hat zum einen die „Decke" des Herzens im Ablegen des alten Gewandes abgenommen, zum anderen hat sie den „Schleier" von ihrem Antlitz geworfen, unter dem wir alles zweifeln-

---

[9] Ein Teil der griechischen Handschriften sowie die syrische Übersetzung ergänzt das Matthäus-„Zitat" um den fehlenden Teil „... noch bei der Erde, denn sie ist der Schemel seiner Füße". LANGERBECK, GNO 6, 372 kritischer Apparat, wendet mit Recht gegen die Ergänzung ein, daß GREGOR diesen Teil der Antithese wohl deshalb vermied, weil er — wegen der semantischen Ähnlichkeit zwischen „Erde" und „Feld" — in Spannung zu Cant 5,8b (dem Eid „bei den Kräften ... des Feldes") gestanden hätte.

τε καὶ κραδαινομένην διάνοιαν, ὥστε καθαρῶς τε καὶ ἀναμφιβόλως πρὸς τὴν ἀλήθειαν βλέπειν, ὁρκίζει τὰς θυγατέρας Ἰερουσαλὴμ οὔτε κατὰ τοῦ θείου θρόνου, ὃν οὐρανὸν ὀνομάζει ὁ λόγος, οὔτε κατὰ τῶν τοῦ θεοῦ βασιλείων, οἷς ὄνομά ἐστιν Ἱεροσόλυμα, οὐ μὴν οὐδὲ κατὰ | τῆς κεφαλῆς 373 τῆς τιμίας, ἧς αἱ τρίχες οὔτε λευκαὶ οὔτε μέλαιναι γενέσθαι δύνανται, ἀλλ' ἐπὶ τὸν ἀγρὸν μεταφέρει τὸν ὅρκον κατὰ τῶν ἐν αὐτῷ δυνάμεων τὸν ὁρκισμὸν ἐπάγουσα ταῖς νεάνισι λέγουσα· *Ὥρκισα ὑμᾶς, θυγατέρες Ἰερουσαλήμ, ἐν ταῖς δυνάμεσι καὶ ἐν ταῖς ἰσχύσεσι τοῦ ἀγροῦ.*

Ὅτι μὲν οὖν ἡ δι' ὅλου μαρτυρηθεῖσα εἶναι καλὴ καὶ παντὸς καθαρεύουσα μώμου οὐδὲν φθέγγεται τῶν περιττῶν, ὃ τῆς τοῦ διαβόλου μερίδος ἐστίν, ἀλλ' ἐκ τοῦ θεοῦ ποιεῖται τὸν λόγον, παρ' οὗ κατὰ τὸν Μιχαίαν εἴ τι ἀγαθόν ἐστι καὶ εἴ τι καλὸν καὶ παρὰ ταῦτα οὐδέν, παντὶ δῆλόν ἐστι τῷ διὰ τῆς δεσποτικῆς μαρτυρίας διδαχθέντι τὰ προσόντα τῇ νύμφῃ πλεονεκτήματα.

Ἢ γάρ; Ἀφεῖσα πάντα τὰ ἀπηγορευμένα εἴδη τοῦ ὅρκου καὶ μήτε τὴν βασιλεύουσαν πόλιν μήτε τὸν θρόνον τοῦ μεγάλου βασιλέως ὅρκιον ταῖς νεάνισι ποιησαμένη (διὰ τούτου γὰρ παιδευόμεθα πόσον ἀπέχειν ἡμᾶς χρὴ τοῦ κατατολμᾶν τοῦ θεοῦ ἐν τοῖς ὅρκοις, ὅτι οὔτε τὸν θρόνον οὔτε τὴν

---

[10] Diese Deutung ist gegenüber der Exegese von Cant 5,7 in *hom.* 12, oben 645–661, an die GREGOR hier eigentlich anknüpft, neu eingeführt.

[11] Eine erste Rechtfertigung des an sich unerlaubten Eides sieht GREGOR darin, daß die Braut nicht die Formulierungen gebraucht, die in Mt 5,34–36 explizit verboten sind.

[12] Der Wortlaut der Anspielung weist auf Sach 9,17 LXX zurück, obwohl GREGOR den Propheten Micha statt Sacharja nennt; übrigens begegnet dieselbe Anspielung bereits in *hom.* 10 bei der Exegese von Cant 5,1a–d anonym als „Prophetenwort“. In der sog. *familia docta* (den Handschriften Λ, Y, S und Θ; vgl. GNO 6, 373 kritischer Apparat) ist der Name des Propheten korrigiert, alle übrigen Textzeugen dagegen tradieren den Fehler, so daß es sich um einen Lapsus GREGORS handeln muß. Damit ist zugleich ein Indiz gegeben, daß die *Canticum-Homilien* für die Veröffentlichung nicht mehr sorgfältig revidiert wurden; siehe oben 35 mit Anm. 103 sowie 418 f mit Anm. 25.

de und schwankende Denken verstehen[10], so daß sie rein und frei von Zweifeln auf die Wahrheit sieht. Sie läßt nun die Töchter Jerusalems weder beim göttlichen Thron schwören, den der (Matthäus-)Text „Himmel“ nennt, noch beim Reich Gottes, das den Namen „Jerusalem“ trägt, und freilich auch nicht beim teuren Haupt, dessen Haare weder weiß noch schwarz werden können, sondern bezieht den Eid auf das „Feld“, indem sie die Mädchen bei den Kräften dort schwören läßt[11], wenn sie sagt: *Ich ließ euch schwören, Töchter Jerusalems, bei den Kräften und Mächten des Feldes* (Cant 5,8a–b).

Diejenige also, der das Zeugnis ausgestellt wurde, sie sei ganz und gar schön, und die von jedem Tadel rein ist (vgl. Cant 4,7), läßt nichts von dem verlauten, was darüber (*sc.* über das Gebot; vgl. Mt 5,37) hinausgeht; denn das ist Sache des Teufels; vielmehr spricht sie aufgrund der Eingebung Gottes, von dem — Micha zufolge (vgl. Sach 9,17 LXX)[12] — alles stammt, was gut und schön ist, und sonst nichts. Das ist jedem klar, der durch das Zeugnis des Herrschers über die Vorzüge belehrt wurde, die der Braut zukommen.

Stimmt denn das?[13] Ließ sie alle verbotenen Formen des Eides beiseite? Den Mädchen gab sie weder die Stadt, die dem König gehört, noch den Thron des großen Königs als Unterpfand ihres Schwurs vor; durch dieses Gebot nämlich werden wir zu der Einsicht erzogen, wie sehr wir uns davon fernhalten müssen, uns Gott gegenüber etwas herauszunehmen beim Eid, weil uns nicht einmal gestattet ist, seinen Thron oder seine Stadt für den Schwur heranzu-

---

[13] Der Editor des kritischen Textes interpretiert diesen und den folgenden Text als Frage, während die Übersetzungen von McCambley und Moreschini bei affirmativen Aussagen bleiben. Ich entscheide mich für die Auffassung Langerbecks, da Gregor durch seine Fragen hier noch einmal das eigentliche Problem des Verses stellt: Wie kann ein solcher Eid angesichts des Schwurverbotes in Mt 5,33–37 überhaupt akzeptiert werden?

πόλιν ἐν τῷ ὅρκῳ παραλαμβάνειν ἐπιτρεπόμεθα) φεισαμένη τε πρὸς τούτοις τῆς κεφαλῆς τῆς τιμίας, ἣν ἐν τοῖς ἐφεξῆς χρυσῆν εἶναι διαγράφει τῷ λόγῳ, ἧς αἱ τρίχες οὔτε λευκαί εἰσιν οὔτε μέλαιναι· πῶς γὰρ ἂν ἢ μελανθείη χρυσὸς ἢ πρὸς τὸ λευκὸν εἶδος μεταχρωσθείη; Πάντως, ὅτι τοιοῦτόν τινα προτείνει τὸν | ὁρκισμὸν ταῖς παρθένοις, ὃς οὔτε τῷ εὐαγγε- 374
λικῷ μάχεται νόμῳ καὶ ἐπαίνου γίνεται τοῖς ὀμωμοκόσιν ὑπόθεσις κατὰ τὴν τοῦ προφήτου φωνὴν ἥ φησιν ὅτι »Ἐπαινεθήσεται πᾶς ὁ ὀμνύων ἐν αὐτῷ«, ὥστε τὴν τῶν λεγομένων διάνοιαν μὴ ἔξω εἶναι τοῦ ναὶ οὔ, ᾧ πιστοῦσθαι βούλεται τὴν ἀλήθειαν ὁ εὐαγγελικὸς νόμος λέγων· »Ἔστω δὲ ὑμῶν ὁ λόγος τὸ ναὶ ναὶ καὶ τὸ οὒ οὔ.«

Εἰ τοίνυν ἐν τοῖς ὁρκίοις ὀνόμασι κωλύεται μὲν ὁ θρόνος τοῦ βασιλέως παραλαμβάνεσθαι, κωλύεται δὲ καὶ ἡ πόλις ἐν ᾗ τὰ βασίλεια, κωλύεται δὲ ὡσαύτως καὶ ἡ ἀληθινὴ κεφαλὴ πρὸς τὴν τοῦ ὅρκου παράληψιν, μόνον δὲ τὸ ναὶ καὶ τὸ οὒ συγκεχώρηται δι' ἀμφοτέρων κατὰ τὸ ἴσον τῆς ἀληθείας ἐν τῷ ναὶ θεωρουμένης, δῆλον ἂν εἴη ὅτι καὶ νῦν ὁ ταῖς νεάνισιν ἐπαγόμενος ὁρκισμὸς παρὰ τῆς νύμφης περὶ τὴν τοῦ ναὶ διάνοιαν ἀναστρέφεται, ὅπου χρὴ ἐρηρεισμένην ἡμῶν εἶναι τὴν τῆς ψυχῆς συγκατάθεσιν.

Ἔχει δὲ ἡ λέξις οὕτως· *Ὥρκισα ὑμᾶς, θυγατέρες Ἰερουσαλήμ, ἐν ταῖς δυνάμεσι καὶ ἐν ταῖς ἰσχύσεσι τοῦ ἀγροῦ, ἐὰν*

---

14 Durch den Hinweis auf Cant 5,11a und die Auslegung dort wird klar, daß GREGOR beim „teuren Haupt" an Christus denkt und nicht an die übliche Schwurformel „bei meinem Haupt".

15 Der zitierte Psalmvers liefert GREGOR einen zweiten Rechtfertigungsgrund (vgl. daneben Anm. 11, oben 666) für den Eid in Cant 5,8.

16 Bei dem ναὶ οὔ handelt es sich um eine Konjektur LANGERBECKS, die sich an die alte syrische Übersetzung anlehnt. Die griechischen Textzeugen scheinen statt dessen in verschiedenen Variationen von einem „doppelten Ja" zu sprechen (vgl. den kritischen Apparat GNO 6, 374). Auch das wäre nicht sinnlos, da für GREGOR das „Nein" in Mt 5,37 in einem tieferen Sinn ebenfalls ein „Ja" bedeutet, wie sich im folgenden noch herausstellt; vgl. unten 672f mit Anm. 22.

17 Daß LANGERBECK, GNO 6, 374, den überlieferten Text τὸ ναὶ ναὶ καὶ τὸ οὒ οὔ, der Mt 5,37 recht nahekommt, verändern und im Sinne

ziehen; außerdem vermied sie (*sc.* die Braut) doch auch das teure Haupt, das sie im folgenden (*sc.* in Cant 5,11a) mit der Aussage beschreibt, es sei golden[14]; seine Haare sind ja weder weiß noch schwarz; wie nämlich könnte Gold geschwärzt oder zu weißem Aussehen umgefärbt werden? — Bestimmt (muß man das so sehen), weil sie den Jungfrauen die Eidesformel in einer Form vorlegt, die dem Gesetz des Evangeliums nicht widerspricht und für die, die geschworen haben, zum Gegenstand des Lobes wird — dem Wort des Propheten zufolge, das besagt: „Jeder, der bei ihm (*sc.* Gott) schwört, wird gelobt werden" (Ps 63,12b: LXX Ps 62,12b)[15]. Folglich bewegt sich der Sinn der Worte (*sc.* von Cant 5,8) nicht außerhalb des „Ja-Nein"[16], durch das das Gesetz des Evangeliums die Wahrheit verbürgt sehen will, da es heißt: „Eure Rede soll ‚Ja, ja' und ‚Nein, nein'[17] sein" (vgl. Mt 5,37).

Verboten wird also (in Mt 5,34–37), daß man den „Thron des Königs" bei den Begriffen verwendet, die als Eidesunterpfand dienen, verboten wird auch, die „Stadt" dafür zu verwenden, in der das Königreich ist, und ebenso wird auch verboten, das „wahre Haupt" für den Einsatz zum Eid zu verwenden. Zugestanden sind nur das „Ja" und das „Nein", wobei durch beides gleichermaßen die Wahrheit im „Ja" geschaut werden kann[18]. Wenn dem so ist, dürfte es deutlich sein, daß sich nun auch die Vereidigung, die von der Braut an den Mädchen vorgenommen wird, um den Gedanken des „Ja" dreht. Darauf muß die Zustimmung unserer Seele gegründet sein.

Der Wortlaut aber bietet folgendes: *Ich ließ euch schwören, Töchter Jerusalems, bei den Kräften und Mächten des*

---

seiner obigen Konjektur (siehe Anm. 16) auf τὸ ναὶ οὔ verkürzt sehen will, überzeugt nicht.

[18] Der Sinn dieser rätselhaften Formulierung, die möglicherweise unter dem Einfluß von 1 Kor 1,17–20 steht, wird weiter unten erst verständlich; vgl. unten 672 mit Anm. 22.

εὕρητε τὸν ἀδελφιδόν μου, ἀπαγγείλατε αὐτῷ ὅτι τετρωμένη ἀγάπης εἰμὶ ἐγώ.

Ταῦτα δὲ τεθεώρηται μὲν ἤδη καὶ ἐν τοῖς φθάσασιν ὡς ἡ 375
ἀκολουθία τῶν νοημάτων ὑπέβαλεν, εἰρήσεται δὲ καὶ νῦν διὰ βραχέων τὰ εὑρισκόμενα. Ἀμετάθετόν τι πρᾶγμα τὸν ὅρκον εἶναί φησιν ὁ ἀπόστολος βεβαιοῦντα δι' ἑαυτοῦ τὴν ἀλήθειαν καὶ πάσης αὐτὸν ἀντιλογίας εἶναι πέρας ὁρίζεται εἰς τὴν τῶν ἐγνωσμένων βεβαίωσιν. Ἐπάγει τοίνυν τὸν ὁρκισμὸν ταῖς παρθένοις ἡ νύμφη ὥστε ἀπαράβατον φυλαχθῆναι αὐταῖς τὸ λεγόμενον. Ἀλλ' ἐπειδὴ πᾶς ὅρκος κατὰ τοῦ μείζονος γίνεται καθώς φησιν ὁ ἀπόστολος (οὐ γὰρ ἄν τις ὅρκιον ποιήσαιτο τὸ ἑαυτοῦ ἀτιμότερον), σκοπῆσαι προσήκει, τί ταῖς νεάνισιν ἐν τῷ ὅρκῳ παρὰ τῆς νύμφης μεῖζον προτείνεται. *Ὥρκισα*, φησίν, *ὑμᾶς, θυγατέρες Ἰερουσαλήμ, ἐν ταῖς δυνάμεσι καὶ ἐν ταῖς ἰσχύσεσι τοῦ ἀγροῦ.* Τί οὖν τὸ ὑπὲρ ἡμᾶς ἐν τούτοις ἐστίν; Ἀγρὸν γὰρ τὸν κόσμον διὰ τῆς τροπικῆς σημασίας νοεῖσθαι οὐκ ἀμφιβάλλομεν οὕτω τοῦ κυρίου καὶ ὀνομάσαντος τὸν κόσμον καὶ ἑρμηνεύσαντος. Αἱ τοίνυν πολλαὶ δυνάμεις τε καὶ ἰσχύες τοῦ κόσμου τίνες εἰσίν, αἱ τῷ ὅρκῳ προκείμεναι, ἃς χρὴ μείζονας ἡμῶν νομισθῆναι, ἵνα ἰσχὺν λάβῃ πρὸς βεβαίωσιν τῆς ἀληθείας ὁ ὅρκος κατὰ τῶν μειζόνων γινόμενος;

Οὐκοῦν | ἀναγκαῖον ἂν εἴη παραθέσθαι πρὸς τὴν σαφήνει- | 376
αν τῶν προκειμένων ἑτέραν ἔκδοσιν ἑρμηνευτικὴν τῶν ῥητῶν

---

[19] Durch das „Herrenwort" (Mt 13,38) fühlt sich GREGOR offenbar an die Gleichsetzung des „Feldes" mit dem Kosmos gebunden (vgl. auch die Auslegung zu Cant 2,7, oben 295), obwohl diese Deutung hier wie dort nicht wirklich weiterführt. Die neutestamentliche Erläuterung der Gleichnisse Jesu scheint also ein Bezugssystem für die allegorische Auslegung vorzugeben, das nicht ohne weiteres außer acht gelassen werden darf.

[20] Es überrascht, daß GREGOR hier (erstmals!) auf eine weitere Übersetzung des hebräischen Hohenliedes rekurriert. Doch geht es ihm dabei nicht um Text- oder Übersetzungskritik, sondern um neues „Material" für die allegorische Deutung des Verses (vgl. das Folgende). Die philologische Information wird er über ORIGENES bezogen haben. Daß dieser in seinem *Canticum-Kommentar* verschiedene Hohelied-Übersetzun-

Feldes, wenn ihr meinen Brudersohn findet, meldet ihm: Ich bin verwundet von Liebe (Cant 5,8).

Das Folgende war indes schon in den vorausgegangenen (Homilien) Gegenstand der Betrachtung, wie es die Abfolge der Gedanken eingab; auch jetzt aber soll in Kürze gesagt werden, was sich hierzu finden läßt: Der Eid stelle eine unabänderliche Tatsache dar, sagt der Apostel (vgl. Hebr 6,17), da er mit seinem Gewicht die Wahrheit bekräftige. Und es wird definiert, daß er das Ende jeden Widerspruchs bedeute und zur Bekräftigung des Erkannten diene (vgl. Hebr 6,16). Demnach nimmt die Braut an den Jungfrauen die Vereidigung mit dem Ziel vor, daß das Gesagte von ihnen ohne Übertretung eingehalten werde. Nachdem aber jeder Eid bei etwas Größerem geleistet wird, wie der Apostel sagt (vgl. Hebr 6,16) — denn niemand dürfte zum Unterpfand seines Eides das setzen, was weniger wertvoll ist als er selbst —, gilt es nun zu prüfen, was dieses „Größere" ist, das den Mädchen beim Schwur von der Braut vorgegeben wird: *Ich ließ euch schwören*, heißt es, *Töchter Jerusalems, bei den Kräften und Mächten des Feldes* (Cant 5,8a–b). Was also ist in diesen Worten das, was über uns hinausreicht? Daß nämlich unter dem „Feld" aufgrund figurativer Redeweise der Kosmos zu verstehen ist, bezweifeln wir nicht, da der Herr den Kosmos so nannte und dementsprechend auch erklärte (vgl. Mt 13,24.38)[19]. Wer also sind die vielen Kräfte und Mächte des Kosmos, die dem Schwur vorgegeben sind, die man für größer halten muß als uns (Menschen), damit der Eid Gewicht zur Bekräftigung der Wahrheit bekomme, weil er bei etwas Größerem geleistet wird?

Notwendig dürfte es demnach sein, zur Klärung der vorliegenden Problematik eine andere Ausgabe der Übersetzung[20] dieser Worte danebenzulegen, die folgenderma-

---

gen berücksichtigte, wissen wir aus dem Geleitbrief des HIERONYMUS zu der lateinischen Übersetzung der *Canticum-Homilien* des ORIGENES (siehe GCS 33,26).

ἔχουσαν οὕτως· »Ὥρκισα ὑμᾶς, θυγατέρες Ἰερουσαλήμ, *κατὰ τῶν δορκάδων καὶ κατὰ τῶν ἐλάφων* τοῦ ἀγροῦ.« Διδασκόμεθα τοίνυν διὰ τῶν ὀνομάτων τούτων, ἐν τίνι ἐστὶν ἡ τοῦ κόσμου τούτου ἰσχὺς καὶ ἐν τίνι ἡ δύναμις, ἃ πρὸς βεβαίωσιν τῆς ἀληθείας διὰ τοῦ ὅρκου παραλαμβάνεται. Δύο ἐστὶ τὰ τῷ θεῷ προσοικειοῦντα τὸν ἄνθρωπον· ἓν μὲν τὸ ἀπλανὲς τῆς περὶ τὸ ὄντως ὂν ὑπολήψεως, ὡς μὴ ταῖς ἠπατημέναις ὑπονοίαις εἰς ἐθνικάς τε καὶ αἱρετικὰς περὶ τοῦ θείου δόξας ἐκφέρεσθαι, ὅπερ ἐστὶν ὡς ἀληθῶς τὸ ναί, ἕτερον δὲ ὁ καθαρὸς λογισμὸς πᾶσαν ἐμπαθῆ διάθεσιν τῆς ψυχῆς ἐξορίζων, ὅπερ οὐδὲ αὐτὸ τοῦ ναὶ ἠλλοτρίωται. Τῆς τοίνυν διπλῆς ταύτης τῶν ἀγαθῶν ἕξεως, ὧν ἡ μὲν πρὸς τὸ ὄντως ὂν ἀναβλέπειν ποιεῖ, ἡ δὲ φυγαδεύει τὰ πάθη τὰ τὴν ψυχὴν λυμαινόμενα, ἡ τῶν δορκάδων τε καὶ τῶν ἐλάφων μνήμη διὰ συμβόλων γνωρίζει τὴν δύναμιν· τούτων γὰρ ἡ μὲν ἀπλανῶς ὁρᾷ, ἡ δὲ βρωτικήν τινα καὶ ἀναλωτικὴν τῶν θηρίων δύναμιν ἔχει.

Τοῦτο τοίνυν προτείνει ταῖς παρθένοις ἡ νύμφη τὸ ναί· τό τε εὐσεβῶς δεῖν πρὸς τὸ θεῖον βλέπειν | καὶ τὸ καθαρῶς | 377
ἐν ἀπαθείᾳ παρατρέχειν τὸν βίον. Ὧν κατορθουμένων τὸ ἀμετάθετον πρᾶγμα ἐν ἡμῖν βεβαιοῦται τὸ ναί. Οὗτος γάρ ἐστιν ὁ τὴν ἀλήθειαν πιστούμενος ὅρκος, ὃν »πᾶς ὁ ὀμνύων ἐν αὐτῷ ἐπαινεῖται«, καθώς φησιν ὁ προφήτης· ἀληθῶς γὰρ ὁ ἐν τοῖς δύο τούτοις τὸ ἀσφαλὲς ἐν ἑαυτῷ κατορθώσας ἔν τε τῷ λόγῳ τῆς πίστεως, ὅταν ἀπλανῶς πρὸς τὴν ἀλήθειαν

---

[21] Dies wäre die *einzig angemessene* Übersetzung des Beginns von Hohelied 2,7; 3,5 und der erweiterten Fassung (siehe Anm. 1, oben 662) von Hohelied 5,8. Daß GREGOR dies nicht ausdrücklich feststellt, zeigt, daß ihm der Bezug zum hebräischen Text fehlt.

[22] Hier erst wird klar, inwiefern GREGOR sowohl dem „Ja" (d.h. für ihn: der richtigen Gottesvorstellung) als auch dem „Nein" (d.h.: der Absage an die Leidenschaften) in Mt 5,37 *positiven* Sinn unterlegt, wie er weiter oben andeutete (vgl. oben 669 mit Anm. 18). Von daher wäre es vorstellbar, daß er zuvor auch schon von einem „doppelten Ja" gesprochen haben könnte (siehe Anm. 16, oben 668).

[23] Ausführlicher begründet wird diese Auskunft bei der Exegese von Cant 2,8–9b in *hom.* 5 (siehe oben 308–311 mit Anm. 14 und 16; vgl.

ßen lautet: „Ich ließ euch schwören, Töchter Jerusalems, *bei den Gazellen und Hinden* des Feldes.“[21] Durch diese Begriffe also werden wir belehrt, worin die Macht dieses Kosmos und worin die Kraft, die zur Bekräftigung der Wahrheit durch den Eid dient, besteht. Zwei (Eigenschaften) gibt es, die den Menschen mit Gott vertraut machen: Zum einen die Irrtumslosigkeit der Meinung über das wirklich Seiende, die zur Folge hat, daß man sich nicht durch irregeleitete Vermutungen zu heidnischen oder häretischen Ansichten über das Göttliche fortreißen läßt — darin besteht in Wahrheit das „Ja“ (aus Mt 5,37). Zum anderen ist es die reine Überlegung, die jeden leidenschaftlichen Seelenzustand verbannt — auch das ist dem „Ja“ nicht fremd[22]. Die Erwähnung der „Gazellen“ und „Hinden“ macht symbolisch den Einfluß dieser zweifachen Weise, das Gute zu besitzen, kenntlich: Die eine davon läßt zum wirklich Seienden aufschauen, die andere schlägt die Leidenschaften, die die Seele schädigen, in die Flucht. Denn das eine dieser beiden Tiere sieht ohne Irrtum, das andere aber besitzt die Kraft, wilde Tiere zu fressen und zu vernichten[23].

Dieses „Ja“ legt die Braut also den Mädchen vor. Es besteht darin, daß man in rechter Frömmigkeit auf das Göttliche schauen muß und das Leben rein, im Zustand der Leidenschaftslosigkeit, durchläuft. Wenn dies verwirklicht wird, wird die „unabänderliche Tatsache“ (vgl. Hebr 6,18), das „Ja“ in uns bekräftigt. Dies nämlich ist der Eid, der die Wahrheit verbürgt. „Jeder, der diesen Eid bei ihm (*sc.* Gott) schwört, wird gelobt“, wie der Prophet sagt (Ps 63,12: LXX Ps 62,12). Wer nämlich in diesen beiden Bereichen sicheren Stand in sich gewonnen hat — sowohl im „Wort des Glaubens“, wenn er ohne Irrtum auf die Wahrheit schaut, als

---

auch die Auslegung zu Cant 2,17b–d, oben 351–353). Allerdings beziehen sich die Eigenschaften der genannten Tiere dort auf Gott (den Logos), nicht auf den Menschen.

βλέπῃ, καὶ ἐν τῷ τρόπῳ τῆς ζωῆς, ὅταν παντὸς καθαρεύῃ τοῦ ἐκ πονηρίας μολύσματος, οὗτος ὀμνύει τῷ κυρίῳ μὴ ἀναβῆναι ἐπὶ κλίνης στρωμνῆς, μὴ δοῦναι ὕπνον τοῖς ὀφθαλμοῖς αὐτοῦ μηδὲ νυσταγμὸν τοῖς βλεφάροις, ἕως οὗ εὕρῃ ἐν ἑαυτῷ τόπον τῷ κυρίῳ σκήνωμα τοῦ ἐν αὐτῷ οἰκοῦντος γενόμενος.

Εἰ τοίνυν ἐσμὲν καὶ ἡμεῖς τῆς ἄνω Ἰερουσαλὴμ τέκνα, ἀκούσωμεν τῆς διδασκάλου, πῶς ἔστιν ἰδεῖν τὸν ποθούμενον. Τί οὖν φησιν; Ἐὰν ὅρκιον ἑαυτοῖς τοῦτο ποιήσωμεν τὸ ἐν ταῖς δυνάμεσιν εἶναι τῶν διορατικῶν δορκάδων καὶ ἐν ταῖς ἰσχύσεσι τῶν ἀφανιστικῶν τῆς κακίας ἐλάφων, ἔστι διὰ τούτων ἰδεῖν τὸν καθαρὸν νυμφίον, τὸν τῆς ἀγάπης τοξότην, καὶ εἰπεῖν πρὸς αὐτὸν τὴν ἑκάστου ψυχὴν ὅτι *Τετρωμένη ἀγάπης εἰμί.*

Καλὰ δὲ εἶναι τῆς ἀγάπης τὰ τραύματα καὶ παρὰ τῆς Παροιμίας ἐμάθομεν ἥ φησιν· »Αἱρετὰ μὲν τοῦ φίλου τὰ τραύματα, κακὰ δὲ τῆς ἔχθρας καὶ τὰ φιλήματα«. | 378 Τίς δὲ ὁ φίλος οὗ τὰ τραύματα τῶν φιλημάτων τοῦ ἐχθροῦ προτιμότερα, παντὶ δῆλόν ἐστι τῷ μὴ ἀγνοοῦντι τὰ τῆς σωτηρίας μυστήρια. Φίλος μὲν γάρ ἐστιν ἀληθινός τε καὶ βέβαιος ὁ καὶ ἐχθροὺς γενομένους ἡμᾶς τοῦ ἀγαπᾶν μὴ παυσάμενος, ἐχθρὸς δὲ ἄπιστός τε καὶ ἀνήμερος ὁ μηδὲν ἠδικηκότας ὑπαγαγὼν τῷ θανάτῳ. Τραῦμα τοῖς πρωτοπλάστοις ἐδόκει ἡ διὰ τῆς ἐντολῆς γενομένη τοῦ κακοῦ ἀπαγόρευσις (τραῦμα γὰρ ἐνομίσθη τοῦ ἡδέος ἡ ἀλλοτρίωσις), φίλημα δὲ ἡ πρὸς τὸ ἡδὺ καὶ εὐφανὲς προτροπή. Ἀλλ' ἔδειξεν ἡ πεῖρα ὅτι τὰ νομιζόμενα τοῦ φίλου τραύματα τῶν φιλημάτων ἦν τοῦ ἐχθροῦ λυσιτελέστερά τε καὶ αἱρετώτερα.

---

24 Der Exeget verbindet die Anrede in Cant 5,8a mit Gal 4,26.

25 GREGOR kombiniert in dieser Formulierung die beiden Übersetzungsvarianten von Cant 5,8b.

26 An dieser Stelle deutet GREGOR an, welche Rolle der „Erfahrung“ (πεῖρα) im Prozeß der Heilsgeschichte zukommt. Der Mensch muß die Auswirkungen des Bösen erst an sich selbst „erfahren“, um dessen wahres Gesicht kennenzulernen und sich davon wieder abwenden zu können.

auch in seiner Lebensweise, wenn er rein ist von jeder Befleckung, die aus Bosheit entsteht —, der schwört dem Herrn in Wahrheit, das hingebreitete Lager nicht zu besteigen, seinen Augen keinen Schlaf zu gönnen und den Lidern keine Schläfrigkeit, bis er in sich einen Ort für den Herrn findet, weil er ein Zelt dessen geworden ist, der in ihm wohnt (vgl. Ps 132,3–5: LXX Ps 131,3–5).

Wenn also auch wir Kinder des „oberen Jerusalem" sind[24], laßt uns von der Lehrerin hören, wie man den Ersehnten sehen kann. Was sagt sie also? Wenn wir uns dies zum Eidesunterpfand setzen, im Besitz der Kräfte der scharfsichtigen Gazellen und der Mächte der Hinden[25], die die Bosheit zerstören können, zu sein, dann ist es dadurch möglich, den reinen Bräutigam zu sehen, den Bogenschützen der Liebe. Und die Seele eines jeden kann dann zu ihm sprechen: *Ich bin verwundet von Liebe* (Cant 5,8d).

Daß indes die Wunden der Liebe schön sind, lernten wir auch schon vom Buch der Sprichwörter, das sagt: „Wünschenswert sind die vom Freund zugefügten Wunden, schlecht dagegen selbst die in Feindschaft gegebenen Küsse" (Spr 27,6). Wer aber der „Freund" ist, dessen Wunden den Küssen des „Feindes" vorzuziehen sind, ist jedem deutlich, der mit den Mysterien der Erlösung vertraut ist. Ein wahrer und beständiger Freund ist nämlich der, der nicht aufhörte, uns zu lieben, auch als wir seine Feinde geworden waren, ein perfider und grausamer Feind aber der, der uns heimlich dem Tod zuführte, ohne daß wir ihm unrecht getan hatten. Als „Wunde" erschien den Erstерschaffenen das Verbot des Bösen, das durch das Gebot (vgl. Gen 2,17) ergangen war — als eine „Wunde" nämlich galt ihnen das Fernhalten vom Angenehmen —, die Ermunterung zum Angenehmen und scheinbar Schönen (vgl. Gen 3,4f) aber erschien ihnen als „Kuß". Die Erfahrung[26] aber zeigte, daß die angeblichen „Wunden", die vom Freund zugefügt waren, nützlicher und wünschenswerter waren als die „Küsse" des Feindes.

Ἐπεὶ οὖν συνέστησεν ἑαυτοῦ τὴν ἀγάπην ὁ καλὸς ἐραστὴς τῶν ἡμετέρων ψυχῶν, δι' ἣν καὶ ἁμαρτωλῶν ὄντων ἡμῶν Χριστὸς ὑπὲρ ἡμῶν ἀπέθανε, διὰ τοῦτο ἀντερασθεῖσα ἡ νύμφη τοῦ ἀγαπήσαντος δείκνυσιν ἐν ἑαυτῇ ἐγκείμενον διὰ βάθους τῆς ἀγάπης τὸ βέλος, τουτέστι τὴν τῆς θεότητος αὐτοῦ κοινωνίαν· ἡ γὰρ ἀγάπη ἐστὶν ὁ θεός, καθὼς εἴρηται, ἡ διὰ τῆς κατὰ τὴν πίστιν ἀκίδος τῇ καρδίᾳ ἐγγενομένη. Εἰ δὲ χρὴ καὶ ὄνομα τοῦ βέλους εἰπεῖν τούτου, ἐροῦμεν ὃ παρὰ τοῦ Παύλου ἐμάθομεν ὅτι τὸ βέλος τοῦτό ἐστι »πίστις δι' ἀγάπης ἐνεργουμένη«.

Ἀλλὰ ταῦτα μὲν ἐχέτω ὡς ἂν τῳ δοκῇ, ἴδωμεν δὲ καὶ τὴν 379
παρὰ τῶν παρθένων προσαχθεῖσαν ἐρώτησιν τῇ διδασκάλῳ· *Τί ἀδελφιδός σου, ἡ καλὴ ἐν γυναιξίν; Τί ἀδελφιδός σου ἀπὸ ἀδελφιδοῦ, ὅτι οὕτως ὥρκισας ἡμᾶς;* Τοιαύτην δέ μοί τινα δοκεῖ περιέχειν ἡ ῥῆσις διάνοιαν, καθὼς ἡ ἀκολουθία τῶν προεξητασμένων εἰκάζειν δίδωσιν· ἐπειδὴ γὰρ εἶδον αἱ παρθένοι τὴν καλὴν ἔξοδον τῆς ψυχῆς τῆς νύμφης, ὅτε προσεφύη τῷ λόγῳ ἡ εἰποῦσα ὅτι »Ἐξῆλθεν ἡ ψυχή μου ἐν λόγῳ αὐτοῦ«, καὶ ἔγνωσαν ὅτι ἐζήτει ἐξελθοῦσα τὸν διὰ σημείων οὐχ εὑρισκόμενον καὶ ἐκάλει βοῶσα τὸν οὐχ ὑπακούοντα τοῖς ὀνόμασι, διὰ τοῦτό φασι· »Πῶς ἐπιγνῶμεν αὐτὸν ἡμεῖς τὸν μηδενὶ σημείῳ γνωριστικῷ εὑρισκόμενον, ὃς οὔτε ὑπακούει καλούμενος οὔτε κρατεῖται ζητούμενος; Περίελε τοίνυν καὶ σὺ τῶν ὀφθαλμῶν τῶν ἡμετέρων τὰ θέριστρα, ὅπερ ἐποίησαν ἐπὶ σοὶ οἱ τῆς πόλεως φύλακες, ἵνα τις γένηται ἡμῖν ὁδηγία πρὸς τὸ ζητούμενον. Εἰπὲ τί ἐστιν ὁ ἀδελφιδός σου,

---

[27] GREGOR erinnert hier an das Ende der vorhergehenden Homilie, siehe oben 661.

[28] Das Partizip ἐνεργουμένη ist — anders als in Gal 5,6 — in passivem Sinn zu verstehen (vgl. DANIÉLOU, *Platonisme* 286 Anm. 2). Die Liebe (*sc.* Gott) ist hier Urheber, nicht Auswirkung des Glaubens.

[29] GREGORS Zitat läßt im Vergleich zu den gängigen LXX-Rezensionen in Cant 5,9a die Wendung ἀπὸ ἀδελφιδοῦ weg, die in 5,9b wiederkehrt. Zu den möglichen Folgerungen, die daraus gezogen werden können, siehe Anm. 3, oben 662f.

[30] Zum Begriff ἀκολουθία siehe Anm. 8, oben 162, und Anm. 21, oben 314.

Weil also der schöne Liebhaber unserer Seelen seine Liebe, derentwegen Christus für uns starb, als wir noch Sünder waren (vgl. Röm 5, 8), bewies, begann deswegen die Braut den Liebenden wiederzulieben und zeigt, daß der Pfeil der Liebe — das heißt die Teilhabe an seiner Gottheit — tief in ihr steckt. Denn die Liebe ist Gott, wie gesagt[27]. Sie dringt mit der „Pfeilspitze" des Glaubens ins Herz ein. Wenn es indes notwendig sein sollte, auch den Namen dieses „Pfeils" anzugeben, werden wir sagen, was wir von Paulus gelernt haben: Dieser „Pfeil" ist „Glaube, der durch Liebe bewirkt wird"[28] (vgl. Gal 5, 6).

Damit aber mag es sich so verhalten, wie es einem richtig scheint. Uns aber laßt nun auch die Frage in den Blick nehmen, die von den Jungfrauen der Lehrerin gegenüber vorgebracht wird: *Was ist dein Brudersohn*[29], *Schöne unter den Frauen? Was ist dein Brudersohn im Unterschied zu einem (anderen) Brudersohn, daß du uns so vereidigt hast?* (Cant 5,9). Diese Rede scheint mir in etwa einen solchen Sinn zu beinhalten, wie es die innere Konsequenz[30] der bisherigen Untersuchungen vermuten läßt: Die Jungfrauen sahen nämlich den schönen Ausgang der Seele der Braut, als diese sich dicht am Logos hielt. Sie (*sc.* die Braut) sagte ja: „Meine Seele ging aus in seinem Wort" (Cant 5, 6c). Und sie (*sc.* die Jungfrauen) erkannten, daß jene beim Ausgehen den suchte, der durch Kennzeichen nicht zu finden ist, und laut nach dem rief, der auf keine Namen hört. Deshalb sagen sie[31]: „Wie sollen wir ihn wiedererkennen — ihn, der durch kein Kennzeichen, das als Merkmal dienen könnte, zu finden ist. Er hört weder, wenn er gerufen wird, noch wird man seiner habhaft, wenn man ihn sucht! Nimm demnach auch du nun die Schleier von unseren Augen weg, was an dir ja die Wächter der Stadt taten (vgl. Cant 5, 7c), damit uns eine Wegweisung zu dem Gesuchten zuteil werde. Sprich: Was

---

[31] Zur Technik der Paraphrase siehe die Einleitung, oben 56.

καθ' ὅ ἐστιν ἐν τῷ λόγῳ τῆς φύσεως· δὸς ἡμῖν ἔφοδον τῆς ἐπιγνώσεως αὐτοῦ διὰ γνωριστικῶν | τινων τεκμηρίων, σὺ ἡ |380 τοῦ καλοῦ πληρωθεῖσα καὶ διὰ τοῦτο γενομένη καλὴ ἐν γυναιξί· γνώρισον ἡμῖν τὸ ζητούμενον· δίδαξον ἡμᾶς δι' ὧν εὑρίσκεται σημείων ὁ μὴ ὁρώμενος, ὡς μηνῦσαι αὐτῷ περὶ τοῦ βέλους τῆς ἀγάπης, ᾧ μέσην τέτρωσαι τὴν καρδίαν διὰ τῆς γλυκείας ὀδύνης τὸν πόθον ἐπαύξουσα.«

Κρεῖττον δ' ἂν εἴη πάλιν τὴν αὐτὴν ῥῆσιν ἐπαναλαβεῖν ἐπὶ λέξεως, ὡς ἂν ἐφαρμοσθείη τοῖς ῥητοῖς ἡ ἐκτεθεῖσα διάνοια· *Τί ἀδελφιδός σου, ἡ καλὴ ἐν γυναιξίν; Τί ἀδελφιδός σου ἀπὸ ἀδελφιδοῦ, ὅτι οὕτως ὥρκισας ἡμᾶς;*

Ἀκούσωμεν τοίνυν τῆς ἀκριβῶς περιελομένης τὸ θέριστρον καὶ ἀνακεκαλυμμένῳ τῷ τῆς ψυχῆς ὀφθαλμῷ βλεπούσης πρὸς τὴν ἀλήθειαν. Πῶς ὑπογράφει αὐταῖς τὸ ζητούμενον; Πῶς ζωγραφεῖ τῷ λόγῳ τοῦ ποθουμένου τὸν χαρακτῆρα; Πῶς ὑπ' ὄψιν ἄγει ταῖς παρθένοις τὸν ἀγνοούμενον;

Ἐπειδὴ γὰρ τοῦ Χριστοῦ τὸ μὲν κτιστόν ἐστι, τὸ δὲ ἄκτιστον (λέγομεν δὲ ἄκτιστον μὲν εἶναι αὐτοῦ τὸ ἀΐδιόν τε καὶ προαιώνιον καὶ ποιητικὸν πάντων τῶν ὄντων, κτιστὸν δὲ τὸ κατὰ τὴν ὑπὲρ ἡμῶν οἰκονομίαν συσχηματισθὲν τῷ σώματι τῆς ταπεινώσεως ἡμῶν. Μᾶλλον δὲ δι' αὐτῶν τῶν θείων ῥημάτων τὴν περὶ τούτου διάνοιαν βέλτιον ἂν εἴη παραθέσθαι τῷ λόγῳ· | ἄκτιστον λέγομεν τὸν ἐν ἀρχῇ ὄντα λόγον |381 καὶ ἀεὶ πρὸς τὸν θεὸν ὄντα καὶ θεὸν ὄντα λόγον, τὸν δι' οὗ τὰ πάντα ἐγένετο καὶ οὗ χωρὶς τῶν γεγονότων ἔστιν οὐδέν, κτιστὸν δὲ τὸν σάρκα γενόμενον καὶ ἐν ἡμῖν σκηνώσαντα,

[32] Der begonnene Satz erweist sich als Anakoluth. Weiter unten setzt GREGOR erneut mit ἐπειδή ein und führt den Gedanken fort.

ist dein Brudersohn dem zufolge, was er der Bestimmung seiner *Natur* nach ist? Verschaff uns einen Zugang dazu, ihn wiederzuerkennen durch bestimmte Kennzeichen, die als Merkmal dienen können, du (Braut), die vom Schönen erfüllt und deswegen eine ‚Schöne unter den Frauen' wurde! Mach uns das Gesuchte kenntlich! Lehre uns, durch welche Kennzeichen der zu finden ist, den man nicht sieht, daß wir ihm Kunde geben vom ‚Pfeil der Liebe', von dem du mitten im Herzen verwundet bist, wobei du deine Sehnsucht durch den süßen Schmerz noch vermehrst."

Besser dürfte es jedoch sein, dieselbe Rede erneut im Wortlaut aufzugreifen, damit der dargelegte Sinn auf die Worte bezogen werden kann: *Was ist dein Brudersohn, Schöne unter den Frauen? Was ist dein Brudersohn im Unterschied zu einem (anderen) Brudersohn, daß du uns so vereidigt hast?* (Cant 5,9).

Laßt uns demnach jener zuhören, die in strengem Sinn den „Schleier" abgenommen hat und mit enthülltem Seelenauge auf die Wahrheit schaut. Wie beschreibt sie ihnen (*sc.* den Töchtern Jerusalems) das Gesuchte? Wie bildet sie durch ihr Wort den Wesenszug des Ersehnten ab? Wie bringt sie den Jungfrauen denjenigen zu Gesicht, der nicht zu erkennen ist?

Da nämlich an Christus das eine geschaffen ist, das andere ungeschaffen[32] — ungeschaffen, sagen wir, sei das, was ewig und vor den Zeiten war und alles Seiende erschaffen konnte, geschaffen aber das, was gemäß dem Heilsplan, der um unseretwillen ins Werk gesetzt wurde, unserem armseligen Leib (vgl. Phil 3,21) gleichgestaltet wurde. Noch besser freilich dürfte es sein, den Gedanken, der das behandelt, direkt mit den göttlichen Worten vorzutragen in unserer Rede: Ungeschaffen nennen wir den Logos, der im Anfang war und immer bei Gott war und „Gott Logos" war, den, durch den alles geworden ist und ohne den nichts sein kann, was geworden ist (vgl. Joh 1,1–3). Geschaffen aber nennen wir den, der Fleisch geworden ist und unter

οὗ καὶ σαρκωθέντος ἡ ἐμφαινομένη δόξα δηλοῖ, ὅτι θεὸς »ἐφανερώθη ἐν σαρκί«, θεὸς δὲ πάντως ὁ μονογενής, ὁ ἐν τοῖς κόλποις ὢν τοῦ πατρός, οὕτως εἰπόντος τοῦ Ἰωάννου ὅτι »Ἐθεασάμεθα τὴν δόξαν αὐτοῦ«, καίτοι τὸ φαινόμενον ἄνθρωπος ἦν, ἀλλὰ τὸ δι' αὐτοῦ γνωριζόμενον »δόξαν«, φησίν, »ὡς μονογενοῦς παρὰ πατρός, πλήρης χάριτος καὶ ἀληθείας«) ἐπειδὴ τοίνυν τὸ μὲν ἄκτιστον αὐτοῦ καὶ προαιώνιον καὶ ἀΐδιον ἄληπτον μένει καθ' ὅλου πάσῃ φύσει καὶ ἀνεκφώνητον, τὸ δὲ διὰ σαρκὸς ἡμῖν φανερωθὲν δύναται ποσῶς καὶ εἰς γνῶσιν ἐλθεῖν, τούτου χάριν πρὸς ταῦτα ἡ διδάσκαλος βλέπει καὶ περὶ τούτων ποιεῖται τὸν λόγον ὅσα δύναται γενέσθαι χωρητὰ τοῖς ἀκούουσιν. Λέγω δὲ τὸ μέγα τῆς εὐσεβείας μυστήριον, δι' οὗ ὁ θεὸς ἐφανερώθη ἐν σαρκί, ὁ ἐν μορφῇ θεοῦ ὑπάρχων καὶ τῷ δουλικῷ προσωπείῳ διὰ σαρκὸς συναναστραφεὶς τοῖς ἀνθρώποις, ὃς ἐπειδὴ ἅπαξ πρὸς ἑαυτὸν διὰ τῆς ἀπαρχῆς ἐπεσπάσατο τὴν ἐπίκηρον τῆς σαρκὸς φύσιν, ἣν διὰ τῆς ἀφθόρου παρθενίας ἀνέλαβεν, ἀεὶ τῇ ἀπαρχῇ συναγιάζει τὸ κοινὸν τῆς φύσεως φύραμα διὰ | τῶν ἑνουμένων αὐτῷ κατὰ τὴν κοινωνίαν τοῦ μυστηρίου | 382 τρέφων τὸ ἑαυτοῦ σῶμα, τὴν ἐκκλησίαν, καὶ καταλλήλως τὰ ἐμφυόμενα διὰ τῆς πίστεως αὐτῷ μέλη τῷ κοινῷ σώματι ἐναρμόζων εὐπρεπὲς τὸ πᾶν ἀπεργάζεται εἰς ὀφθαλμοὺς καὶ

---

[33] Das Wort ἅπαξ könnte auch pointierter mit „ein für allemal“ übersetzt werden.

uns gewohnt hat (vgl. Joh 1,14). Seine Herrlichkeit, die aufscheint, auch nachdem er Fleisch geworden war, macht deutlich, daß *Gott* „im Fleisch offenbart wurde“ (1 Tim 3,16), der „einziggezeugte Gott“ jedenfalls, der im Schoß des Vaters ist (vgl. Joh 1,18); Johannes sagt ja folgendes: „Wir haben seine Herrlichkeit geschaut“ (Joh 1,14). Gleichwohl war das, was sich zeigte, ein Mensch, das aber, was durch ihn kenntlich wurde, war, wie er sagt, „Herrlichkeit, die (Herrlichkeit) des Einziggezeugten vom Vater, voll Gnade und Wahrheit“ (Joh 1,14). — Da also das, was an ihm ungeschaffen und vor den Zeiten und ewig ist, überhaupt jeder Natur unfaßbar und unaussprechlich bleibt, das aber, was uns im Fleisch offenbart wurde, einigermaßen auch Gegenstand der Erkenntnis werden kann, schaut die Lehrerin darum auf letzteres und spricht darüber, soweit es den Zuhörern faßbar zu werden vermag. Ich meine das große Mysterium der Frömmigkeit (vgl. 1 Tim 3,16), durch das Gott im Fleisch offenbart wurde, er, der in Gottes Gestalt war und in der Rolle des Sklaven Umgang mit den Menschen hatte durch das Fleisch (vgl. Phil 2,6f). Nachdem er einmal[33] die hinfällige Natur des Fleisches, die er durch die unversehrte Jungfräulichkeit (*sc.* Marias) annahm, durch die „Erstlingsgabe“ an sich gezogen hat, heiligt er immerzu mitsamt der „Erstlingsgabe“[34] den gemeinsamen „Teig“ (vgl. Röm 11,16) der Natur durch diejenigen, die eins mit ihm werden gemäß ihrer Teilnahme am Mysterium, indem er seinen Leib, die Kirche, nährt. Und indem er auf angemessene Weise die Glieder, die ihm durch den Glauben „eingepflanzt“ werden, dem gemeinsamen Leib einpaßt, macht er das Ganze stattlich. Dazu verteilt er die

---

[34] Zu den Bedeutungen des Begriffs ἀπαρχή, den GREGOR aus Num 15,20f LXX und Röm 11,16 kannte, siehe MOUTSOULAS, *'Απαρχή*. An der vorliegenden Stelle ist damit die menschliche Wirklichkeit Christi gemeint, bei der die Heiligung der menschlichen Natur *beginnt;* insofern ist hier der zeitliche Aspekt des Begriffs ἀπαρχή betont.

στόμα καὶ χεῖρας καὶ τὰ λοιπὰ μέλη πρεπόντως τε καὶ ἁρμοδίως διατιθεὶς τοὺς πιστεύοντας.

Οὕτω γάρ φησιν ὁ Παῦλος ὅτι »Ἓν μέν ἐστι σῶμα, πολλὰ δὲ μέλη. Τὰ δὲ μέλη πάντα οὐ τὴν αὐτὴν ἔχει πρᾶξιν, ἀλλ' ἔστι τις καὶ ὀφθαλμὸς ἐν τῷ σώματι μὴ καταφρονῶν τῆς χειρὸς καὶ κεφαλή τις ὢν οὐκ ἀπωθεῖται τοὺς πόδας, ἀλλὰ συγκέκραται πρὸς ἑαυτὸ τῇ ποικιλίᾳ τῶν ἐνεργειῶν ἅπαν διὰ τῶν μελῶν τὸ σῶμα, ἵνα μὴ στασιάζῃ πρὸς τὸ ὅλον τὰ μέρη.« Ταῦτα δὲ δι' αἰνιγμάτων προθεὶς τὰ νοήματα ἐπὶ τὸ σαφέστερον προάγει τὸν λόγον εἰπὼν ὅτι »Ἔθετο ὁ θεὸς ἐν τῇ ἐκκλησίᾳ ἀποστόλους καὶ προφήτας καὶ διδασκάλους καὶ ποιμένας πρὸς τὸν καταρτισμὸν τῶν ἁγίων εἰς ἔργον διακονίας, εἰς οἰκοδομὴν τοῦ σώματος τοῦ Χριστοῦ, μέχρι καταντήσωμεν οἱ πάντες εἰς τὴν ἑνότητα τῆς πίστεως καὶ τῆς ἐπιγνώσεως τοῦ υἱοῦ τοῦ θεοῦ εἰς ἄνδρα τέλειον εἰς μέτρον ἡλικίας τοῦ πληρώματος τοῦ Χριστοῦ.« Καὶ πάλιν· »Αὐξήσωμεν«, φησίν, »εἰς αὐτὸν τὰ πάντα, ὅς ἐστιν ἡ κεφαλή, ὁ Χριστός, ἐξ οὗ πᾶν τὸ σῶμα συναρμολογούμενον καὶ συμβιβαζόμενον | διὰ πάσης ἁφῆς τῆς ἐπιχορηγίας κατ' | 383 ἐνέργειαν ἐν μέτρῳ ἑνὸς ἑκάστου μέρους τὴν αὔξησιν τοῦ

---

[35] Dieser ungeheuer dichte Text läßt wesentliche Aspekte der Erlösungsvorstellung GREGORS sichtbar werden. In ihrem Mittelpunkt steht der Inkarnationsgedanke, der hier aber in ungewohnter Ausführung vorliegt. Die menschliche Wirklichkeit Christi, die vom göttlichen Logos angenommen wird, bedeutet „nur" eine „Erstlingsgabe", d.h., sie stellt „nur" einen *Anfang* dar, der jedoch das Ganze *repräsentiert.* Die Heiligung, die der Logos an der menschlichen Wirklichkeit Christi vollzieht, weitet sich aus auf den gesamten „Teig" der menschlichen „Natur", aus dem die „Erstlingsgabe" ja genommen ist. Diese Ausweitung der Wirkung der Inkarnation läßt sich am „Leib" Christi ablesen, der die Kirche ist (vgl. Eph 5,23). Die Gläubigen werden durch den Glauben in diesen Leib „eingepflanzt", der damit immerfort wächst. Die Erwähnung des Glaubens stellt sicher, daß die Heiligung der menschlichen Natur für GREGOR keinen Heilsautomatismus bedeutet, sondern von der Entscheidung des freien Menschen mit abhängig bleibt. Dennoch zielt diese Heiligung auf die *gesamte* menschliche Wirklichkeit. GREGOR geht aufgrund seines universalen Heilsoptimismus davon aus, daß sie ihr Ziel auch erreicht. — Die Konzeption der „physischen

Gläubigen geziemend und passend als „Augen“, „Mund“, „Hände“ und die übrigen Glieder[35].

So nämlich spricht Paulus: „Es gibt zwar *einen* Leib, aber *viele* Glieder. Die Glieder aber haben nicht alle dieselbe Funktion. Vielmehr ist es so, daß jemand am Leib ein ‚Auge‘ ist, ohne die ‚Hand‘ zu verachten, und daß jemand die ‚Füße‘ nicht verabscheut, obwohl er ein ‚Haupt‘ ist. Durch die Vielfalt der Tätigkeiten aber ist der Leib dank seiner Glieder zu dem, was er ist, zusammengefügt[36], damit die Teile nicht gegen das Ganze in Aufruhr seien“ (vgl. 1 Kor 12,12–27)[37]. Nachdem er diese Gedanken aber in Rätselbildern vorgelegt hat, läßt er seine Rede an Klarheit gewinnen, wenn er sagt: „Gott setzte in der Kirche Apostel, Propheten, Lehrer und Hirten ein, um die Heiligen zum Werk des Dienstes zu rüsten, zum Aufbau des Leibes Christi, bis wir alle zur Einheit des Glaubens und der Erkenntnis des Sohnes Gottes gelangen, zum (Zustand des) vollkommenen Menschen, zu jenem Maße des Alters, das der Fülle Christi zukommt“ (vgl. Eph 4,11–13). Und wiederum sagt er: „Laßt uns in allem wachsen — auf ihn hin, der das ‚Haupt‘ ist, Christus. Von ihm her wird der ganze Leib zusammengefügt und verbunden durch jedes ‚Gelenk‘, das entsprechend seiner Tätigkeit der Unterstützung dient nach Maßgabe eines jeden Gliedes; so wächst der

---

Erlösungslehre“ stellt die Forschung im übrigen vor Fragen, die kontrovers diskutiert werden; vgl. dazu Anm. 38, oben 186. — Am vorliegenden Text läßt sich des weiteren klären, in welchem Sinn GREGOR von einer *unio* zwischen Gott und Mensch spricht. Sie meint nicht eine exklusive „mystische“ Erfahrung einzelner, sondern einen heilsgeschichtlichen Prozeß, der in der Inkarnation beginnt und in den die einzelnen Menschen (als Glieder eines gemeinsamen Leibes) eingehen; vgl. dazu ausführlicher DÜNZL, *Braut* 340–345.

[36] Das Verbum συγκέκραται ist 1 Kor 12,24 entlehnt.

[37] GREGOR gibt 1 Kor 12,12–27 (in Kombination mit Röm 12,4) stark verkürzt und sehr frei wieder.

σώματος ποιεῖται εἰς οἰκοδομὴν ἑαυτοῦ ἐν ἀγάπῃ.« Οὐκοῦν ὁ πρὸς τὴν ἐκκλησίαν βλέπων πρὸς τὸν Χριστὸν ἄντικρυς βλέπει τὸν ἑαυτὸν διὰ τῆς προσθήκης τῶν σῳζομένων οἰκοδομοῦντα καὶ μεγαλύνοντα.

Ἡ τοίνυν ἀποθεμένη τῶν ὀμμάτων τὸ θέριστρον καθαρῷ τῷ ὀφθαλμῷ τὸ ἄφραστον ὁρᾷ τοῦ νυμφίου κάλλος καὶ διὰ τοῦτο τρωθεῖσα τῷ ἀσωμάτῳ καὶ διαπύρῳ βέλει τοῦ ἔρωτος· ἐπιτεταμένη γὰρ ἀγάπη ὁ ἔρως λέγεται, ᾧ οὐδεὶς ἐπαισχύνεται ὅταν μὴ κατὰ σαρκὸς γένηται παρ’ αὐτοῦ ἡ τοξεία, ἀλλ’ ἐπικαυχᾶται μᾶλλον τῷ τραύματι ὅταν διὰ τοῦ βάθους τῆς καρδίας δέξηται τὴν τοῦ ἀΰλου πόθου ἀκίδα. Ὅπερ δὴ καὶ αὕτη πεποίηκε ταῖς νεάνισι λέγουσα ὅτι *Τετρωμένη ἀγάπης εἰμὶ ἐγώ.*

Ἡ τοίνυν εἰς τοσοῦτον τελειότητος προελθοῦσα, ἐπειδὴ ἔδει καὶ ταῖς παρθένοις ὑποδεῖξαι τοῦ νυμφίου τὸ κάλλος, οὐκ ἐκεῖνο λέγει ὃ ἦν ἐν ἀρχῇ (οὐδὲ γὰρ οἷόν τε ἦν δυνάμει λόγων φανερωθῆναι τὸ ἄρρητον), ἀλλὰ πρὸς τὴν διὰ σαρκὸς γενομένην ἡμῖν θεοφάνειαν χειραγωγεῖ τὰς παρθένους· ὅπερ δὴ καὶ ὁ μέγας Ἰωάννης πεποίηκεν, ὃ μὲν ἦν ἀπ’ ἀρχῆς σιωπήσας, ὃ δὲ ἑωράκαμεν καὶ ἀκηκόαμεν καὶ αἱ χεῖρες ἡμῶν ἐψηλάφησαν περὶ τοῦ λόγου τῆς ἀληθείας τοῦτο | μετ’ ἐπιμελείας διηγησάμενος. | 384

Φησὶν οὖν πρὸς αὐτὰς ἡ νύμφη· »*Ἀδελφιδός μου λευκὸς καὶ πυρρός, ἐκλελοχισμένος ἀπὸ μυριάδων. Κεφαλὴ αὐτοῦ χρυσίον κεφάζ, βόστρυχοι αὐτοῦ ἐλάται, μέλανες ὡς κόραξ. Οἱ ὀφθαλμοὶ αὐτοῦ ὡς περιστεραὶ ἐπὶ πληρώματα ὑδάτων*

---

[38] Das Adjektiv ἀσώματος gewinnt — ähnlich wie das gegensätzliche σωματικός — seine Bedeutung nicht allein vom „Leib“ her, sondern allgemeiner von der „dinglichen (materiellen, konkreten) Realität“ des Bezeichneten.

[39] Die Bedeutung des Eros in GREGORS Theologie wurde in der Forschung intensiv diskutiert; vgl. DÜNZL, *Braut* 370–372. Der vorliegende Text liefert einen wichtigen Schlüssel zu diesem Problem: Agape und Eros stehen für GREGOR nicht in Konkurrenz zueinander, sondern liegen auf einer Linie, wobei der Eros eine Steigerung der Agape aus-

Leib und baut sich selbst in Liebe auf“ (Eph 4,15 f). Wer demnach auf die Kirche schaut, schaut geradewegs auf Christus, der sich durch die Hinzufügung der Geretteten (*sc.* zu seinem Leib) aufbaut und ausdehnt.

Also sieht die Braut, die den Schleier von ihren Augen weggenommen hat, mit reinem Auge die unaussprechliche Schönheit des Bräutigams, und deshalb wurde sie verwundet von dem nicht-dinglichen[38] und glühenden Pfeil des Eros. „Intensivierte Agape“ wird nämlich der Eros[39] genannt. Und niemand schämt sich seiner, sofern seine Schießkunst sich nicht gegen das Fleisch richtet, sondern man rühmt sich dieser „Wunde“ eher, sobald man die Pfeilspitze der immateriellen Sehnsucht in der Tiefe des Herzens aufgenommen hat. Das hat offenbar auch sie (*sc.* die Braut) hier getan, sagt sie doch zu den Mädchen: *Ich bin verwundet von Liebe* (Cant 5,8d).

Nachdem es sich also als notwendig erwies, auch den Jungfrauen die Schönheit des Bräutigams zu zeigen, spricht jene, die zu einem solchen Maß an Vollkommenheit vorangeschritten ist, nicht das an, was im Anfang war (vgl. Joh 1,1) — denn das Unsagbare konnte ja auch nicht durch die Aussagekraft von Worten offenbart werden —, sondern sie führt die Jungfrauen zur Theophanie hin, die uns durch das Fleisch zuteil wurde. Das hat doch auch der große Johannes getan, als er verschwieg, was von Anfang an war (vgl. 1 Joh 1,1); das aber, was wir gesehen und gehört haben und was unsere Hände betastet haben, was den Logos der Wahrheit angeht (vgl. 1 Joh 1,1), das legte er sorgfältig dar.

Die Braut sagt also zu ihnen: *„Mein Brudersohn ist weiß und rötlich, (durch Geburt) herausgehoben aus Myriaden. Sein Haupt ist Kephaz-Gold, seine Locken sind Fichten, schwarz wie ein Rabe. Seine Augen sind wie Tauben an*

---

drückt. Negativ gewertet ist der Eros hingegen in der Sphäre des Leibes; vgl. dazu auch die Einleitung, oben 72–76, und die Proömien GREGORS in *hom.* 1, oben 115–141 mit Anm. 18 und 29.

λελουμέναι ἐν γάλακτι, καθήμεναι ἐπὶ πληρώματα ὑδάτων. Σιαγόνες αὐτοῦ ὡς φιάλαι τοῦ ἀρώματος φύουσαι μυρεψικά· χείλη αὐτοῦ κρίνα στάζοντα σμύρναν πλήρη. Χεῖρες αὐτοῦ τορευταί, χρυσαῖ, πεπληρωμέναι, θαρσεῖς· κοιλία αὐτοῦ πυξίον ἐλεφάντινον ἐπὶ λίθου σαπφείρου. Κνῆμαι αὐτοῦ στῦλοι μαρμάρινοι, τεθεμελιωμένοι ἐπὶ βάσεις χρυσᾶς· εἶδος αὐτοῦ ὡς Λίβανος ἐκλεκτός, ὡς κέδροι. Φάρυγξ αὐτοῦ γλυκασμὸς καὶ ὅλος ἐπιθυμία. Οὗτος ἀδελφιδός μου καὶ οὗτος πλησίον μου, θυγατέρες Ἰερουσαλήμ.«

Ταῦτα γὰρ πάντα, δι' ὧν ἡ τοῦ κάλλους γέγονεν ὑπογραφή, οὐ τῶν ἀοράτων τε καὶ ἀκαταλήπτων τῆς θεότητός ἐστιν ἐνδεικτικὰ ἀλλὰ τῶν κατ' οἰκονομίαν φανερωθέντων, ὅτε ἐπὶ τῆς γῆς ὤφθη καὶ τοῖς ἀνθρώποις συναναστράφη τὴν ἀνθρωπίνην ἐνδυσάμενος φύσιν, δι' ὧν κατὰ τὸν ἀποστολικὸν λόγον καὶ τὰ ἀόρατα αὐτοῦ τοῖς ποιήμασι νοούμενα καθορᾶται διὰ τῆς τοῦ ἐκκλησιαστικοῦ κόσμου κατασκευῆς φανερούμενα. Κόσμου γὰρ κτίσις ἐστὶν ἡ τῆς ἐκκλησίας κατασκευή, ἐν ᾗ | [385] κατὰ τὴν τοῦ προφήτου φωνὴν καὶ οὐρανὸς κτίζεται καινός (ὅπερ ἐστὶ τὸ στερέωμα τῆς εἰς Χριστὸν πίστεως καθὼς ὁ Παῦλός φησι) καὶ γῆ καινὴ κατασκευάζεται, ἡ πίνουσα τὸν ἐπ' αὐτὴν ἐρχόμενον ὑετόν, καὶ ἄνθρωπος πλάσσεται ἄλλος, ὁ διὰ τῆς ἄνωθεν γεννήσεως ἀνακαινιζόμενος κατ' εἰκόνα τοῦ κτίσαντος αὐτόν, καὶ φωστήρων φύσις ἑτέρα γίνεται, περὶ ὧν φησιν ὅτι »Ὑμεῖς ἐστε τὸ φῶς τοῦ κόσμου« καὶ »Ἐν οἷς φαίνεσθε ὡς φωστῆρες ἐν κόσμῳ«, καὶ ἀστέρες πολλοί, οἱ ἐν τῷ στερεώματι τῆς πίστεως ἀνατέλλοντες. Καὶ οὔπω τοῦτο θαυμαστόν, εἰ πλήθη ἄστρων ἐστὶν ἐν

---

[40] GREGOR führt das Zitat des Canticum-Textes über Cant 5,12 hinaus fort, obwohl dort die Lesungs-Perikope endet, die für *hom.* 13 vorgesehen war. Damit gibt er schon hier zu erkennen, daß er Cant 5,10–16 als literarische Einheit empfindet. Das hat Auswirkungen auf die Gestaltung von *hom.* 14; siehe Anm. 9, unten 714. — Auffälligkeiten des folgenden LXX-Textes werden in *hom.* 14 erklärt.

Unmengen von Wassern, gebadet in Milch, sitzend an Unmengen von Wassern[40]. Seine Kinnbacken sind wie Schalen von Aroma, die hervorbringen, was zur Herstellung von Salbölen dient; seine Lippen sind Lilien, die reichlich bemessene Myrrhe tropfen lassen. Seine Hände sind kunstvoll bearbeitet, golden, gefüllt, Tarschischsteine; sein Bauch ist eine elfenbeinerne Tafel bei einem Saphirstein. Seine Beine sind marmorne Säulen, gegründet auf goldene Sockel; seine Gestalt ist wie der auserwählte Libanon, wie Zedern. Seine Kehle ist Süßigkeit, und er ist ganz und gar Verlangen. Dieser ist mein Brudersohn und dieser mein Nächster, Töchter Jerusalems“ (Cant 5,10–16).

All dies, womit die Schönheit (*sc.* des Bräutigams) beschrieben ist, sind nicht Hinweise auf das, was an der Gottheit unsichtbar und unfaßbar bleibt, sondern Hinweise auf das, was dem Heilsplan gemäß geoffenbart wurde, als er (*sc.* Gott) auf Erden erschien und mit den Menschen Umgang hatte, nachdem er die menschliche Natur angelegt hatte. Dadurch wird dem Wort des Apostels zufolge auch seine unsichtbare Wirklichkeit geschaut, indem sie durch die Schöpfungswerke geistig wahrgenommen wird (vgl. Röm 1,20); denn durch die Einrichtung des kirchlichen Kosmos wird sie sichtbar. Die Einrichtung der Kirche bedeutet nämlich die Schöpfung eines Kosmos. In ihr wird dem Wort des Propheten zufolge ein neuer Himmel geschaffen (vgl. Jes 65,17) — das ist das „Firmament“ des Glaubens an Christus, wie Paulus sagt (vgl. Kol 2,5) —, und eine neue Erde wird eingerichtet, die den Regen trinkt, der auf sie niedergeht (vgl. Hebr 6,7), ein anderer Mensch wird gebildet, der durch die Geburt von oben erneuert wird nach dem Bild dessen, der ihn schuf (vgl. Kol 3,10). Es entstehen auch Himmelslichter anderer Natur, von denen es heißt: „Ihr seid das Licht des Kosmos“ (Mt 5,14) und: „Unter ihnen scheint ihr wie Lichter im Kosmos“ (Phil 2,15), und viele Sterne, die am „Firmament“ des Glaubens aufgehen. Und das ist gar nicht verwunderlich,

τῷ καινῷ τούτῳ κόσμῳ ὑπὸ τοῦ θεοῦ ἀριθμούμενα καὶ ὀνομαζόμενα, ὧν τὰ ὀνόματα ὁ ποιητὴς τῶν τοιούτων ἄστρων ἐν τοῖς οὐρανοῖς ἀπογεγράφθαι λέγει (οὕτω γὰρ ἤκουσα τοῦ δημιουργοῦ τῆς καινῆς κτίσεως πρὸς τοὺς ἰδίους αὐτοῦ φωστῆρας λέγοντος ὅτι »Τὰ ὀνόματα ὑμῶν ἐγγέγραπται ἐν τοῖς οὐρανοῖς«), οὐ τοῦτο τοίνυν μόνον τῆς καινῆς κτίσεώς ἐστι τὸ παράδοξον ὅτι ἄστρων πλῆθος ἐν αὐτῇ δημιουργεῖται παρὰ τοῦ λόγου, ἀλλ' ὅτι καὶ ἥλιοι πολλοὶ κτίζονται ταῖς τῶν ἀγαθῶν ἔργων ἀκτῖσι τὴν οἰκουμένην φωτίζοντες οὕτως εἰπόντος τοῦ ποιητοῦ τῶν τοιούτων ἡλίων· »Λαμψάτω τὸ φῶς ὑμῶν ἔμπροσθεν τῶν ἀνθρώπων« καὶ »Τότε οἱ δίκαιοι λάμψουσιν ὡς ὁ ἥλιος«.

Ὥσπερ τοίνυν ὁ πρὸς τὸν | [386] αἰσθητὸν ἀπιδὼν κόσμον καὶ τὴν ἐμφαινομένην τῷ κάλλει τῶν ὄντων σοφίαν κατανοήσας ἀναλογίζεται διὰ τῶν ὁρωμένων τό τε ἀόρατον κάλλος καὶ τὴν πηγὴν τῆς σοφίας, ἧς ἡ ἀπόρροια τὴν τῶν ὄντων συνεστήσατο φύσιν, οὕτω καὶ ὁ πρὸς τὸν καινὸν τοῦτον κόσμον τῆς κατὰ τὴν ἐκκλησίαν κτίσεως βλέπων ὁρᾷ ἐν αὐτῷ τὸν πάντα ἐν πᾶσιν ὄντα τε καὶ γινόμενον διὰ τῶν χωρητῶν τε καὶ καταλαμβανομένων ὑπὸ τῆς φύσεως ἡμῶν χειραγωγῶν τὴν γνῶσιν πρὸς τὸ ἀχώρητον. Οὗ χάριν ἐπειδὴ ταύτην προσάγουσι τῇ πρὸς τὸ τέλειον ἀναδραμούσῃ ψυχῇ τὴν αἴτησιν αἱ παρθένοι ψυχαὶ τοῦ γνωρισθῆναι αὐταῖς τὸν ποθούμενον, διὰ τῶν ἐπὶ σωτηρίᾳ φανερωθέντων ἡμῖν ὑπογράφει ταῖς παρθένοις τὰ τοῦ ζητουμένου γνωρίσματα καὶ πᾶσαν τὴν ἐκκλησίαν ἓν σῶμα τοῦ νυμφίου ποιήσασα ἴδιόν τι νόημα δι' ἑκάστου τῶν μελῶν ἐν τῇ ὑπογραφῇ τοῦ κάλλους ἐνδείκνυται, δι' ὧν ὅλον ἐκ τῶν κατὰ μέρος θεωρουμένων τὸ τοῦ σώματος κάλλος συναπαρτίζεται.

---

[41] Daß die Kirche einen indirekten Zugang zum Unfaßbaren bietet, wird auch bei der Auslegung von Cant 4,9 in *hom.* 8 erklärt; vgl. oben 477–481 mit Anm. 19.

wenn es in diesem neuen Kosmos Unmengen von „Sternen“ gibt, die von Gott gezählt und benannt werden (vgl. Ps 147,4: LXX Ps 146,4). Ihre Namen seien im Himmel aufgezeichnet, sagt der Schöpfer solcher „Sterne“ — so nämlich spricht der Demiurg der neuen Schöpfung zu seinen eigenen „Himmelslichtern“, wie ich hörte: „Eure Namen sind verzeichnet im Himmel“ (Lk 10,20). — Nicht nur dies also ist das Seltsame an der neuen Schöpfung, daß vom Logos eine Unmenge von „Sternen“ darin verfertigt wird, sondern daß auch viele „Sonnen“ geschaffen werden, die mit den Strahlen der guten Werke die bewohnbare Welt erleuchten. Folgendermaßen nämlich spricht der Schöpfer solcher „Sonnen“: „Euer Licht soll vor den Menschen leuchten“ (Mt 5,16) und: „Dann werden die Gerechten leuchten wie die Sonne“ (Mt 13,43).

Derjenige also, der auf den sinnlich wahrnehmbaren Kosmos hinsieht und die Weisheit bemerkt, die in der Schönheit des Seienden aufscheint, erschließt mit Hilfe des Gesehenen in einer Analogie die unsichtbare Schönheit und die Quelle der Weisheit, deren Emanation die Natur des Seienden zustande brachte. Und ebenso sieht auch der, der auf diesen neuen „Kosmos“ der Kirchenschöpfung schaut, darin denjenigen, der alles in allem ist und wird. Dabei führt er die Erkenntnis mit Hilfe dessen, was faßlich ist und von unserer Natur begriffen wird, zum Unfaßlichen[41]. Nachdem darum die Jungfrauen (bzw.) Seelen der zum Vollkommenen emporgeeilten Seele gegenüber diese Bitte vorbringen, daß ihnen der Ersehnte kenntlich gemacht werde, beschreibt diese die Kennzeichen des Gesuchten den Jungfrauen mit Hilfe dessen, was uns zum Heil geoffenbart wurde. Und indem sie die ganze Kirche als den *einen* Leib des Bräutigams darstellt, weist sie in der Beschreibung der Schönheit mit jedem einzelnen Glied auf einen besonderen Gedanken hin. Dadurch wird die Schönheit des Leibes zu einem vollkommenen Ganzen zusammengefügt aus den Teilen, die einzeln betrachtet werden.

Ἀρχὴν οὖν ποιεῖται τῆς διδασκαλίας τὴν προσεχῆ καὶ οἰκείαν ἡμῖν· ἐκ γὰρ τοῦ σώματος τῆς κατηχήσεως ἄρχεται. Ὥσπερ δὴ καὶ ὁ Ματθαῖος πεποίηκεν· ἐκ τοῦ Ἀβραάμ τε καὶ Δαβὶδ γενεαλογήσας τὸ κατὰ σάρκα μυστήριον τῷ μεγάλῳ Ἰωάννῃ ἐταμιεύσατο τοῖς ἤδη διὰ τούτων στοιχειωθεῖσι τὴν ἐξ ἀϊδίου νοουμένην ἀρχὴν καὶ τὸν τῇ ἀρχῇ | συγκατανοού- | 387
μενον λόγον εὐαγγελίσασθαι.

Διὰ τούτων τοίνυν τῶν νοημάτων ἡ νύμφη μυσταγωγεῖ τὰς νεάνιδας ὅτι »Οὐ πρότερον ἐπὶ τὸ ἄληπτόν τε καὶ ἀόριστον ἀναχθήσεται ὑμῶν ἡ διάνοια πρὶν τοῦ ὀφθέντος διὰ τῆς πίστεως περιδράξασθαι.« Τὸ δὲ ὀφθὲν ἡ τῆς σαρκός ἐστι φύσις· εἰποῦσα γὰρ ὅτι *Ἀδελφιδός μου λευκὸς καὶ πυρρός*, διὰ τῆς τῶν δύο τούτων χρωμάτων μίξεως τὸ τῆς σαρκὸς ἰδίωμα ὑπογράφει τῷ λόγῳ. Τοῦτο δὲ καὶ ἐν τοῖς ἄνω ἐποίησε μῆλον αὐτὸν ὀνομάσασα, οὗ πρὸς ἑκάτερον τῶν χρωμάτων σύγκρατον καθορᾶται τὸ εἶδος· λευκόν τε γάρ ἐστι τὸ μῆλον καὶ ἐρυθραίνεται, τὴν τοῦ αἵματος οἶμαι φύσιν συμβολικῶς ἐνδεικνυμένου τοῦ ἐρυθήματος.

Ἀλλ' ἐπειδὴ πᾶσα σὰρξ ἐν τόκῳ συνίσταται γάμου πάντως ὁδοποιοῦντος τὸν τόκον τοῖς εἰς τὴν ζωὴν ταύτην παριοῦσι διὰ γεννήσεως, ὡς ἂν μή τις σαρκὸς γένεσιν περὶ τὸ μυστήριον τῆς εὐσεβείας παραδεξάμενος πρὸς τὰ τῆς φύσεως ἔργα καὶ πάθη τῇ διανοίᾳ κατολισθήσειεν ὁμοιογενῆ τοῖς πᾶσι κἀκείνης τῆς σαρκὸς ἐννοήσας τὴν γένεσιν, τούτου χάριν τὸν κοινωνήσαντα σαρκὸς καὶ αἵματος λευκὸν μὲν εἶναι καὶ πυρρὸν ὡμολόγησε διὰ τῶν δύο χρωμάτων τὴν τοῦ σώματος φύσιν αἰνισσομένη, οὐ μὴν ὁμοιότροπον αὐτοῦ τὴν

---

42 Gemeint ist die menschliche Wirklichkeit Christi.

43 GREGOR erinnert an die Auslegung von Cant 2,5bα in *hom.* 4 (siehe oben 283–287), die ihrerseits an die Exegese von Cant 2,3 in derselben Homilie anknüpft.

Etwas Naheliegendes und uns Verwandtes also läßt sie (*sc.* die Braut) den Anfang ihrer Belehrung bilden: Sie beginnt die Unterweisung nämlich beim Leib. Genauso hat es doch auch Matthäus gemacht: Von Abraham und David ausgehend stellte er das Mysterium der Fleischwerdung als Genealogie dar (vgl. Mt 1,2–17) und überließ es dem großen Johannes, denen, die somit bereits die Grundelemente (des Glaubens) gelehrt worden waren, den Anfang zu verkünden, der von Ewigkeit her zu verstehen ist, und den Logos, der mit dem Anfang mitzudenken ist (vgl. Joh 1,1).

Mit folgenden Gedanken führt die Braut die Mädchen demnach in das Mysterium ein: „Nicht eher wird euer Denken zum Unfaßbaren und Unsichtbaren hinaufgeführt werden, ehe es nicht das, was man sehen konnte, durch den Glauben mit Händen greift." Das aber, was man sehen konnte, ist die Natur des Fleisches[42]. Wenn sie nämlich sagt: *Mein Brudersohn ist weiß und rötlich* (Cant 5,10a), beschreibt sie mit der Mischung dieser beiden Farben die Eigenart des Fleisches in ihrer Rede. Das tat sie auch weiter oben, als sie ihn (*sc.* Christus) einen „Apfel" nannte[43], in dessen Erscheinungsbild beide Farben zugleich hineinspielen, wie man sieht. Denn der Apfel ist weiß, und er rötet sich, wobei die Röte symbolisch auf die natürliche Beschaffenheit des Blutes hinweist, wie ich meine.

Alles Fleisch aber kommt in einer Geburt zur Welt, wobei in jedem Fall das Beilager Voraussetzung der späteren Geburt ist bei denen, die durch Zeugung in dieses Leben übergehen. Damit nun jemand, der in Hinsicht auf das Mysterium der Frömmigkeit eine Fleisch-Werdung annimmt, in seinem Denken nicht zu den Funktionen und Leiden der Natur abgleitet, weil er denkt, auch die Entstehung *jenes* Fleisches sei von gleicher Art wie bei allen, bekannte sie (*sc.* die Braut) darum, daß der, der in die Gemeinschaft von Fleisch und Blut eintrat, zwar weiß und rötlich sei, wobei sie mit den beiden Farben die natürliche Beschaffenheit des Leibes andeutete. Gewiß aber meint sie

λοχείαν τῷ κοινῷ τόκῳ γεγενῆσθαι λέγει. Ἀλλ᾽ ἐκ | πασῶν | 388 τῶν μυριάδων, τῶν ἀφ᾽ οὗ γεγόνασιν ἄνθρωποι καὶ εἰς ὅσον προελεύσεται ῥέουσα διὰ τοῦ τόκου τῶν ἐπιγινομένων ἡ φύσις, μόνος οὗτός ἐστι τῷ καινῷ τῆς λοχείας εἴδει τῆς ζωῆς ταύτης ἁψάμενος, ᾧ οὐχὶ συνήργησε πρὸς τὸ γενέσθαι ἡ φύσις ἀλλ᾽ ὑπηρέτησεν. Διὰ τοῦτό φησιν ὅτι »Ὁ λευκὸς οὗτος καὶ πυρρός, ὁ διὰ σαρκὸς καὶ αἵματος ἐπιδημήσας τῷ βίῳ, μόνος ἐστὶν ἐκ πασῶν τῶν μυριάδων ἐκ τῆς παρθενικῆς καθαρότητος ἐκλελοχισμένος«· οὗ ἀσυνδύαστος μὲν ἡ κυοφορία, ἀμόλυντος δὲ ἡ λοχεία, ἀνώδυνος δὲ ἡ ὠδίς· οὗ θάλαμος ἡ τοῦ ὑψίστου δύναμις οἷόν τις νεφέλη τὴν παρθενίαν ἐπισκιάζουσα, πυρσὸς δὲ γαμήλιος ἡ τοῦ ἁγίου πνεύματος ἔλλαμψις, κλίνη δὲ ἡ ἀπάθεια καὶ γάμος ἡ ἀφθαρσία. Ὁ τοίνυν ἐκ τῶν τοιούτων γενόμενος καλῶς ἐκλελοχισμένος ἐκ πασῶν τῶν μυριάδων κατωνομάσθη, ὅπερ τὸ μὴ ἐκ λοχοῦς αὐτὸν εἶναι σημαίνει· τούτου γὰρ μόνου χωρὶς λοχείας ἡ γέννησις ὥσπερ καὶ χωρὶς γάμου ἡ σύστασις. Οὐ γὰρ ἔστιν ἐπὶ τῆς ἀφθόρου τε καὶ ἀπειρογάμου κυρίως τὸ ὄνομα τῆς λοχείας εἰπεῖν, διότι παρθενίας τε καὶ λοχείας ἀσύμβατά ἐστι περὶ τὴν αὐτὴν τὰ ὀνόματα. Ἀλλ᾽ ὥσπερ υἱὸς ἐδόθη ἡμῖν ἄνευ πατρός, οὕτω καὶ τὸ παιδίον ἄνευ λοχείας γεγέννηται. Ὡς γὰρ οὐκ ἔγνω ἡ παρθένος ὅπως ἐν τῷ σώματι αὐτῆς τὸ θεοδόχον συνέστη σῶμα, οὕτως οὐδὲ τοῦ τόκου ᾔσθετο μαρτυρούσης τῆς προφητείας αὐτῇ τὸ ἀνώδυνον | τῆς ὠδῖνος· | 389 φησὶ γὰρ Ἡσαΐας ὅτι »Πρὶν ἐλθεῖν τοὺς πόνους τῶν ὠδίνων ἐξέφυγε καὶ ἔτεκεν ἄρσεν«. Διὰ τοῦτο ἐκλελοχισμένος καὶ

[44] Durch das Nomen λοχεία gibt GREGOR zu erkennen, daß er das Partizip ἐκλελοχισμένος in Cant 5,10b mit dem Verbum λοχίζειν = λοχεύειν (gebären/entbinden) in Zusammenhang bringt, um es als Hinweis auf die Jungfrauengeburt zu werten, während heutige Exegeten das Partizip mit dem militärischen Terminus λόχος in Beziehung setzen; siehe Anm. 4, oben 663.

[45] Jes 66,7 LXX stellt in GREGORS Sicht demnach das Schriftzeugnis für die Lehre der *virginitas in partu* dar.

nicht, sein Kindbett[44] sei von gleicher Art gewesen wie bei der allgemein üblichen Geburt. Seitdem es Menschen gibt und solange die Natur sich noch weiterhin im Fluß befindet durch die Geburt derer, die noch hinzukommen, ist von allen Myriaden vielmehr dieser der einzige, der durch eine neue Art des Kindbettes in dieses Leben eintrat. Bei ihm arbeitete die Natur nicht an der Entstehung mit, sondern diente nur. Deswegen sagt sie (*sc.* die Braut): „Dieser Weiß-Rötliche, der mit Fleisch und Blut im Leben weilte, ist als einziger aus allen Myriaden herausgehoben (durch seine Geburt) in jungfräulicher Reinheit." Bei ihm war die Schwangerschaft ohne (vorhergehende) Paarung, das Kindbett ohne Befleckung, der Geburtsvorgang schmerzfrei. Das Brautgemach war bei ihm die „Kraft des Allerhöchsten", die wie eine Wolke die Jungfräulichkeit (*sc.* Marias) überschattete (vgl. Lk 1,35), als Hochzeitsfackel aber diente das Leuchten des Heiligen Geistes, als Bett die Leidenschaftslosigkeit und als Beilager die Unversehrtheit. Er, der unter solchen Umständen entstand, wird demnach zu Recht „(durch Geburt) herausgehoben aus allen Myriaden" genannt, was bedeutet, daß er nicht von einer Frau im Kindbett stammt. Denn allein bei ihm war die Geburt vom Kindbett getrennt, wie auch seine Entstehung vom Beilager getrennt war. Man kann nämlich bei der Unversehrten und Unverheirateten (*sc.* Maria) den Begriff „Kindbett" nicht im eigentlichen Sinn gebrauchen, weil die Begriffe „Jungfräulichkeit" und „Kindbett" unvereinbar sind in bezug auf dieselbe (Frau). Wie uns aber ein Sohn ohne Vater gegeben wurde, so ist das Kind auch ohne Kindbett hervorgebracht worden. Wie nämlich die Jungfrau nicht erkannte, auf welche Weise in ihrem Leib der Leib, der Gottes Gefäß war, entstand (vgl. Lk 1,34), so spürte sie auch die Geburt nicht, bezeugt ihr doch die Prophetie die Schmerzlosigkeit des Geburtsvorgangs. Jesaja sagt nämlich: „Bevor die Mühen der Geburtswehen kamen, entrann sie und gebar ein männliches Kind" (Jes 66,7 LXX)[45]. Des-

ξενίζων καθ' ἑκάτερον τὴν ἀκολουθίαν τῆς φύσεως, οὔτε ἀρξάμενος ἐξ ἡδονῆς οὔτε προελθὼν διὰ πόνων.

Καὶ τοῦτο κατὰ τὸ ἀκόλουθόν τε γίνεται καὶ οὐκ ἔξω τοῦ εἰκότος ἐστίν· ἐπειδὴ γὰρ ἡ τὸν θάνατον διὰ τῆς ἁμαρτίας ἐπεισαγαγοῦσα τῇ φύσει ἐν λύπαις καὶ πόνοις τίκτειν κατεδικάσθη, ἔδει πάντως τὴν τῆς ζωῆς μητέρα ἀπὸ χαρᾶς τε τῆς κυοφορίας ἄρξασθαι καὶ διὰ χαρᾶς τελειῶσαι τὸν τόκον. »Χαῖρε«, γάρ φησι, »κεχαριτωμένη«, πρὸς αὐτὴν ὁ ἀρχάγγελος ἐκβαλὼν τῇ φωνῇ τὴν λύπην τὴν ἐξ ἀρχῆς ὑπὸ τῆς ἁμαρτίας ἀποκληρωθεῖσαν τῷ τόκῳ.

Οὗτος μὲν οὖν ὁ τῷ καινῷ τε καὶ ἰδιάζοντι τῆς γεννήσεως ἐκ πασῶν τῶν μυριάδων μόνος τοιοῦτος γενόμενος, ὁ λευκός τε καὶ πυρρὸς διὰ τὴν σάρκα καὶ τὸ αἷμα καλῶς ὠνομασμένος, καὶ ἐκλελοχισμένος ἀπὸ μυριάδων διὰ τὴν ἄφθαρτόν τε καὶ ἀπαθῆ τοῦ τόκου παρὰ τοὺς λοιποὺς ἰδιότητα. Ἢ τάχα καὶ διὰ τὰ λοιπὰ τῆς γεννήσεως εἴδη, τὰ δίχα λοχείας γενόμενα, ταύτην ἐφήρμοσεν αὐτῷ τὴν φωνὴν ἡ νύμφη. Οὐκ ἀγνοεῖς δὲ πάντως, ὁσάκις ἐγεννήθη ὁ τῆς καινῆς κτίσεως πάσης πρωτότοκος, ὁ ἐν πολλοῖς ἀδελφοῖς πρωτότοκος, ὁ ἐκ νεκρῶν πρωτότοκος, ὁ πρῶτος λύσας | τὰς ὠδῖνας τοῦ θανάτου | 390 καὶ πᾶσι τὸν ἐκ νεκρῶν τόκον ὁδοποιήσας διὰ τῆς ἀναστάσεως. Ἐν πᾶσι μὲν γὰρ τούτοις ἐγεννήθη, οὐ μὴν διὰ λοχείας παρῆλθεν εἰς γέννησιν· ἥ τε γὰρ ἐκ τοῦ ὕδατος γέννησις τὸ τῆς λοχείας πάθος οὐ παρεδέξατο καὶ ἡ ἐκ νεκρῶν παλιγγενεσία καὶ ἡ τῆς θείας ταύτης κτίσεως πρωτο-

---

[46] Χαῖρε ist in Lk 1,28 als Grußwort gebraucht und wird darum im Deutschen normalerweise zu Recht durch „Sei gegrüßt!“ wiedergegeben. Die Konnotation der Freude ist im griechischen Wortlaut freilich noch mitzuhören. Darauf beruht die vorliegende Deutung GREGORS.

halb ist er „(durch Geburt) herausgehoben“ und verfremdet in zweierlei Hinsicht die logische Abfolge der Natur, weil er weder aufgrund von Lust seinen Anfang nahm noch unter Mühen hervorging.

Und dies geschieht mit Folgerichtigkeit und ist nicht unwahrscheinlich. Da nämlich jene (*sc.* Eva), die den Tod durch die Sünde in die Natur eingeführt hatte, dazu verurteilt worden war, in Leid und Mühsal zu gebären (vgl. Gen 3,16), mußte die Mutter des Lebens ihre Schwangerschaft jedenfalls mit Freude beginnen und die Geburt in Freude vollenden. „Freue dich[46], du Begnadete“ (Lk 1,28), sagt der Erzengel nämlich zu ihr, wobei er mit diesem Ausruf das Leid vertreibt, das infolge der Sünde von Anbeginn an der Geburt beschieden war.

Dieser (*sc.* Christus) ist es also, der durch die Ungewöhnlichkeit und Besonderheit seiner Geburt als einziger aus allen Myriaden von solcher Art ist — er, der wegen Fleisch und Blut zu Recht „weiß und rötlich“ genannt ist und „herausgehoben (durch Geburt) aus Myriaden“, weil seine Geburt im Vergleich zu den übrigen (Menschen) die Besonderheit der Unversehrtheit und Leidenschaftslosigkeit aufzuweisen hat. Vielleicht aber bezieht die Braut dieses Wort (*sc.* ἐκλελοχισμένος) auch wegen der übrigen Formen seiner „Geburt“, die ohne Kindbett vor sich gingen, auf ihn: Bestimmt weißt du genau, wie oft er „geboren“ wurde, der „Erstgeborene der ganzen neuen Schöpfung“ (vgl. Kol 1,15), der „Erstgeborene unter vielen Brüdern“ (vgl. Röm 8,29), der „Erstgeborene von den Toten“ (vgl. Kol 1,18), der als erster die „Wehen“ des Todes löste (vgl. Apg 2,24) und durch die Auferstehung allen den Weg zur „Geburt“ von den Toten eröffnete. In all diesen (Formen) wurde er zwar „geboren“, gelangte aber gewiß nicht durchs Kindbett zu dieser „Geburt“. Denn auch die Geburt aus dem Wasser (vgl. Joh 3,5) implizierte nicht das Leiden des Kindbetts und ebensowenig die Wiedergeburt von den Toten und die Erstgeburt dieser göttlichen Schöp-

τοκία, ἀλλ' ἐν πᾶσι τούτοις καθαρεύει τῆς λοχείας ὁ τόκος. Διὰ τοῦτό φησιν· *Ἐκλελοχισμένος ἀπὸ μυριάδων.*

Οἷον δὲ αὐτοῦ τὸ κάλλος ἐν τοῖς καθ' ἕκαστον μέλεσι διηγεῖται, καιρὸς ἂν εἴη κατανοῆσαι διὰ τῶν εἰρημένων. *Κεφαλὴ αὐτοῦ,* φησί, *χρυσίον κεφάζ.* Ἡ δὲ Ἑβραϊκὴ λέξις, εἰ πρὸς τὴν ἡμετέραν μεταληφθείη φωνήν, τὸ καθαρόν τε καὶ ἄπεφθον καὶ πάσης ἐπιμιξίας ἀλλότριον χρυσίον διὰ τῆς φωνῆς ταύτης ἐνδείκνυται. Ἀνερμήνευτον δέ μοι δοκοῦσι καταλελοιπέναι τὴν τοῦ κεφὰζ λέξιν οἱ τὰς φωνὰς τῶν Ἑβραίων ἐξελληνίσαντες διὰ τὸ μὴ εὑρεῖν ἐν τοῖς Ἑλληνικοῖς ῥήμασι μηδεμίαν φωνὴν ἐξαγγελτικὴν τῆς ἐμφάσεως τῆς ἐνθεωρουμένης τῇ Ἑβραΐδι φωνῇ. Ἡμεῖς δὲ τοῦτο μαθόντες ὅτι τὸ εἰλικρινῶς καθαρὸν καὶ πάσης ὕλης ῥυπαρᾶς ἀμιγές τε καὶ ἀπαράδεκτον ἡ τοιαύτη λέξις ἐνδείκνυται, ταῦτα περὶ τοῦ προκειμένου ῥητοῦ νοεῖν ἐναγόμεθα ὅτι κεφαλὴ τοῦ σώματος τῆς ἐκκλησίας ἐστὶν ὁ Χριστός. Χριστὸν δὲ | νῦν | 391
λέγομεν οὐ πρὸς τὸ ἀΐδιον τῆς θεότητος ἀναπέμποντες τοῦτο τὸ ὄνομα ἀλλὰ πρὸς τὸν θεοδόχον ἄνθρωπον, τὸν ἐπὶ γῆς ὀφθέντα καὶ τοῖς ἀνθρώποις συναναστραφέντα, τὸν τῆς παρθενίας βλαστόν, ἐν ᾧ κατῴκησε πᾶν τὸ πλήρωμα τῆς θεότητος σωματικῶς, τὴν ἀπαρχὴν τοῦ κοινοῦ φυράματος, δι' οὗ ὁ λόγος τὴν φύσιν ἡμῶν περιεβάλετο ποιήσας αὐτὴν ἀκήρατον, πάντων τῶν συμπεφυκότων αὐτῇ παθημάτων ἐκκαθαρθεῖσαν.

---

[47] Diese Bedeutungsangabe muß GREGOR von anderen Exegeten übernommen haben (vermutlich von ORIGENES, dessen Auslegung zu Cant 5,11 nicht erhalten ist). Eigene hebräische Sprachkenntnisse beweist GREGOR hier jedenfalls nicht. Bei dem Terminus κεφάζ handelt es sich nämlich nicht um die korrekte Transkription des hebräischen Äquivalents, sondern um eine sekundäre griechische Textverderbnis innerhalb der LXX-Überlieferung. Gängige LXX-Handschriften bieten eine bessere Lesart: καὶ φαζ. Das aus dem Hebräischen transkribierte Wort φαζ

fung, sondern die Geburt war in all diesen (Formen) vom Kindbett frei. Deswegen heißt es: *(Durch Geburt) herausgehoben aus Myriaden* (Cant 5,10b).

Es dürfte nun an der Zeit sein, aufgrund der Worte (des Canticum) zu erwägen, wie seine Schönheit anhand der einzelnen Glieder beschrieben wird: *Sein Haupt*, heißt es, *ist Kephaz-Gold* (Cant 5,11a). Der hebräische Wortlaut des Verses weist, wenn man ihn in unsere Sprache übertragen wollte, mit dieser Aussage auf das reine, geläuterte Gold, das keine Beimischung kennt, hin. Diejenigen aber, die die Worte der Hebräer ins Griechische übersetzten, scheinen mir den Terminus „Kephaz" unübersetzt gelassen zu haben, weil sie unter den griechischen Vokabeln kein Wort fanden, das die Bedeutung zum Ausdruck hätte bringen können, die man in dem hebräischen Wort erkennen kann. Nachdem wir aber dies erfahren haben, daß dieser Terminus auf das hinweist, was tadellos rein und mit keiner schmutzigen Materie vermischt ist und diese auch gar nicht annehmen kann[47], werden wir dazu gebracht, folgendes über den vorliegenden Vers zu denken: Das Haupt des Leibes der Kirche ist Christus (vgl. Kol 1,18). Wenn wir jetzt aber „Christus" sagen, beziehen wir diesen Namen nicht auf die Ewigkeit der Gottheit, sondern auf den Menschen, der Gottes Gefäß war, den, der auf Erden erschien und mit den Menschen Umgang hatte, den Sproß der Jungfräulichkeit (*sc.* Marias), in dem die ganze Fülle der Gottheit leibhaftig wohnte (vgl. Kol 2,9), die „Erstlingsgabe" des gemeinsamen „Teiges" (vgl. Röm 11,16), durch den[48] der Logos sich unsere Natur umlegte[49]; sie machte er lauter, gereinigt von allen mit ihr verwachsenen Leidenschaften.

---

wird heute als „Feingold/pures, reinstes Gold" gedeutet, wodurch GREGORS semantische Angabe sich in etwa bestätigt.

48 Es ist immer noch die Rede vom *Menschen* Christus.

49 Vgl. dazu die Auslegung zu Cant 5,10–16 insges., oben 679–683, besonders Anm. 34f.

Οὕτω γάρ φησι περὶ αὐτοῦ ὁ προφήτης ὅτι »Ἁμαρτίαν οὐκ ἐποίησεν, οὐδὲ εὑρέθη δόλος ἐν τῷ στόματι αὐτοῦ«, τοῦ πεπειραμένου κατὰ πάντα καθ' ὁμοιότητα τῆς φύσεως ἡμῶν χωρὶς ἁμαρτίας.

Ἡ μὲν οὖν κεφαλὴ τοῦ σώματος τῆς ἐκκλησίας, ἡ πάσης τῆς φύσεως ἡμῶν ἀπαρχή, τὸ καθαρόν τε καὶ πάσης κακίας ἀμιγές τε καὶ ἀπαράδεκτον χρυσίον ἐστίν, οἱ βόστρυχοι δέ, οἵ ποτε ζοφώδεις καὶ μέλανες καὶ τοῖς κόραξιν ὡμοιωμένοι τῷ εἴδει (ἐκείνοις λέγω τοῖς κόραξιν, οἷς ἔργον ἐστὶ τὸ τοὺς ὀφθαλμοὺς ἐκκόπτειν κατὰ τὸν παροιμιώδη λόγον καὶ τοῖς νεοσσοῖς τῶν ἀετῶν βρῶμα τοὺς πηρωθέντας τῶν ὁρατικῶν αἰσθητηρίων παρασκευάζειν), οὗτοι ἐλάται, τὰ ὑψηλά τε καὶ οὐρανομήκη δένδρα, γενόμενοι διὰ τοῦ ἀναδραμεῖν ἐκ γῆς ἐπὶ τὸ οὐράνιον ὕψος προσθήκη τοῦ κάλλους γίνονται τοῦ νυμφίου τῆς θείας κεφαλῆς ἑαυτοὺς | ἐξαρτήσαντες. | 392

Οὐκ ἀγνοεῖς δὲ πάντως, τί τῶν βοστρύχων τούτων ἔργον ἐστίν, ἐν τοῖς ἄνω μαθὼν παρ' αὐτῆς τῆς τοῦ νυμφίου φωνῆς ὅτι »Οἱ βόστρυχοί μου ἐπλήσθησαν ψεκάδων νυκτός«. Ἐκεῖνοι οὖν εἰσιν οἱ ψεκάζοντες βόστρυχοι, οἱ παρὰ τῶν προφητῶν νεφέλαι ὠνομασμένοι, ἀφ' ὧν γίνεται τῆς διδασκαλίας ὁ ὄμβρος, ὁ τὰς ἐμψύχους ἀρούρας ποτίζων πρὸς τὴν εὐκαρπίαν τῶν τοῦ θεοῦ γεωργίων. Ἀποστόλους δὲ οἶμαι τροπικῶς τοὺς βοστρύχους ὑπὸ τοῦ λόγου σημαίνεσθαι, ὧν τινες ἦσαν

[50] Mit dem Hinweis auf den „Propheten“ scheint GREGOR auf Jes 53,9 zu zielen. Das folgende Zitat entspricht seinem genauen Wortlaut nach jedoch 1 Petr 2,22. GREGOR zitiert vermutlich aus dem Gedächtnis.

[51] Der Rabe ist in dieser Deutung ein Negativ-Symbol, obwohl „rabenschwarzes Haar“ im Kontext von Cant 5,10–16 natürlich ein Lob bedeutet. Zur Wertung dieser Unstimmigkeit siehe die Einleitung, oben 60f mit Anm. 198.

[52] Durch diese Apposition gibt GREGOR zu erkennen, daß er den Terminus ἐλάται seiner Grundbedeutung nach als „Fichten/Rottannen“ auffaßt, was in Cant 5,11b freilich keinen guten Sinn ergibt. Das hebräische Äquivalent (ein Hapaxlegomenon im Alten Testament) deuten

So nämlich spricht der Prophet[50] über ihn: „Er tat keine Sünde, und kein trügerisches Wort fand sich in seinem Mund" (1 Petr 2,22) — (im Mund dessen), der in allem versucht worden ist, wie es der Ähnlichkeit mit unserer Natur entsprach, jedoch ohne Sünde blieb (vgl. Hebr 4,15).

Das Haupt des Leibes der Kirche, die „Erstlingsgabe" unserer ganzen Natur, ist also das reine Gold, das von der Vermischung mit jeglicher Bosheit frei ist und sie auch gar nicht annehmen kann. Die Locken aber, die einst dunkel und schwarz waren und dem Aussehen nach mit Raben zu vergleichen — mit jenen Raben, meine ich, deren Beschäftigung es dem Vers aus den Sprichwörtern zufolge ist, Augen auszuhacken und den Adlerjungen die verstümmelten Sinnesorgane, die dem Sehen dienten, als Speise heranzuschaffen (vgl. Spr 30,17)[51] —, diese (Locken) werden zu Fichten, hohen und bis zum Himmel ragenden Bäumen[52], weil sie von der Erde zu himmlischer Höhe emporeilen, und stellen so eine Beigabe zur Schönheit des Bräutigams dar, indem sie sich anhängen an das göttliche Haupt.

Bestimmt aber weißt du genau, was die Aufgabe dieser „Locken" ist, weil du es weiter oben im Text direkt von der Stimme des Bräutigams gelernt hast: „Meine Locken wurden voll von Nachttropfen" (vgl. Cant 5,2 f). Jene sind also die „tröpfelnden Locken", die von den Propheten „Wolken" genannt worden sind[53], von denen der „Regen" der Lehre ausgeht, der die beseelten „Fluren" tränkt, um die „Äcker" Gottes fruchtbar zu machen. Ich meine indes, vom Text würden die „Locken" als figurative Bezeichnung für Apostel gebraucht, von denen einige früher „dunkel"

---

heutige Exegeten als „(Dattel-)Rispen" — ein Bild für die langen Haarlocken des Mannes. Auch das griechische Wort ἐλάται kann die Nebenbedeutung „Blütenscheide" (*sc.* der Dattelpalme) haben; vgl. LIDDELL/SCOTT, *Lexicon* 529; LAMPE, *Lexicon* 445.

[53] Die Anspielung GREGORS bleibt undeutlich. Es könnte an Jes 45,8 gedacht sein und an Jer 10,13; 28,16 LXX.

πρότερον ζοφώδεις τοῖς τοῦ βίου ἐπιτηδεύμασιν· ὁ τελώνης, ὁ λῃστής, ὁ διώκτης, καὶ εἴ τις ἄλλος τοιοῦτος κατὰ τὸν μέλανά τε καὶ σαρκοβόρον, τὸν τῶν ὀφθαλμῶν ἀφανιστικὸν κόρακα, λέγω δὲ τὸν ἄρχοντα τῆς ἐξουσίας τοῦ σκότους, καθώς φησιν ὁ ἀπὸ κόρακος ἐλάτη γενόμενος καὶ διὰ τοῦτο βόστρυχος τῆς θείας κεφαλῆς χρηματίσας ὅτι τὸ πρότερον ὢν βλάσφημος καὶ διώκτης καὶ ὑβριστής, ἕως ἦν κόραξ, πρὸς τὴν χάριν ταύτην μετεσκευάσθη βόστρυχος γενόμενος τῇ οὐρανίᾳ δρόσῳ διάβροχος, ὁ παντὶ τῷ σώματι | τῆς ἐκκλησίας (393) τὸν τῶν ἀποκρύφων τε καὶ σκοτεινῶν μυστηρίων λόγον ἐπιψεκάζων.

Τούτους μὲν οὖν λέγεσθαι παρὰ τῆς νύμφης βοστρύχους ὑπενοήσαμεν, οἳ τῆς χρυσῆς κεφαλῆς ἀπηρτημένοι οὐ μικρὰν δι' ἑαυτῶν ποιοῦσι προσθήκην τῆς ὥρας τῇ τοῦ πνεύματος αὔρᾳ περισοβούμενοι. Οὗτοι στέφανος γίνονται κάλλους τῇ ἀκηράτῳ κεφαλῇ κοσμοῦντες αὐτὴν τῷ ἰδίῳ κυκλώματι· περὶ τούτων γάρ μοι δοκεῖ λέγειν ἡ προφητεία ὅτι »Ἔθηκας ἐπὶ τὴν κεφαλὴν αὐτοῦ στέφανον ἐκ λίθου τιμίου.« Ὥστε αὐτοὺς δι' ἑκατέρων νοεῖσθαι τῶν ὀνομάτων· εὐπρεπεῖς τε βοστρύχους καὶ λίθους τιμίους δι' ἑαυτῶν τὴν κεφαλὴν καλλωπίζοντας.

Ἀκόλουθον δ' ἂν εἴη καὶ τὰ περὶ τῶν ὀφθαλμῶν εἰρημένα θεωρῆσαι τῷ λόγῳ. Ἔστι δὲ ἡ λέξις αὕτη· *Ὀφθαλμοὶ αὐτοῦ ὡς περιστεραὶ ἐπὶ πληρώματα ὑδάτων, λελουμέναι ἐν γάλακτι, καθήμεναι ἐπὶ πληρώματα ὑδάτων.*

Ἡ δὲ τῶν εἰρημένων διάνοια τῆς μὲν καταλήψεως ἡμῶν ἐστιν ὑψηλοτέρα (ὃ γὰρ ἂν ἐννοήσωμεν περὶ τούτων, ἔλαττον εἶναι τῆς ἀληθείας οἰόμεθα), σκοπουμένοις δὲ δι' ἐπιμελείας

---

[54] „Räuber" (λῃστής) wird im Neuen Testament keiner der Apostel genannt.

[55] „Herrscher der Macht der Finsternis" ist GREGORS geläufige Umschreibung für den Teufel.

waren aufgrund der Taten ihres Lebens: der Zöllner (*sc.* Matthäus; vgl. Mt 10,3), der Räuber[54], der Verfolger (*sc.* Paulus; vgl. 1 Tim 1,13) oder wenn ein anderer von solcher Art war, wie es dem schwarzen, fleischfressenden „Raben" entspricht, der die Augen zerstört — den Herrscher der Macht der Finsternis meine ich[55]. So etwa sagt es der, der aus einem „Raben" zu einer „Fichte" wurde und sich darum als „Locke" am göttlichen Haupt betätigte: Früher, solange er ein „Rabe" war, war er ein Lästerer, Verfolger und Frevler (vgl. 1 Tim 1,13). Dann aber veränderte er sich zu dieser Anmut, da er eine „Locke" wurde — benetzt vom himmlischen Tau —, die das Wort der verborgenen und dunklen Mysterien auf den ganzen Leib der Kirche träufelt.

Jene also (*sc.* die Apostel) werden von der Braut als „Locken" bezeichnet, wie wir vermuteten — Locken, die vom goldenen „Haupt" (*sc.* Christus) herabhängen und durch ihr Vorhandensein den Liebreiz nicht wenig steigern, wenn sie vom Hauch des Geistes bewegt werden. Sie werden zu einer schönen Krone für das lautere „Haupt", indem sie es mit der ihnen eigentümlichen Rundung schmücken. Von ihnen nämlich scheint mir die Prophetie zu sprechen, (wenn es heißt): „Du setztest auf sein Haupt eine Krone aus kostbarem Gestein" (Ps 20,4b LXX). Unter beiden Begriffen sind sie (*sc.* die Apostel) folglich zu verstehen: als stattliche „Locken" und kostbare „Steine", die durch ihr Vorhandensein das Haupt verschönern.

Folgerichtig dürfte es nun sein, in unserer Rede auch das zu betrachten, was über die Augen gesagt ist. Der Wortlaut ist folgender: *Seine Augen sind wie Tauben an Unmengen von Wassern, gebadet in Milch, sitzend an Unmengen von Wassern* (Cant 5,12).

Der Sinn dieser Worte übersteigt zwar unser Erfassen — was immer uns dazu nämlich einfallen könnte, bliebe hinter der Wahrheit zurück, wie wir meinen —, bei sorgfältiger Überlegung aber schien er uns in etwa folgender zu

ἡμῖν τοιαύτη τις ἔδοξεν εἶναι· φησί που τῶν ἑαυτοῦ λόγων ὁ θεῖος ἀπόστολος μὴ δύνασθαι λέγειν τὸν ὀφθαλμὸν τῇ χειρί· »Χρείαν σου οὐκ ἔχω«, δόγμα διὰ τούτων ποιούμενος ὅτι δι' ἀμφοτέρων προσήκει τὸ σῶμα τῆς ἐκκλησίας πράττειν |394 καλῶς τοῦ διορατικοῦ τῆς ἀληθείας συγκεκραμένου πρὸς τὸ δραστήριον, οὔτε τῆς θεωρίας καθ' ἑαυτὴν τὴν ψυχὴν τελειούσης, εἰ μὴ καὶ τὰ ἔργα παρείη τὰ τὸν ἠθικὸν κατορθοῦντα βίον, οὔτε τῆς πρακτικῆς φιλοσοφίας αὐτάρκη παρεχομένης τὴν ὠφέλειαν μὴ τῆς ἀληθινῆς εὐσεβείας τῶν γινομένων καθηγουμένης. Εἰ τοίνυν ἀναγκαία τῶν ὀφθαλμῶν πρὸς τὰς χεῖράς ἐστιν ἡ συζυγία, τάχα προσαγόμεθα διὰ τῶν εἰρημένων πρῶτον μὲν τοὺς ὀφθαλμούς, οἵτινές εἰσι, κατανοῆσαι, ἔπειτα δὲ καὶ τὸν περὶ αὐτῶν ἔπαινον ἐν θεωρίᾳ λαβεῖν. Τὸν δὲ περὶ τῶν χειρῶν λόγον τῷ ἰδίῳ ταμιευσόμεθα τόπῳ.

Ὀφθαλμῶν γὰρ ἴδιον ἐκ φύσεως ἔργον ἐστὶ τὸ ὁρᾶν. Διὸ κατὰ τὴν τοπικὴν θέσιν πάντων ὑπέρκεινται τῶν αἰσθητηρίων εἰς ὁδηγίαν τοῦ παντὸς σώματος προτεταγμένοι παρὰ τῆς φύσεως. Ὅταν οὖν τοὺς τῆς ἀληθείας καθηγουμένους παρὰ τῆς θείας γραφῆς οὕτως ὀνομαζομένους ἀκούσωμεν, ὧν ὁ μέν τις ἐλέγετο ὁ βλέπων, ἕτερος δὲ ὁ ὁρῶν, ἄλλος δὲ σκοπός, οὕτω παρὰ τοῦ θεοῦ διὰ τῆς προφητείας ὠνομασμένος, ἐναγόμεθα διὰ τούτων τοὺς ἐφορᾶν καὶ ἐπιβλέπειν καὶ ἐπισκοπεῖν τεταγμένους ὀφθαλμοὺς ἐνταῦθα νομίζειν κατονομάζεσθαι.

---

[56] GREGOR verweist damit auf die Auslegung von Cant 5,14a, unten 727–735.

[57] Das LXX-Griechisch kennt verschiedene Wörter für „Seher“. Im Deutschen dagegen lassen sich diese Variationen nur behelfsmäßig wiedergeben.

[58] Der Akzent der Aussage liegt darauf, daß Ezechiel in Ez 3,17; 33,7 nicht von anderen, sondern von Gott selbst als σκοπός bezeichnet wurde (mit MORESCHINI, gegen CANÉVET/DANIÉLOU, DANIÉLOU/MUSURILLO und MCCAMBLEY).

[59] Wie schon in *hom.* 7 bei der Auslegung zu Cant 4,1b–c (oben 419 bis 423), in der es ebenfalls um die „Augen“ der Kirche ging, vermeidet es GREGOR auch hier, eindeutig zu sagen, welchen Stand innerhalb der

sein: An einer Stelle seiner Briefe sagt der göttliche Apostel (*sc.* Paulus), das Auge könne zur Hand nicht sagen: „Ich brauche dich nicht" (vgl. 1 Kor 12,21). Damit formuliert er den Grundsatz, es gehöre sich, daß der Leib der Kirche mit beiden (Fähigkeiten) arbeite. Die Fähigkeit, die Wahrheit klar zu sehen, soll in rechter Weise mit der Tatkraft gemischt sein, da weder die Betrachtung — für sich genommen — die Seele vollkommen macht, wenn nicht auch Werke sie begleiten, die das sittliche Leben richtig zuwege bringen, noch die tätige Philosophie Nutzen bietet, der in sich schon genügt, wenn nicht die wahre Frömmigkeit die Führung in dem, was geschieht, übernimmt. Wenn demnach die paarweise Verbundenheit der Augen mit den Händen notwendig ist, werden wir durch die Worte (des Canticum) vielleicht dahin gebracht, daß wir erst einmal erwägen, wer die Augen sind, und dann auch das Lob auf sie in der Betrachtung erfassen. Die Erläuterung zu den Händen aber werden wir uns aufsparen für den ihr bestimmten Ort[56].

Die spezifische Aufgabe der Augen ist von Natur aus das Sehen. Deshalb liegen sie der lokalen Position nach oberhalb aller Sinnesorgane, von der Natur zur Leitung des ganzen Leibes bestimmt. Diejenigen also, die zur Wahrheit anleiten, werden von der göttlichen Schrift entsprechend bezeichnet — einer von ihnen wurde „der Seher" genannt (vgl. 1 Sam 9,9; 1 Chr 29,29), der andere „der Schauende" (vgl. Am 7,12 u. ö.), ein anderer wieder „der Aufseher"[57], weil er von Gott[58] so benannt worden war in den Prophetenbüchern (vgl. Ez 3,17; 33,7); wenn wir dies hören, werden wir infolge dessen dazu gebracht zu glauben, daß hier (*sc.* in Cant 5,12) diejenigen, die dazu bestellt sind, alles zu überschauen, zu beobachten und die Aufsicht zu führen[59], als „Augen" bezeichnet werden.

Kirche er im Blick hat. Der Gebrauch des Verbs ἐπισκοπεῖν läßt aber kaum Zweifel zu, daß er von den Bischöfen *(Episkopen)* spricht.

Τὸ δὲ περὶ αὐτοὺς θαῦμα καθ' ὁμοιότητά τινα συγκριτικὴν γίνεσθαι διδασκόμεθα τῆς πρὸς | τὸ κρεῖττον παραθέσεως τὸ 395 κάλλος αὐτῶν ὑπογραφούσης· φησὶ γὰρ ὅτι *Ὀφθαλμοὶ αὐτοῦ ὡς περιστεραί.* Καλὸς γὰρ ὡς ἀληθῶς τῶν τοιούτων ὀμμάτων ἔπαινος ἡ ἀκακία, ἣν κατορθοῦσιν οἱ μηκέτι τῷ σαρκώδει βίῳ ἐμμολυνόμενοι ἀλλὰ ζῶντές τε καὶ στοιχοῦντες τῷ πνεύματι· ὁ γὰρ πνευματικός τε καὶ ἄϋλος βίος τῷ τῆς περιστερᾶς εἴδει χαρακτηρίζεται, ἐπειδὴ καὶ αὐτὸ τὸ πνεῦμα τὸ ἅγιον οὕτως ὤφθη παρὰ τοῦ Ἰωάννου ἐκ τῶν οὐρανῶν ἐπὶ τὸ ὕδωρ ἱπτάμενον.

Οὐκοῦν τὸν ἀντὶ ὀφθαλμοῦ τῷ σώματι τῆς ἐκκλησίας ὑπὸ τοῦ θεοῦ τεταγμένον, εἰ μέλλοι καθαρῶς ἐπισκοπεῖν τε καὶ ἐφορᾶν καὶ ἐπιβλέπειν, πᾶσαν τὴν ἐκ κακίας λήμην ἀποκλύζεσθαι προσήκει τῷ ὕδατι. Ἔστι δὲ οὐχ ἓν ὕδωρ ῥυπτικὸν τῶν ὀμμάτων, ἀλλὰ πολλὰ τῶν τοιούτων ὑδάτων εἶναί φησι τὰ πληρώματα. Ὅσαι γάρ εἰσιν ἀρεταί, τοσαύτας χρὴ τὰς τῶν καθαρσίων ὑδάτων ἐννοῆσαι πηγάς, δι' ὧν οἱ ὀφθαλμοὶ γίνονται ἀεὶ ἑαυτῶν καθαρώτεροι· οἷον πηγὴ τοῦ καθαρσίου ὕδατός ἐστιν ἡ σωφροσύνη, ἄλλη τοιαύτη πηγὴ ἡ ταπεινοφροσύνη ἡ ἀλήθειά τε καὶ ἡ δικαιοσύνη καὶ ἡ ἀνδρεία καὶ ἡ τοῦ ἀγαθοῦ ἐπιθυμία καὶ ἡ τοῦ κακοῦ ἀλλοτρίωσις. | Ταῦ- 396 τα καὶ τὰ τοιαῦτα ὕδατά ἐστιν ἐκ μιᾶς μὲν πηγῆς, διαφόρων δὲ ῥείθρων εἰς ἓν ἀθροιζόμενα πλήρωμα, δι' ὧν πάσης ἐμπαθοῦς λήμης γίνεται τοῖς ὀφθαλμοῖς τὰ καθάρσια.

Ἀλλ' εἰσὶ μὲν ἐπὶ τὰ πληρώματα τῶν ὑδάτων οἱ ὀφθαλμοί, οἱ διὰ τῆς ἀκεραιότητός τε καὶ ἀκακίας ταῖς περισταραῖς ὡμοιωμένοι, λουτρὸν δὲ αὐτῶν εἶναι τὸ γάλα φησὶν οὕτως

---

[60] Der Terminus λήμη (Augenverkrustung) erinnert an ein alltägliches Phänomen, das jeder vom Aufwachen her kennt. GREGOR führt dieses Motiv hier ein, um einen Zusammenhang zwischen den „Augen" und dem „Wasser" in Cant 5,12a herzustellen.

[61] Auch hier ist der Fortschrittsgedanke wieder mit dem reflexiven *Genitivus comparationis* ausgedrückt; vgl. Anm. 26, oben 216, u.ö.

Wir werden indes belehrt, daß das Staunen über sie um einer Ähnlichkeit willen aufkommt, die einen Vergleich gestattet, da die Gegenüberstellung mit dem Besseren ihre Schönheit beschreibt. Es heißt nämlich: *Seine Augen sind wie Tauben* (Cant 5,12aα). Denn wirklich: Ein schönes Lob solcher „Augen" ist die Unschuld, die diejenigen Wirklichkeit werden lassen, die sich nicht mehr mit dem Leben, das dem Fleisch verhaftet ist, beflecken, sondern dem Geist leben und ihm folgen. Das geistbestimmte und immaterielle Leben nämlich wird durch die Gestalt der Taube gekennzeichnet, da doch der Heilige Geist sich selbst in dieser Gestalt von Johannes sehen ließ, als er aus dem Himmel auf das Wasser niederflog (vgl. Joh 1,32).

Es ziemt sich also, daß derjenige, der von Gott im Leib der Kirche an Stelle eines „Auges" eingesetzt wurde, sich mit „Wasser" all seine „Augenverkrustung"[60], die von der Bosheit herrührt, abspült, sofern er in Reinheit die Aufsicht führen, (alles) überschauen und beobachten wollte. Es gibt aber nicht nur *ein* „Wasser", das den Schmutz der „Augen" beseitigen könnte, sondern die „Unmengen solcher Wasser" seien viele, heißt es (in Cant 5,12a.c). Wie viele Tugenden es nämlich gibt, an so viele Quellen reinigender „Wasser" muß man denken, durch die die „Augen" immer noch reiner werden als zuvor[61]. Beispielsweise ist die Besonnenheit eine Quelle reinigenden „Wassers", andere solche Quellen sind die Demut, die Wahrheit, die Gerechtigkeit und die Tapferkeit, das Verlangen nach dem Guten und die Entfremdung vom Bösen. Diese und ähnliche „Wasser" stammen zwar aus *einer* Quelle, sie sammeln sich aber zu *einer* Menge unterschiedlicher Fluten, durch die den „Augen" die Mittel, die zur Reinigung von aller leidenschaftlichen „Augenverkrustung" dienen, zur Verfügung gestellt werden.

Die „Augen", die aufgrund ihrer Lauterkeit und Unschuld mit Tauben verglichen worden sind, befinden sich zwar an Unmengen von Wassern, ihr Bad aber sei die

εἰπόντος τοῦ λόγου ὅτι *λελουμέναι ἐν γάλακτι*. Πρέπων δὲ τοῖς τοιούτοις ὄμμασιν ἔπαινος τὸ τῷ γάλακτι τὴν τοιαύτην περιστερὰν λουομένην ἐνωραΐζεσθαι· ἀληθὴς γὰρ ἡ τοῦ γάλακτός ἐστι παρατήρησις ὅτι μόνον τῶν ὑγρῶν τοῦτο τοιαύτην ἔχει τὴν ἰδιότητα τὸ μὴ ἐμφαίνεσθαι αὐτῷ εἴδωλόν τινος καὶ ὁμοίωμα. Πάντα γὰρ ὅσα τῆς ὑγρᾶς ἐστι φύσεως καθ' ὁμοιότητα τῶν κατόπτρων διὰ τοῦ λείου τῆς ἐπιφανείας τῶν εἰς αὐτὰ βλεπόντων ἀντιφαίνεσθαι παρασκευάζει τὰ ὁμοιώματα, ἐν μόνῳ δὲ τῷ γάλακτι ἡ τοιαύτη εἰδωλοποιΐα χώραν οὐκ ἔχει. Οὗ χάριν τοιοῦτος τῶν τῆς ἐκκλησίας ὀφθαλμῶν ἐστιν ὁ τελεώτατος ἔπαινος τὸ μηδὲν ἀνυπόστατόν τε καὶ πεπλανημένον καὶ μάταιον παρὰ τὴν τῶν ὄντων ἀλήθειαν σκιαγραφεῖν ἐν ἑαυτοῖς δι' ἀπάτης ἀλλὰ τὸ ὄντως ὂν βλέπειν, τὰς δὲ ἠπατημένας τοῦ τῇδε βίου ὄψεις τε καὶ | φαντασίας μὴ παραδέχεσθαι. Διὰ τοῦτο πρὸς τὴν καθαρότητα | 397 τῶν ὀμμάτων ὑπὸ τῆς τελείας ψυχῆς τὸ τοῦ γάλακτος λουτρὸν ἀσφαλὲς ἐκρίθη.

Ὁ δὲ ἐφεξῆς λόγος νόμος ἐστὶ τοῖς ἐπαΐουσι περὶ ἃ χρὴ τοὺς ὀφθαλμοὺς τὴν σπουδὴν ἔχειν· *Καθήμεναι*, γάρ φησιν, *ἐπὶ πληρώματα ὑδάτων*. Τὴν γὰρ διηνεκῆ προσεδρείαν τῆς περὶ τὰ θεῖα μαθήματα προσοχῆς ὁ τοιοῦτος ὑποτίθεται λόγος, δι' ὧν ἐπαινεῖ τοὺς καθαροὺς ὀφθαλμοὺς καὶ ἡμᾶς διδάσκων, ὅπως ἂν τὸ ἴδιον κάλλος τῶν ὀφθαλμῶν ἀναλάβοιμεν ἀεὶ προσκαθήμενοι τοῖς τῶν ὑδάτων πληρώμασιν, ὡς οἵ γε πολλοὶ τῶν εἰς ὀφθαλμοὺς τεταγμένων καταλιπόντες τὸ τοῖς τοιούτοις πληρώμασι προσεδρεύειν τοῖς Βαβυλωνίοις ποταμοῖς παρακάθηνται πληροῦντες τὴν ἐκ προσώπου τοῦ

---

[62] Das Nomen προσεδρεία bedeutet wörtlich: „Dabei-Sitzen(bleiben)". GREGOR gebraucht das Wort, um den Bezug zu Cant 5,12c (καθή-

Milch, heißt es. Der Text formuliert es so: *gebadet in Milch* (Cant 5,12b). Es ist indes ein geziemendes Lob für derartige „Augen", daß eine solche „Taube" sich durch das Bad in der Milch schön macht. Wahr ist nämlich die Beobachtung, die man an der Milch machen kann, daß diese als einzige von (allen) Flüssigkeiten die besondere Eigenschaft hat, daß sich in ihr kein Abbild irgendeines Objekts oder ein Ebenbild zeigt. Alles nämlich, was von flüssiger Natur ist, verursacht — ähnlich wie die Spiegel — aufgrund seiner glatten Oberfläche, daß sich die Ebenbilder derer, die darauf schauen, widerspiegeln. Nur in der Milch kann eine solche Abbildung nicht stattfinden. Das vollkommenste Lob der „Augen" der Kirche ist darum von folgender Art: Nichts, was in sich keinen Bestand hat, was vorgetäuscht und nichtig ist, stellen sie im Widerspruch zur Wahrheit des Seienden umrißhaft in sich dar aufgrund eines Irrtums, sondern sehen das, was wirklich ist; die vorgetäuschten Erscheinungen und Einbildungen des Lebens hier aber nehmen sie nicht in sich auf. Deswegen wurde das Bad in der Milch von der vollkommenen Seele als sicheres Mittel für die Reinheit der „Augen" gewertet.

Der folgende Text aber ist ein Gesetz für die Zuhörer, das regelt, worum sich die „Augen" bemühen müssen: *Sitzend an Unmengen von Wassern* (Cant 5,12c), heißt es nämlich. Denn dieser Text rät zu stetigem Ausharren[62] im Achten auf die göttlichen Kenntnisse; dadurch lobt er die reinen „Augen" und lehrt dabei auch uns, daß wir die besondere Schönheit der „Augen" annehmen mögen, indem wir immerzu an den „Unmengen von Wassern" sitzen. Die Mehrzahl derer freilich, die zu „Augen" bestellt worden sind, hat das Ausharren an solchen (Wasser)mengen aufgegeben und sitzt an den babylonischen Flüssen. Sie erfüllen den Tatbestand der Anklage, die von seiten Got-

μεναι ἐπί ...) deutlich werden zu lassen.

θεοῦ γενομένην ἐπὶ τῶν τοιούτων κατηγορίαν· »Ἐμὲ ἐγκατέλιπον, πηγὴν ὕδατος ζῶντος, καὶ ὤρυξαν ἑαυτοῖς λάκκους συντετριμμένους, οἳ οὐ μὴ δύνωνται ὕδωρ συνέχειν.«

Μάθημα τοίνυν ἐστίν, ὅπως ἂν γένοιτο καλὸς ὀφθαλμός, ἐμπρέπων τε καὶ ἐναρμόζων τῇ χρυσῇ κεφαλῇ, τὸ εἶναι αὐτὸν ἀκέραιον μὲν κατὰ τὴν περιστεράν, ἀπλανῆ τε καὶ ἀνεξαπάτητον κατὰ τὴν τοῦ γάλακτος φύσιν, μηδεμιᾷ | πλάνῃ 398 τῶν ἀνυποστάτων φαντασιούμενον, προσκαθῆσθαι δὲ διὰ παραμονῆς καὶ προσεδρείας τοῖς πληρώμασι τῶν θείων ὑδάτων καθ' ὁμοιότητα τοῦ ξύλου τοῦ παρὰ τὰς διεξόδους τῶν ὑδάτων πεφυτευμένου καὶ μὴ μεθισταμένου· οὕτω γὰρ ὅ τε καρπὸς ἐπὶ τοῦ ἰδίου καιροῦ προβληθήσεται καὶ ὁ κλάδος ἀειθαλὴς φυλαχθήσεται τῇ εὐχροίᾳ τῶν φύλλων περισοβούμενος.

Νυνὶ δὲ πολλοὶ τῶν ὀφθαλμῶν τῶν πνευματικῶν τούτων ὑδάτων καταμελοῦντες καὶ τῆς τοῦ λόγου προσεδρείας μικρὰ φροντίζοντες ἤτοι τὸν τῆς φιλοχρηματίας ἑαυτοῖς λάκκον ὀρύσσουσιν ἢ τὴν κενοδοξίαν λατομοῦσιν ἢ τὴν ὑπερηφανίαν φρεωρυχοῦσιν ἢ ἄλλους τινὰς λάκκους ἀπάτης μετ' ἐπιμελείας ὀρύσσουσιν, οἳ συνέχειν εἰς τὸ διηνεκὲς τὸ σπουδαζόμενον αὐτοῖς ὕδωρ φύσιν οὐκ ἔχουσιν ἀεὶ τῆς ὧδε τιμῆς τε καὶ δυναστείας καὶ δόξης, περὶ ἣν ἐστιν ἡ σπουδὴ τοῖς πολλοῖς, ὁμοῦ τῷ συστῆναι διαρρεούσης καὶ οὐδὲν ἴχνος τῆς ματαίας σπουδῆς ἐν τοῖς ἠπατημένοις καταλειπούσης.

Τοιούτους εἶναι βούλεται τοὺς ὁρῶντάς τε καὶ ἐπισκοποῦντας ὁ λόγος ὧν χρὴ προβεβλῆσθαι μὲν οἷόν τινα ὀφρύων περιβολὴν τὴν τῶν θείων διδαγμάτων ἀσφάλειαν, ἐπικαλύ-

---

63 Die Formulierung ἐκ προσώπου τοῦ θεοῦ ist als Hinweis auf den „Sprecher“ des betreffenden Bibelverses zu verstehen.

64 GREGOR zeichnet hier ein sehr kritisches Bild der Bischöfe seiner Zeit. Die geistliche Aufgabe wird vernachlässigt, das Interesse an den Vorteilen, die das Amt mit sich bringt (Verfügungsgewalt über finanzielle Mittel, Prestige, kirchenpolitischer Einfluß), nimmt überhand. Die durch THEODOSIUS I. geschaffene Situation der Reichskirche scheint dieser Entwicklung Vorschub geleistet zu haben.

tes[63] solchen Leuten gegenüber erhoben wird: „Sie haben mich, die Quelle lebendigen Wassers, verlassen und sich selbst Zisternen voller Risse gegraben, die das Wasser bestimmt nicht halten können“ (Jer 2,13).

Man weiß demnach, auf welche Weise ein schönes „Auge“ entstehen könnte, das dem goldenen „Haupt“ (*sc.* Christus) gut ansteht und zu ihm paßt: (Dazu gehört,) daß es lauter ist nach Art der Taube, frei von Irrtum und Täuschung, der natürlichen Beschaffenheit der Milch entsprechend, weil es sich durch keinerlei Irrtum Einbildungen vorgaukeln läßt von Dingen, die in sich keinen Bestand haben, daß es mit Ausdauer und Beharrungsvermögen bei den Unmengen der göttlichen „Wasser“ sitzt, dem Baum ähnlich, der an Wasserläufen gepflanzt ist und seinen „Standort“ nicht wechselt. Auf diese Weise nämlich wird seine Frucht zu der ihr eigenen Zeit hervorgebracht werden, und sein Geäst wird durch die schöne Farbe der Blätter ewig frisch erhalten bleiben, ständig vom Wind bewegt (vgl. Ps 1,3).

Da nun aber viele „Augen“ diese geistlichen Wasser ganz vernachlässigen und wenig Sorge tragen um das Ausharren beim Logos, graben sie sich wahrlich die „Zisterne“ der Habsucht oder „behauen“ die (Steine der) eitlen Ruhmsucht, sind „Brunnengräber“ des Hochmuts oder graben eifrig irgendwelche anderen trügerischen „Zisternen“[64], die das Wasser, dem ihre Bemühungen gelten, von ihrer natürlichen Beschaffenheit her nicht für immer halten können, weil jeweils Ehre, Machtposition und Ruhm hier auf Erden, denen die Anstrengung der Menge gilt, zugleich mit ihrem Zustandekommen (auch schon wieder) zerfließen und keine Spur der vergeblichen Anstrengung in den Getäuschten zurücklassen.

Der Logos will indes, daß diejenigen, die sehen und die Aufsicht führen (sollen), von folgender Art seien: Die Zuverlässigkeit der göttlichen Lehren muß ihnen — gleichsam als eine Bedeckung mit Augenbrauen — zum einen als

πτεσθαι δὲ τῇ ταπεινοφροσύνῃ καθάπερ τινὶ βλεφάρων περιβολῇ τὸ καθαρόν τε καὶ στίλβον τῆς πολιτείας, μή ποτε ἡ τῆς οἰήσεως δοκὸς ἐμπεσοῦσα τῷ καθαρῷ τῆς κόρης ἐμποδὼν γένηται πρὸς τὴν ὅρασιν.

Τίς δὲ μετὰ τοὺς ὀφθαλμοὺς | τῶν μελῶν τοῦ νυμφίου ἐστὶν |399
ὁ ἔπαινος, ἐν τοῖς ἐφεξῆς θεοῦ διδόντος ἐπελευσόμεθα χάριτι τοῦ κυρίου ἡμῶν Ἰησοῦ Χριστοῦ, ᾧ ἡ δόξα εἰς τοὺς αἰῶνας. Ἀμήν.

---

[65] Durch den Hinweis auf Mt 7,3; Lk 6,41 im Testimonienapparat gibt LANGERBECK, GNO 6, 398, zu erkennen, daß er das Nomen δοκός in der Bedeutung „Balken" versteht; δόκος (oder δοκός) kann nach PAPE, *Handwörterbuch* 1, 654, aber auch als Synonym zu δόκησις (Meinung/Schein) aufgefaßt werden; vgl. die Übersetzung bei DÜNZL, *Braut*

Schutzwehr dienen; zum anderen müssen die Reinheit und der Glanz ihres Lebenswandels mit der Demut — wie mit Augenlidern bedeckt — verhüllt werden, damit niemals der „Balken"[65] (vgl. Mt 7,3; Lk 6,41) des (bloßen) Meinens in ihre reine Pupille falle und so das Sehen behindere.

Worin aber das Lob der Glieder des Bräutigams im Anschluß an die Augen besteht, dazu werden wir, wenn Gott es ermöglicht, im folgenden kommen durch die Gnade unseres Herrn Jesus Christus, dem Ehre sei in Ewigkeit. Amen.

---

193. Da der Gebrauch des Terminus in der Bedeutung „Balken" bei GREGOR durch die Auslegung zu Cant 1,17 belegt ist, ist dieser Bedeutung wohl auch hier der Vorzug zu geben; ein beabsichtigtes Wortspiel kann jedoch nicht ausgeschlossen werden.

Λογος ιδ′

5,13 *Σιαγόνες αὐτοῦ ὡς φιάλαι τοῦ ἀρώματος φύουσαι*
μυρεψικά·
χείλη αὐτοῦ κρίνα στάζοντα σμύρναν πλήρη.
5,14 *Χεῖρες αὐτοῦ τορευταί, χρυσαῖ, πεπληρωμέναι, θαρ-*
σεῖς·
κοιλία αὐτοῦ πυξίον ἐλεφάντινον ἐπὶ λίθου σαπφεί-
ρου.
5,15 *Κνῆμαι αὐτοῦ στῦλοι μαρμάρινοι*
τεθεμελιωμένοι ἐπὶ βάσεις χρυσᾶς·
εἶδος αὐτοῦ ὡς Λίβανος ἐκλεκτός, ὡς κέδροι.
5,16 *Φάρυγξ αὐτοῦ γλυκασμὸς καὶ ὅλος ἐπιθυμία.*
Οὗτος ἀδελφιδός μου
καὶ οὗτος πλησίον μου, θυγατέρες Ἰερουσαλήμ.

---

[1] Der Sinn des hebräischen Textes, der die Wangen des Geliebten mit Balsambeeten vergleicht, ist in der LXX entstellt.

[2] Vgl. hierzu Anm. 4, oben 614.

[3] Die deutsche Übersetzung orientiert sich am Verständnis GREGORS; siehe die Auslegung zu Cant 5,14a, unten 727–735.

[4] Bei der Wendung ἐπὶ λίθου handelt es sich um eine Fehlübersetzung aus dem Hebräischen. Dort ist die „elfenbeinerne Tafel“, mit der der Leib des Geliebten verglichen wird, mit Edelsteinen „bedeckt“.

5,13 *Seine Kinnbacken sind wie Schalen von Aroma, die hervorbringen, was zur Herstellung von Salbölen dient*[1];
seine Lippen sind Lilien, die reichlich bemessene[2] *Myrrhe tropfen lassen.*
5,14 *Seine Hände sind kunstvoll bearbeitet, golden, gefüllt, Tarschischsteine*[3];
sein Bauch ist eine elfenbeinerne Tafel bei einem Saphirstein[4].
5,15 *Seine Beine sind marmorne Säulen,*
gegründet auf goldene Sockel;
seine Gestalt ist wie der auserwählte[5] *Libanon, wie Zedern.*
5,16 *Seine Kehle ist Süßigkeit, und er ist ganz und gar Verlangen*[6].
Dieser ist mein Brudersohn[7]
und dieser mein Nächster[8], *Töchter Jerusalems.*

---

[5] In der LXX-Fassung des Verses ist das Adjektiv ἐκλεκτός wegen seiner maskulinen Form auf den Libanon bezogen. Anders im Urtext: Dort wird von der Gestalt des Geliebten gesagt, sie sei „erlesen wie Zedern".
[6] Auch diese Übertragung ist nicht recht gelungen. Das hebräische Äquivalent bedeutet „Begehrens*wertes*/Kostbarkeiten".
[7] Zu der Bezeichnung des Geliebten als ἀδελφιδός siehe Anm. 5, oben 201.
[8] Während πλησίον μου im Canticum sonst regelmäßig die Geliebte meint (siehe dazu Anm. 1, oben 200), dient es hier ausnahmsweise als Umschreibung für den Mann. Noch einmal anders ist die Wendung οἱ πλησίον μου in Cant 5,1e, oben 540, gebraucht.

῾Ο τῷ ἀδόλῳ γάλακτι τρέφων τὸ νηπιάζον ἔτι τῆς πνευματικῆς ἡλικίας, τροφός, καθώς φησιν αὐτὸς ὁ ἀπόστολος, τῶν ἀρτιγενῶν ἐν τῇ ἐκκλησίᾳ γινόμενος, ταμιεύεται τὸν τῆς σοφίας ἄρτον τοῖς τελειωθεῖσι κατὰ τὸν ἔσω ἄνθρωπον εἰπών· »Σοφίαν δὲ λαλοῦμεν ἐν τοῖς τελείοις«, οἳ διὰ τὴν |400 τῶν ἀγαθῶν διδαγμάτων ἕξιν γεγυμνασμένα ἔχοντες τὰ τῆς ψυχῆς αἰσθητήρια τοῦ ἄρτου τῆς σοφίας εὐπαράδεκτοι γίνονται τῆς λεπτοποιούσης ἐν τοῖς ὀδοῦσι τῶν λογισμῶν σιαγόνος εἰς τροφὴν προσδεόμενοι.

Χρὴ τοίνυν εἶναι καὶ σιαγόνας ἐν τῷ σώματι τοῦ Χριστοῦ τοῖς μηκέτι προσανέχουσι τῇ θηλῇ τοῦ λόγου ἀλλ᾽ ἤδη τῆς στερροτέρας ἐφιεμένοις τροφῆς, περὶ ὧν νῦν ποιεῖται τὸν λόγον ἡ νύμφη λέγουσα οὕτως· *Σιαγόνες αὐτοῦ ὡς φιάλαι τοῦ ἀρώματος φύουσαι μυρεψικά.*

Τὸ μὲν οὖν ἀκολούθως ἔχειν τὸν περὶ τῶν σιαγόνων λόγον τοῖς περὶ τῶν ὀφθαλμῶν θεωρηθεῖσι παντὶ δῆλον ἂν εἴη τῷ συνετῶς ἐπαΐοντι· διὰ τοῦτο γὰρ χρὴ τὸν ὀφθαλμὸν τῷ πληρώματι τῶν πνευματικῶν ὑδάτων προσεδρεύοντα τῷ ἀπλανεῖ τε καὶ ἀδόλῳ λούεσθαι γάλακτι τῇ ἀκάκῳ περιστερᾷ ὁμοιούμενον, ἵνα κοινωνοὺς ποιήσῃ τῶν ἰδίων ἀγαθῶν πάντας τοὺς εἰς τὸ σῶμα συντελοῦντας τῆς ἐκκλησίας. Οὗ χάριν καὶ ὁ μέγας ᾽Ησαΐας τὸν ἐπὶ τὸ ὄρος τὸ ὑψηλὸν ἀναβάντα

---

[9] Man kann diskutieren, ob der folgende Absatz, der im griechischen Text aus einem Satz besteht, als Proömium zu *hom.* 14 zu betrachten ist. GREGOR setzt auch diesmal nicht unmittelbar mit dem Canticum-Text ein, sondern leitet mit einer Reihe von Anspielungen auf neutestamentliche Aussagen dazu hin (vergleichbar ist etwa das Proömium zu *hom.* 13). Dennoch unterscheidet sich dieser „Einstiegsgedanke“ durch seine Kürze von allen anderen Proömien. Zu bedenken ist auch, daß der Lesungstext von *hom.* 14 nahtlos die Perikope fortsetzt, die in *hom.* 13 ausgelegt worden war; vgl. Anm. 40, oben 686, sowie den Ausblick am Ende der Homilie. Aus diesen Gründen ist es m.E. angemessen, den Einstiegsgedanken von *hom.* 14 nicht als gesondertes Proömium vom Auslegungsteil der Predigt abzusetzen. Damit erweist sich die Gattung Homilie einmal mehr als *Ideal*form, die in der Praxis sehr flexibel verwirklicht werden konnte. Ein weiteres Beispiel dafür liefert die überlange Einführung in *hom.* 1.

Er[9] (*sc.* Paulus), der mit der „unverfälschten Milch“ (vgl. 1 Petr 2,2) das noch kindliche Stadium des geistlichen Lebensalters nährt, weil er, wie der Apostel selbst sagt, zur „Amme“ (vgl. 1 Thess 2,7) der „Neugeborenen“ in der Kirche wird, spart das „Brot“ der Weisheit denen auf, die in Hinsicht auf den „inneren Menschen“ (vgl. Eph 3,16) vollkommen geworden sind, da er sagt: „(Worte der) Weisheit sprechen wir unter den Vollkommenen“ (1 Kor 2,6); um des Besitztums der guten Lehren willen halten diese die Sinne ihrer Seele in Übung (vgl. Hebr 5,14) und werden fähig, das „Brot“ der Weisheit leicht aufzunehmen. Sie bedürfen zur Ernährung aber noch der „Kinnlade“, die das „Brot“ zwischen den „Zähnen“ der Überlegungen zerkleinert.

Es muß demnach im Leib Christi auch „Kinnbacken“ geben für diejenigen, deren Interesse nicht mehr der „Mutterbrust“ des Logos gilt, die vielmehr schon nach festerer Nahrung trachten. Von ihnen spricht die Braut nun mit folgenden Worten: *Seine Kinnbacken sind wie Schalen von Aroma, die hervorbringen, was zur Herstellung von Salbölen dient* (Cant 5,13a).

Daß der Text, der von den Kinnbacken handelt, die Konsequenz aus den Betrachtungen über die „Augen“ darstellt, dürfte jedem, der verständig zuhört, deutlich sein. *Darum* nämlich muß das „Auge“ an der Fülle der geistlichen „Wasser“ sitzen und sich mit der „Milch“ waschen, die keinen Irrtum und keine Verfälschung kennt, und wird dabei mit der unschuldigen Taube verglichen (vgl. Cant 5,12)[10], damit es alle, die zum Leib der Kirche dazugehören, an den eigenen Gütern teilhaben läßt. Deshalb ermunterte auch der große Jesaja (in Jes 40,9–12) den, der aufgrund seines Lebenswandels auf den hohen „Berg“

---

[10] GREGOR knüpft an die Auslegung des vorhergehenden Canticum-Verses in der letzten Homilie an.

διὰ τῆς πολιτείας βοᾶν διακελεύεται λαμπρᾷ τῇ φωνῇ, ὥστε
γνῶναι δι' αὐτοῦ τοὺς ἀκούοντας τὸν μετὰ ἰσχύος ἐρχόμενον
κύριον καὶ τὸν ἐξουσιάζοντα τῶν ὄντων βραχίονα, τὸν ποι-
μαίνοντα τὸ ποίμνιον καὶ τοὺς ἄρνας συνάγοντα καὶ τὰς
καλῶς διὰ τῶν ἀγαθῶν ἐλπίδων κυοφορού|σας παρακαλοῦν- | 401
τα, τὸν διειληφότα τὸν οὐρανὸν σπιθαμῇ καὶ πᾶσαν τὴν γῆν
δρακὶ περισφίγγοντα, καὶ ὅσα ἄλλα πρὸς τούτοις ἡ προφη-
τεία φησὶ δεῖν παρὰ τοῦ τῆς ἀκρωρείας ἐπιβεβηκότος κηρύσ-
σεσθαι. Εἰ τοίνυν ἐπὶ τούτῳ γίνεται τοῖς ὀφθαλμοῖς ἡ ἐκ τῶν
ὑδάτων τε καὶ τοῦ γάλακτος δύναμις πρὸς τὴν τῆς ἀληθείας
ἐπίγνωσιν, ἀκολούθως ἐπαινοῦνται μετ' ἐκείνους αἱ σιαγό-
νες, ὧν ἔργον ἐστὶ τὸ λεπτοποιεῖν τὴν τροφὴν δι' ἧς ἡ τοῦ
σώματος συντηρεῖται φύσις καὶ δύναμις.

Ἴδωμεν τοίνυν ἐν τίνι τῶν σιαγόνων ἔστιν ὁ ἔπαινος.
Αὐτῆς ἀκούσωμεν τῆς νύμφης οἷα περὶ αὐτῶν διεξέρχεται·
Σιαγόνες αὐτοῦ, φησίν, *ὡς φιάλαι τοῦ ἀρώματος φύουσαι
μυρεψικά*. Εἰ τὸ διηπλωμένον τῶν ἐκπωμάτων εἶδος ὁ λόγος
σημαίνει τῷ τῆς φιάλης ὀνόματι, ἐν ᾧ κλέπτεται διὰ τῆς
κατασκευῆς ἡ κοιλότης οὔτε ἄγαν βαθυνομένου τοῦ σχήμα-
τος οὔτε δι' εὐθείας ἐξυπτιάζοντος, ὡς μήτε κοῖλον ἀκριβῶς
εἶναι δοκεῖν μήτε ἐπίπεδον, εἰ τοίνυν τὸ τοιοῦτον εἶδος ὑπο-
δείκνυσι διὰ τῆς φιάλης ἡ νύμφη, ἴδιον ἂν ἔχοι λόγον ἐκ τοῦ
σχήματος τούτου τῶν σιαγόνων ὁ ἔπαινος. Εἴποι γὰρ ἄν τις
τὸ ἁπλοῦν τε καὶ διηπλωμένον καὶ ἄδολον τῆς διδασκαλίας
ἐπαινέσαι τὸν λόγον βουλόμενον μνήμην τῆς φιάλης ποιή-
σασθαι, ἐν ᾗ τὸ ἀπηγορευμένον ὑπὸ τοῦ προφήτου | βάθος | 402
συστῆναι οὐ δύναται τοῦ εἰπόντος· »Ῥυσθείην ἐκ τῶν μι-
σούντων με καὶ ἐκ τῶν βαθέων τῶν ὑδάτων.«

---

[11] Das Nomen βάθος läßt sich hier nicht mit „Tiefe" übersetzen, weil für unser Empfinden die Tiefe einer Lehre einen Vorzug darstellt. Ich wähle das Wort „Untiefe", das sich auch im folgenden Psalmvers verwenden läßt. Gemeint ist die „Abgründigkeit" einer Lehre, die den, der ihr nichtsahnend folgt, plötzlich „einbrechen" läßt.

aufstieg, mit heller Stimme zu rufen; die Hörer sollten durch ihn (*sc.* den Rufer) den Herrn erkennen, der mit Macht kommt, und den Arm, der Vollmacht über das Seiende ausübt, den, der die Herde weidet und die Lämmer zusammenführt und die (Schafe) herbeiruft, die mit ihren guten Hoffnungen so schön trächtig sind, den, der den Himmel mit der Spanne seiner Hand umfaßt und die Erde mit seiner Faust umschließt, und was dazu nach Auskunft der Prophetie sonst noch alles verkündet werden muß von dem, der die Bergspitze erklommen hat. Wenn also den „Augen" die von den Wassern und der Milch herrührende Befähigung zur Erkenntnis der Wahrheit zu dem genannten Zweck zuteil wird, werden folgerichtig nach jenen (*sc.* den „Augen") die „Kinnbacken" gelobt, deren Aufgabe es ist, die Nahrung zu zerkleinern, durch die Natur und Kraft des Leibes bewahrt werden.

Laßt uns also sehen, worin das Lob der Kinnbacken besteht. Laßt uns von der Braut selbst hören, was sie dazu ausführt: *Seine Kinnbacken*, sagt sie, *sind wie Schalen von Aroma, die hervorbringen, was zur Herstellung von Salbölen dient* (Cant 5,13a). Falls der Text mit dem Begriff „Schale" jene Art von Trinkgefäßen bezeichnet, die sich weit öffnet und über deren Hohlmaß man aufgrund ihrer Anfertigung im unklaren gelassen wird, da ihre Form sich weder allzusehr vertieft noch steil emporragt, so daß sie weder in strengem Sinn bauchig noch flach zu sein scheint — wenn also die Braut mit der „Schale" auf eine solche Art (von Trinkgefäßen) hindeutet, dürfte das Lob der Kinnbacken von dieser Form her seine besondere Bedeutung beziehen. Man könnte nämlich sagen, der Text erwähne die Schale deshalb, weil er die Schlichtheit, Offenheit und Unverfälschtheit der Lehre loben wolle; die Untiefe[11], die von dem Propheten negativ bestimmt wurde, der sagte: „Ich möge gerettet werden aus der Hand derer, die mich hassen, und aus den Untiefen der Wasser" (vgl. Ps 68,15b LXX), kann es in ihr (*sc.* der Lehre) nicht geben.

Τὴν οὖν ἐν ἁπλότητι φανερουμένην ἀλήθειαν δίχα τινὸς δολερᾶς κοιλότητός φαμεν διὰ τοῦ ὀνόματος τῆς φιάλης σημαίνεσθαι, ἧς ὕλη μέν ἐστι τὸ ἄρωμα, ἔργον δὲ τὸ φύειν μυρεψικά. *Σιαγόνες* γὰρ *αὐτοῦ ὡς φιάλαι τοῦ ἀρώματος*, οὐκ ἐξ ἀργύρου γενόμεναι ἢ χρυσοῦ ἢ ὑέλου ἤ τινος ἑτέρας ὕλης τοιαύτης, ἀλλ᾽ αὐτοῦ τοῦ ἀρώματος, ταῦτα ἐξ ἑαυτῶν φύουσαι, δι᾽ ὧν τὰ μύρα κατασκευάζεται.

Σαφὴς δὲ πάντως διὰ τῶν εἰρημένων ἐστὶν ἡ τοῖς ῥητοῖς τούτοις ἐνθεωρουμένη διάνοια ὅτι τῶν καθαρῶν τῆς ἐκκλησίας ὀμμάτων ἔστι τοιαύτην παρασκευάζειν τῷ σώματι τὴν τροφὴν τῇ λεαντικῇ τῶν σιαγόνων δυνάμει ὡς μηδὲν βαθύ τε καὶ ὕπουλον ἐν τοῖς λεγομένοις ὁρᾶσθαι, ἀλλ᾽ εἶναι πάντα τηλαυγῆ τε καὶ ἐλεύθερα καὶ πάσης δολερᾶς ἐπικρύψεως καὶ βαθύτητος κεχωρισμένα, ὡς καὶ νηπίοις εἶναι κατάδηλα, καθώς φησιν ὁ προφήτης ὅτι ἡ μαρτυρία κυρίου πιστή, σοφίζουσα νήπια, καὶ ἡ ἐντολὴ κυρίου τηλαυγής, φωτίζουσα ὀφθαλμούς. Εἰ γὰρ τοιαῦται εἶεν αἱ φιάλαι τοῦ λόγου, οὐκ ἐκ τῆς γηΐνης ὕλης δηλονότι συστήσονται, ἀλλ᾽ ἐκ τοῦ ἀρώματος αὐτοῖς ἔσται ἡ φύσις, ἐκείνου λέγω τοῦ ἀρώματος ὃ ὑπὲρ πάντα τὰ ἀρώματά φησιν εἶναι ἡ νύμφη ἐν τοῖς προοιμίοις τοῦ Ἄισματος.

Τοιαύτη φιάλη ὁ Παῦλος ἦν, ὁ μὴ ἐν πανουργίᾳ τὸν λόγον
| δολῶν ἀλλὰ τῇ φανερώσει τῆς ἀληθείας ἑαυτὸν συνιστά- | 403
νων. Οὗ ἡ ὕλη τὸ ἐκ γῆς εἶναι ἀπέθετο, ἀφ᾽ οὗ διὰ τοῦ

---

[12] GREGOR versteht den mehrdeutigen Genitiv τοῦ ἀρώματος in Cant 5,13a als *Genitivus materiae*.

[13] Zur Erinnerung: In *hom.* 13 deutete GREGOR die in Cant 5,12 gepriesenen „Augen“ auf die Bischöfe, deren Amtstitel er freilich vermied; vgl. Anm. 59, oben 702f.

[14] M.E. ist hier an die Verkündigung, an die Lehre gedacht, um die es GREGOR in dieser Passage geht, und nicht an den Logos (gegen MCCAMBLEY und MORESCHINI). Im folgenden Abschnitt heißt es entsprechend

Wir behaupten also, daß mit dem Begriff „Schale" die Wahrheit bezeichnet wird, die sich in Schlichtheit offenbart und kein trügerisches „Hohlsein" kennt. Ihr Material ist das Aroma[12], und ihre Aufgabe ist es hervorzubringen, was zur Herstellung von Salbölen dient. Denn *seine Kinnbacken sind wie Schalen von Aroma* (Cant 5,13aα) — sie sind nicht aus Silber, Gold, Glas oder irgendeinem anderen Material dieser Art gemacht, sondern schlichtweg aus Aroma. Aus sich selbst bringen sie das hervor, womit man Salböle herstellt.

Aufgrund des Gesagten ist jedenfalls der Sinn, den man in diesen Worten betrachten kann, klar: Sache der reinen „Augen"[13] der Kirche ist es, durch die zermalmende Kraft der „Kinnbacken" eine solche Art von Nahrung für den Leib herzustellen, daß nichts Abgründiges und Heimtückisches in dem, was gesagt wird, zu sehen ist, sondern alles weithin strahlt, freimütig und von aller trügerischen Heimlichtuerei und Untiefe geschieden ist. Dann ist auch den Unmündigen klar, daß das Zeugnis des Herrn, wie der Prophet sagt, zuverlässig ist, da es Unmündige weise macht (vgl. Ps 18,8b LXX), und das Gebot des Herrn weithin strahlt, da es die Augen erleuchtet (vgl. Ps 18,9b LXX). Wenn nämlich die Schalen des Wortes[14] von solcher Art sein wollten, werden sie nicht aus irdenem Stoff bestehen, versteht sich, sondern ihre Natur wird aus Aroma (geschaffen) sein — (aus) jenem Aroma, meine ich, von dem die Braut in den Proömien des Liedes sagt, es sei besser als alle Aromata (vgl. Cant 1,3a).

Eine solche „Schale" war Paulus, der das Wort nicht voll Tücke verfälschte, sondern sich durch das Offenbaren der Wahrheit empfahl (vgl. 2Kor 4,2). Seine „Materie" legte ihre Herkunft von der Erde ab seit dem Zeitpunkt, da er

von Paulus, er habe das Wort (τὸν λόγον) nicht verfälscht und sei selbst zu einer „Schale" geworden, mit der man den „Wein" des Wortes einschenkt.

βαπτισμοῦ τὰς λεπίδας τῶν ὀφθαλμῶν τῇ σαρκὶ συναπέβαλεν, ἀλλ' ἐκ τοῦ εὐπνοοῦντος ἀρώματος ἀνεσκευάσθη τοῦ ἁγίου πνεύματος τέκνον γενόμενος· ὃς ἐπειδὴ διὰ τῆς τοιαύτης χαλκείας ἐκλογῆς σκεῦος κατεσκευάσθη, πρὸς τὴν οἰνοχοΐαν τοῦ λόγου φιάλη γενόμενος οὐκέτι χρείαν ἔσχεν ἀνθρώπου τὴν γνῶσιν αὐτῷ τῶν μυστηρίων ἐγχέοντος· οὐ γὰρ προσανέθετο σαρκὶ καὶ αἵματι, ἀλλ' αὐτὸς ἔφυεν ἐν ἑαυτῷ καὶ ἀνέβρυε τὸ θεῖον ποτὸν διὰ τῆς τοῦ Χριστοῦ εὐωδίας τὰ ποικίλα τῶν ἀρετῶν ἄνθη μυρεψῶν τοῖς ἀκούουσιν, ὥστε κατὰ τὰς διαφοράς τε καὶ ἰδιότητας τῶν δεχομένων τὸν λόγον κατάλληλον εὑρίσκεσθαι πρὸς τὴν τοῦ ζητοῦντος χρείαν τὸ ἄρωμα τοῖς Ἰουδαίοις, τοῖς Ἕλλησι, ταῖς γυναιξί, τοῖς ἀνδράσι, τοῖς δεσπόταις, τοῖς δούλοις, τοῖς γονεῦσι, τοῖς τέκνοις, τοῖς ἀνόμοις, τοῖς ὑπὸ νόμον. Οὕτως αὐτῷ πολυειδὴς ἦν διὰ πάσης ἀρετῆς κεκραμένη τῆς διδασκαλίας ἡ χάρις, διὰ τῶν ποικίλων διδαγμάτων καταλλήλως τῇ ἑκάστου χρείᾳ μυρεψούσης τῆς φιάλης τοῖς δεχομένοις τὸν λόγον. Τὰς οὖν τοιαύτας ἐπαινεῖ σιαγόνας ἡ τὸ τοῦ σώματος τοῦ νυμφίου κάλλος διαζωγραφοῦσα τῷ λόγῳ.

Καὶ ὅτι πρὸς τοῦτο βλέπει τῶν σιαγόνων ὁ ἔπαινος, ὁ ἐφεξῆς λόγος διὰ τῆς ἀκολουθίας μαρτύρεται· ἐπαινεῖται γὰρ μετὰ τὰς σιαγόνας τὰ χείλη δι' ὧν ὁ ἀρωματίζων | λόγος | 404

---

[15] Der Sinn dieser seltsamen Aussage klärt sich, wenn man Apg 9,18 zu Rate zieht: Dem erblindeten Saulus fällt es in Damaskus „wie Schuppen von den Augen" (ἀπέπεσαν αὐτοῦ ἀπὸ τῶν ὀφθαλμῶν ὡς λεπίδες), als ihm Hananias die Hände auflegt (das geschieht dort allerdings noch vor der Taufe). GREGOR verändert die Redensart, weil er zum Ausdruck bringen will, daß Paulus bei seiner Taufe die irdisch-animalische Ausrichtung seiner Existenz (das „Fleisch") ablegte, als deren Sinnbild er die „Schuppen" aufzufassen scheint.

[16] An diesem Beispiel läßt sich demonstrieren, wie GREGOR die Bibel aus der Bibel erklärt: Die *Schalen* aus Cant 5,13a deutet er auf das „*Gefäß* der Erwählung" in Apg 9,15, das *Aroma* wiederum bezieht er auf 2 Kor 2,15, den „*Wohlgeruch* Christi". Die Exegese läßt sich von

durch die Taufe zusammen mit dem Fleisch die Schuppen von den Augen nahm[15]; (damals) wurde er jedoch aus wohlriechendem Aroma wiederhergestellt, weil er ein Kind des Heiligen Geistes geworden war. Nachdem er durch entsprechende „Schmiedekunst" zu einem „Gefäß der Erwählung" (vgl. Apg 9,15) gemacht worden war, wurde er zu einer „Schale", die dazu dient, den „Wein" des Wortes einzuschenken, und brauchte danach keinen Menschen mehr, der ihm die Erkenntnis der Mysterien hätte „einschenken" müssen. Denn er beriet sich nicht mit Fleisch und Blut (vgl. Gal 1,16); vielmehr brachte er selbst den göttlichen Trank durch „Christi Wohlgeruch" (vgl. 2 Kor 2,15) in sich hervor und ließ ihn sprudeln, indem er die bunten „Blumen" der Tugenden für seine Hörer zu Salbölen verarbeitete[16]. In der Folge stellte sich heraus, daß das Aroma je nach den Unterschieden und Eigenheiten derer, die das Wort aufnahmen, dem Bedarf dessen entsprach, der auf der Suche war — (das galt für) Juden und Griechen, Frauen und Männer, Herren und Knechte, Eltern und Kinder, (für) Gesetzlose und die, die unter dem Gesetz standen. So vielgestaltig mischte sich bei ihm (*sc.* Paulus) die Gnade der Lehre aus jeder Tugend, da die „Schale" aus den vielfältigen Lehren dem Bedarf eines jeden entsprechend „Salböle" herstellte für die, die das Wort aufnahmen. Solche „Kinnbacken" also lobt die Braut, die in ihrer Rede die Leibes-Schönheit des Bräutigams umfassend schildert.

Daß das Lob der „Kinnbacken" darauf zielt, bezeugt auch der nächste Satz durch seine Folgerichtigkeit[17]. Nach den Kinnbacken werden (dort) nämlich die Lippen gelobt, zwischen denen das Wort hervorgeht, das nach Aroma

---

Stichwort-Assoziationen leiten und räumt dem Neuen Testament hermeneutische Priorität vor dem Alten Testament ein.

[17] Zum Begriff ἀκολουθία siehe Anm. 8, oben 162, und Anm. 21, oben 314.

προέρχεται. Οὕτω δὲ ὁ ἔπαινος ἔχει· *Χείλη αὐτοῦ κρίνα στάζοντα σμύρναν πλήρη.*

Δύο κατὰ ταὐτὸν ἀρετὰς μαρτυρεῖ τῷ λόγῳ διὰ τοῦ διπλοῦ ὑποδείγματος, ὧν ἓν μέν ἐστιν ἡ ἀλήθεια λαμπρά τε καὶ φωτοειδὴς ἐν τοῖς λεγομένοις θεωρουμένη (τοιοῦτον γὰρ τοῦ κρίνου τὸ εἶδος, οὗ ἡ λαμπρότης αἴνιγμα τῆς τῶν λεγομένων καθαρότητός τε καὶ ἀληθείας ἐστίν), ἕτερον δὲ τὸ μόνην τὴν νοητήν τε καὶ ἄϋλον ζωὴν ὑπὸ τῆς διδασκαλίας προδείκνυσθαι, διὰ τῆς τῶν νοητῶν θεωρίας ἀπονεκρουμένης τῆς κάτω ζωῆς τῆς διὰ σαρκός τε καὶ αἵματος ἐνεργουμένης. Ἡ γὰρ ἀπορρέουσα τοῦ στόματος σμύρνα καὶ πλήρη ποιοῦσα ἑαυτῆς τὴν τοῦ δεχομένου ψυχὴν τῆς τοῦ σώματος νεκρώσεως ἔμφασις γίνεται· πολλαχῇ γὰρ τὸ τοιοῦτον ἐν τῇ καταχρήσει τῶν θεοπνεύστων λόγων παρατετήρηται τὸ τοῦ θανάτου σημαντικὸν εἶναι τῆς σμύρνης τὸ ὄνομα.

Ὁ τοίνυν τέλειος καὶ καθαρὸς ὀφθαλμός, ὁ τὴν σιαγόνα φιάλην ποιῶν τὴν τὰ μύρα ἐξ ἑαυτῆς φύουσάν τε καὶ πηγάζουσαν οὗτος ἀνθεῖ τὰ κρίνα τῶν λόγων διὰ τοῦ στόματος τῶν τῇ θείᾳ κεκαλλωπισμένων λαμπρότητι· οὕτω γὰρ τοὺς καθαρούς τε καὶ δι' ἀρετῆς εὐπνοοῦντας ὀνομάζει ὁ λόγος, ἀφ' ὧν γίνεται ἡ τῆς σμύρνης σταγὼν ἀνελλιπῶς πληροῦσα τὴν τῶν δεχομένων διάνοιαν, ὅπερ ἐστὶν ἡ τῆς ὑλικῆς ζωῆς ὑπεροψία πάντων τῶν τῇδε σπουδαζομένων διὰ τὴν τῶν ὑπερκειμένων ἀγαθῶν ἐπιθυμίαν ἀνενεργήτων τε καὶ νεκρῶν γινομένων.

Τοιαύτην ὁ Παῦλός ποτε σμύρναν προέχει τοῦ στό- 405
ματος μεμιγμένην τῷ καθαρῷ κρίνῳ τῆς σωφροσύνης ἐν

---

[18] Es geht weiterhin (siehe Anm. 14, oben 718f) um das Wort, das die „Augen" der Kirche (die Bischöfe) verkündigen, nicht um den Logos (gegen CANÉVET/DANIÉLOU).

[19] Dies ist eine der wenigen Stellen der *Canticum-Homilien*, an denen

duftet. Das Lob lautet folgendermaßen: *Seine Lippen sind Lilien, die reichlich bemessene Myrrhe tropfen lassen* (Cant 5,13b).

Zwei Tugenden auf einmal bestätigt es dem Wort[18] (*sc.* der Lehre) mit diesem doppelten Bild: Das eine davon stellt die Wahrheit dar, die in dem, was gesagt wird, glanzvoll und licht zu schauen ist — von solcher Art ist nämlich das Aussehen der Lilie, deren Glanz ein Symbol für die Reinheit und Wahrheit des Gesagten ist. — Das andere bedeutet, daß nur das geistig-immaterielle Leben von der Lehre als Vorbild gezeigt wird, während das tieferstehende Leben, das sich auf der Ebene von Fleisch und Blut abspielt, durch die Betrachtung geistiger Dinge abgetötet wird. Denn die Myrrhe, die vom Mund abfließt und die Seele dessen, der sie aufnimmt, mit sich erfüllt, bringt das Abtöten des Leibes zum Ausdruck. Vielfach nämlich läßt sich dies am uneigentlichen Sprachgebrauch[19] der göttlich inspirierten Worte beobachten, daß der Begriff „Myrrhe" zur Bezeichnung des Todes dient.

Das vollkommene und reine „Auge" also, das seine „Kinnlade" zu einer Schale macht, die die „Salböle" aus sich hervorbringt und sie wie aus einer Quelle fließen läßt, das läßt nun die „Lilien" der Worte aus dem Mund derer hervorblühen, die mit dem göttlichen Glanz geschmückt sind. So nämlich nennt der Text diejenigen, die rein sind und aufgrund ihrer Tugend duften. Von ihnen geht der „Tropfen der Myrrhe" aus, der das Denken derer, die ihn aufnehmen, ohne Unterlaß erfüllt. Es handelt sich dabei um die Verachtung des materiellen Lebens, wobei alles, worum man sich hier bemüht, wegen des Verlangens nach den höheren Gütern wirkungslos und tot wird.

Paulus goß einst solche „Myrrhe", vermischt mit der reinen „Lilie" der Besonnenheit, aus seinem Mund in die

---

GREGOR auf eine konkrete Stilfigur (in diesem Fall die *Katachrese*) hinweist.

ἀκοαῖς τῆς ἁγίας παρθένου (Θέκλα δὲ ἦν ἡ παρθένος), ἣ καλῶς τῇ ψυχῇ τὰς ἀπορρεούσας τοῦ κρίνου σταγόνας ἐν ἑαυτῇ δεξαμένη θανάτῳ διαλαμβάνει τὸν ἔξωθεν ἄνθρωπον πᾶσαν σαρκώδη διάνοιάν τε καὶ ἐπιθυμίαν ἑαυτῆς ἀποσβέσασα. Ἧς μετὰ τὴν ἀγαθὴν διδασκαλίαν νεκρὰ μὲν ἦν ἡ νεότης, νεκρὸν δὲ τὸ ἐπιφαινόμενον κάλλος, νεκρὰ δὲ πάντα τὰ σωματικὰ αἰσθητήρια μόνου ζῶντος ἐν αὐτῇ τοῦ λόγου, δι' οὗ τεθνήκει μὲν αὐτῇ ἅπας ὁ κόσμος, τεθνήκει δὲ καὶ ἡ παρθένος τῷ κόσμῳ.

Οὕτω ποτὲ παρὰ Κορνηλίῳ καὶ ὁ μέγας Πέτρος τὰ λαμπρὰ τοῦ λόγου κρίνα φθεγγόμενος πλήρεις τῆς σμύρνης τὰς τῶν ἀκουόντων ψυχὰς παρεσκεύασεν, οἳ παραχρῆμα τὸν λόγον δεξάμενοι τῷ Χριστῷ διὰ τοῦ βαπτίσματος συνετάφησαν νεκροὶ τῷ βίῳ γενόμενοι. Καὶ μυρία πρὸς τούτοις ἔστιν τῶν ἁγίων εὑρεῖν ὑποδείγματα, πῶς τοῦ κοινοῦ σώματος τῆς ἐκκλησίας στόμα γενόμενοι τῆς νεκρωτικῆς τῶν παθημάτων σμύρνης πλήρεις τοὺς ἀκροωμένους ἐποίουν ἀνθοφοροῦντες διὰ τῶν κρίνων τοῦ λόγου, δι' ὧν οἱ μεγάλοι τῆς πίστεως πρόμαχοι διὰ τῆς ἀγαθῆς ὁμολογίας κατὰ τὸν τῆς μαρτυρίας καιρὸν ἐν τοῖς ὑπὲρ | εὐσεβείας ἀγῶσι κατεσμυρνώθησαν. 406

Καὶ τί χρὴ διὰ πλειόνων μηκύνειν τὸν περὶ τούτων λόγον φανερᾶς διὰ τῶν εἰρημένων γενομένης ἡμῖν τῆς διανοίας, πῶς τὸ στόμα τῆς ἐκκλησίας κρίνον γίνεται καὶ πῶς ἀποστάζει τοῦ κρίνου ἡ σμύρνα καὶ πῶς πληροῦται τῆς τοιαύτης σταγόνος ἡ τῶν δεχομένων ψυχή.

---

[20] Literarisch greifbar ist der hier geschilderte Einfluß des Paulus auf Thekla in den *Acta Pauli et Theclae* (vgl. v.a. 5–7.18 [2, 216f.219 SCHNEEMELCHER]), die einen Teil der Paulusakten (um 185–195 n. Chr.; ebd. 214) darstellen, aber auch eigenständig überliefert sind (vgl. ebd. 197.200–202). Die Frage nach historischen Reminiszenzen in den Thekla-Legenden ist „wohl eindeutig negativ zu beantworten" (ebd. 202). GREGOR erzählt in seiner *Vita Macrinae* (GNO 8, 1, 372), seine Mutter habe vor der Geburt ihrer ältesten Tochter eine Erscheinung gehabt, bei der das noch ungeborene Kind dreimal mit dem Namen „jener Thekla, von der unter den Jungfrauen soviel die Rede ist", angesprochen worden sei. Er gibt damit ein Zeugnis für das Ansehen, das diese Heilige in der asketischen Bewegung seiner Heimat im 4. Jh. genoß.

Ohren der heiligen Jungfrau — Thekla war diese Jungfrau[20] —, die in rechter Weise mit ihrer Seele die abfließenden „Tropfen der Lilie“ in sich aufnahm und daraufhin den äußeren Menschen dem Tod überliefert, weil sie alles fleischliche Denken und Begehren in sich auslöschte. Nach dieser guten Belehrung (*sc.* durch Paulus) war ihre Jugend „tot“, „tot“ auch die Schönheit, die sich an ihr zeigte, „tot“ weiterhin alle leiblichen Sinne, während nur noch das Wort[21] in ihr lebte, durch das ihr die ganze Welt gestorben war und (umgekehrt) die Jungfrau der Welt gestorben war.

So ließ einst bei Kornelius auch der große Petrus, als er die glänzenden „Lilien“ des Wortes aussprach, die Seelen seiner Zuhörer voller „Myrrhe“ werden. Sie nahmen das Wort sogleich auf (vgl. Apg 10,34–48) und wurden mit Christus durch die Taufe „begraben“, weil sie für dieses Leben „tot“ geworden waren. Und man kann außerdem noch unzählige Beispiele der Heiligen ausfindig machen, die zeigen, wie sie, zum „Mund“ des gemeinsamen Leibes der Kirche geworden, ihre Zuhörer mit der „Myrrhe“ erfüllten, die zur Abtötung der Leidenschaften dient, indem sie „Blumen“ hervorbrachten durch die „Lilien“ des Wortes. Durch diese wurden die großen Vorkämpfer des Glaubens während der Zeit des Martyriums in den Kämpfen für die (christliche) Religion aufgrund ihres guten Bekenntnisses mit „Myrrhe“ bedeckt.

Was soll man die Behandlung dieses Themas durch weitere Ausführungen in die Länge ziehen, wo uns doch der Sinn (*sc.* des Textes) aufgrund des Gesagten deutlich geworden ist — wie der „Mund“ der Kirche zur „Lilie“ wird, wie die „Myrrhe“ abtropft von der „Lilie“ und wie die Seele derer, die (dies) aufnehmen, von einem solchen „Tropfen“ erfüllt wird.

---

21 Ich bleibe bei der Übersetzung „Wort“ (*sc.* der Lehre) für λόγος (siehe Anm. 14, oben 718f, und Anm. 18, oben 722), obwohl auch die Deutung auf den göttlichen Logos (vgl. DANIÉLOU/MUSURILLO, CANÉVET/DANIÉLOU, MCCAMBLEY und MORESCHINI) Sinn ergibt.

ʼΑλλὰ πρὸς τὸν ἐφεξῆς ἤδη λόγον μετέλθωμεν. Φησὶ γάρ· *Χεῖρες αὐτοῦ τορευταί, χρυσαῖ, πεπληρωμέναι, θαρσεῖς.* Ὅτι μὲν οὖν ἀτελής ἐστιν ἐπὶ τοῦ σώματος τῆς ἐκκλησίας ἡ τοῦ ὀφθαλμοῦ χάρις τῆς τῶν χειρῶν ὑπουργίας διεζευγμένη, σαφῶς παρὰ τοῦ μεγάλου μεμαθήκαμεν Παύλου ὅς φησιν ὅτι »Οὐ δύναται ὁ ὀφθαλμὸς εἰπεῖν τῇ χειρί· ›Χρείαν σου οὐκ ἔχω.‹« Τότε γὰρ μάλιστα ἡ τῶν ὀφθαλμῶν ἐνέργεια δείκνυται, ὅταν τὰ ἔργα μαρτυρῇ τὴν ὀξυωπίαν τῷ ὄμματι διὰ τῆς περὶ τὰ καλὰ σπουδῆς τὴν ἀγαθὴν ὁδηγίαν ἐπισημαίνοντα.

ʼΕπεὶ δὲ χρὴ προθέντας τὸν περὶ τῶν χειρῶν τοῦ θείου σώματος ἔπαινον ὁδηγηθῆναι διὰ τῶν εἰρημένων, ὅπως προσήκει κατηρτίσθαι τοὺς ἀντὶ χειρῶν ὄντας ἐπὶ τῆς ἐκκλησίας, αὐτὸ προθέντες τὸ θεῖον λόγιον, ὅπως ἂν οἷόν τε ᾖ, τὴν ἐγκειμένην αὐτῷ θεωρῆσαι διάνοιαν διδόντος θεοῦ πειρασόμεθα.

Χεῖρες αὐτοῦ, φησί, *τορευταί, χρυσαῖ.* Τέως μὲν οὖν τοσοῦτον πρόδηλόν ἐστιν ἐκ τῶν εἰρημένων τὸ νόημα, ὅτι οἷς τὸ τῆς κεφαλῆς εἶδος ἐγκωμιάζεται διὰ τῶν αὐτῶν | 407 καὶ ταῖς χερσὶ πληροῦται ὁ ἔπαινος. Κεφαλὴν δὲ τὸν κατὰ σάρκα Χριστὸν ἐνοήσαμεν, ἐν ᾧ ὁ θεὸς ἦν τὸν κόσμον ἑαυτῷ καταλλάσσων κατὰ τὴν τοῦ Παύλου φωνήν, ὁ ἐν τῇ σαρκὶ διὰ τῶν δυνάμεών τε καὶ τῶν θαυμάτων ἑαυτὸν φανερώσας. Εἰ οὖν ἡ νοηθεῖσα ἡμῖν αὕτη κεφαλὴ χρυσίον ἀκήρατον παρὰ τοῦ λόγου κατωνομάσθη διὰ τὸ πάσης ἁμαρτίας ἐκτὸς εἶναι (ὃς ἁμαρτίαν, γάρ φησιν, οὐκ ἐποίησεν οὐδὲ εὑρέθη δόλος ἐν τῷ στόματι αὐτοῦ), χρυσᾶς δὲ εἶναί φησι καὶ τὰς χεῖρας ὁ λόγος, πρόδηλόν ἐστι τὸ διὰ τούτων νοούμενον ὅτι

---

22 Derselbe Gedanke begegnete (unter Bezugnahme auf dieselbe Stelle bei Paulus) bereits am Beginn der Auslegung zu Cant 5,12 in *hom.* 13, oben 703.

23 GREGOR greift auf die Exegese zu Cant 5,11a in *hom.* 13 (siehe oben 697–699) zurück.

Aber laßt uns nun zum unmittelbar darauffolgenden Text übergehen: Er lautet nämlich: *Seine Hände sind kunstvoll bearbeitet, golden, gefüllt, Tarschischsteine* (Cant 5,14a). Daß also der Liebreiz des „Auges“ am Leib der Kirche unvollkommen ist, wenn er nicht mit dem Dienst der „Hände“ verbunden ist, haben wir eindeutig vom großen Paulus gelernt, der sagt: „Das Auge kann zur Hand nicht sagen: ‚Ich brauche dich nicht‘“ (1 Kor 12,21)[22]. Dann nämlich zeigt sich das Wirken der „Augen“ ganz besonders, wenn die Werke dem Auge eine scharfe Sicht bezeugen, weil sie durch ihren Eifer für das Schöne die gute Leitung (*sc.* durch die „Augen“) hervorheben.

Wenn man aber das Lob, das die „Hände“ des göttlichen Leibes betrifft, vorlegt, muß man durch das Gesagte dazu angeleitet werden, wie diejenigen, die die Stelle von Händen in der Kirche einnehmen, schicklicherweise beschaffen sein sollen. Demzufolge werden wir, nachdem wir den göttlichen Vers selbst vorgelegt haben, so gut es möglich ist, versuchen, den darin liegenden Sinn zu betrachten, wenn Gott (uns die Fähigkeit dazu) gibt.

Seine Hände, heißt es, *sind kunstvoll bearbeitet, golden* (Cant 5,14aα). Bislang freilich ist der Sinn aufgrund dieser Worte so weit ganz deutlich, daß mit denselben (sprachlichen Mitteln), mit denen das Aussehen des Hauptes gepriesen wird (vgl. Cant 5,11a), nun auch den Händen das Lob erstattet wird. Unter dem „Haupt“ verstanden wir Christus dem Fleische nach[23], in dem Gott war, als er den Kosmos mit sich versöhnte dem Wort des Paulus zufolge (vgl. 2 Kor 5,19) — ihn, der sich im Fleisch durch die Machttaten und Wunder offenbarte. Wenn also dieses „Haupt“, das von uns in geistigem Sinn verstanden wurde, vom Text „lauteres Gold“ genannt wurde, weil es keine Sünde kannte — er tat keine Sünde, heißt es nämlich, und in seinem Mund fand sich keine Arglist (vgl. 1 Petr 2,22; Jes 53,9) —, und wenn der Text nun sagt, daß auch die „Hände“ golden seien, ist ganz klar, was man darunter zu ver-

τὸ καθόλου καθαρόν τε καὶ ἀναμάρτητον καὶ πάσης κακίας ἀμιγές τε καὶ ἀπαράδεκτον νομοθετεῖ τῇ χειρὶ ὁ λόγος. Χεῖρα δὲ νοοῦμεν πάντως τὴν τὰ κοινὰ τῆς ἐκκλησίας εἰς τὰς τῶν ἐντολῶν χρείας διαχειρίζουσαν, ἧς ἔπαινός ἐστι τὸ ὁμοιωθῆναι τῇ τῆς κεφαλῆς φύσει κατὰ τὸ καθαρόν τε καὶ ἀναμάρτητον.

Καθαρὰ δὲ γίνεται τότε ἡ χείρ, ὅταν διὰ τῆς τορείας ἅπαν ἀποξύσηται τὸ ἐμποδίζον τῷ κάλλει· καθάπερ γὰρ οἱ πρός τινα ζῴου μορφὴν ἀποτυποῦντες τὸ μάρμαρον ἐκεῖνα διὰ τῆς τορείας ἐκγλύφουσι τοῦ λίθου | [408] καὶ ἐκκολάπτουσιν ὧν περιαιρεθέντων πρὸς τὸ ἀρχέτυπον εἶδος ἀποτυποῦται τὸ μίμημα, οὕτω καὶ ἐπὶ τοῦ κάλλους τῶν τοῦ σώματος τῆς ἐκκλησίας χειρῶν πολλὰ χρὴ διὰ τῆς τῶν λογισμῶν τορείας ἀποξυσθῆναι, ἵνα γένηται ἡ χεὶρ χρυσῆ ὡς ἀληθῶς καὶ ἀκήρατος. Πάντως δὲ πρόδηλα πᾶσίν ἐστιν, ὅσα μὴ περιαιρεθέντα τῆς χειρὸς τῷ κάλλει λυμαίνεται, οἷον τὸ ἀνθρωπάρεσκον, τὸ φιλοκερδές, τὸ φιλόδοξον, τὸ μόνον πρὸς τὸ φαινόμενον βλέπειν, τὸ περιφανείας τινὰς ἑαυτῷ διὰ τῶν ἐν χερσὶ πραγματεύεσθαι, τὸ εἰς τρυφὴν καὶ ἀπόλαυσιν ἰδίαν τῇ τῶν ἐντολῶν ἀποκεχρῆσθαι παρασκευῇ· ἃ χρὴ πάντα ταῦτα καὶ τὰ τοιαῦτα τοῖς τῶν λογισμῶν ὀργάνοις περιξυσάμενον ἐκεῖ-

---

[24] Hier ist an die finanziellen Mittel gedacht, die die Gemeinde für die Armenfürsorge aufbrachte. Die letzte Verantwortung für ihre Verwendung lag beim Bischof, dessen Gehilfen bei der Versorgung der Armen traditionell die Diakone waren. Von der Größe der Gemeinde hing es ab, ob eine eigene „Finanzverwaltung" unter der Oberaufsicht des Bischofs aufgebaut werden mußte.

[25] Das hier verwendete Nomen τορεία sowie das Verbum (ἐκ)τορεύειν (von dem sich der Terminus τορευταί in Cant 5,14a als Verbaladjektiv ableiten läßt) bezeichnen auf dem Gebiet der Metallbearbeitung konkret die Kunst des Ziselierens. Daran dürfte auch im LXX-Text gedacht sein, da die Hände ja aus Gold bestehen sollen. Ich übersetze jedoch allgemeiner („kunstvolle Bearbeitung" etc.), da GREGOR im folgenden die Arbeit eines Bildhauers und (weiter unten) die eines Edelsteinschleifers

stehen hat: Der Text stellt für die „Hand" das Gesetz auf, vollständig rein und sündlos zu sein, mit keiner Bosheit zu tun zu haben und sie auch gar nicht in sich aufnehmen zu können. Wir denken hier an *die* „Hand", die den allgemeinen Besitz der Kirche zur Ausführung der Gebote verwaltet[24]. Ihr Lob besteht darin, daß sie mit der Wesensbeschaffenheit des „Hauptes" verglichen wird in bezug auf Reinheit und Sündlosigkeit.

Rein aber wird die „Hand" dann, wenn alles, was für die Schönheit hinderlich ist, durch kunstvolle Bearbeitung[25] abgekratzt wird. Wie nämlich diejenigen, die einen Marmorblock der Gestalt eines Lebewesens nachbilden, mit Hilfe kunstvoller Bearbeitung aus dem Stein das wegmeißeln und weghauen, durch dessen Entfernung das Abbild dem Aussehen des Urbilds nachgebildet wird[26], so muß auch bei der Schönheit der „Hände" des Kirchen-Leibes vieles durch die „kunstvolle Bearbeitung" der Überlegungen „abgekratzt" werden, damit die „Hand" in Wahrheit golden und lauter wird. Bestimmt aber ist allen ganz klar, was der Schönheit der „Hand" alles schadet, falls es nicht entfernt wird: zum Beispiel das Bestreben, Menschen zu gefallen, die Gewinnsucht, die Ruhmsucht, die ausschließliche Fixierung auf das Sichtbare, die Selbstdarstellung mit den Geldmitteln, die man in Händen hat, der Mißbrauch dessen, was zur Ausführung der Gebote vorgesehen ist, zu Schwelgerei und eigenem Genuß[27]. Dies alles und dergleichen mehr muß man mit den „Werkzeugen" der Überlegungen ringsherum „abkratzen" und darf somit nur jenes

---

zum Vergleich heranzieht und die Bedeutung „ziselieren" dann nicht mehr paßt.

[26] Das Bild findet sich in anderer Diktion auch bei PLOTIN, *Enneades* 1,6,9 (116 HENRY/SCHWYZER).

[27] Die Liste der Fehlhaltungen erinnert an die Kritik, die GREGOR am Ende von *hom.* 13 gegen die zeitgenössischen Bischöfe richtete; siehe oben 707–709 mit Anm. 64.

νο καταλιπεῖν μόνον τὸ καθαρόν τε καὶ ἀκιβδήλευτον χρυσίον τῆς προαιρέσεως τὸ τῇ ἀκηράτῳ κεφαλῇ ὁμοιούμενον.

Σαφέστερον δ' ἂν γένοιτο ἡμῖν τὸ λεγόμενον διὰ τῆς τοῦ ἀποστόλου φωνῆς, ὃς πιστὸν τὸν θεὸν ὀνομάσας οὐδὲν ἄλλο καὶ ἐν τοῖς οἰκονόμοις ζητεῖν ἀξιοῖ ἢ τὸ πιστὸν εὑρεθῆναι, οὑτωσὶ γράψας τῷ ῥήματι· »Ὧδε λοιπὸν ζητεῖται ἐν τοῖς οἰκονόμοις, ἵνα πιστός τις εὑρεθῇ.« Οὐκοῦν ὁ πιστὸς καὶ φρόνιμος οἰκονόμος ἀντὶ χειρὸς ὢν τῇ ἐκκλησίᾳ χρυσῆν καθ' ὁμοιότητα τῆς κεφαλῆς δείκνυσι τὴν χεῖρα τοῦ σώματος τὸν σοφὸν ἑαυτοῦ δεσπότην διὰ τοῦ βίου μιμούμενος.

Οὐκ ἦν τοιαύτη χεὶρ ἐν τῷ τῶν ἀποστόλων σώματι ὁ Ἰούδας ἐκεῖνος ὁ ἐλεεινός τε καὶ δείλαιος, μᾶλλον δὲ ὁ
στυγητός τε καὶ ἀποτρόπαιος, ὃς οἰκονομίαν | πτωχῶν πεπι- | 409
στευμένος τὸν τῆς φιλοχρηματίας λίθον οὐκ ἀπεξύσατο, ἀλλὰ φύλαξ ὢν τοῦ γλωσσοκόμου διὰ τοὺς κλέπτοντας αὐτὸς ἑαυτοῦ κλέπτης ἐγένετο, ὃ ἐν ταῖς ἑαυτοῦ χερσὶν εἶχε διὰ τῶν ἰδίων χειρῶν ὑφαιρούμενος καὶ οὐ πρὸς τὴν ἐντολὴν ἀλλὰ πρὸς τὰ χρήματα βλέπων. Ὧν ἡ ἀπόλαυσις ἐγένετο τίς; Ἀγχόνη ἑκούσιος, ζωῆς ἀλλοτρίωσις, πανωλεθρία ψυχῆς, μνημόσυνον πονηρὸν παντὶ τῷ μετ' αὐτὸν χρόνῳ συνεκτεινόμενον.

Οὐκοῦν χρὴ τορευτὰς εἶναι καὶ διαγλύφους τὰς χεῖρας, ἵνα περιαιρεθέντων τῶν κακῶς συμπεφυκότων τὸ λειπόμενον χρυσὸς ᾖ τῷ τῆς κεφαλῆς κάλλει κατὰ τὸ εἶδος συμβαῖνον.

Ἡ δὲ τοῦ θαρσεῖς λέξις πολύσημός ἐστιν ἐν τῇ γραφικῇ συνηθείᾳ οὐ κατὰ τῆς αὐτῆς πάντοτε διανοίας εὑρισκομένη· ἀλλὰ πολλάκις μὲν πρὸς τὸ κατεγνωσμένον, πολλάκις δὲ πρὸς τὸ θεῖόν τε καὶ μακάριον ἡ σημασία μεταλαμβάνεται. Οἷον

---

[28] Zum Begriff προαίρεσις siehe Anm. 38, oben 146, und Anm. 15, oben 495.

[29] GREGOR folgt hier Joh 12,6, wo Judas unterstellt wird, er sei zum Dieb an der gemeinsamen Kasse der Apostel geworden.

reine und unverfälschte „Gold" der Vorzugswahl[28] zurücklassen, das mit dem lauteren „Haupt" verglichen wird.

Das Gemeinte dürfte uns indes durch das Wort des Apostels noch klarer werden, der Gott „zuverlässig" nannte (vgl. 1 Kor 1,9 u.ö.) und es dann für richtig fand, auch von den Verwaltern nur das zu verlangen, daß man als zuverlässig befunden wird. Wörtlich schrieb er folgendermaßen: „Im übrigen verlangt man hier von den Verwaltern, daß einer als zuverlässig befunden wird" (1 Kor 4,2). Demnach zeigt der zuverlässige und kluge Verwalter (vgl. Lk 12,42), der für die Kirche die Stelle der Hand vertritt, daß die „Hand" des Leibes — ähnlich wie das „Haupt" — golden ist, indem er durch sein Leben seinen weisen Herrn nachahmt.

Keine solche „Hand" war jener bemitleidenswerte und elende, aber mehr noch verhaßte und abscheuliche Judas am „Leib" der Apostel. Er war mit der Verwaltung der Armen(fürsorge) betraut. Aber den „Stein" der Habsucht kratzte er nicht ab, sondern wurde selber zum Dieb an sich selbst, obwohl er der Diebe wegen Bewahrer des Geldbeutels war[29], da er mit eigenen Händen entwendete, was er in seinen Händen hatte, und sich nicht am Gebot, sondern am Geld orientierte. Und was für ein „Genuß" ergab sich daraus? Freiwilliges Erhängen (vgl. Mt 27,5), Entfremdung vom Leben, totales Verderben der Seele, ein schlechtes Andenken, das in all der Zeit nach ihm fortdauert.

Die „Hände" müssen also kunstvoll bearbeitet und gemeißelt sein, damit nach der Entfernung dessen, was verkehrterweise mit ihnen „verwachsen" ist, das, was übrigbleibt, Gold ist und der Schönheit des „Hauptes" dem Aussehen nach entspricht.

Der Ausdruck „Tarschisch" ist vieldeutig im Sprachgebrauch der Schrift, weil er, wie sich herausstellt, nicht ständig im selben Sinn gebraucht wird, sondern diese Bezeichnung oft auf das negativ Beurteilte, oft aber auch auf das Göttliche und Selige angewendet wird. Wenn zum

ὅτε φεύγει ἀπὸ προσώπου τοῦ θεοῦ Ἰωνᾶς ὁ προφήτης, ζητεῖ πλοῖον ἐπὶ θαρσεῖς πορευόμενον· καὶ ὁ μέγας Δαβὶδ πλοῖα θαρσεῖς βιαίῳ πνεύματι λέγει συντρίβεσθαι, βίαιον πνεῦμα ὡς οἶμαι λέγων τὸ τοῖς μαθηταῖς ἐπιφανέν, τοῖς | ἐν τῷ 410 ὑπερῴῳ συνειλεγμένοις, ὃ πρότερον μὲν δι' ἀκοῆς προεγνώσθη ὥσπερ φερομένης πνοῆς βιαίας, μετὰ ταῦτα δὲ καὶ τοῖς ὀφθαλμοῖς ἐφανερώθη εἰς γλωσσῶν σχῆμα τυπούμενον καὶ τῇ ἐκλαμπτικῇ φύσει τοῦ πυρὸς ὁμοιούμενον, δι' οὗ συντρίβεται ἡ πολυσχιδῶς ἐπιπολάζουσα τῇ ἀνθρωπίνῃ φύσει κακία, ἣν πλοῖα θαρσεῖς ὁ προφήτης ὠνόμασεν. Ταῦτα μὲν οὖν ἐστι δι' ὧν τῷ ὀνόματι τούτῳ τὰ χείρω σημαίνεται, ὁ δὲ μέγας Ἰεζεκιὴλ εἰς ὑπογραφὴν ἄγων τῆς γενομένης αὐτῷ ποτε θεοφανείας τὴν ὀπτασίαν ἑνὸς τῶν θείων θεαμάτων τὸ εἶδος τῇ λέξει ταύτῃ διασημαίνει λέγων· »Καὶ τὸ εἶδος αὐτῶν ὡς εἶδος θαρσεῖς.« Φασὶ δὲ οἱ δι' ἀκριβείας τῶν Ἑβραϊκῶν λέξεων τὰς ἐμφάσεις ἐπεσκεμμένοι τὸ ἀχρωμάτιστόν τε καὶ νοητὸν καὶ ἀσώματον διὰ τῆς λέξεως ταύτης ἐν τῇ προφητείᾳ σημαίνεσθαι.

Διπλῆς τοίνυν οὔσης ἐν τῇ λέξει ταύτῃ τῆς σημασίας, ἐπειδὴ πρόδηλόν ἐστιν ὅτι πρὸς τὸ κρεῖττον νῦν παρελήφθη τὸ ταύτης τῆς φωνῆς σημαινόμενον (οὐ γὰρ ἂν εἰς ἔπαινον ἐλαμβάνετο τὸ ὑπαίτιον), ἀκόλουθον ἂν εἴη τοῦτο περὶ τῶν ἐγκωμιαζομένων ἐννοῆσαι χειρῶν ὅτι ἀκριβῶς ἀφ' ἑαυτῶν πᾶν τὸ περιττόν τε καὶ σωματῶδες ἀποτορεύσασαι πρὸς τὸ

---

[30] Der Begriff „Tarschisch“ ist in diesen beiden Fällen als Ortsname gebraucht, wohingegen er in Cant 5,14a und Ez 1,16 LXX (ein Vers, aus dem weiter unten zitiert wird) als Bezeichnung eines Edelsteins zu verstehen ist. Insofern weist GREGOR zu Recht auf die Mehrdeutigkeit des Begriffs hin, doch hat diese aus unserer Sicht nichts mit positiver oder negativer Wertung zu tun.

[31] Für die Zuhörer GREGORS hat das Nomen πνεῦμα (Wind/Atem/Geist) zugleich meteorologischen *und* theologischen Klang.

[32] GREGOR verweist auf das Pfingstwunder.

[33] Bei der Deutung hebräischer Wörter, die im Canticum-Text transkribiert waren, ist GREGOR von ORIGENES abhängig, dessen Auslegung zu Cant 5,14 jedoch nicht erhalten ist.

Beispiel der Prophet Jona vor dem Angesicht Gottes flieht, sucht er ein Schiff, das nach „Tarschisch“ fährt (vgl. Jona 1,3). Und der große David sagt, Schiffe von „Tarschisch“[30] würden durch einen heftigen Sturmwind (ein Pneuma[31]) zerschmettert (vgl. Ps 48,8: LXX Ps 47,8). „Heftigen Sturmwind“ (Pneuma) nennt er dabei, wie ich meine, den (Geist), der den Jüngern erschien, die im Obergemach versammelt waren. Zuerst war er durch Hören im voraus zu erkennen, als ob ein heftiger Wind daherfahren würde. Danach aber wurde er auch für die Augen sichtbar, da er sich in Gestalt von Zungen abbildete und der aufleuchtenden Natur des Feuers ähnlich wurde (vgl. Apg 2,2f)[32]. Durch ihn (*sc.* den „Sturmwind“ bzw. Geist) wird die Bosheit, die vielfach zerteilt auf der Oberfläche der menschlichen Natur „schwimmt“ und die der Prophet „Schiffe von Tarschisch“ nannte, zerschmettert. Die (genannten Bibelstellen) sind es also, an denen mit diesem Begriff das Schlechtere bezeichnet wird. Wenn aber der große Ezechiel es unternimmt, die Vision der Theophanie, die ihm einmal zuteil geworden war, zu beschreiben, so bezeichnet er das Aussehen eines der göttlichen Gesichte explizit mit diesem Ausdruck, wenn er sagt: „Und ihr Aussehen war wie das Aussehen von Tarschischsteinen“ (vgl. Ez 1,16 LXX). Diejenigen, die die Beutungen der hebräischen Vokabeln genau untersucht haben[33], sagen indes, mit diesem Ausdruck werde in der Prophetie das bezeichnet, was ungefärbt, geistig und leiblos ist.

Der Bedeutungsinhalt dieses Ausdrucks bezeichnet also zweierlei. Nachdem es ganz deutlich ist, daß das, was mit diesem Wort bezeichnet sein (soll), an dieser Stelle in positivem Sinn gebraucht wurde — denn es würde doch nichts Tadelnswertes für das Lob verwendet! —, dürfte es konsequent sein, folgendes von den gepriesenen „Händen“ zu denken: Durch kunstvolle Bearbeitung schaffen sie alles Überflüssige und Leibliche sorgfältig von sich fort und gehen zum Göttlichen und Geistigen

θεῖόν τε καὶ νοητὸν μεταβαίνουσι τὴν ὑλώδη πᾶσαν καὶ βαρεῖαν περὶ τὰ πράγματα σχέσιν ἐκτιναξάμεναι.

Οἷον δή φασι καὶ ἐπὶ τῆς | [411] σμαραγδίνης βώλου τοὺς λιθογλύφους ἐργάζεσθαι· τὸ γὰρ ἀφεγγὲς καὶ γεῶδες διὰ τῆς ἀκόνης ἐκδαπανήσαντές τε καὶ ἀποψήξαντες ἐκεῖνο μόνον καταλείπουσιν ἀδαπάνητον, ᾧ καθορᾶταί τις αὐγὴ χλοερά τε ἅμα καὶ ἐλαιάζουσα.

Ὅπερ μοι δοκεῖ σαφέστερον ἑρμηνεύων ὁ θεῖος ἀπόστολος τοῦτο συμβουλεύειν ἔν τινι τῶν ἑαυτοῦ λόγων ὅτι χρὴ ἀποσκευάζεσθαι τὴν περὶ τὰ βλεπόμενα σχέσιν, πρὸς δὲ τὸ ἀόρατον ταῖς ἐπιθυμίαις ὁρμᾶν· »Μὴ σκοπούντων γὰρ ἡμῶν«, φησί, »τὰ βλεπόμενα, ἀλλὰ τὰ μὴ βλεπόμενα· τὰ γὰρ βλεπόμενα πρόσκαιρα, τὰ δὲ μὴ βλεπόμενα αἰώνια.«

Ταῦτα μὲν οὖν ἐν τῷ ἐπαίνῳ τῶν χειρῶν ἐνοήσαμεν, πῶς τῆς ὑλώδους προσπαθείας ἐκτορευθεῖσαι ἀκήρατοι γίνονται πρὸς τὸ ἄϋλόν τε καὶ νοητὸν ἀλλοιούμεναι διὰ τῆς προαιρέσεως· *Χεῖρες* γὰρ *αὐτοῦ*, φησί, *τορευταί, χρυσαῖ, πεπληρωμέναι, θαρσεῖς.*

Ἀκόλουθον δ' ἂν εἴη καὶ τὸν ἐφεξῆς λόγον διασκοπῆσαι, ὃν περὶ τῆς κοιλίας πεποίηται. Ἔχει δὲ οὕτως ὁ λόγος· *Κοιλία αὐτοῦ πυξίον ἐλεφάντινον ἐπὶ λίθου σαπφείρου.*

Ὅτε τῷ Μωϋσῇ τὸν ταῖς λιθίνοις δέλτοις ἐγχαραχθέντα νόμον ὁ τῆς φύσεως δίδωσι νομοθέτης, πυξία λίθινα τὰς πλάκας ὠνόμασεν, αἷς ἐνετυπώθη τὰ θεῖα χαράγματα, | [412] οὕτως εἰπόντος τοῦ πρὸς τὸν Μωϋσέα περὶ αὐτῶν χρηματίσαντος ὅτι »Ἀνάβηθι πρός με εἰς τὸ ὄρος καὶ ἴσθι ἐκεῖ, καὶ δώσω σοι τὰ πυξία τὰ λίθινα, τὸν νόμον καὶ τὰς ἐντολάς.« Μετὰ ταῦτα δέ, ἐπειδὴ πᾶν τὸ σωματικὸν καὶ γεῶδες ἀπεξύ-

[34] Das Partizip πεπληρωμέναι spielt in GREGORS Deutung keine Rolle.

über, indem sie alle stoffliche und beschwerliche Neigung zu den Dingen abschütteln.

So, sagt man, arbeiten doch auch die Edelsteinschleifer an einem smaragdhaltigen Erdklumpen: Was ohne Leuchtkraft und erdig ist, entfernen sie nämlich vollständig mit dem Schleifmesser und feilen es ab und lassen nur das, ohne es entfernt zu haben, übrig, worin sich ein grüner und zugleich olivfarbener Glanz sehen läßt.

Der göttliche Apostel scheint mir, indem er dies mit größerer Deutlichkeit erklärt, an einer Stelle seiner Briefe folgenden Rat zu geben: Man muß die Neigung zu dem, was sichtbar ist, aus dem Weg räumen und mit seinem Verlangen zum Unsichtbaren hin aufbrechen: „Da wir nicht auf das achten, was sichtbar ist“, sagt er nämlich, „sondern auf das, was nicht sichtbar ist. Denn das, was sichtbar ist, ist zeitlich, das, was nicht sichtbar ist, aber ewig“ (2 Kor 4,18).

Das also verstanden wir angesichts des Lobes der „Hände“ — wie sie lauter werden, sobald sie von stofflicher Leidenschaftlichkeit durch kunstvolle Bearbeitung befreit werden und sich dank ihrer Vorzugswahl zum Immateriellen und Geistigen hin verändern. *Seine Hände*, heißt es nämlich, *sind kunstvoll bearbeitet, golden, gefüllt*[34], *Tarschischsteine* (Cant 5,14a).

In der Konsequenz (des Vorgehens) dürfte es liegen, auch den folgenden Text genau zu bedenken, den sie (*sc.* die Braut) im Blick auf den „Bauch“ formuliert hat. Der Text lautet so: *Sein Bauch ist eine elfenbeinerne Tafel bei einem Saphirstein* (Cant 5,14b).

Als der Gesetzgeber der Natur dem Mose das Gesetz, das in steinerne Schreibtafeln eingegraben war, gab, nannte er die Platten, in denen die göttlichen Schriftzüge eingeprägt waren, „steinerne Tafeln“. Folgendermaßen nämlich sprach er, der mit Mose darüber verhandelte: „Steig herauf zu mir auf den Berg, und halte dich dort auf, und ich werde dir die steinernen Tafeln geben, das Gesetz und die Gebote“ (Ex 24,12). Danach aber, nachdem das Gesetz alles, was

σατο διὰ τῆς εὐαγγελικῆς σαφηνείας ὁ νόμος, οὐκέτι λίθινον τὸ δεχόμενον τὰ γράμματα πυξίον ἐστὶν ἀλλ' ἐκ τοῦ λαμπροῦ τε καὶ νεοξύστου ἐλέφαντος· τὸ γὰρ δεκτικὸν τῶν ἐντολῶν καὶ τῶν νόμων, ὅπερ κοιλίαν ὠνόμασε, *πυξίον* εἶναί φησιν *ἐλεφάντινον ἐπὶ λίθου σαπφείρου.*

Πρῶτον δὲ οἶμαι χρῆναι τὸ σωματικὸν ὑπόδειγμα φανερὸν τῷ λόγῳ ποιῆσαι, εἶθ' οὕτως ἐπὶ τὴν θεωρίαν τῶν εἰρημένων ἐλθεῖν. Πυκνόν τι ξύλον ἡ πύξος ἐστὶ καὶ ὑπόλευκον, ἀφ' ἧς φιλοτεχνοῦσιν ἑαυτοῖς πίνακας οἷς τῶν γραμμάτων μέλει. Τὸ τοίνυν τοιοῦτον πινάκιον τὸ πρὸς τὴν τῶν γραμμάτων χρείαν κατεσκευασμένον, κἂν ἀφ' ἑτέρας ὕλης τύχῃ γενόμενον, πυξίον καταχρηστικῶς ὀνομάζεται. Οὐκοῦν πυξίον ἀκούσαντες λεῖόν τι σκεῦος ἐπιτήδειον πρὸς γραμμάτων ὑποδοχὴν ἐνοήσαμεν. Ἐπεὶ τοίνυν γενικόν τι τῶν τοιούτων πινάκων ὄνομα τὸ πυξίον ἐστίν, ἐνταῦθα καὶ τὸ εἶδος τῆς ὕλης τῷ | 413 ὑποδείγματι ὁ λόγος προστίθησι, οὐκ ἀπὸ ξύλου λέγων ἀλλ' ἐξ ἐλέφαντος εἶναι τὴν κατασκευὴν τοῦ πυξίου. Φασὶ δὲ διὰ πολλὴν πυκνότητα καὶ στερρότητα τὸ τοιοῦτον ὀστέον ἀδιάφθορον διαμένειν ἐφ' ὅτι μήκιστον μηδεμίαν ἐκ χρόνου βλάβην παραδεχόμενον. Ὁ δὲ σάπφειρος τῷ κυανοειδεῖ τῆς χρόας εἰς παραμυθίαν τοῦ καμάτου τῶν ὀφθαλμῶν ἐπινοεῖται, τοῖς φιλοπόνως προσανέχουσι τῷ καταγεγραμμένῳ πυξίῳ φυσικῶς τῆς τοιαύτης αὐγῆς τὰς ὄψεις δι' ἑαυτῆς ἀναπαυούσης.

Τὸ μὲν οὖν ὑπόδειγμα, ᾧ διὰ συγκρίσεως ὁμοιοῦται ἡ ἐγκωμιαζομένη τῆς ἐκκλησίας κοιλία, τοιοῦτόν ἐστιν, ἐγὼ δὲ

an ihm dinglich-konkret (somatisch) und irdisch war, durch die Klarheit des Evangeliums abgekratzt hatte, ist die Tafel, die die Schriftzeichen aufnimmt, nicht mehr steinern, sondern aus glänzendem und frisch geglättetem Elfenbein. Denn das, was zur Aufnahme der Gebote und Gesetze dient — sie (*sc.* die Braut) nannte es „Bauch" —, ist, wie sie sagt, *eine elfenbeinerne Tafel bei einem Saphirstein* (Cant 5,14bβ).

Zuerst aber, meine ich, ist es nötig, das dinglich-konkrete (somatische) Bild durch die Darlegung zu verdeutlichen und somit dann zur Betrachtung der Worte zu kommen. Buxbaum (πύξος) ist ein festes und weißliches Holz, aus dem sich diejenigen mit Sachverstand Schreibtafeln (πίνακες) verfertigen, denen die Schreibkunst am Herzen liegt. Demnach wird ein solches Schreibtäfelchen (πινάκιον), das für den Bedarf der Schreibkunst angefertigt ist — auch wenn es zufällig aus einem anderen Material hergestellt wurde —, in uneigentlicher Verwendung des Wortes „(Bux-)Tafel" (πυξίον) genannt. Wenn wir also das Wort „(Bux-)Tafel" (πυξίον) vernahmen, verstanden wir darunter einen glatten Gebrauchsgegenstand, der sich zur Aufnahme von Schriftzeichen eignet. Da indes „(Bux-)Tafel" (πυξίον) eine Art Gattungsbegriff für solche Schreibtafeln ist, gibt hier der Text zusätzlich zu dem Bild auch die Art des Materials an. Er sagt, die Tafel sei nicht aus Holz, sondern aus Elfenbein angefertigt. Es heißt aber, diese Art von Knochen bleibe wegen der großen Festigkeit und Härte sehr lange erhalten, da sie aufgrund der (verstreichenden) Zeit keinen Schaden nehme. Der Saphir wiederum ist aufgrund seiner dunkelblauen Farbe zur Linderung der Anstrengung gedacht, die die Augen auf sich nehmen. Denn diese Art von Glanz schenkt denen, die ihr Augenmerk fleißig auf die beschriebene Tafel richten, durch ihre Wirkung auf natürliche Weise Erholung für ihre Augen.

Mit dem Bild, mit dem der gepriesene „Bauch" der Kirche in Gegenüberstellung verglichen wird, hat es also

παρὰ τῆς προφητείας ἀκούσας τοῦτο διακελευομένης ἐκ προσώπου τοῦ θεοῦ ὅτι »Γράψον ὅρασιν καὶ σαφῶς εἰς πυξίον«, ἔννοιαν λαμβάνω, τί διὰ τοῦ ὀνόματος τῆς κοιλίας ἐν τῷ ἐπαινουμένῳ σώματι τοῦ κυρίου προσήκει νοεῖν· εἰ γὰρ τὴν θείαν ὅρασιν σαφῶς ἐγγράφειν τῷ πυξίῳ ὁ λόγος διακελεύεται, τάχα τὸ καθαρὸν τῆς καρδίας, ᾧ διὰ τῆς μνήμης τὰς θείας ὁράσεις ἀπογραφόμεθα, τῷ τῆς κοιλίας ὀνόματι διασημαίνει. Καθάπερ καὶ ὁ διαστείλας τὸ στόμα τοῦ μεγάλου Ἰεζεκιὴλ καὶ ἐνθεὶς αὐτῷ τὴν κεφαλίδα τοῦ βιβλίου πλήρη γραμμάτων καθ' ἑκάτερον οὖσαν, κατά τε τὸ ἔξωθεν αὐτοῦ καὶ τὸ ἔσωθεν, φησὶ πρὸς αὐτὸν ὅτι »Τὸ στόμα σου φάγεται καὶ ἡ κοιλία σου πλησθήσεται«, τὸ |414 διανοητικὸν καὶ τὸ λογιστικὸν τῆς ψυχῆς, ᾧ ἐναπέθετο τὰ θεῖα μαθήματα, κοιλίαν προσαγορεύσας. Παραπλησίως δὲ καὶ τὸν μέγαν Ἰερεμίαν τὴν ὑπὸ τῶν σκυθρωπῶν ἐκείνων νοημάτων ὀδυνωμένην καρδίαν κοιλίαν ἔγνωμεν ὀνομάζοντα, δι' ὧν φησιν ὅτι »Τὴν κοιλίαν μου ἀλγῶ καὶ τὰ αἰσθητήρια τῆς καρδίας μου μαιμάσσει.« Εἰ δὲ χρὴ τὸ κυριώτερον τῶν εἰς τὴν διάνοιαν ταύτην ὁδηγούντων ἡμᾶς ἀπὸ τῆς θείας παραθέσθαι φωνῆς, τοῦτό φαμεν ὅπερ πρὸς τοὺς πεπιστευκότας εἶπεν ὁ κύριος ποταμοὺς λέγων ἐκ τῆς κοιλίας ἀπορρέειν ὕδατος ζῶντος τῶν εἰς αὐτὸν πιστευόντων. Ἔχει δὲ οὕτως ἡ λέξις· »Ὁ πιστεύων εἰς ἐμέ, καθὼς εἶπεν ἡ γραφή, ποταμοὶ ἐκ τῆς κοιλίας αὐτοῦ ῥεύσουσιν ὕδατος ζῶντος.«

Διὰ πάντων τοίνυν τῶν εἰρημένων τὴν καθαρὰν καρδίαν διὰ τοῦ τῆς κοιλίας ὀνόματος νοεῖν ἐναγόμεθα, ἥτις πυξίον τοῦ θείου γίνεται νόμου, τῶν, καθώς φησιν ὁ ἀπόστολος, ἐνδεικνυμένων »τὸ ἔργον τοῦ νόμου γραπτὸν ἐν ταῖς καρδίαις αὐτῶν«, οὐ μέλανι ἀλλὰ πνεύματι θεοῦ ζῶντος ἐγχαρασσο-

[35] GREGOR gibt den „Sprecher“ des folgenden Bibelverses an.

diese Bewandtnis. Wenn ich indes von der Prophetie höre, daß sie in der Person Gottes[35] zu Folgendem ermuntert: „Schreib die Vision auf die Tafel, und zwar deutlich“ (Hab 2,2), komme ich auf eine Idee, was man an dem Leib des Herrn, der (hier) gelobt wird, unter dem Begriff „Bauch“ verstehen soll: Wenn nämlich der (Bibel-)Text dazu ermuntert, die göttliche Vision deutlich auf die Tafel zu schreiben, bezeichnet er mit dem Begriff „Bauch“ vielleicht die Reinheit des Herzens, mit der wir die göttlichen Visionen im Gedächtnis aufzeichnen. Ebenso sagte auch der, der den Mund des großen Ezechiel auftat und ihm die Buchrolle eingab, die auf beiden Seiten — außen und innen — voller Schriftzeichen war, zu ihm: „Dein Mund wird essen, und dein Bauch wird sich füllen“ (Ez 3,3 LXX), wobei er den denkenden und vernünftigen Teil der Seele, in dem er die göttlichen Kenntnisse ablegte, „Bauch“ nannte. Ähnlich nennt auch der große Jeremia, wie wir erkannten, das Herz, das von jenen finsteren Gedanken betrübt wurde, „Bauch“ — an der Stelle, wo er sagt: „Ich empfinde Schmerz in meinem Bauch, und die Sinne meines Herzens sind in heftigem Aufruhr“ (Jer 4,19 LXX). Sollte es aber nötig sein, daß wir im Rückgriff auf das göttliche Wort die wichtigere von den (Bibelstellen) vorlegen, die den Weg zu diesem Verständnis weisen, so führen wir das an, was der Herr zu denen sagte, die zum Glauben gekommen waren, daß nämlich Ströme lebendigen Wassers aus dem Bauch derer fließen würden, die an ihn glauben. Der Wortlaut bietet folgendes: „Wer an mich glaubt, aus dessen Bauch werden, wie die Schrift sagte, Ströme lebendigen Wassers fließen“ (Joh 7,38).

Durch all das Gesagte werden wir demnach dazu gebracht, unter dem Begriff „Bauch“ das reine Herz zu verstehen, welches zur Schreibtafel des göttlichen Gesetzes wird — (zur Tafel) derer, die, wie der Apostel sagt, zeigen, daß „das Werk des Gesetzes in ihre Herzen geschrieben ist“ (Röm 2,15); dabei ist diese Art von Schriftzeichen nicht mit

μένων τῇ ψυχῇ τῶν τοιούτων γραμμάτων, οὐκ ἐν πλαξὶ λιθίναις, καθώς φησιν ὁ ἀπόστολος, ἀλλ' ἐν τῷ τῆς καρδίας πυξίῳ | καθαρῷ τε ὄντι καὶ λείῳ καὶ στίλβοντι· τοιοῦτον γὰρ | 415 εἶναι χρὴ τὸ ἡγεμονικὸν τῆς ψυχῆς, ὥστε τρανὴν ἐν αὐτῷ καὶ ἀσύγχυτον τῶν θείων λογίων ἐντυποῦσθαι τὴν μνήμην οἷόν τισι γράμμασιν εὐσήμοις διηρθρωμένην.

Καλῶς δὲ συμπαρείληπται τῷ τοιούτῳ πυξίῳ πρὸς τὸν τῆς κοιλίας ἔπαινον καὶ ὁ σάπφειρος· οὐρανοειδὴς γὰρ ἡ τοῦ σαπφείρου αὐγή. Τὸ δὲ τοιοῦτον αἴνιγμα σύμβολον γίνεται τοῦ τὴν καρδίαν ἡμῶν τὰ ἄνω φρονεῖν τε καὶ βλέπειν, ὅπου τὸν θησαυρὸν ἀποτίθεται, κἀκεῖ τὰς ὄψεις προσαναπαύειν, ὥστε μὴ κάμνειν ἐν τῇ προσοχῇ τῶν θείων παραγγελμάτων τῆς οὐρανίας ἐλπίδος τὸ ὀπτικὸν τῶν τῆς ψυχῆς ὀμμάτων ἀναπαυούσης.

Εἶτα διαδέχεται τὸν τῆς κοιλίας ἔπαινον τὰ τῆς κνήμης ἐγκώμια· φησὶ γὰρ ὅτι *Κνῆμαι αὐτοῦ στῦλοι μαρμάρινοι τεθεμελιωμένοι ἐπὶ βάσεις χρυσᾶς.*

Πολύστυλος μέν ἐστι τῆς σοφίας ὁ οἶκος ὃν ἑαυτῇ ᾠκοδόμησε, πολλοὶ δὲ καὶ οἱ τὴν τοῦ μαρτυρίου σκηνὴν διερείδοντες στῦλοι διαφόροις ὕλαις κεκοσμημένοι, ὧν κεφαλίδες μὲν ἦσαν καὶ βάσεις χρυσαῖ, τὸ δὲ μέσον τῇ τοῦ ἀργυρίου περιβολῇ κεκαλλώπιστο. Τοὺς δὲ τῆς ἐκκλησίας στύλους (οἶκος δέ ἐστιν ἡ ἐκκλησία, καθώς φησιν ὁ ἀπόστολος ὅτι »Πῶς δεῖ ἐν οἴκῳ θεοῦ ἀναστρέφεσθαι«) μαρμαρίνους εἶναί φησιν ἡ νύμφη ἐπὶ | χρυσῶν βεβηκότας τῶν βάσεων. Ὅτι μὲν | 416 οὖν συμφωνεῖ τῇ τοῦ Βεσελεὴλ σοφίᾳ ἡ νύμφη κατὰ τὴν τοῦ

---

[36] Wörtlich: „Zelt der Bezeugung"; vgl. Ex 27,21 LXX; Apg 7,44.

[37] GREGORS Beschreibung bleibt sehr ungenau. Von Säulen mit goldenen Kapitellen ist in Ex 37,4 LXX die Rede (die Zählung des hebräischen Textes differiert hier stark!); es handelt sich aber um vier Säulen, die den *Vorhang* des Offenbarungszeltes tragen sollten, und ihre Sockel bestanden aus *Silber*. Säulen, die mit Silber überzogen sind, werden in Ex 37,15 LXX erwähnt. Diesmal sind es die Säulen des *Vorhofs*, deren

Tinte, sondern mit dem Geist des lebendigen Gottes in die Seele eingegraben, nicht auf Steinplatten, wie der Apostel sagt (vgl. 2 Kor 3,3), sondern auf der Tafel des Herzens, die rein und glatt ist und schimmert. So nämlich muß das leitende Seelenprinzip beschaffen sein, daß sich die Erinnerung an die göttlichen Logien deutlich und ohne Störung in ihm einprägt, gleichsam mit leicht erkennbaren Schriftzeichen (in Worte) gegliedert.

Zu Recht aber ist neben dieser Art von Tafel auch der Saphir zum Lob des „Bauches“ mit herangezogen. Denn der Glanz des Saphirs ist dem Aussehen des Himmels ähnlich. In dieser Ausführung wird das Rätselbild zum Symbol dafür, daß unser Herz das im Sinn hat, was oben ist (vgl. Kol 3,2), und dorthin schaut, wo es seinen Schatz aufbewahrt (vgl. Mt 6,21; Lk 12,34), und dort auch seine Augen ausruhen läßt, so daß sie beim Achten auf die göttlichen Weisungen nicht müde werden, da die himmlische Hoffnung die Sehfähigkeit der Seelen-„Augen“ sich erholen läßt.

Danach folgt auf das Lob des Bauches der Lobpreis der Beine. Es heißt nämlich: *Seine Beine sind marmorne Säulen, gegründet auf goldene Sockel* (Cant 5,15a–b).

Mit vielen Säulen ist das „Haus der Weisheit“ ausgestattet, das sie sich erbaute (vgl. Spr 9,1), und zahlreich sind auch die Säulen, die das Offenbarungszelt[36] stützten, geschmückt mit unterschiedlichen Materialien: Ihre Kapitelle und Sockel waren aus Gold, der Mittelteil mit einem Silberüberzug verziert (vgl. Ex 37,4.15 LXX)[37]. Die „Säulen“ der Kirche aber — die Kirche ist nämlich ein „Haus“, sagt doch der Apostel: „Wie man sich im Hause Gottes verhalten soll“ (1 Tim 3,15) —, (diese „Säulen“) seien aus Marmor, sagt die Braut, auf goldenen Sockeln stehend. Daß also die Braut in der Beschreibung der Schönheit mit der

Sockel *ehern* waren. Säulen mit *goldenen* Sockeln kommen im LXX-Text nicht vor.

κάλλους ὑπογραφὴν παραπλησίως ἐκείνῳ τὴν κεφαλὴν καὶ τὰς βάσεις τῷ χρυσίῳ κοσμήσασα, παντὶ δῆλόν ἐστι τῷ τοῖς περὶ τῆς σκηνῆς εἰρημένοις καθομιλήσαντι· ὡς γὰρ ἐκεῖνος χρυσῆν ἑκάστῳ τῶν στύλων τὴν κεφαλὴν ἐφαρμόσας ἐπὶ χρυσῆς ἵστησι βάσεως, οὕτω καὶ ἐνταῦθά φησιν ἡ καθαρῶς πρὸς τὸ τοῦ νυμφίου βλέπουσα κάλλος κεφαλὴν μὲν αὐτοῦ εἶναι χρυσίον καθαρὸν καὶ ἀκήρατον (τοῦτο γὰρ ἡ τοῦ κεφὰζ λέξις ἐνδείκνυται), τεθεμελιῶσθαι δὲ τὰς κνήμας ἐπὶ χρυσῶν λέγει τῶν βάσεων.

Πρὸς ὅ τι δὲ χρὴ μεταληφθῆναι τὰ περὶ τῶν στύλων αἰνίγματα, τῷ ἁγίῳ Παύλῳ μαθητευόμενοι τῆς ἀληθοῦς ἐννοίας οὐκ ἐκπεσούμεθα, ὃς τοὺς προέχοντας ἐν τοῖς ἀποστόλοις Πέτρον καὶ Ἰάκωβον καὶ Ἰωάννην στύλους τῆς ἐκκλησίας ὠνόμασεν. Ἐπεὶ δὲ καὶ τοῦτο προσήκει μαθεῖν, πῶς ἔστι γενέσθαι στῦλον, ὡς ἂν καὶ ἡμεῖς ἄξιοι τῆς τοιαύτης γενοίμεθα κλήσεως, πάλιν καὶ τοῦτο παρὰ τῆς τοῦ Παύλου σοφίας ἀκούομεν, ὅς φησι στῦλον εἶναι τὸ ἑδραίωμα τῆς ἀληθείας. Οὐκοῦν χρυσίον μέν ἐστιν ἡ ἀλήθεια, ἡ καὶ βάσις τῶν κνημῶν γινομένη καὶ τὰς χεῖρας καὶ τὴν κεφαλὴν δι' ἑαυτῆς καλλωπίζουσα, τὸ δὲ ἑδραίωμα εἰς τὴν τοῦ μαρμάρου
| φύσιν μεταλαβών τις οὐχ ἁμαρτήσεται· ὡς εἶναι τοιαύτην | 417
τὴν τῶν λεγομένων διάνοιαν ὅτι αἱ κνῆμαι τοῦ σώματος, οἱ μαρμάρινοι στῦλοι (τουτέστιν οἱ τῷ λαμπρῷ βίῳ καὶ τῷ

---

[38] Bezalel leitete die Arbeiten der israelitischen Künstler und Handwerker bei der Planung, Herstellung und Ausstattung des Offenbarungszeltes. Nach Ex 31,1–5 war er von Gott selbst dazu ausersehen worden; in Ex 35,30–34 verkündet Mose seine Beauftragung dem ganzen Volk; in Ex 36–39 wird die Ausführung des Werkes beschrieben.

[39] Im Griechischen wird die beabsichtigte Parallelisierung dadurch unterstrichen, daß die Worte κεφαλίδες (Kapitelle) und κεφαλή (Haupt) zum selben Wortstamm gehören und fast gleichbedeutend sind.

[40] Vgl. jedoch Anm. 37, oben 740f. Handelt es sich um „großzügigen" Umgang mit der Schrift oder um einen Fehler GREGORS, der auch bei der Veröffentlichung der *Canticum-Homilien* nicht mehr behoben wurde?

Weisheit des Bezalel[38] übereinstimmt, weil sie ähnlich wie jener das Haupt[39] und die Sockel mit Gold schmückte, ist jedem deutlich, der sich mit dem, was über das Offenbarungszelt gesagt ist, vertraut gemacht hat[40]. Wie nämlich jener einer jeden Säule ein goldenes „Haupt" aufsetzt und sie auf einen goldenen Sockel stellt, so sagt hier auch jene, die in Reinheit auf die Schönheit des Bräutigams schaut, sein Haupt sei reines und lauteres Gold — das nämlich zeigt der Ausdruck „Kephaz" an[41] (vgl. Cant 5,11) —, die Beine aber, sagt sie, seien auf goldene Sockel gegründet.

Wenn wir indes beim heiligen Paulus lernen, auf was man die Rätselbilder, die mit den Säulen zu tun haben, übertragen muß, werden wir vom richtigen Gedanken nicht abkommen. Er (*sc.* Paulus) nannte die besonders Angesehenen unter den Aposteln — Petrus, Jakobus und Johannes — „Säulen" (vgl. Gal 2,9) der Kirche. Da es sich aber ziemt, auch das zu lernen, *wie* man eine „Säule" werden kann, damit auch wir eines solchen Titels würdig werden, hören wir auch dies wieder von der Weisheit des Paulus, der sagt, die „Befestigung" der Wahrheit sei eine „Säule" (vgl. 1 Tim 3,15)[42]. Die Wahrheit ist also golden. Sie wird sowohl zur Basis der „Beine" und verschönt zugleich „Hände" und „Haupt" durch ihr Aussehen. Wer indes die „Befestigung" in übertragenem Sinn auf die natürliche Beschaffenheit des Marmors deutet, wird nicht fehlgehen. Daraus folgt, daß der Sinn dieser Worte etwa folgender ist: Die Beine des Leibes, die marmornen Säulen — das heißt diejenigen, die durch ihr glänzendes Leben und das gesun-

---

[41] Vgl. dazu die Exegese von Cant 5,11, oben 696–699 mit Anm. 47.

[42] GREGOR gibt 1 Tim 3,15 in einem anderen Sinn wieder, als es unserer Auffassung entspricht. Wir lesen dort, die *Kirche* sei „Säule" *und* „Grundfeste der Wahrheit", während GREGOR (τὸ) ἑδραίωμα τῆς ἀληθείας als Subjekt und στῦλος als Prädikatsnomen einer eigenen Aussage versteht.

ὑγιαίνοντι λόγῳ τὸ κοινὸν σῶμα τῆς ἐκκλησίας βαστάζοντές τε καὶ διερείδοντες, δι' ὧν ἥ τε βάσις τῆς πίστεως ἔχει τὸ πάγιον καὶ ὁ κατ' ἀρετὴν δρόμος ἀνύεται καὶ ἐν τοῖς ἅλμασι τῶν θείων ἐλπίδων ὅλον τὸ σῶμα μετέωρον γίνεται) διὰ τῶν δύο κατορθοῦνται τούτων, ἀληθείας καὶ βεβαιότητος, τοῦ μὲν χρυσοῦ μεταλαμβανομένου πρὸς τὴν ἀλήθειαν, ἥτις κατὰ τὴν τοῦ Παύλου φωνὴν θεμέλιος τῆς θείας οἰκοδομῆς γίνεταί τε καὶ ὀνομάζεται (οὕτω γάρ φησιν ὅτι »Θεμέλιον ἄλλον οὐδεὶς δύναται θεῖναι παρὰ τὸν κείμενον, ὅς ἐστιν Ἰησοῦς Χριστός.« Ἰησοῦς Χριστὸς δέ ἐστιν ἡ ἀλήθεια, ᾗ ἐνθεμελιοῦνται αἱ κνῆμαι, οἱ στῦλοι τῆς ἐκκλησίας), διὰ δὲ τοῦ μαρμάρου νοούντων ἡμῶν τό τε λαμπρὸν τοῦ βίου καὶ τὸ πρὸς τὴν τῶν ἀγαθῶν διάθεσιν ἐμβριθές τε καὶ ἀμετάθετον.

Ἀλλ' ἐπειδὴ πολλοὶ μὲν οἱ στῦλοι τῆς τοῦ μαρτυρίου σκηνῆς, πολλοὶ δὲ καὶ οἱ τὸν τῆς σοφίας οἶκον διαβαστάζοντες, δύο δὲ νῦν ἐξαρκοῦσιν ὅλον ἀνέχειν ἐφ' ἑαυτῶν τὸ σῶμα, τάχα πρὸς ἄλλην τινὰ διάνοιαν χρὴ μεταγαγεῖν τὸν σκοπὸν τοῦ αἰνίγματος· οἶμαι γὰρ διὰ | τούτων ἐκεῖνο κατασκευά- | 418
ζεσθαι τὸ πολυειδεῖς μὲν γίνεσθαι τὰς ἐκ τοῦ νόμου πρὸς ἀρετὴν ὁδηγίας, πολλὰ δὲ καὶ τῆς σοφίας εἶναι τὰ παραγγέλματα πρὸς τὸν αὐτὸν ὁρῶντα σκοπόν, τὸν δὲ συντετμημένον τοῦ εὐαγγελίου λόγον εἰς εὐαρίθμητόν τε καὶ συνεσταλμένον ἀγαγεῖν πᾶσαν τοῦ κατ' ἀρετὴν βίου τὴν τελειότητα οὕτως εἰπόντος τοῦ κυρίου ὅτι »Ἐν ταύταις ταῖς δυσὶν ἐντολαῖς ὅλος ὁ νόμος καὶ οἱ προφῆται κρέμανται.« Ἶσον δὲ πάντως ἐστὶν εἰς δύναμιν ἢ ὑποκρεμάμενον ἀνέχειν τὸ βάρος ἢ

---

[43] Die Terminologie spielt auf 1 Tim 6,3; 2 Tim 1,13 an. Geläufiger ist in den Pastoralbriefen die Rede von der „gesunden Lehre“; vgl. 1 Tim 1,10; 2 Tim 4,3; Tit 1,9 u. ö.

[44] Wörtlich: in den „Sprüngen“. GREGOR bezeichnet damit eine weitere Fähigkeit der „Beine“ der Kirche.

de Wort[43] (*sc.* der Lehre) den gemeinsamen Leib der Kirche tragen und stützen, diejenigen, durch die die Basis des Glaubens Festigkeit besitzt, der Tugendlauf vollendet und der ganze Leib erhoben wird im Aufschwung[44] der göttlichen Hoffnungen —, (die Beine also) werden durch diese beiden (Werte), Wahrheit und Festigkeit, aufgerichtet. Dabei ist das Gold in übertragenem Sinn auf die Wahrheit zu deuten, die dem Wort des Paulus zufolge zum Fundament des göttlichen Hausbaus wird und auch so genannt wird — er sagt nämlich folgendes: „Niemand kann ein anderes Fundament legen als das, das gelegt ist: Jesus Christus" (1 Kor 3,11). Jesus Christus aber ist die Wahrheit (vgl. Joh 14,6), in der die Beine, die Säulen der Kirche, gründen. — Unter dem Marmor aber verstehen wir den Glanz des Lebens, die Standhaftigkeit und Unveränderlichkeit in der inneren Ordnung des Guten.

Nachdem jedoch die Säulen des Offenbarungszeltes zahlreich sind, und zahlreich auch jene, die das „Haus der Weisheit" tragen (vgl. Spr 9,1), hier nun aber zwei (Säulen) genügen, um den ganzen Leib auf ihnen hochzuhalten, muß man die Absicht des Rätselbildes vielleicht auf einen anderen Sinn zielen lassen. Ich meine nämlich, daß dadurch jene Tatsache offengelegt wird, daß zwar die Anleitungen zur Tugend, die aus dem Gesetz stammen, viele Formen annehmen und auch die Anweisungen der Weisheit zahlreich sind, die dasselbe Ziel im Blick haben, daß aber das kurzgefaßte Wort des Evangeliums die ganze Vollkommenheit des Tugendlebens auf eine zahlenmäßig überschaubare, komprimierte Formel bringt, wenn der Herr folgendes sagt: „An diesen beiden Geboten[45] hängen das ganze Gesetz und die Propheten" (Mt 22,40). Das gleiche aber bedeutet es jedenfalls an Kraftaufwand, ob man nun das Gewicht (einer Last) aushält, wenn es unten angehängt

---

[45] Gemeint ist das Doppelgebot der Gottes- und Nächstenliebe.

ἐπικείμενον· εἷς γὰρ δι' ἀμφοτέρων ὁ τῆς δυνάμεως θεωρεῖται τόνος τοῦ καθ' ἑκάτερον τρόπον τὸ ἄχθος βαστάζοντος· φέρει γὰρ ὁμοίως δι' ἑαυτοῦ, εἴτε ἀπηρτημένον ἔχει τὸ βάρος εἴτε ὑπολαμβάνει τῇ παλάμῃ τὸ βασταζόμενον. Ἐπεὶ οὖν ὁ μὲν κύριος ἐν ταύταις φησὶ ταῖς δυσὶν ἐντολαῖς ὅλον τὸν νόμον κρέμασθαι καὶ τοὺς προφήτας, νῦν δὲ ἡ νύμφη δύο στύλοις ἐπὶ χρυσῶν θεμελίων βεβηκόσι βαστάζεσθαι λέγει τὸ σῶμα, καλῶς ἂν ἔχοι πρὸς τὴν θεωρίαν τοῦ κατὰ τὰς κνήμας αἰνίγματος συμπαραλαβεῖν τὰς δύο ἐντολὰς ἐκείνας, ὧν τὴν μὲν πρώτην ὀνομάζει ὁ κύριος, τὴν δὲ ὁμοίαν τῇ πρώτῃ, λέγων τὸ μὲν ἀγαπᾶν τὸν θεὸν ἐξ ὅλης καρδίας τε καὶ ψυχῆς καὶ δυνάμεως τὴν πρώτην ἐντολὴν εἶναι, τὸ δὲ τὸν πλησίον ὡς ἑαυτὸν | ἰσοδυναμεῖν τῇ πρώτῃ. | 419

Ἀλλὰ καὶ ὁ Παῦλος οἷόν τινα οἶκον δεκτικὸν τοῦ θεοῦ κατασκευάζων τὸν μέγαν Τιμόθεον τοὺς δύο τούτους ἐν αὐτῷ ἵστησι στύλους, τῷ μὲν ὄνομα θέμενος πίστιν τῷ δὲ ἑτέρῳ συνείδησιν, διὰ μὲν τῆς πίστεως τὴν εἰς θεὸν ἀγάπην τὴν ἐξ ὅλης καρδίας τε καὶ ψυχῆς καὶ δυνάμεως σημαίνων, διὰ δὲ τῆς ἀγαθῆς συνειδήσεως τὴν ἀγαπητικὴν εἰς τὸν πλησίον διάθεσιν.

Τάχα δὲ οὐκ ἐναντιοῦται τῷ προτέρῳ νοήματι ἡ νῦν ἐφευρεθεῖσα διάνοια· δι' ἀμφοτέρων γὰρ τούτων ἐστὶ τὸ γενέσθαι στύλους τοὺς κατὰ Πέτρον καὶ Ἰάκωβον καὶ Ἰωάννην καὶ εἰ δή τις ἄλλος κατ' ἐκείνους τοῦ τοιούτου ὀνόματος ἄξιος ἢ γέγονεν ἢ γενήσεται· ὁ γὰρ ἐν ταύταις ταῖς δυσὶν ἐντολαῖς τελειωθεὶς στῦλος καὶ ἑδραίωμα τῆς ἀληθείας κατασκευάζεται κατὰ τὴν τοῦ ἀποστόλου φωνήν,

ist oder wenn es aufliegt. Denn die Kraftanspannung dessen, der die Last auf die eine oder andere Weise trägt, ist in beiden Fällen als ein und dieselbe anzusehen. Denn mit eigenem Einsatz trägt er in gleicher Weise, ob er das Gewicht nun herabhängen läßt oder ob er das, was zu tragen ist, mit seiner Hand aufnimmt. Der Herr also sagt, an diesen zwei Geboten hingen das ganze Gesetz und die Propheten, und die Braut wiederum sagt nun (in Cant 5,15a–b), der Leib werde von zwei Säulen getragen, die auf goldenen Fundamenten stehen. Da dem so ist, dürfte man gut daran tun, jene zwei Gebote zur Betrachtung des Rätselbildes, das die Beine betrifft, mit heranzuziehen. Das eine von ihnen nennt der Herr „das erste", das andere nennt er „dem ersten gleich", wenn er sagt, Gott aus ganzem Herzen, ganzer Seele und Kraft zu lieben sei das erste Gebot, den Nächsten aber wie sich selbst (zu lieben) sei von gleicher Bedeutung wie das erste (vgl. Mt 22,37–39).

Als Paulus indes den großen Timotheus sozusagen als „Haus" einrichtete, das zur Aufnahme Gottes diente, da stellte er ebenfalls diese zwei „Säulen" in ihm auf, wobei er der einen den Namen „Glaube" beilegte, der anderen den Namen „Gewissen" (vgl. 1 Tim 1,19). Mit dem Glauben bezeichnete er die Liebe zu Gott, die aus ganzem Herzen, ganzer Seele und Kraft aufgebracht wird, mit dem guten Gewissen wiederum die liebevolle Gesinnung dem Nächsten gegenüber.

Der nunmehr entdeckte Sinn (von Cant 5,14a–b) steht aber möglicherweise gar nicht im Gegensatz zu dem früheren Gedanken. Durch diese beiden (Verstehensweisen) nämlich ist es möglich, daß diejenigen zu „Säulen" werden, die Petrus, Jakobus und Johannes entsprechen und falls sonst noch jemand nach jenen (biblischen Gestalten) eines solchen Namens würdig gewesen ist oder es noch sein wird. Wer nämlich in diesen zwei Geboten vollkommen wurde, wird als „Säule" und „Befestigung" der Wahrheit eingerichtet, dem Wort des Apostels zufolge (vgl. 1 Tim

ὥστε τοῖς δύο τούτοις κατορθώμασιν ὅλον τὸ σῶμα τῆς ἀληθείας καθάπερ κνήμαις τισὶν ἐπερείδεσθαι, τοῦ χρυσοῦ θεμελίου τῆς κατὰ τὴν πίστιν βάσεως τὸ ἀκλινές τε καὶ ἀμετάθετον καὶ τὸ ἐν παντὶ ἀγαθῷ πάγιον τοῖς λογισμοῖς ἐμποιοῦντος.

Μετὰ δὲ τοὺς ἐπαίνους τούτους καθάπερ ἀνακεφαλαιουμένη ὅλον τοῦ νυμφίου τὸ κάλλος φησίν· *Εἶδος αὐτοῦ ὡς Λίβανος ἐκλεκτός, ὡς κέδροι. Φάρυγξ αὐτοῦ γλυκασμὸς καὶ ὅλος ἐπιθυμία. Οὗτος ἀδελφιδός μου καὶ οὗτος πλησίον* |420 *μου, θυγατέρες Ἰερουσαλήμ.* Ἐν τούτῳ γὰρ οἶμαι σαφέστερον αὐτὴν διασημαίνειν ὅτι περὶ τὸ βλεπόμενον τοῦ νυμφίου κάλλος ἐστὶν ὁ ἔπαινος (ἐκεῖνό φημι τὸ βλεπόμενον, ὃ διὰ τῶν καθ' ἕκαστον μελῶν τῶν συμπληρούντων τὴν ἐκκλησίαν σωματοποιεῖ ὁ ἀπόστολος)· ἓν γὰρ εἶδος αὐτοῦ φησιν εἶναι τὰς μυριάδας τῶν κέδρων, αἷς διείληπται πανταχόθεν ὁ Λίβανος, δηλοῦσα διὰ τῶν λεγομένων ὅτι οὐδὲν ταπεινὸν καὶ χαμαίζηλον συντελεῖ πρὸς τὴν εὐμορφίαν τοῦ σώματος, ἐὰν μή τι κατὰ τὴν κέδρον ὑψηλὸν ᾖ καὶ πρὸς τὸ ἄνω τῇ κορυφῇ ἐπειγόμενον.

Μᾶλλον δὲ τὸ παρατεθὲν ἐν τοῖς εἰρημένοις πρῶτον κατανοήσωμεν· *Εἶδος αὐτοῦ*, φησίν, *ὡς Λίβανος ἐκλεκτός*.

Ἐκλογὴ δὲ παντὸς πράγματος διὰ τῆς τοῦ ἐναντίου παραθέσεως γίνεται. Ἐπεὶ οὖν ὁμώνυμόν ἐστι τὸ ἀγαθὸν ἐπί τε τοῦ ὄντως ὄντος τοιούτου καὶ ἐπὶ τοῦ μὴ ὄντος μέν, ὑποκρινομένου δὲ δι' ἀπάτης καὶ δοκοῦντος εἶναι ὃ οὐκ ἔστιν, ὁ μὴ διαμαρτὼν τῆς τοῦ καλοῦ κρίσεως τὸ ἐξειλεγμένον ἀγαθὸν ἀντὶ τοῦ ἠπατημένου προείλετο. Ἐπεὶ οὖν ἐνταῦθα τῷ ἐκλεκτῷ Λιβάνῳ τὸ εἶδος τοῦ νυμφίου προσείκασε, δύο κατὰ τὸ ἀκόλουθον Λιβάνους ὁ λόγος νοεῖν ὑποτίθεται· ἕνα μὲν τὸν

[46] Der Gedanke, daß das Schlechte *scheinbar* gut ist, gibt GREGOR die Möglichkeit zu erklären, wie es überhaupt zur Wahl des Bösen kommen kann; vgl. dazu *hom.* 2 zu Cant 1,6c–e, oben 175–179 mit Anm. 29, und *hom.* 12 zu Cant 5,5a–c, oben 629–631 mit Anm. 24.

3,15), so daß sich der ganze Leib der Wahrheit auf diese zwei verwirklichten (Gebote) wie auf Beine stützt. Dabei bewirkt das goldene Fundament der Glaubens-Basis in den Überlegungen Unbeugsamkeit, Unveränderlichkeit und Festigkeit in allem Guten.

Nach diesen Lobreden sagt sie (*sc.* die Braut) gleichsam in einer Rekapitulation der ganzen Schönheit des Bräutigams: *Seine Gestalt ist wie der auserwählte Libanon, wie Zedern. Seine Kehle ist Süßigkeit, und er ist ganz und gar Verlangen. Dieser ist mein Brudersohn und dieser mein Nächster, Töchter Jerusalems* (Cant 5,5c–16). Denn in diesem (Text) gibt sie, wie ich meine, mit größerer Deutlichkeit zu erkennen, daß ihr Lob die *sichtbare* Schönheit des Bräutigams betrifft — jene sichtbare (Größe) meine ich, die der Apostel aus den einzelnen Gliedern, die die Kirche vollständig machen, zu einem „Leib" gestaltet (vgl. 1 Kor 12,12–31). — Denn seine Gestalt, die doch *eine* ist, sagt sie (*sc.* die Braut), bestehe aus Myriaden von Zedern, mit denen der Libanon überall bedeckt ist. Durch diese Worte macht sie deutlich, daß nichts Niedriges und Gemeines zur schönen Gestalt des Leibes beiträgt, außer wenn etwas nach Art der Zeder hoch ist und mit seinem „Wipfel" nach oben drängt.

Aber laßt uns lieber bedenken, was (uns) in diesen Worten als erstes vorgelegt wurde: *Seine Gestalt*, heißt es, *ist wie der auserwählte Libanon* (Cant 5,15cα).

Die Auswahl einer jeden Sache vollzieht sich in Gegenüberstellung mit dem Gegenteil. Weil also (der Begriff) des „Guten" homonym ist bei dem, was wirklich von solcher Art, und dem, was zwar nicht (gut) ist, sich aber betrügerisch verstellt und zu sein scheint, was es nicht ist[46], gab (der Text), der in der Beurteilung des Schönen nicht fehlgehen wollte, dem „ausgesucht Guten" den Vorzug vor dem „vorgetäuschten". Da er also hier die Gestalt des Bräutigams mit dem „auserwählten Libanon" verglich, gibt der Text logischerweise den Gedanken an zwei Liba-

| 421 πονηρὸν καὶ ἀπόβλητον, τὸν ἴσα τῷ μόσχῳ κατὰ τὴν προφητείαν μετὰ τῶν κέδρων τῶν ἐφ' ἑαυτοῦ συντριβόμενον, ἕτερον δὲ τὸν ἐκλεκτόν τε καὶ τίμιον, οὗ τὸ κάλλος θεοπρεπές ἐστι καὶ θεοείκελον.

Ὃ δὲ νοοῦμεν διὰ τῶν εἰρημένων τοιοῦτόν ἐστιν· εἷς βασιλεὺς κυρίως τε καὶ ἀληθινῶς καὶ πρώτως ἐστὶν ὁ βασιλεὺς πάσης τῆς κτίσεως. Ἀλλ' ὅμως καὶ ὁ κοσμοκράτωρ τοῦ σκότους σεμνύνει ἑαυτὸν τῷ τῆς βασιλείας ὀνόματι. Λεγεῶνες ἀγγέλων παρὰ τῷ ἀληθινῷ βασιλεῖ καὶ λεγεῶνες δαιμόνων παρὰ τῷ ἄρχοντι τῆς ἐξουσίας τοῦ σκότους. Ἀρχαὶ καὶ ἐξουσίαι καὶ δυνάμεις ὑπὸ τὸν βασιλέα τῶν βασιλευόντων καὶ κύριον τῶν κυριευόντων. Ἔχει κἀκεῖνος κατὰ τὴν τοῦ ἀποστόλου φωνὴν ἀρχάς τε καὶ ἐξουσίας καὶ δυνάμεις τὰς καταργουμένας, ὅταν μέλλῃ τὸ κακὸν εἰς τὸ μὴ ὂν ἀφανίζεσθαι (»Ὅταν γὰρ καταργήσῃ«, φησί, »πᾶσαν ἀρχὴν καὶ ἐξουσίαν καὶ δύναμιν«). Ἐπὶ θρόνου βλέπει ὁ προφήτης τὸν βασιλέα τῆς δόξης καθήμενον ὑψηλοῦ τε καὶ ἐπηρμένου. Κἀκεῖνος ἐπαγγέλλεται θήσειν ἐπάνω τῶν ἄστρων τὸν ἴδιον θρόνον, ὥστε εἶναι ὅμοιον τῷ ὑψίστῳ. Σκεύη ἐκλογῆς ἐν τῇ μεγάλῃ ἑαυτοῦ οἰκίᾳ ὁ τοῦ παντὸς ἔχει δεσπότης. Ἔχει κἀκεῖνος σκεύη ὀργῆς κατηρτισμένα εἰς ἀπώλειαν. Πάλιν ζωὴν καὶ εἰρήνην δι' ἀγγέ| 422 λων χορηγεῖ τοῖς ἀξίοις ὁ τῶν ἀγγέλων κύριος. Κἀκεῖνος θυμὸν καὶ ὀργὴν καὶ θλῖψιν ἀπο-

---

[47] Diese negative Deutung des Libanon hatte GREGOR unter Hinweis auf denselben Schriftbeleg bereits in *hom.* 7 bei der Exegese von Cant 3,9–10, oben 407–409, gegeben. Hier (siehe unten 753) wie dort erklärt er auch, daß mit dem „Kalb" das Götzenbild gemeint sei, das sich das Volk Israel in der Wüste machte und das von Mose zerschmettert wurde (vgl. Ex 32,20).

[48] Die Anspielung GREGORS zielt auf Jes 6,1 (vgl. dort die Formulierung εἶδον τὸν κύριον καθήμενον ἐπὶ θρόνου ὑψηλοῦ καὶ ἐπηρμένου) und nicht auf Ez 10,1, wie LANGERBECK, GNO 6, 421, im Testimonienapparat angibt.

[49] In diesem Fall ist auf 2Tim 2,20f angespielt, und zwar nicht nur wegen der Wendung ἐν μεγάλῃ οἰκίᾳ, sondern auch, weil es dort gleich-

nonberge ein: an den einen, der schlecht ist und verworfen, der — ebenso wie das Kalb — samt den Zedern, die auf ihm wachsen, der Prophetie zufolge (vgl. Ps 28,5b–6a LXX)[47] zerschmettert wird, und den anderen, den auserwählten und hochgeschätzten, dessen Schönheit gottgeziemend und gottähnlich ist.

Folgendes etwa verstehen wir aufgrund des Gesagten: *Einen* König im eigentlichen, wahren und ursprünglichen Sinn des Wortes gibt es, und das ist der König der ganzen Schöpfung (*sc.* Gott). Aber dennoch macht sich auch der „Herrscher über die Welt der Finsternis" (vgl. Eph 6,12) wichtig mit dem Titel der Königsherrschaft. Legionen von Engeln sind bei dem wahren König (vgl. Mt 26,53) und Legionen von Dämonen bei dem Herrscher der Macht der Finsternis (vgl. Mk 5,9.15; Lk 8,30). Herrschaften, Gewalten und Kräfte (vgl. Eph 1,21) gibt es unter dem König der Könige und Herrn der Herren (vgl. 1 Tim 6,15). Aber auch *jener* verfügt dem Wort des Apostels zufolge über Herrschaften, Gewalten und Kräfte, die (erst) unwirksam gemacht werden, wenn das Böse ins Nicht-Seiende verschwindet — heißt es doch: „Sobald er (*sc.* Christus) alle Herrschaft, Gewalt und Kraft unwirksam macht" (1 Kor 15,24). — Auf einem hohen und erhabenen Thron sieht der Prophet den König der Herrlichkeit sitzen (vgl. Jes 6,1)[48]. Und auch *jener* kündigt an, er werde den eigenen Thron über den Sternen aufstellen, so daß er dem Höchsten ähnlich sei (vgl. Jes 14,13 f). „Gefäße der Erwählung" (vgl. Apg 9,15) besitzt der Herrscher des Alls in seinem großen Haus (vgl. 2 Tim 2,20 f)[49]. Es hat aber auch *jener* „Gefäße des Zorns, die zur Vernichtung bestimmt sind" (vgl. Röm 9,22). Wiederum gewährt der Herr der Engel denen, die es wert sind, durch Engel Leben und Frieden (vgl. Lk 2,13 f). Und auch *jener* sendet durch seine schlechten Engel Wut,

---

falls um verschiedene „Geräte" im Hause Gottes geht; anders LANGERBECK, GNO 6, 421, der im Testimonienapparat auf Joh 14,2 verweist.

στέλλει διὰ τῶν ἀγγέλων τῶν πονηρῶν. Καὶ τί χρὴ τὰ καθ' ἕκαστον λέγειν, δι' ὧν κατὰ τὸ ἐναντίον ἀντεπαίρεται πρὸς τὴν τοῦ ἀγαθοῦ φύσιν ὁ ἀντικείμενος;

Ἐπεὶ οὖν κατὰ τὸ αἰσθητὸν περιφανές ἐστι θέαμα τὸ ὄρος ὁ Λίβανος πανταχόθεν ταῖς ὑψηλαῖς κέδροις συνηρεφής τε καὶ δάσκιος, τούτου χάριν πρὸς τὰς ἐναντίας ἐννοίας διὰ τῶν κατὰ τὸ φαινόμενον ὑποδειγμάτων ὑπὸ τῆς γραφῆς τὸ ὄρος μερίζεται προσφόρως λαμβανόμενον καθ' ἑκάτερον. Καὶ οὕτως ἔστι παρὰ τοῖς αὐτοῖς προφήταις ἰδεῖν τὸ αὐτὸ ὄνομα κατὰ τὴν τῶν δηλουμένων διαφορὰν ἐπαινούμενόν τε καὶ κακιζόμενον· νῦν μὲν γὰρ συντρίβει κύριος τὰς κέδρους τοῦ Λιβάνου καὶ ὅλον τὸν Λίβανον μετὰ τῶν ἐν αὐτῷ κέδρων λεπτύνει καθ' ὁμοιότητα τοῦ εἰδωλοποιηθέντος μόσχου ἐν τῇ ἐρήμῳ (δι' οὗ τοῦτο ἡ προφητεία παρίστησιν ὅτι αὐτή τε ἡ κακία καὶ πᾶν ἐξ αὐτῆς ὕψωμα τὸ κατὰ τῆς γνώσεως τοῦ θεοῦ ἐπαιρόμενον εἰς τὸ μὴ ὂν περιστήσεται), νῦν δὲ πρὸς τὸ κρεῖττον αὐτοῦ μεταλαμβάνει | τὴν σημασίαν λέγων· »Δί- | 423
καιος ὡς φοῖνιξ ἀνθήσει, ὡσεὶ κέδρος ἡ ἐν τῷ Λιβάνῳ πληθυνθήσεται«· ὁ γὰρ ἀληθῶς δίκαιος (κύριος δέ ἐστιν ὁ δίκαιος ὁ δι' ἡμᾶς ἐκ γῆς ἀνασχών), ἐκεῖνος ὁ ὑψίκομος φοῖνιξ ὁ ἐν τῇ ὕλῃ τῆς φύσεως ἡμῶν ἀνατείλας ὄρος γίνεται ταῖς κέδροις τῶν ῥιζουμένων διὰ πίστεως ἐν αὐτῷ πληθυνόμενος, αἵτινες ὅταν ἐν τῷ οἴκῳ τοῦ θεοῦ φυτευθῶσιν, ἐν ταῖς αὐλαῖς τοῦ θεοῦ ἐξανθήσουσιν. Οἶκον δὲ τὴν ἐκκλησίαν

---

[50] In Ps 77,49 LXX ist allerdings eindeutig nicht der Teufel, sondern Gott selbst gemeint, der die „ägyptischen Plagen" verursachte. Ob GREGOR das übersehen oder den Vers bewußt aus diesem Kontext gerissen hat, bleibt unklar.

[51] GREGOR ist darum bemüht, eine Entsprechung zum *Berg* Libanon zu finden.

[52] Hier könnte an Jes 45,8 (evtl. auch an Ps 84,12a LXX) gedacht sein.

[53] Das Bild vom „Aufsprießen Christi im Wald der menschlichen Natur" verwendet GREGOR schon bei der Auslegung von Cant 2,3 in *hom.* 4, oben 271–275. Dort ist allerdings vom „Apfelbaum" anstelle der „Palme" die Rede, und GREGOR arbeitet dabei auch die Doppeldeutigkeit des griechischen Begriffs ὕλη („Wald" einerseits, „Stoff/Materie" andererseits) stärker heraus; siehe Anm. 27, oben 270.

Zorn und Bedrängnis aus (vgl. Ps 77,49 LXX)[50]. Doch wozu ist es nötig, detailliert darzulegen, mit welchen gegensätzlichen Mitteln sich der Widersacher gegen die Natur des Guten erhebt?

Da im Bereich des sinnlich Wahrnehmbaren der Berg Libanon ein weithin sichtbarer Anblick ist, überall mit hohen Zedern bedeckt und schattig, darum wird dieser Berg mit Hilfe der exemplarischen Bilder, die er im Bereich des Sichtbaren zu bieten hat, von der Schrift in gegensätzliche Bedeutungsaspekte aufgespalten, denn er läßt sich in beiderlei Hinsicht nutzbringend verwenden. Und so kann man bei ein und denselben Propheten beobachten, daß ein und derselbe Name (*sc.* Libanon) sowohl in lobendem als auch tadelndem Sinn erwähnt wird — der Verschiedenheit dessen entsprechend, was deutlich werden soll. Denn das eine Mal zerschmettert der Herr die Zedern des Libanon und zerkleinert den ganzen Libanon mitsamt den Zedern auf ihm (vgl. Ps 28,5b–6a LXX), ähnlich wie in der Wüste jenes Kalb (vgl. Ex 32,20), das als Götzenbild hergestellt war; — damit legt die Prophetie folgendes dar: Die Bosheit selbst und jede aus ihr stammende „Höhe“[51], die sich gegen die Erkenntnis Gottes erhebt (vgl. 2 Kor 10,5), wird sich ins Nicht-Seiende verändern. — Das andere Mal aber wendet er (*sc.* der Psalmist) die von ihm gebrauchte Bezeichnung in besserem Sinn an, wenn er sagt: „Der Gerechte wird wie eine Palme blühen, wie eine Zeder auf dem Libanon wird er mehr und mehr heranwachsen“ (Ps 92,13: LXX Ps 91,13). Denn der wirklich Gerechte — der „Gerechte“ ist der Herr, der unseretwegen aus der Erde hervorkam[52] —, jene oben an der Spitze belaubte „Palme“, die im „Wald“[53] unserer Natur aufsproß, wird zum „Berg“, indem er durch die „Zedern“ derer, die kraft des Glaubens in ihm „wurzeln“, mehr und mehr anwächst. Sobald diese Zedern im Hause Gottes „gepflanzt“ werden, werden sie in den Vorhöfen Gottes „aufblühen“ (vgl. Ps 92,14: LXX Ps 91,14). Die Kirche aber verstanden wir unter Anleitung des

κατὰ τὴν τοῦ ἀποστόλου ὑφήγησιν ἐνοήσαμεν, ἐν ᾧ γίνεται ἡ τῶν κέδρων τοῦ θεοῦ φυτεία, αὐλὰς δὲ τὰς αἰωνίους σκηνάς, ἐν αἷς ἡ τῶν ἀγαθῶν ἐλπίδων ἐξάνθησίς τε καὶ φανέρωσις τοῖς καθήκουσι χρόνοις γενήσεται.

Ἐπειδὴ τοίνυν τὸ σῶμα τοῦ Χριστοῦ διὰ τῶν καθ' ἕκαστον ἐκπληροῦται μελῶν (τὰ γὰρ πολλὰ μέλη ἓν σῶμα γίνεται, καθώς φησιν ὁ ἀπόστολος), τούτου χάριν ὅλον τὸ τοῦ νυμφίου κάλλος τὸν ἐκλεκτὸν ὠνόμασε Λίβανον τὴν πρὸς τὸν ἀπόβλητον Λίβανον διαφορὰν τῷ ἐκλεκτὸν διαστείλασα· ἐκεῖνος γάρ ἐστιν ὁ Λίβανος ὁ κατὰ τὸν Ἠσαΐαν σὺν τοῖς ὑψηλοῖς πεσούμενος, ὅταν ἐκ τῆς τοῦ Ἰεσσαὶ ῥίζης ἀνατείλῃ τὸ ἄνθος καὶ ἡ τῆς ἐξουσίας ῥάβδος ἀναφύῃ, δι' ἧς μεταβάλλε|ται τοῦ τε λέοντος καὶ τῆς παρδάλεως καὶ τῶν ἀσπίδων I 424
ἡ φύσις πρὸς τὸ τιθασόν τε καὶ ἥμερον, ὥστε συνδιαιτᾶσθαι μὲν τῷ μόσχῳ τὸν λέοντα, συναναπαύεσθαι δὲ τῷ ἐρίφῳ τὴν πάρδαλιν, ἐπιστατεῖν δὲ τούτων τὸ παιδίον ἐκεῖνο τὸ νήπιον ὃ ἐγεννήθη ἡμῖν, οὗ ἡ χεὶρ ἐν τῇ τρώγλῃ τῶν ἀσπίδων γίνεται καὶ τῶν ἐγγόνων τῆς ἀσπίδος ἐφαπτομένη καὶ τὸν ἰὸν αὐτῶν ἀπαμβλύνουσα, ὧν γινομένων φησὶν ὁ προφήτης ὅτι »Καὶ ὁ Λίβανος σὺν τοῖς ὑψηλοῖς πεσεῖται.« Ὅσα δὲ μηνύει διὰ τῶν αἰνιγμάτων τούτων ἡ προφητεία, ὡς πρόδηλα πᾶσιν ὄντα περιττὸν ἂν εἴη δι' ἀκριβείας ἐκτίθεσθαι. Τίς γὰρ οὐκ οἶδε τὸ γεννηθὲν ἡμῖν παιδίον τὸ τῶν ἀσπίδων τῇ χειρὶ ἐφαπτόμενον, οὗ ἡ ἐπιστασία τὰ δηλητήρια τῶν θηρίων ποιεῖ τοῖς ἡμέροις ὁμόσκηνα τῆς φυσικῆς πικρίας λήθην ποιούμενα; Ἐπεὶ οὖν πίπτει διὰ τούτων ὁ Λίβανος, ἡ κακία, καὶ συγκαταπίπτει τῇ πρώτῃ τῶν κακῶν ἀρχῇ τὰ κατὰ τῆς ἀληθείας

[54] GREGOR deutet den Umgang des kleinen Kindes mit den wilden Tieren in Jes 11,6.8 nicht als weitere Illustration des messianischen Friedens, sondern dezidiert auf das Kind, das Jes 9,5 zufolge „uns geboren wurde“, d.h. auf Christus.

Apostels (vgl. 1Tim 3,15) als „Haus“, in dem sich die „Pflanzung der Zedern Gottes“ befindet; die ewigen Wohnungen (vgl. Lk 16,9) wiederum (verstanden wir) als „Vorhöfe“. In ihnen werden das Aufblühen und die Offenbarung der guten Hoffnungen zu gegebener Zeit stattfinden.

Da demnach der Leib Christi durch die einzelnen Glieder vollständig gemacht wird — denn die vielen Glieder werden zu *einem* Leib, wie der Apostel sagt (vgl. 1Kor 12,12) —, nannte sie (*sc.* die Braut) darum die Schönheit des Bräutigams in ihrer Gesamtheit „den auserwählten Libanon“, indem sie den Unterschied zum verworfenen Libanon durch (das Adjektiv) „auserwählt“ präzise darlegte. Jener (andere) nämlich ist der Libanon, der Jesaja zufolge mit den Hochmütigen zu Fall kommt (vgl. Jes 10,34 LXX), sobald die Blume aus der „Wurzel Isais“ aufsprießt und der Stab der Vollmacht hochwächst, durch den die Natur des Löwen, des Leoparden und der Giftschlangen sich so verändert, daß sie mild und zahm wird. Das hat zur Folge, daß der Löwe mit dem Kalb zusammenlebt, der Leopard mit dem Böcklein zusammen ausruht, jenes unmündige Kind aber, das uns geboren wurde (vgl. Jes 9,5)[54], diese (Tiere) beaufsichtigt. Seine Hand langt in das Loch der Giftschlangen, berührt die Nachkommen der Giftschlange und schwächt deren Gift (vgl. Jes 11,1–8). Wenn dies geschieht, dann, sagt der Prophet, „wird auch der Libanon mit den Hochmütigen zu Fall kommen“ (Jes 10,34 LXX). Es dürfte indes überflüssig sein, genau darzulegen, was die Prophetie mit diesen Rätselbildern alles kundtut, da es doch allen ganz klar sein dürfte. Wer nämlich kennt das Kind nicht, das uns geboren wurde (vgl. Jes 9,5), das die Giftschlangen mit der Hand berührt und dessen Oberaufsicht bewirkt, daß die schädlichen Tiere mit den zahmen zusammenhausen, da sie ihren natürlichen Haß vergessen? Weil also der „Libanon“, (sprich) die Bosheit, dadurch zu Fall kommt und zusammen mit dem Urprinzip des Bösen auch die der Wahrheit entgegen-

ὑψώματα, διὰ τοῦτο τῷ ἐκλεκτῷ Λιβάνῳ παρεικάζει ἡ νύμφη τοῦ κυρίου τὸ κάλλος οὕτως εἰποῦσα τοῖς ῥήμασιν· *Εἶδος αὐτοῦ ὡς Λίβανος ἐκλεκτός, ὡς κέδροι.*

Προστίθησι δὲ καὶ τῷ φάρυγγι τὸν κατάλληλον ἔπαινον γλυκασμόν τε αὐτὸν καὶ ἐπιθυμίαν ὀνομάσασα. Ἔχει δὲ ἡ λέξις οὕτως· *Φάρυγξ αὐτοῦ γλυκασμὸς καὶ ὅλος ἐπιθυμία.*

Ὃ δὲ περὶ τούτου νοοῦμεν, τοιοῦτόν ἐστι· τὸ ὑπὸ τὸν ἀνθερεῶνα μέρος φάρυγγα καλεῖ ἡ συνήθεια, ᾧ φασι | τὸν [I 425] ἦχον τῇ προσπτώσει τοῦ ἐκ τῆς ἀρτηρίας πνεύματος ἀπογεννᾶσθαι περιδονούμενον. Ἐπεὶ οὖν κηρία μέλιτος οἱ καλοί εἰσι λόγοι, λόγου δὲ ὄργανόν ἐστιν ἡ φωνή, ἧς ἡ γένεσίς ἐστιν ἐκ φάρυγγος, τάχα τοὺς ὑπηρέτας τε καὶ ὑποφήτας τοῦ λόγου ἐν οἷς λαλεῖ ὁ Χριστὸς τῷ ὀνόματι τούτῳ σημαίνεσθαι νοῶν τις οὐχ ἁμαρτήσεται.

Καὶ γὰρ ὁ μέγας Ἰωάννης ἐρωτηθεὶς ὅστις εἴη φωνὴν ἑαυτὸν κατωνόμασεν, ἐπειδὴ τοῦ λόγου πρόδρομος ἦν, καὶ ὁ μακάριος Παῦλος δοκιμὴν ἐδίδου τοῦ ἐν αὐτῷ λαλοῦντος Χριστοῦ, ᾧ τὴν φωνὴν ἑαυτοῦ χρήσας γλυκασμὸς ἦν δι᾽ ἐκείνου φθεγγόμενος, καὶ πάντες οἱ προφῆται τὰ φωνητικὰ ἑαυτῶν ὄργανα τῷ ἐνηχοῦντι αὐτοῖς πνεύματι παραχωρήσαντες γλυκασμὸς ἐγίνοντο τὸ θεῖον μέλι διὰ τοῦ λάρυγγος τοῦ ἰδίου πηγάζοντες, ὃ βασιλεῖς τε καὶ ἰδιῶται πρὸς ὑγείαν προσφέρονται, οὗ ἡ ἀπόλαυσις οὐκ ἐπικόπτει τὴν ἐπιθυμίαν

---

[55] Auf der physiologischen Sachebene bedeutet πνεῦμα hier „Atemluft“, auf der Ebene allegorischer Deutung ist jedoch — wie schon so oft — der Heilige Geist gemeint.

[56] Die Entstehung des Schalls in der Kehle notiert bereits ARISTOTELES, *HA* Δ (535a BEKKER); PS.-ARISTOTELES, *Aud.* (804b BEKKER). Vgl. auch die konkretere Beschreibung bei GALEN, *Praecogn.* (98 NUTTON).

[57] In Joh 1,23 bezeichnet sich Johannes der Täufer mit Jes 40,3 LXX als „Stimme eines Rufers“. GREGOR versteht das offensichtlich so, daß Johannes die „Stimme“, der „Rufer“ aber der Logos/Christus ist. Auch bei den folgenden Beispielen (Paulus, Propheten) kehrt der Gedanke wieder, daß der eigentliche Sprecher in ihnen Christus (bzw. der Heilige Geist) ist, während sie nur den Part der Stimme übernehmen.

gesetzten „Höhen" niederstürzen, darum vergleicht die Braut die Schönheit des Herrn mit dem „auserwählten Libanon", wobei sie wörtlich folgendes sagt: *Seine Gestalt ist wie der auserwählte Libanon, wie Zedern* (Cant 5,15c).

Sie schließt indes nun auch das Lob an, das der Kehle angemessen ist, indem sie sie „Süßigkeit" und „Verlangen" nennt. Der Wortlaut bietet folgendes: *Seine Kehle ist Süßigkeit, und er ist ganz und gar Verlangen* (Cant 5,16a).

Was wir uns aber dazu denken, ist folgendes: Den Körperteil unter dem Kinn nennt die Sprachgewohnheit „Kehle". Durch sie, sagt man, entstehe der Schall, indem er durch den Andrang der Atemluft (des Pneumas[55]) aus der Luftröhre in Schwingung versetzt wird[56]. Da also die schönen Worte „Honigwaben" sind (vgl. Spr 16,24a), das Instrument des Wortes aber die Stimme ist, deren Entstehung in der Kehle zu lokalisieren ist, wird man nicht fehlgehen, wenn man denkt, daß vielleicht die Diener und Verkünder des Wortes (vgl. Lk 1,2), in denen Christus redet, mit diesem Begriff bezeichnet werden.

Denn auch der große Johannes nannte sich selbst eine „Stimme", als er gefragt wurde, wer er sei, da er doch der Vorläufer des Logos (d.h. des „Wortes") war (vgl. Joh 1,23)[57]. Und der selige Paulus gab einen Erweis des in ihm redenden Christus (vgl. 2Kor 13,3). Weil er diesem seine Stimme lieh, war er „Süßigkeit", die unter dessen Einfluß ertönte. Und alle Propheten wurden „Süßigkeit", weil sie dem Geist, der in ihnen erscholl, ihre Sprechorgane überließen. Durch die eigene Kehle ließen sie wie aus einer Quelle den göttlichen „Honig" fließen, den Könige und Privatleute zur Förderung der Gesundheit zu sich nehmen (vgl. Spr 6,8b LXX[58]). Sein Genuß verschlägt einem nicht das Verlangen durch Überdruß, sondern nährt die

[58] Es handelt sich bei dieser Anspielung um einen Zusatz der LXX gegenüber dem hebräischen Text; vgl. auch *hom.* 9 zu Cant 4,11a–b, oben 500–503 mit Anm. 18.

τῷ κόρῳ, ἀλλὰ τρέφει μᾶλλον διὰ τῆς τῶν ἐπιθυμουμένων μετουσίας τὸν πόθον.

Διὰ τοῦτο καὶ ὅλον αὐτὸν ἐπιθυμίαν κατονομάζει οἷόν τινι ὁρισμῷ τὸ τοῦ ζητουμένου κάλλος διὰ ταύτης τῆς | φωνῆς | 426
ὑπογράφουσα· *Ὅλος, γάρ φησιν, ἐπιθυμία.* Ὡς μακάρια τὰ μέλη ἐκεῖνα, δι᾿ ὧν τὸ ὅλον ἐπιθυμία γίνεται, διὰ τῆς ἐν παντὶ ἀγαθῷ τελειότητος σύγκρατον ἐκ πάντων τὸ ἐράσμιον ἀπεργαζόμενα κάλλος, ὥστε ὅλον, μὴ ἐν ὀφθαλμῷ μόνον καὶ κέρασιν ἢ βοστρύχοις ἀλλὰ καὶ ἐν ποσὶ καὶ ἐν χερσὶ καὶ ἐν κνήμαις καὶ κατὰ τὸν φάρυγγα παραπλησίως ἐπιθυμητὸν εἶναι μηδενὸς ἐν τοῖς μέλεσι κατὰ τὴν ὑπερβολὴν τοῦ κάλλους ἐλαττουμένου.

Οὗτος, φησίν, *ἀδελφιδός μου καὶ οὗτος πλησίον μου, θυγατέρες Ἰερουσαλήμ·* πάντα γὰρ ὑπ᾿ ὄψιν αὐταῖς ἀγαγοῦσα διὰ τῆς τοῦ λόγου γραφῆς τὰ γνωρίσματα, δι᾿ ὧν ἦν δυνατὸν γενέσθαι τὴν τοῦ ζητουμένου φανέρωσιν, τότε τῷ δεικτικῷ | κέχρηται λόγῳ, »Οὗτός ἐστι«, λέγουσα, »ὁ ζητού- | 427
μενος, ὃς διὰ τοῦ ἀδελφὸς γενέσθαι ἐξ Ἰούδα ἡμῖν ἀνατείλας πλησίον ἐγένετο τοῦ ἐμπεπτωκότος εἰς τοὺς λῃστὰς ἐλαίῳ καὶ

---

59 Zur Wortwahl der LXX siehe Anm. 6, oben 713.

60 Die Textüberlieferung gibt an dieser Stelle Rätsel auf: Bei dem Nomen κέρασιν handelt es sich um eine scharfsinnige Konjektur LANGERBECKS (siehe GNO 6, 426 kritischer Apparat). Die griechischen Textzeugen bieten dagegen einhellig χερσίν, was sich aber mit der Weiterführung des Satzes nicht verträgt (siehe oben im Text). Daß jedoch das erklärende ἢ βοστρύχοις, das eindeutig überliefert ist, als alte Glosse zu werten sei (vgl. LANGERBECK, ebd.), ist nicht einzusehen. Da das Nomen κέρατα seiner *Grund*bedeutung nach „Hörner" bezeichnet, wäre es dem Exegeten selbst schon zuzutrauen, den intendierten Sinn zu verdeutlichen.

61 Das Nomen γραφή kann hier natürlich nicht „Schrift" (schon gar nicht im Sinne von „Bibel", wie es die Übersetzung von BALTHASAR suggeriert) heißen. Ein Teil der griechischen Textzeugen schreibt ver-

Sehnsucht eher noch durch die Teilhabe an den begehrten Gütern.

Deshalb nennt die Braut ihn (*sc.* den Bräutigam) insgesamt „Verlangen", indem sie die Schönheit des Gesuchten mit Hilfe dieses Ausspruchs gleichsam wie mit einer Definition beschreibt. Denn sie sagt: *Er ist ganz und gar Verlangen*[59] (Cant 5,16aβ). Wie selig sind doch jene Glieder, durch die das Ganze „Verlangen" wird, weil sie durch die Vollkommenheit in allem Guten bewirken, daß sich die liebliche Schönheit aus allem zusammensetzt. Die Folge davon ist, daß sie als ganze, nicht nur an Auge und Haarflechten beziehungsweise Locken[60], sondern auch an Füßen, Händen, Beinen und an der Kehle in vergleichbarer Weise begehrenswert ist, weil keines unter den Gliedern in dem Übermaß an Schönheit beeinträchtigt wird.

Dieser ist mein Brudersohn, sagt sie (*sc.* die Braut), *und dieser mein Nächster, Töchter Jerusalems* (Cant 5,16b–c). Nachdem sie ihnen nämlich durch das „Gemälde"[61] ihrer Rede alle Merkmale vor Augen geführt hat, mit deren Hilfe es möglich war, das Gesuchte zu offenbaren, gebraucht sie daraufhin das Demonstrativpronomen und sagt: „*Dieser* ist es, der gesucht wird. Er wurde dadurch, daß er uns infolge seines ‚Aufsprießens' aus Juda (vgl. Hebr 7,14) zum ‚Bruder' wurde[62], zum ‚Nächsten' dessen, der unter die Räuber

---

deutlichend ὑπογραφή (Beschreibung; dafür entscheidet sich auch MORESCHINI); siehe LANGERBECK, GNO 6, 426 kritischer Apparat. Die meisten Übersetzungen (DANIÉLOU/MUSURILLO, CANÉVET/DANIÉLOU, MCCAMBLEY) übergehen den Begriff. Ich halte „Gemälde/Malerei" für die angemessene und lexikalisch mögliche Deutung. Das Beschreibungslied Cant 5,10–16 zeichnet ja wirklich ein „Bild" des Geliebten.

62 Mit diesem Hinweis erklärt GREGOR en passant die Bezeichnung ἀδελφιδός in Cant 5,16b. Präziser argumentiert er bei der Auslegung von Cant 1,16a in *hom.* 4, oben 256f mit Anm. 13, und Cant 2,16–17a in *hom.* 5, oben 348f mit Anm. 52, wenn er dort die Braut sagen läßt, Christus sei „Sohn ihres Bruders" (*sc.* Judas, des jüdischen Volkes) bzw. „ihrer Schwester" (*sc.* der Synagoge).

οἴνῳ καὶ ἐπιδέσμοις τὰς πληγὰς ἰασάμενος καὶ ἐπὶ τοῦ ἰδίου ἄρας ὑποζυγίου καὶ τῷ πανδοχείῳ ἐναναπαύσας καὶ τὰ δύο δηνάρια πρὸς τὴν ζωὴν παρασχόμενος καὶ ἐν τῇ ἐπανόδῳ αὐτοῦ τὸ προστεθὲν εἰς τὸ τῆς ἐντολῆς ἔργον ἀποδώσειν ἐπαγγειλάμενος.«

Πάντως δὲ φανερόν ἐστι τούτων ἕκαστον εἰς ὅ τι βλέπει· τῷ γὰρ ἐκπειράζοντι τὸν κύριον νομικῷ βουλομένῳ ὑπὲρ τοὺς ἄλλους ἑαυτὸν δεῖξαι καὶ ἐν ὑπερηφανίᾳ τὸ πρὸς τοὺς λοιποὺς ὁμότιμον διαπτύοντι ἐν τῷ λέγειν· »Καὶ τίς ἐστί μου πλησίον;« τότε ἐν διηγήματος εἴδει πᾶσαν τὴν φιλάνθρωπον οἰκονομίαν ὁ λόγος ἐκτίθεται, τὴν ἄνωθεν κάθοδον τοῦ ἀνθρώπου διηγησάμενος καὶ τὴν τῶν λῃστῶν ἐνέδραν καὶ τὴν τοῦ ἀφθάρτου ἐνδύματος περιαίρεσιν καὶ τὰ τῆς ἁμαρτίας τραύματα καὶ τὸ εἰς ἥμισυ τῆς φύσεως προχωρῆσαι τὸν θάνατον τῆς ψυχῆς ἀθανάτου διαμεινάσης καὶ τοῦ νόμου τὴν ἀνωφελῆ πάροδον οὔτε ἱερέως οὔτε λευΐτου τὰς πληγὰς τοῦ παραπεπτωκότος τοῖς λῃσταῖς θεραπεύσαντος· ἀδύνατον γὰρ αἷμα ταύρων καὶ τράγων ἀφελεῖν ἁμαρτίας, ἀλλὰ τὸν πᾶσαν τὴν ἀνθρωπίνην φύσιν διὰ τῆς ἀπαρχῆς τοῦ φυράματος περιθέμενον, ἐν ᾗ παντὸς | ἦν ἔθνους τὸ μέρος, Ἰουδαίου | 428 τε καὶ Σαμαρείτου καὶ Ἕλληνος καὶ πάντων ἅπαξ ἀνθρώπων,

---

[63] GREGOR greift hier auf die Parabel vom barmherzigen Samariter (Lk 10,30–35) zurück, die ja durch die Frage „Wer ist mein Nächster?“ (τίς ἐστίν μου πλησίον; Lk 10,29) ausgelöst wird und in die Gegenfrage Jesu einmündet: „Wer ... scheint dir der Nächste dessen gewesen zu sein, der unter die Räuber fiel?“ (Lk 10,36). GREGOR gibt darauf eine überraschende Antwort: Dieser „Nächste“ war Christus. Er greift damit eine Anregung auf, die er bei ORIGENES im Prolog des *comm. in Cant.* (GCS 33, 70) vorgefunden hatte, baut diese aber zu einer ausführlichen allegorischen Deutung der Parabel aus, um einen Abriß der gesamten Heilsgeschichte zu geben — übrigens ein gutes Beispiel für Abhängigkeit *und* Eigenständigkeit GREGORS im Verhältnis zu ORIGENES; vgl. dazu DÜNZL, *Canticum-Exegese*. Die Idee dieser Deutung läßt sich bis IRENÄUS VON LYON zurückverfolgen (vgl. *haer.* 3,17,3 [SCh 211, 336]), hat möglicherweise aber eine noch längere Tradition; vgl. DANIÉLOU, *Samaritain*.

gefallen war (vgl. Lk 10,30–36)[63]. Er heilte seine Wunden mit Öl, Wein und Verbänden, hob ihn auf das eigene Packtier und ließ ihn im Gasthaus ausruhen. Er gab die zwei Denare für seinen Lebensunterhalt her und versprach, er werde auf seinem Rückweg das erstatten, was zur Erfüllung des Gebotes zusätzlich eingesetzt wurde."

Bestimmt aber ist klar, worauf jedes dieser Details zielt. Denn als der Gesetzeslehrer den Herrn mit den Worten: „Und wer ist mein Nächster?" (Lk 10,29) auf die Probe stellte, weil er sich als überlegen erweisen wollte im Vergleich zu den anderen und es voll Hochmut verschmähte, mit den übrigen auf gleicher Stufe zu stehen, da setzt ihm der Logos in Gestalt einer Erzählung den gesamten menschenfreundlichen Heilsplan auseinander. Er erzählte vom Weg des Menschen, der von oben her hinabführte[64], und vom Hinterhalt der „Räuber", von der Wegnahme des „unvergänglichen Gewandes" und den „Wunden" der Sünde[65] und davon, daß der Tod bis zur Hälfte (unserer) Natur vordrang[66], da die Seele weiterhin unsterblich blieb. Er erzählte vom nutzlosen „Vorübergehen" des Gesetzes, da weder Priester noch Levit die Wunden dessen pflegten, der den Räubern über den Weg gelaufen war; denn das Blut von Stieren und Böcken vermag keine Sünden zu tilgen[67]. Der aber (so erzählte er weiter), der sich die ganze menschliche Natur umlegte durch die „Erstlingsgabe des Teiges" (vgl. Röm 11,16)[68], an der jedes Volk einen Anteil hatte — das jüdische, samaritanische, griechische und überhaupt alle

---

[64] Nach Lk 10,30 führt der Weg von Jerusalem nach Jericho *hinab*.

[65] Damit ist das Tun der Räuber in Lk 10,30 (ἐκδύσαντες αὐτὸν καὶ πληγὰς ἐπιθέντες) interpretiert.

[66] So erklärt GREGOR, daß der Überfallene „halbtot" (ἡμιθανῆ: Lk 10,30) liegenblieb.

[67] Die Verse Lk 10,31 f bieten GREGOR also Gelegenheit zu grundsätzlicher Gesetzes- und Opferkritik.

[68] Vgl. zu diesem Bild und seinen Implikationen *hom.* 13 zu Cant 5,10–16 insges., oben 681–683 mit Anm. 34f.

τοῦτον μετὰ τοῦ σώματος, ὅπερ ἐστὶν ὑποζύγιον, τῷ τόπῳ τῆς τοῦ ἀνθρώπου κακώσεως ἐπιστάντα καὶ θεραπεῦσαι τὰ τραύματα καὶ ἐπὶ τοῦ ἰδίου αὐτὸν κτήνους ἐπαναπαῦσαι καὶ καταγώγιον ποιῆσαι αὐτῷ τὴν ἰδίαν φιλανθρωπίαν, ᾗ πάντες οἱ κοπιῶντες καὶ πεφορτισμένοι ἐναναπαύονται. Ὁ δὲ ἐν αὐτῷ γενόμενος δέχεται πάντως ἐν ἑαυτῷ τὸν ἐν ᾧ ἐγένετο οὕτως εἰπόντος τοῦ λόγου ὅτι »Ὁ μένων ἐν ἐμοὶ κἀγὼ ἐν αὐτῷ.« Δεξάμενος οὖν τῷ ἰδίῳ χωρήματι πανδοχεύει ἐν ἑαυτῷ τὸν ἀχώρητον, παρ᾽ οὗ δέχεται τὰ δύο νομίσματα, ὧν τὸ μέν ἐστιν ἡ ἐξ ὅλης ψυχῆς εἰς τὸν θεὸν ἀγάπη, τὸ δὲ ἕτερον ἡ εἰς τὸν πλησίον ὡς ἑαυτόν, καθὼς καὶ ὁ νομικὸς ἀπεκρίνατο. Ἀλλ᾽ ἐπειδὴ οὐχ οἱ ἀκροαταὶ τοῦ νόμου δίκαιοι παρὰ τῷ θεῷ, ἀλλ᾽ οἱ ποιηταὶ τοῦ νόμου δικαιωθήσονται, χρὴ μὴ μόνον δέξασθαι τὰ δύο ταῦτα νομίσματα (τὴν πίστιν λέγω τὴν εἰς τὸ θεῖον καὶ τὴν ἀγαθὴν πρὸς τοὺς ὁμοφύλους συνείδησιν), | [429] ἀλλά τι καὶ αὐτὸν συνεισενεγκεῖν διὰ τῶν ἔργων πρὸς τὴν τῶν ἐντολῶν τούτων ἐκπλήρωσιν. Διὰ τοῦτό φησιν πρὸς τὸν πανδοχέα ὁ κύριος ὅτι πᾶν τὸ περὶ τὴν θεραπείαν τοῦ κεκακωμένου παρ᾽ αὐτοῦ γενόμενον ἐν τῇ δευτέρᾳ αὐτοῦ παρουσίᾳ κατὰ τὴν ἀξίαν τῆς σπουδῆς ἀπολήψεται.

Ὁ τοίνυν πλησίον ἡμῶν γεγονὼς διὰ τῆς τοιαύτης φιλανθρωπίας, ὁ διὰ τοῦ ἐξ Ἰούδα ἡμῖν ἀνατεῖλαι ἀδελφιδὸς

---

[69] Vgl. dazu Lk 10,34.

[70] In Mt 11,28 findet GREGOR Anhalt dafür, das Gasthaus in Lk 10,34 auf Christus zu deuten, der den Mühseligen und Beladenen als Herberge dient.

[71] Die Formel ist wörtlicher Bestandteil von Joh 15,5, auf das hier angespielt wird, auch wenn das Zitat grammatikalisch ein Fragment bleibt. Das läßt sich bei GREGOR freilich des öfteren beobachten. Der Hinweis von LANGERBECK, GNO 6, 428 Testimonienapparat, auf Joh 6,56 ist natürlich *vom Sinn her* ebenfalls richtig.

Menschen —, der also trat mit seinem Leib, der das „Packtier" ist, an den Ort der Mißhandlung des Menschen, pflegte seine Wunden und ließ ihn auf dem eigenen Lasttier ausruhen[69]. Zur Herberge machte er ihm die eigene Menschenfreundlichkeit, in der alle, die mühselig und beladen sind, sich ausruhen (vgl. Mt 11,28)[70]. Wer sich indes in ihm einfindet, nimmt in sich selber auf jeden Fall auch den auf, in dem er sich einfand, sagt doch der Logos folgendes: „Wer in mir bleibt, und ich in ihm ..." (Joh 15,5)[71]. Wer ihn also im eigenen Fassungsraum aufgenommen hat, beherbergt in sich den Unfaßbaren[72]. Von ihm empfängt er die zwei Münzen[73], von denen die eine die Liebe aus ganzer Seele zu Gott darstellt, die andere die Liebe zu seinem Nächsten wie zu sich selbst, wie auch der Gesetzeslehrer geantwortet hatte (vgl. Lk 10,27). Da aber vor Gott nicht die gerecht sind, die das Gesetz hören, sondern die gerechtfertigt werden, die das Gesetz in die Tat umsetzen (vgl. Röm 2,13), darf man diese zwei „Münzen" — ich meine damit den Glauben an das Göttliche und das gute Gewissen den Mitmenschen gegenüber — nicht nur in Empfang nehmen, sondern muß auch selber etwas zur Erfüllung dieser Gebote beitragen durch die (eigenen) Werke. Deshalb sagt der Herr zum Gastwirt, er werde alles, was von seiner Seite zur Pflege des Mißhandelten geschehe, bei seiner (*sc.* Christi) zweiten Parusie in Würdigung seines Eifers erstattet bekommen.

Er also, der durch solche Menschenfreundlichkeit unser „Nächster" geworden ist und der uns durch sein „Aufsprießen" aus Juda (vgl. Hebr 7,14) zum „Brudersohn"

---

[72] Zum Thema der Unfaßbarkeit Gottes formuliert GREGOR auch paradoxe Aussagen, die die Möglichkeit des Unmöglichen demonstrieren. Gleichzeitig gelingt es ihm mit diesem Kunstgriff, die Perspektive zu wechseln: War der Mensch bisher der „Mißhandelte" aus der Parabel, der in der „Herberge" (d.h. in Christus) Zuflucht findet, so stellt er nun den „Gastwirt" der Parabel dar, der Christus aufnimmt.

[73] Es folgt die allegorische Deutung von Lk 10,35.

γενόμενος οὗτός ἐστιν, ὃν μηνύει ταῖς νεάνισιν ὁ τῆς νύμφης λόγος, οὗτός ἐστιν ὁ ταῖς θυγατράσιν Ἰερουσαλὴμ παρὰ τῆς ἀχράντου νύμφης δηλούμενος, δι' ὧν φησιν ὅτι *Οὗτος ἀδελφιδός μου καὶ οὗτος πλησίον μου, θυγατέρες Ἰερουσαλήμ*· ὃν καὶ ἡμεῖς διὰ τῶν δηλωθέντων γνωρισμάτων εὕροιμέν τε καὶ καταλάβοιμεν ἐπὶ σωτηρίᾳ τῶν ψυχῶν ἡμῶν διὰ τῆς τοῦ ἁγίου πνεύματος χειραγωγίας, ᾧ ἡ δόξα εἰς τοὺς αἰῶνας τῶν αἰώνων. Ἀμήν.

wurde, dieser ist es, den die Rede der Braut den Mädchen kundmacht. Dieser ist es, der den Töchtern Jerusalems von der unbefleckten Braut offenbart wird mit den Worten: *Dieser ist mein Brudersohn und dieser mein Nächster, Töchter Jerusalems* (Cant 5,16b–c). Mögen auch wir ihn mit Hilfe der offenbarten Merkmale finden und erfassen zum Heil unserer Seelen unter Führung des Heiligen Geistes. Ihm sei Ehre für immer und ewig. Amen.

Λογος ιε΄

6,1 *Ποῦ ἀπῆλθεν ὁ ἀδελφιδός σου, ἡ καλὴ ἐν γυναιξίν;*
Ποῦ ἀπέβλεψεν ὁ ἀδελφιδός σου;
Καὶ ζητήσομεν αὐτὸν μετὰ σοῦ.
6,2 | *Ἀδελφιδός μου κατέβη εἰς κῆπον αὐτοῦ* | 430
εἰς φιάλας τοῦ ἀρώματος
ποιμαίνειν ἐν κήποις καὶ συλλέγειν κρίνα.
6,3 *Ἐγὼ τῷ ἀδελφιδῷ μου καὶ ὁ ἀδελφιδός μου ἐμοί,*
ὁ ποιμαίνων ἐν τοῖς κρίνοις.
6,4 *Καλὴ εἶ, ἡ πλησίον μου, ὡς εὐδοκία,*
ὡραία ὡς Ἰερουσαλήμ,
θάμβος ὡς τεταγμέναι.
6,5 *Ἀπόστρεψον ὀφθαλμούς σου ἀπεναντίον ἐμοῦ*
ὅτι αὐτοὶ ἀνεπτέρωσάν με.
Τρίχωμά σου ὡς ἀγέλαι τῶν αἰγῶν
αἳ ἀνεφάνησαν ἀπὸ τοῦ Γαλαάδ.
6,6 *Ὀδόντες σου ὡς ἀγέλαι τῶν κεκαρμένων*
αἳ ἀνέβησαν ἀπὸ τοῦ λουτροῦ,
αἱ πᾶσαι διδυμεύουσαι
καὶ ἀτεκνοῦσα οὐκ ἔστιν ἐν αὐταῖς.
6,7 *Ὡς σπαρτίον κόκκινον χείλη σου*
καὶ ἡ λαλιά σου ὡραία.
Ὡς λέπυρον ῥόας μῆλόν σου
ἐκτὸς τῆς σιωπήσεώς σου.

---

1 Zu der Bezeichnung des Geliebten als ἀδελφιδός siehe Anm. 5, oben 201.

2 Das Verbum ἀπέβλεψεν ist durch einen lexikalischen Irrtum des LXX-Übersetzers verursacht (vgl. DÜNZL, *Braut* 206 Anm. 395). Die Frage des Stichus lautet dem hebräischen Text zufolge: „Wohin wandte sich dein Geliebter?“

3 Die LXX übersetzt das hebräische Äquivalent an dieser Stelle wie schon in Cant 5,13a falsch (vgl. das Lemma von *hom.* 14, oben 712 mit Anm. 1). Ließ sich der Begriff φιάλαι dort wenigstens als passender Vergleich für die Kinnpartie des Mannes auffassen, so scheint er hier ohne erkennbaren Sinn gesetzt.

4 Die deutsche Übersetzung ergänzt den griechischen Text so, wie es dem Verständnis GREGORS entspricht; siehe die Auslegung zu Cant 6,3, unten 780f mit Anm. 25.

5 Der LXX-Bearbeiter des Hohenliedes hat den hebräischen Stadtnamen

6,1 *Wohin ging dein Brudersohn*[1] *weg, Schöne unter den Frauen?*
Wohin wandte dein Brudersohn seinen Blick?[2]
Und wir werden ihn mit dir suchen.
6,2 *Mein Brudersohn ging hinab in seinen Garten,*
hinein in Schalen[3] *von Aroma,*
um in Gärten zu weiden und Lilien zu sammeln.
6,3 *Ich bin meinem Brudersohn (gleich)*[4] *und mein Brudersohn mir,*
der in den Lilien weidet.
6,4 *Schön bist du, meine Nächste, wie Wohlgefallen*[5],
anmutig wie Jerusalem,
ein Entsetzen wie geordnete Schlachtreihen[6].
6,5 *Wende deine Augen ab von dem, was mir entgegen ist*[7],
weil sie mich wieder beflügelten.
Dein Haar ist wie Ziegenherden,
die sichtbar wurden von Gilead her.
6,6 *Deine Zähne sind wie Herden geschorener Schafe,*
die aufstiegen vom Bad;
sie alle haben Zwillinge,
und eine Kinderlose ist nicht unter ihnen.
6,7 *Wie eine scharlachrote Schnur sind deine Lippen,*
und deine Rede ist anmutig.
Wie eine Granatapfelschale ist deine Wange,
außerhalb deines Schweigens[8].

„Tirza" hier trotz der Parallele „Jerusalem" im nächsten Stichus nicht erkannt und daher versucht, ihn zu übersetzen.

[6] Mit τεταγμέναι (*sc.* φάλαγγες o.ä.) interpretiert die LXX ein hebräisches Nomen, das in seiner Deutung bis heute umstritten bleibt (vgl. DÜNZL, *Braut* 211 mit Anm. 402–405).

[7] Das (Un-)Wort ἀπεναντίον ist die hilflos genaue Nachahmung eines zusammengesetzten hebräischen Präpositionalausdrucks, der „fort von (mir)" bedeutet. Die Wiedergabe im Deutschen orientiert sich am Verständnis GREGORS; vgl. unten 795–797.

[8] Die Fehlübersetzung des Stichus entspricht der von Cant 4,1c (vgl. oben 394 mit Anm. 3).

6,8 *Ἑξήκοντά εἰσι βασίλισσαι καὶ ὀγδοήκοντα παλλακαὶ*
καὶ νεάνιδες ὧν οὐκ ἔστιν ἀριθμός.
6,9 *Μία ἐστὶ περιστερά μου, τελεία μου,*
μία ἐστὶ τῇ μητρὶ αὐτῆς,
ἐκλεκτή ἐστι τῇ τεκούσῃ αὐτήν.

Ὁ ἐκ τῆς πόλεως Ἀνδρέου καὶ Πέτρου μαρτυρηθεὶς εἶναι 431
Φίλιππος ὁ ἀπόστολος (ἐγκώμιον γάρ μοι δοκεῖ τοῦ Φιλίππου τὸ πολίτην αὐτὸν τῶν ἀδελφῶν ἐκείνων εἶναι τῶν προθαυμασθέντων ἐν τῷ εὐαγγελίῳ διὰ τῆς περὶ αὐτῶν ἱστορίας· ὁ μὲν γὰρ Ἀνδρέας ὑποδείξαντος τοῦ βαπτιστοῦ, τίς ἐστιν ὁ ἀμνὸς ὁ αἴρων τὴν ἁμαρτίαν τοῦ κόσμου, αὐτός τε τὸ μυστήριον κατενόησε κατόπιν τοῦ δειχθέντος ἀκολουθήσας καὶ ὅπου μένει μαθὼν καὶ τῷ ἰδίῳ ἀδελφῷ παρεῖναι τὸν προμηνυθέντα παρὰ τῆς προφητείας εὐαγγελίζεται, ὁ δὲ φθάσας μικροῦ δεῖν τῇ πίστει τὴν ἀκοὴν ὅλῃ τῇ ψυχῇ προστίθεται τῷ ἀμνῷ καὶ διὰ τῆς τοῦ ὀνόματος ὑπαλλαγῆς μεταποιεῖται παρὰ τοῦ κυρίου πρὸς τὸ θειότερον ἀντὶ Σίμωνος Πέτρος καὶ ὀνομασθεὶς καὶ γενόμενος. Καίτοι τῷ Ἀβραὰμ καὶ τῇ Σάρρᾳ πολλοῖς ὕστερον χρόνοις μετὰ πολλὰς θεοφανείας τῆς ἐκ τῶν ὀνομάτων μεταδίδωσιν εὐλογίας ὁ κύριος τὸν μὲν πατέρα τὴν δὲ ἄρχουσαν διὰ τῆς τῶν ὀνομάτων μεταποιήσεως χειροτονήσας. Ὡσαύτως δὲ καὶ ὁ Ἰακὼβ μετὰ τὴν παννύχιον πάλην ἀξιοῦται τῆς τοῦ | Ἰσραὴλ | 432
ἐπωνυμίας τε καὶ δυνάμεως. Ὁ δὲ μέγας Πέτρος οὐ κατὰ μικρὸν δι' αὐξήσεως προῆλθεν ἐπὶ τὴν χάριν ταύτην, ἀλλ' ὁμοῦ τε ἤκουσε τοῦ ἀδελφοῦ καὶ ἐπίστευσε τῷ ἀμνῷ καὶ

---

[9] Gemeint ist Betsaida.

[10] Der Satz wird unterbrochen und weiter unten erst wiederaufgenommen.

[11] Diese sachlich richtige griechische Interpretation des Namens „Sara" findet sich in der christlichen Literatur bei ORIGENES, *hom. in Gen.* 6,1 (GCS 29, 66), und zuvor schon bei PHILO VON ALEXANDRIEN, *Abr.* 99 (23 COHN).

[12] In *hom.* 6 hatte GREGOR den Namen „Israel" mit der Fähigkeit, Gott zu schauen, in Verbindung gebracht (vgl. die Exegese zu Cant 3,7–8, oben 390f mit Anm. 30).

6,8 *60 Königinnen sind es und 80 Nebenfrauen*
und Mädchen, deren es keine Zahl gibt.
6,9 Eine *ist meine Taube, meine Vollkommene,*
eine *ist sie für ihre Mutter,*
eine Auserwählte ist sie für die, die sie gebar.

Der Apostel Philippus, von dem bezeugt ist, er sei aus der Stadt des Andreas und Petrus[9] (vgl. Joh 1,44)[10] — mir nämlich scheint es ein Lob für Philippus, daß er Mitbürger jener Brüder ist, die im Evangelium besonders bewundert werden aufgrund der Geschichte, die von ihnen überliefert wird. Denn Andreas verstand, als der Täufer versteckt andeutete, wer das „Lamm" ist, das die Sünde der Welt wegnimmt (vgl. Joh 1,29), seinerseits das Mysterium, da er dem nachfolgte, der ihm gezeigt worden war (vgl. Joh 1,36f). Und nachdem er erfahren hat, wo er (*sc.* Christus) wohnt, verkündet er auch dem eigenen Bruder, daß derjenige da sei, der von der Prophetie im voraus kundgemacht worden sei (vgl. Joh 1,39–41). Der andere (*sc.* Petrus) aber kommt durch seinen Glauben dem Hören beinahe zuvor und schließt sich mit ganzer Seele dem „Lamm" an. Er wird vom Herrn durch die Namensänderung zum Göttlicheren verwandelt, weil er statt „Simon" nun „Petrus" („Fels") genannt wird (vgl. Joh 1,42) und es auch wird. Fürwahr, auch Abraham und Sara läßt der Herr viel später (in ihrem Leben), nach zahlreichen Theophanien, teilnehmen am Segen, der von den Namen ausgeht, da er den einen durch die Namensänderung zu einem „Vater", die andere zu einer „Herrschenden"[11] einsetzt (vgl. Gen 17,5. 15). Ebenso wird auch Jakob nach jenem Ringkampf, der die ganze Nacht durch dauerte, des Beinamens „Israel" und der Fähigkeit (die damit verbunden ist)[12] gewürdigt (vgl. Gen 32,25–29). Der große Petrus aber kam nicht allmählich, durch (dauernde) Zunahme, voran auf dem Weg zu dieser Gnade, sondern in ein und demselben Augenblick hörte er auf den Bruder, glaubte dem Lamm und wurde durch den Glauben

ἐτελειώθη διὰ τῆς πίστεως καὶ προσφυεὶς τῇ πέτρᾳ Πέτρος ἐγένετο) οὗτος τοίνυν ὁ Φίλιππος ὁ ἄξιος τῶν τοσούτων τε καὶ τηλικούτων πολίτης, ἐπειδὴ εὕρεμα τοῦ κυρίου γενόμενος, καθώς φησι τὸ εὐαγγέλιον ὅτι »Εὑρίσκει τὸν Φίλιππον ὁ Ἰησοῦς«, ἀκόλουθος ἐχειροτονήθη τοῦ λόγου τοῦ εἰπόντος ὅτι »Ἀκολούθει μοι« καὶ τῷ φωτὶ τῷ ἀληθινῷ προσεγγίσας καθάπερ τις λύχνος ἐκεῖθεν ἔσπασε πρὸς ἑαυτὸν τὴν τοῦ φωτὸς κοινωνίαν, καὶ περιλάμπει τὸν Ναθαναὴλ δᾳδουχήσας αὐτῷ τὸ τῆς εὐσεβείας μυστήριον δι' ὧν φησιν· »Ὃν ἔγραψε Μωϋσῆς καὶ οἱ προφῆται εὑρήκαμεν, Ἰησοῦν τὸν ἀπὸ Ναζαρὲτ τῆς Γαλιλαίας.«

Τοῦ δὲ Ναθαναὴλ | ἐπιστατικῶς δεξαμένου τὸ εὐαγγέλιον | 433 διὰ τὸ μετὰ πάσης ἀκριβείας κατηχῆσθαι παρὰ τῆς προφητείας αὐτὸν τὸ περὶ τοῦ κυρίου μυστήριον καὶ εἰδέναι μὲν ὅτι ἐκ Βηθλεὲμ ἡ πρώτη διὰ σαρκὸς γενήσεται θεοφάνεια, διὰ δὲ τὴν ἐν Ναζαροῖς διαγωγὴν Ναζωραῖος κληθήσεται, πρὸς ἀμφότερα τοίνυν ἀποσκοποῦντος καὶ λογιζομένου, ὅτι ἐν μὲν τῇ τοῦ Δαβὶδ Βηθλεὲμ διὰ τὴν οἰκονομίαν τῆς κατὰ σάρκα γεννήσεως ἀναγκαῖον ἦν γενέσθαι τὸ κατὰ τὸ σπήλαιον καὶ τὰ σπάργανα καὶ τὴν φάτνην μυστήριον, ἡ δὲ Γαλιλαία (ἐθνῶν δὲ τόπος ἡ Γαλιλαία) ἐπονομασθήσεταί ποτε τῷ τοῖς ἔθνεσιν ἐμφιλοχωρήσαντι λόγῳ, καὶ διὰ τοῦτο συνθεμένου τῷ τὸ φῶς αὐτῷ τῆς γνώσεως φήναντι καὶ εἰπόντος ὅτι »Ἐκ Ναζαρὲτ δύναταί τι ἀγαθὸν εἶναι«, τότε ὁδηγὸς πρὸς τὴν χάριν ὁ Φίλιππος γίνεται λέγων· »Ἔρχου καὶ ἴδε.« Διὸ καταλιπὼν ὁ Ναθαναὴλ τὴν τοῦ νόμου συκῆν, ἧς ἡ σκιὰ

---

[13] Die Besonderheit dieses Zitats liegt darin, daß GREGOR Joh 1,46 gerade *nicht* als skeptische Frage auffaßt (gegen MCCAMBLEY und MORESCHINI), sondern als Zustimmung zu den Worten des Philippus wertet. Das ergibt sich nicht nur aus dem Verbum συντίθεσθαι, sondern auch aus dem Duktus der Passage, die hervorhebt, daß Natanaël so gut in den Prophetien über den Messias Bescheid wußte, daß er auch die

vollendet. Er wurde ein „Fels“ („Petrus“), weil er mit dem „Felsen“ (*sc.* Christus; vgl. 1 Kor 10,4) „verwachsen“ war. — Als dieser Philippus, der würdige Mitbürger solch großer und bedeutender Männer, also ein Fund des Herrn geworden war, wie es das Evangelium sagt: „Jesus findet den Philippus“ (vgl. Joh 1,43), da wurde er zum Gefolgsmann des Logos eingesetzt, der (zu ihm) sagte: „Folge mir“ (Joh 1,43). Und als er sich dem wahren Licht genähert hatte, da zog er die Teilhabe am Licht gleichsam wie ein Leuchter von dort her an sich und erleuchtet den Natanaël, indem er ihm das Mysterium der Frömmigkeit wie mit einer Fackel erhellt mit den Worten: „Wir haben den gefunden, von dem Mose und die Propheten geschrieben haben, Jesus von Nazaret in Galiläa“ (vgl. Joh 1,45).

Natanaël aber nahm die frohe Botschaft mit Verständnis auf, da er sich von der Prophetie mit aller Sorgfalt über das Mysterium, das den Herrn betrifft, hatte belehren lassen und daher wußte, daß die erste, sich im Fleisch ereignende Theophanie von Betlehem ausgehen sollte (vgl. Mi 5,1), daß er (*sc.* Christus) aber wegen seines Aufenthaltes in Nazaret „Nazoräer“ genannt werden würde (vgl. Mt 2,23). Er berücksichtigte demnach beides und stellte in Rechnung, daß einerseits das Mysterium, das Höhle, Windeln und Krippe betrifft, in Davids Betlehem stattfinden sollte wegen des Heilsplans der Geburt im Fleisch, daß andererseits Galiläa — Galiläa ist eine Region der Heidenvölker (vgl. Jes 8,23 LXX) — dereinst nach dem Logos benannt werden würde, der sich gern bei den Heidenvölkern aufhielt. Darum stimmte er dem zu, der ihm das Licht der Erkenntnis zeigte (*sc.* Philippus), und sprach: „Aus Nazaret kann etwas Gutes kommen“ (Joh 1,46)[13]. Da wird ihm Philippus ein Führer zur Gnade, indem er sagt: „Komm und sieh!“ (Joh 1,46). Deshalb verläßt Natanaël den „Feigenbaum“ des Gesetzes, dessen Schatten hinderlich war für

---

Bedeutung Nazarets bzw. Galiläas richtig einschätzen konnte.

πρὸς τὴν μετουσίαν τοῦ φωτὸς διεκώλυε, καταλαμβάνει τὸν τὰ φύλλα τῆς συκῆς διὰ τὴν τῶν ἀγαθῶν ἀκαρπίαν | [434] ἀποξηραίνοντα. Διὸ καὶ μαρτυρεῖται παρὰ τοῦ λόγου γνήσιος εἶναι καὶ οὐχὶ νόθος Ἰσραηλίτης ἐν τῷ ἀδόλῳ τῆς προαιρέσεως καθαρὸν ἐφ' ἑαυτοῦ δεικνὺς τοῦ πατριάρχου τὸν χαρακτῆρα· »Ἴδε«, γάρ φησιν, »ἀληθινὸς Ἰσραηλίτης ἐν ᾧ δόλος οὐκ ἔστιν.«

Πρὸς ὅ τι δὲ βλέπει τὸ ἐν τῷ προοιμίῳ διήγημα, φανερόν ἐστι πάντως τοῖς εὐμαθεστέροις ἀκροαταῖς ἐκ τῆς προτεθείσης κατὰ τὸ ἀκόλουθον ἡμῖν ἀναγνώσεως τῶν ἐκ τοῦ Ἄισματος τῶν Ἀισμάτων· ὡς γὰρ ὁ μὲν Ἀνδρέας τῇ φωνῇ τοῦ Ἰωάννου πρὸς τὸν ἀμνὸν ὡδηγήθη, ὁ δὲ Ναθαναὴλ φωταγωγηθεὶς παρὰ τοῦ Φιλίππου καὶ τῆς περιεχούσης αὐτὸν τοῦ νόμου σκιᾶς ἔξω γενόμενος ἐν τῷ φωτὶ τῷ ἀληθινῷ γίνεται, οὕτω καὶ αἱ νεάνιδες πρὸς τὴν εὕρεσιν τοῦ μηνυθέντος αὐταῖς ἀγαθοῦ καθηγεμόνι χρῶνται τῇ τελειωθείσῃ διὰ τοῦ κάλλους ψυχῇ λέγουσαι πρὸς αὐτήν· *Ποῦ ἀπῆλθεν ὁ ἀδελφιδός σου, ἡ καλὴ ἐν γυναιξίν; Ποῦ ἀπέβλεψεν ὁ ἀδελφιδός σου; Καὶ ζητήσομεν αὐτὸν μετὰ σοῦ.*

Ἀκολούθως δὲ προσάγουσι τῇ διδασκάλῳ τὴν πεῦσιν αἱ παρθένοι ψυχαί· πρῶτον γὰρ τὸν περὶ τοῦ τί ἐστιν ἐποιήσαντο λόγον ἐν τῷ πρὸ ταύτης τῆς ῥήσεως ἐρωτήματι λέγουσαι· »Τί ἀδελφιδός σου, ἡ καλὴ ἐν γυναιξίν;« Ὅπερ διδαχθεῖσαι

---

[14] Vom „Schatten" des Gesetzes spricht GREGOR ausführlicher in *hom.* 5 bei der Auslegung von Cant 2,10–13b insges. und Cant 2,14a–b (siehe oben 318f mit Anm. 25 sowie 339). Während hier der „Feigenbaum" aus Joh 1,48 den Schatten wirft, ist es dort die „Mauer" aus Cant 2,9c bzw. die „Vormauer" aus Cant 2,14b. Beide Male bedeutet das Schatten-Motiv Gesetzeskritik, die hier dadurch verschärft wird, daß GREGOR noch Mt 21,19 (das Vertrocknen des unfruchtbaren Feigenbaums) heranzieht, um die Unfruchtbarkeit des Gesetzes darzulegen.

[15] Zum Begriff προαίρεσις vgl. Anm. 38, oben 146, und Anm. 15, oben 495. An der vorliegenden Stelle wird eine besondere Qualität der προαίρεσις Natanaëls hervorgehoben: Sein Verhalten zeigt, daß seine Fähigkeit, die (richtige) Wahl zu treffen, unverdorben ist.

die Teilhabe am Licht[14], und erfaßt denjenigen, der die Blätter des „Feigenbaums“ wegen der Unfruchtbarkeit im Guten vertrocknen läßt (vgl. Mt 21,19). Deshalb wird ihm auch vom Logos das Zeugnis ausgestellt, er sei ein echter und nicht ein unehelich gezeugter Israelit, da er in der Unverfälschtheit seiner Vorzugswahl[15] zeigte, daß der Wesenszug des Patriarchen (*sc.* Jakob?; vgl. Gen 25,27) an ihm selbst rein verwirklicht sei. „Siehe“, sagt er (*sc.* Christus) nämlich, „ein wahrer Israelit, an dem kein Falsch ist“ (Joh 1,47).

Worauf indes die im Proömium wiedergegebene Erzählung abzielt, ist den gelehrigeren Zuhörern bestimmt deutlich aufgrund der Lesung der Perikope aus dem Hohenlied, die uns der Abfolge (des Textes) entsprechend vorgelegt wurde. Wie nämlich zum einen Andreas durch das Wort des Johannes zum „Lamm“ geführt wurde, zum anderen Natanaël sich im wahren Licht befindet, nachdem er von Philippus erleuchtet wurde und sich aus dem ihn umgebenden „Schatten“ des Gesetzes begab, so bedienen sich (hier) auch die Mädchen der durch Schönheit vollkommen gewordenen Seele als Wegweiserin, um das Gut, das ihnen kundgemacht wurde, zu finden; denn sie sagen zu ihr: *Wohin ging dein Brudersohn weg, Schöne unter den Frauen? Wohin wandte*[16] *dein Brudersohn seinen Blick? Und wir werden ihn mit dir suchen* (Cant 6,1).

Mit innerer Konsequenz[17] bringen die Jungfrauen (bzw.) Seelen indes ihre Frage der Lehrerin gegenüber vor. Denn zuerst sprachen sie darüber, *was* er ist, als sie in der Frage vor dieser Rede hier sagten: „Was ist dein Brudersohn, Schöne unter den Frauen?“ (vgl. Cant 5,9). Nachdem sie

---

[16] Vgl. dazu Anm. 2, oben 766.
[17] Zum Begriff ἀκολουθία siehe Anm. 8, oben 162 (und Anm. 21, oben 314).

διὰ τῶν εἰρημένων σημείων ὅτι λευκὸς καὶ πυρρὸς καὶ τὰ
λοιπά, δι' ὧν ὑπεγράφη τὸ εἶδος | τοῦ ζητουμένου, περὶ τοῦ | 435
ποῦ πυνθάνονται. Διὸ λέγουσι· *Ποῦ ἀπῆλθεν ὁ ἀδελφιδός
σου;* ἢ *Ποῦ ἀπέβλεψεν;* ἵνα πάντως ὅπου μέν ἐστι μαθοῦσαι
προσκυνήσωσιν εἰς τὸν τόπον οὗ ἔστησαν οἱ πόδες αὐτοῦ,
ὅπου δὲ ἀποβλέπει διδαχθεῖσαι οὕτω στήσωσιν ἑαυτάς, ὥστε
καὶ αὐταῖς ἐποφθῆναι τὴν δόξαν αὐτοῦ, οὗ ἡ ἐπιφάνεια
σωτηρία τῶν ἐποπτευόντων γίνεται, καθώς φησιν ὁ προφήτης
ὅτι »Ἐπίφανον τὸ πρόσωπόν σου καὶ σωθησόμεθα.«

Καὶ ἡ διδάσκαλος καθ' ὁμοιότητα Φιλίππου τοῦ εἰπόντος·
»Ἔρχου καὶ ἴδε« καθηγεῖται τῶν παρθένων πρὸς τὴν τοῦ
ζητουμένου κατάληψιν ἀντὶ τοῦ εἰπεῖν τὸ »ἴδε« τὸν τόπον
ὑποδεικνύουσα ἐν ᾧ ἐστιν ὁ ζητούμενος καὶ ὅπου βλέπει·
φησὶ γὰρ ὅτι *Ἀδελφιδός μου κατέβη εἰς κῆπον αὐτοῦ εἰς
φιάλας τοῦ ἀρώματος.* Ἕως τούτου τὸ ἐν ᾧ ἐστιν ὑπὸ τοῦ
λόγου σημαίνεται, τὸ δὲ ἀπὸ τούτου, τί ὁρᾷ καὶ ὅπου βλέπει,
τῷ λόγῳ δείκνυσιν ἡ διδάσκαλος εἰποῦσα ὅτι »Ποιμαίνει ἐν
κήποις καὶ συλλέγει κρίνα.« Αὕτη μὲν οὖν ἡ σωματικὴ τοῦ
λόγου πρὸς τὰς νεάνιδάς ἐστιν ὁδηγία, δι' ὧν μανθάνουσι
καὶ ὅπου ἐστὶ καὶ ὅπου βλέπει.

Χρὴ δὲ πάντως καὶ τὸ ὠφέλιμον τῆς θεοπνεύστου ταύτης 436
ἐπιγνῶναι γραφῆς διὰ τῆς πνευματικῆς θεωρίας. Οὐκοῦν
ὅταν ἀκούσωμεν ὅτι *Ἀδελφιδός μου κατέβη εἰς κῆπον αὐτοῦ,*
τὸ εὐαγγελικὸν μυστήριον διὰ τῶν εἰρημένων μανθάνομεν
ἑκάστου τῶν ὀνομάτων τούτων τὸν μυστικὸν λόγον ἡμῖν
σαφηνίζοντος· ὁ ἐν σαρκὶ φανερωθεὶς θεὸς διὰ τὸ ἐξ Ἰούδα

---

[18] Vgl. dazu Anm. 3, oben 766.

durch die besprochenen Kennzeichen in dieser Hinsicht belehrt wurden — daß er weiß und rot ist, und das übrige, wodurch das Aussehen des Gesuchten beschrieben wurde (vgl. Cant 5,10–16) —, erkundigen sie sich nun nach dem *Wohin*. Deshalb sagen sie: *Wohin ging dein Brudersohn weg?* beziehungsweise: *Wohin wandte dein Brudersohn seinen Blick?* (Cant 6,1aα.b). Bestimmt (fragen sie das), um dem Ort, den seine Füße betraten, Verehrung zu erweisen, sobald sie erfahren haben, wo er ist, und um sich, sobald sie belehrt worden sind, wohin er seinen Blick wandte, so hinzustellen, daß seine Herrlichkeit auch von ihnen angeschaut werden könne — seine Erscheinung bedeutet ja die Rettung derer, die darauf schauen, wie der Prophet sagt: „Laß dein Angesicht erscheinen, so werden wir gerettet werden" (Ps 79,4b LXX).

Und die Lehrerin leitet ähnlich wie Philippus, der sagte: „Komm und sieh!" (Joh 1,46), die Jungfrauen zum Erfassen des Gesuchten an, indem sie — statt zu sagen: „Sieh!" — den Ort andeutet, an dem der Gesuchte ist, und (angibt), wohin er seinen Blick wendet. Sie sagt nämlich: *Mein Brudersohn ging hinab in seinen Garten, hinein in Schalen*[18] *von Aroma* (Cant 6,2a–b). Bis dahin wird vom Text das bezeichnet, worin er sich befindet, von da ab aber zeigt die Lehrerin im Text, was er sieht und wohin er seinen Blick wendet, indem sie sagt: „Er weidet in Gärten und sammelt Lilien" (vgl. Cant 6,2c). Dies also ist die sachlich-konkrete (somatische) Wegweisung des Textes, die sich an die Mädchen wendet. Sie erfahren dadurch sowohl, *wo* er ist, als auch, *wohin* er seinen Blick wendet.

Auf jeden Fall aber muß man auch das, was an dieser göttlich inspirierten Schrift von Nutzen ist, mit Hilfe geistlicher Betrachtung erkennen. Wenn wir also hören: *Mein Brudersohn ging hinab in seinen Garten* (Cant 6,2a), lernen wir aus diesen Worten das Mysterium des Evangeliums, weil jeder von diesen Begriffen uns das mystische Textverständnis verdeutlicht: Der im Fleisch geoffenbarte Gott

μὲν ἀνατεῖλαι, λάμψαι δὲ τοῖς ἔθνεσι τοῖς ἐν σκότει καὶ σκιᾷ θανάτου καθημένοις καλῶς καὶ προσφυῶς τῷ ὀνόματι τοῦ ἀδελφιδοῦ παρὰ τῆς μνηστευθείσης αὐτῷ πρὸς ἀΐδιον συζυγίαν κατονομάζεται ἀδελφῆς οὔσης τοῦ ἐξ Ἰούδα λαοῦ, τὸ δὲ *κατέβη* δηλοῖ ὅτι διὰ τὸν ἀπὸ Ἱεροσολύμων εἰς Ἰεριχὼ καταβάντα καὶ ἐν τοῖς λῃσταῖς γενόμενον ἄνθρωπον καὶ αὐτὸς τῇ καθόδῳ τοῦ ἐμπεσόντος τοῖς πολεμίοις συγκατέρχεται, δι' ὧν σημαίνει τὴν ἐκ τῆς ἀφράστου μεγαλειότητος γενομένην ἐπὶ τὸ ταπεινὸν τῆς φύσεως ἡμῶν συγκατάβασιν· διὰ δὲ τοῦ κατὰ τὸν κῆπον αἰνίγματος τοῦτο μανθάνομεν ὅτι ἀναφυτεύει τὸ ἑαυτοῦ γεώργιον ὁ ἀληθινὸς γεωργός, ἡμᾶς τοὺς ἀνθρώπους· ἡμεῖς γάρ ἐσμεν αὐτοῦ τὸ γεώργιον κατὰ τὴν τοῦ Παύλου φωνήν. | Ἐπεὶ οὖν ἐκεῖνός ἐστιν ὁ κατ' ἀρχὰς | 437
ἐν τῷ παραδείσῳ γεωργήσας τὴν ἀνθρωπίνην φυτείαν ἣν ἐφύτευσεν ὁ πατὴρ ὁ οὐράνιος, διὰ τοῦτο τοῦ μονιοῦ τοῦ ἀγρίου κατανεμηθέντος ἡμᾶς, τὸν κῆπον, καὶ λυμηναμένου τὸ θεῖον γεώργιον κατέβη τοῦ πάλιν ποιῆσαι κῆπον τὴν ἔρημον τῇ τῶν ἀρετῶν φυτείᾳ καλλωπιζόμενον τὴν καθαρὰν καὶ θείαν τῆς διδασκαλίας πηγὴν ἐπὶ τὴν τῶν τοιούτων φυτῶν ἐπιμέλειαν ὀχετηγήσας τῷ λόγῳ. Αἱ δὲ τοῦ ἀρώματος φιάλαι ἐν μὲν τῇ τοῦ κάλλους ὑπογραφῇ πρὸς τὸ τῶν σιαγόνων ἐγκώμιον παρελήφθησαν, δι' ὧν καταλεαίνεται τὰ πνευματικὰ σιτία τοῖς τρεφομένοις, ἐνταῦθα δὲ τόπος εἶναι τοῦ νυμφίου καὶ ἐνδιαίτημα παρὰ τοῦ λόγου μηνύεται τοῦτο

---

19 In dieser Passage ist — wie in *hom.* 4 zu Cant 1,16a (siehe oben 256f mit Anm. 13) und *hom.* 5 zu Cant 2,16–17a (siehe oben 348f mit Anm. 52) — wieder ausführlich erläutert, was bei der Auslegung von Cant 5,16b–c in *hom.* 14 nur verkürzt gesagt worden war (siehe oben 759 mit Anm. 62).

20 Hier liegt eine Reminiszenz der ausführlichen allegorischen Deutung vor, die GREGOR der Parabel vom barmherzigen Samariter in *hom.* 14 (bei der Auslegung von Cant 5,16b–c, oben 759–763) widmet.

21 Im Rückgriff auf Ps 80,9–16 (Ps 79,9–16 LXX) findet GREGOR erneut Gelegenheit, einen kurzen Abriß der Heilsgeschichte zu geben, also das Ganze im Fragment zu entdecken, wie es der Methode allegorischer Auslegung entspricht.

wird deshalb, weil er aus Juda aufsproß (vgl. Hebr 7,14) und den Heidenvölkern leuchtete, die in Finsternis sitzen und im Schatten des Todes (vgl. Lk 1,79), zu Recht und angemessenerweise mit dem Begriff „Brudersohn" benannt von derjenigen, die ihm zu ewiger Partnerschaft angetraut ist. Denn sie ist eine „Schwester" des Volkes, das von Juda abstammt[19]. Die Wendung *er stieg hinab* wiederum macht deutlich, daß er wegen des Menschen, der von Jerusalem nach Jericho hinabging und unter die Räuber geriet (vgl. Lk 10,30), auch selbst auf dem abschüssigen Weg dessen, der in die Hände der Feinde fiel, mit hinabgeht. Damit bezeichnet sie die Herablassung (*sc.* des Logos), die von unaussprechlicher Größe ausging, zur Niedrigkeit unserer Natur[20]. Durch das Rätselbild des „Gartens" aber lernen wir folgendes: Der wahre „Bauer" bepflanzt seinen „Acker", (das heißt) uns, die Menschen. Wir nämlich sind sein „Acker", dem Wort des Apostels zufolge (vgl. 1 Kor 3,9). Da jener (*sc.* der Logos) es also ist, der zu Anfang im Paradies die menschliche „Pflanzung" anlegte, die der himmlische Vater „pflanzte", stieg er deshalb, weil das „Wildschwein" uns, den „Garten", abgeweidet und dem göttlichen „Acker" Schaden zugefügt hatte (vgl. Ps 80,14: LXX Ps 79,14), herab, um die „Wüste" wiederum zu einem „Garten" zu machen, der durch die „Pflanzung" der Tugenden verschönt wird[21]. Dazu leitete er die reine und göttliche „Quelle" der Lehre durch sein Wort zur Fürsorge für diese Art von „Pflanzen" in „Bewässerungskanäle". Die „Schalen von Aroma" wiederum wurden in der Beschreibung der Schönheit angeführt (vgl. Cant 5,13a), die zum Lobpreis der „Kinnbacken" diente[22]. Mit ihrer Hilfe werden die geistlichen „Speisen" für diejenigen „zermahlen", die sich davon nähren. Hier aber wird vom Text kundgetan, sie seien Ort und Wohnung des Bräutigams. Wir lernen dabei folgendes: Der Bräutigam lagert

---

[22] Vgl. die entsprechende Auslegung in *hom.* 14, oben 715–721.

μανθανόντων ἡμῶν ὅτι οὔτε ἐν ἐρήμῳ τῶν ἀρετῶν ψυχῇ ὁ νυμφίος αὐλίζεται καί, εἴ τις κατὰ τὸν προαποδοθέντα λόγον φιάλη ἀρώματος γένοιτο φύουσα τὰ μυρεψικά, ὁ τοιοῦτος κρατὴρ τῆς σοφίας γενόμενος δέχεται ἐν ἑαυτῷ τὸν θεῖόν τε καὶ ἀκήρατον οἶνον δι' οὗ γίνεται τῷ δεξαμένῳ ἡ εὐφροσύνη.

Ὁ δὲ ἐφεξῆς λόγος διδάσκει ἡμᾶς ποίαις νομαῖς τὰ ποίμνια τοῦ καλοῦ ποιμένος πιαίνεται· οὐ γὰρ εἰς ἐρήμους τινὰς καὶ ἀκανθοφόρους τόπους ἐξελαύνει | [438] τὰ πρόβατα, ὥστε τὴν χορτώδη δρέψασθαι πόαν, ἀλλὰ τροφὴ πρόκειται αὐτοῖς τὰ ἐκ τῶν κήπων ἀρώματα, ἀντὶ δὲ χόρτου τὸ κρίνον γίνεται ὅπερ φησὶ παρὰ τοῦ ποιμένος εἰς διατροφὴν τῶν προβάτων συλλέγεσθαι, ταῦτα φιλοσοφοῦντος ἡμῖν διὰ τούτων τοῦ λόγου ὅτι ἡ περιεκτικὴ τῶν ὄντων φύσις καὶ δύναμις πάντα ἐν ἑαυτῇ περιείργουσα τόπον ἑαυτῆς καὶ χώρημα ποιεῖται τῶν δεχομένων τὴν καθαρότητα, ἐν οἷς ὁ πολυειδῶς διὰ τῶν ἀρετῶν γεωργούμενος κῆπος κομᾷ μὲν τοῖς τῶν κρίνων ἄνθεσι, βρύει δὲ τῇ τῶν ἀρωμάτων καρπογονίᾳ· τὰ μὲν γὰρ κρίνα τοῦ λαμπροῦ καὶ καθαροῦ τῆς διανοίας αἴνιγμα γίνεται, ἡ δὲ τῶν ἀρωμάτων εὔπνοια τοῦ πάσης ἁμαρτιῶν δυσωδίας ἀλλοτρίως ἔχειν.

Τούτοις οὖν φησι τὸν τῶν λογικῶν ἐπιστάτην ποιμνίων ἐναναστρέφεσθαι, ἐν μὲν τοῖς κήποις νομεύοντα, τὰ δὲ κρίνα πρὸς τὴν τῶν προβάτων διατροφὴν κείροντά τε καὶ συλλέγοντα, ἅπερ διὰ τοῦ μεγάλου Παύλου τοῖς προβάτοις προτίθησι τοῦ ἐκ τῆς θείας ἀποθήκης προβάλλοντος ἡμῖν τὴν ἐκ τῶν κρίνων διατροφήν. Ἔστι δὲ ταῦτα »ὅσα ἀληθῆ, ὅσα σεμνά, ὅσα δίκαια, ὅσα ἁγνά, ὅσα προσφιλῆ, ὅσα εὔφημα, εἴ τις ἀρετὴ καὶ εἴ τις ἔπαινος«. Ταῦτά ἐστι κατά γε τὸν ἐμὸν

[23] Bei der Form περιείρουσα im Text der kritischen Edition (GNO 6, 438 Zeile 6) handelt es sich nicht um eine Lesart, sondern um einen einfachen Druckfehler. Die ältere Edition (PG 44, 1093A) bietet in diesem Fall den korrekten Wortlaut περιείργουσα.

nicht in einer Seele, die von Tugenden leer ist; und weiter: Wenn jemand dem vorher erläuterten Textverständnis zufolge eine „Schale von Aroma" werden wollte, die hervorbringt, was zur Herstellung von Salbölen dient (vgl. Cant 5,13a), so wird ein solcher Mensch zu einem „Mischkrug der Weisheit" (vgl. Spr 9,2 LXX) und nimmt den göttlichen und lauteren „Wein" in sich auf, durch welchen demjenigen, der ihn zu sich nimmt, Freude zuteil wird (vgl. Ps 104,15a: LXX Ps 103,15a).

Der folgende Text aber lehrt uns, mit welcher Weidenahrung die Herden des guten Hirten gemästet werden: Er treibt die Schafe nämlich nicht in wüste und dornige Gegenden, so daß sie heuartiges Grasfutter abreißen müßten. Als Nahrung stehen ihnen vielmehr die Aromata aus den „Gärten" zur Verfügung, und an die Stelle von Heu tritt die Lilie, die, wie es heißt, vom Hirten für den Unterhalt der Schafe gesammelt wird (vgl. Cant 6,2c). Damit sagt uns der Text auf philosophische Weise folgendes: Die alles Seiende umfassende Natur und Kraft macht, obwohl sie alles in sich einschließt[23], die Reinheit derer, die sie aufnehmen, zu ihrem Ort und Fassungsraum. In ihnen prunkt der Garten, der auf vielgestaltige Weise mit Tugenden angelegt ist, mit Lilienblüten und strömt über vor Fruchtbarkeit an Aromata. Die Lilien nämlich stellen ein Rätselbild für den Glanz und die Reinheit des Denkens dar, der Wohlgeruch der Aromata aber ein Rätselbild dafür, sich allem Sündengestank gegenüber fremd zu zeigen.

Darin also, heißt es, halte sich der Aufseher der vernunftbegabten „Herden" auf: In den „Gärten" weidet er, und die „Lilien" schneidet er zum Unterhalt der „Schafe" ab und sammelt sie. Diese setzt er den „Schafen" durch die Vermittlung des großen Paulus vor, der uns aus der göttlichen „Scheune" die Nahrung, die aus den „Lilien" besteht, vorlegt. Das aber ist „alles, was wahr, ehrwürdig, gerecht und heilig, was freundlich und erfreulich ist, sei es eine Tugend oder ein Lob" (Phil 4,8). Dies sind — wenig-

| λόγον τὰ κρίνα οἷς διατρέφεται παρὰ τοῦ καλοῦ ποιμένος | 439 τε καὶ διδασκάλου τὰ ποίμνια.

Ὁ δὲ ἐφεξῆς λόγος, ὃν ἡ καθαρὰ καὶ ἀκηλίδωτος νύμφη πεποίηται λέγουσα· *Ἐγὼ τῷ ἀδελφιδῷ μου καὶ ὁ ἀδελφιδός μου ἐμοί*, κανὼν καὶ ὅρος τῆς κατ' ἀρετήν ἐστι τελειότητος· μανθάνομεν γὰρ διὰ τούτων τὸ μὴ δεῖν πλὴν τοῦ θεοῦ μηδὲν ἐν ἑαυτῷ ἔχειν μηδὲ πρὸς ἄλλο τι βλέπειν τὴν κεκαθαρμένην ψυχήν, ἀλλ' οὕτως ἑαυτὴν ἐκκαθᾶραι παντὸς ὑλικοῦ πράγματός τε καὶ νοήματος, ὡς ὅλην διόλου μετατεθεῖσαν πρὸς τὸ νοητόν τε καὶ ἄϋλον ἐναργεστάτην εἰκόνα τοῦ ἀρχετύπου κάλλους ἑαυτὴν ἀπεργάσασθαι.

Καὶ ὥσπερ ὁ ἐπὶ τοῦ πίνακος ἰδὼν τὴν γραφὴν δι' ἀκριβείας πρός τι τῶν ἀρχετύπων μεμορφωμένην, μίαν ἀμφοτέρων εἶναι τὴν μορφὴν ἀποφαίνεται καὶ τὸ ἐπὶ τῆς εἰκόνος κάλλος τοῦ πρωτοτύπου λέγων εἶναι καὶ τὸ ἀρχέτυπον ἐναργῶς ἐν τῷ μιμήματι καθορᾶσθαι, τὸν αὐτὸν τρόπον ἡ εἰποῦσα ὅτι *Ἐγὼ τῷ ἀδελφιδῷ μου καὶ ὁ ἀδελφιδός μου ἐμοί*, συμμεμορφῶσθαι λέγει τῷ Χριστῷ τὸ ἴδιον κάλλος ἀπολαβοῦσα, τὴν πρώτην τῆς φύσεως ἡμῶν μακαριότητα, κατ' εἰκόνα καὶ ὁμοίωσιν τοῦ πρώτου καὶ μόνου καὶ ἀληθινοῦ κάλλους ὡραϊσθεῖσα.

Καὶ οἷον ἐπὶ τοῦ κατόπτρου γίνεται, ὅταν τεχνικῶς τε καὶ 440
καταλλήλως τῇ χρείᾳ κατεσκευασμένον ἐν καθαρᾷ τῇ ἐπιφανείᾳ δι' ἀκριβείας ἐν ἑαυτῷ δείξῃ τοῦ ἐμφανέντος προσώπου τὸν χαρακτῆρα, οὕτως ἑαυτὴν ἡ ψυχὴ προσφόρως τῇ χρείᾳ κατασκευάσασα καὶ πᾶσαν ὑλικὴν ἀπορριψαμένη κηλῖδα καθαρὸν τοῦ ἀκηράτου κάλλους ἑαυτῇ τὸ εἶδος ἐνετυπώσατο. Λέγει οὖν τὴν φωνὴν ταύτην τὸ προαιρετικόν

---

[24] Wir würden sagen „auf der Leinwand", doch ist uns die Verwendung von Holztafeln aus der Ikonenmalerei geläufig.

[25] In dieser Erklärung zeigt sich, wie GREGOR den (ergänzungsbedürftigen) Stichus Cant 6, 3a versteht, der Cant 2, 16a sinngemäß entspricht. Der Auslegung *dieses* Verses in *hom.* 5 legte er allerdings ein anderes Verständnis zugrunde: „Mein Schwestersohn ist mein, und ich bin sein"

stens nach meinem Verständnis — die „Lilien", mit denen die „Herden" vom guten Hirten und Lehrer ernährt werden.

Der folgende Satz aber, den die reine und unbefleckte Braut in die Worte gefaßt hat: *Ich bin meinem Brudersohn (gleich) und mein Brudersohn mir* (Cant 6,3a), ist Richtschnur und Regel der Vollkommenheit in der Tugend. Wir lernen dadurch nämlich, daß die gereinigte Seele nichts in sich haben darf als nur Gott und auf nichts anderes schauen darf, sondern sich derart von jedem materiellen Geschäft und Gedanken reinigen muß, daß sie insgesamt total verändert wird zum Geistigen und Immateriellen und sich so zu einem höchst anschaulichen Bild der archetypischen Schönheit macht.

Zum Vergleich: Derjenige, der sieht, daß auf der Holztafel[24] das Gemälde mit Sorgfalt einem bestimmten Urbild nachgestaltet ist, erklärt, die Gestalt der beiden (Figuren) sei ein und dieselbe, indem er sagt, die Schönheit, die sich am Abbild zeigt, sei die des Originals und das Urbild sei anschaulich in seiner Nachbildung zu sehen. In eben derselben Weise bringt sie (*sc.* die Braut) nun mit den Worten: *Ich bin meinem Brudersohn (gleich) und mein Brudersohn mir* (Cant 6,3a), zum Ausdruck, sie sei Christus gleichgestaltet worden[25], weil sie die eigene Schönheit wiedererlangte, die ursprüngliche Seligkeit unserer Natur, schön gemacht nach dem Bild und Gleichnis (vgl. Gen 1,26) der ersten, einzigen und wahren Schönheit.

Und wie es bei einem Spiegel der Fall ist, wenn er — kunstvoll und seiner Verwendung entsprechend angefertigt — auf seiner reinen Oberfläche exakt das eigentümliche Gepräge des Angesichts zeigt, das sich in ihm spiegelt, so bildete die Seele, nachdem sie sich dem Bedarf entsprechend vorbereitet und allen materiellen Schmutz abgelegt hat, das reine Aussehen der lauteren Schönheit in sich ab. Es sagt also der mit der Vorzugswahl begabte und beseelte

(siehe oben 349).

τε καὶ ἔμψυχον κάτοπτρον ὅτι »Ἐπειδὴ ἐγὼ ὅλῳ τῷ κύκλῳ τὸ τοῦ ἀδελφιδοῦ πρόσωπον βλέπω, διὰ τοῦτο ὅλον τῆς ἐκείνου μορφῆς τὸ κάλλος ἐν ἐμοὶ καθορᾶται.«

Ταύτας ἄντικρυς μιμεῖται τὰς φωνὰς ὁ Παῦλος λέγων τῷ θεῷ ζῆν ὁ νεκρὸς τῷ κόσμῳ γενόμενος καὶ ὅτι ζῇ ἐν αὐτῷ ὁ Χριστὸς μόνος· ὁ γὰρ εἰπὼν ὅτι »Ἐμοὶ τὸ ζῆν Χριστός«, τοῦτο διὰ τοῦ λόγου βοᾷ ὅτι οὐδὲν τῶν ἀνθρωπίνων τε καὶ ὑλικῶν παθημάτων ἐν αὐτῷ ζῇ, οὔτε ἡδονὴ οὔτε λύπη οὔτε θυμὸς οὔτε φόβος οὔτε δειλία οὔτε πτόησις οὔτε τῦφος οὔτε θράσος, οὐ μνησικακία οὐ φθόνος οὐκ ἀμυντική τις διάθεσις οὐ φιλοχρηματία οὐ φιλοδοξία οὐ φιλοτιμία, οὐκ ἄλλο τι τῶν τὴν ψυχὴν διά τινος σχέσεως κηλιδούντων. »Ἀλλ' ἐκεῖνός μοι μόνος ἐστὶν ὃς οὐδὲν τούτων ἐστίν· πᾶν γὰρ τὸ ἔξω τῆς ἐκείνου φύσεως θεωρούμενον ἀποξυσάμενος οὐδὲν ἔχω ἐν ἐμαυτῷ τοιοῦτον | οἷον ἐν ἐκείνῳ οὐκ ἔστιν. Οὗ χάριν· ›Ἐμοὶ (441) τὸ ζῆν Χριστός‹«, ἤ, καθὼς ἡ νύμφη· *Ἐγὼ τῷ ἀδελφιδῷ μου καὶ ὁ ἀδελφιδός μου ἐμοί*, ὅς ἐστιν ἁγιασμὸς καὶ καθαρότης καὶ ἀφθαρσία καὶ φῶς καὶ ἀλήθεια καὶ τὰ τοιαῦτα ὅσα.

Ποιμαίνει τὴν ἐμὴν ψυχὴν οὐκ ἐν χόρτοις τισὶν ἢ φρυγάνοις ἀλλ' ἐν ταῖς λαμπρότησι τῶν ἁγίων· ἡ γὰρ τῶν κρίνων φύσις ἐν τῷ λαμπρῷ τῆς εὐχροίας ταύτην ὑπαινίσσεται ἡμῖν τὴν διάνοιαν. Οὐκοῦν διὰ τοῦτο ἐπὶ τοὺς λειμῶνας τῶν κρίνων ἄγει τὸ ἑαυτοῦ ποίμνιον ὁ ἐν τοῖς κρίνοις ποιμαίνων, ἵνα γένηται ἡ λαμπρότης κυρίου τοῦ θεοῦ ἡμῶν ἐφ' ἡμᾶς· τῷ γὰρ εἴδει τῆς τροφῆς συνδιατίθεται πάντως καὶ τὸ τρεφόμενον.

Οἷον τί λέγω; Ἔστω καθ' ὑπόθεσιν κοῖλόν τι σκεῦος ἐξ ὑέλου πεποιημένον, ἐν ᾧ πᾶν τὸ βαλλόμενον διαφαίνεται

---

[26] Mit DANIÉLOU/MUSURILLO und MCCAMBLEY beziehe ich den Infinitiv ζῆν auf Paulus. Die Anspielung zielt dann wohl auf Gal 2,19 (vgl. auch die Fortsetzung mit Gal 2,20!). CANÉVET/DANIÉLOU und MORESCHINI dagegen lassen sich durch den Hinweis LANGERBECKS auf Röm 6,11 (GNO 6, 440 Testimonienapparat) dazu bewegen, den Infinitiv mit der Wendung ὁ νεκρὸς … γενόμενος zu verbinden.

„Spiegel" diesen Satz: „Da ich mit meiner ganzen Scheibe dem Antlitz des Brudersohnes zugewandt bin, ist die ganze Schönheit seiner Gestalt deshalb in mir zu sehen."

Diese Worte ahmt Paulus geradewegs nach, wenn er sagt, er lebe für Gott (vgl. Gal 2,19)[26] — er, der ein Toter für die Welt hier geworden war —, und wenn er sagt, in ihm lebe nur Christus (vgl. Gal 2,20). Denn er, der sagte: „Für mich ist Christus Leben" (Phil 1,21), verkündet dies in seiner Rede laut, daß keine von den menschlichen und stofflichen Leidenschaften in ihm lebe, weder Lust noch Traurigkeit, noch Zorn, Furcht oder Feigheit, Schrecken, Dünkel, Verwegenheit, nicht das Nachtragen des Bösen, noch Neid, keine rachsüchtige Haltung, nicht Habgier, Ruhm- oder Ehrsucht, noch irgendeine andere von den (Leidenschaften), die die Seele aufgrund einer bestimmten Neigung beflecken. „Vielmehr ist nur jener mein, der nichts von alledem ist. Da ich nämlich alles abgekratzt habe, was — näher betrachtet — außerhalb seiner Natur liegt, habe ich nichts dergleichen in mir, was es in jenem nicht gibt. Darum gilt: ‚Für mich ist Christus Leben'" (Phil 1,21), oder wie die Braut sagt: *Ich bin meinem Brudersohn (gleich) und mein Brudersohn mir* (Cant 6,3a), der Heiligung und Reinheit, Unvergänglichkeit, Licht und Wahrheit und alles Derartige ist.

Er weidet meine Seele nicht auf „Grasflächen" oder unter „Sträuchern", sondern im Glanz der Heiligen. Denn die Naturbeschaffenheit der Lilie deutet uns mit dem Glanz ihrer schönen Farbe diesen Sinn versteckt an. Darum also führt er seine „Herde" auf die „Wiesen der Lilien" — er, der in den Lilien weidet (vgl. Cant 6,3b) —, damit der Glanz des Herrn, unseres Gottes, über uns komme (vgl. Ps 89,17a LXX). Denn durch die Art der Nahrung wird auf jeden Fall auch das, was ernährt wird, in den entsprechenden Zustand versetzt.

Was soll ich als Beispiel nennen? Gesetzt den Fall, es soll sich um ein Gefäß handeln, das aus Glas gemacht ist: Alles,

οἱονδὴ ἂν ᾖ, εἴτε ἀσβόλη τὸ ἐγκείμενον εἴη εἴτε τι τῶν καθαρωτέρων τε καὶ λαμπροτέρων. Οὐκοῦν τὴν λαμπρότητα τῶν κρίνων ταῖς ψυχαῖς ἐντιθεὶς λαμπρὰς δι' αὐτῶν τὰς ψυχὰς ἀπεργάζεται διαφαινομένου τοῦ ἐγκειμένου εἴδους ἐπὶ τὸ ἔξωθεν. Ὡς δ' ἂν πρὸς τὸ σαφέστερον ἡμῖν προαχθείη τὸ νοητόν, τοῦτό φαμεν ὅτι τρέφεται μὲν διὰ τῶν ἀρετῶν ἡ ψυχή, κρίνα δὲ κατονομάζει τὰς ἀρετὰς δι' αἰνίγματος, | ὧν ὁ διὰ | 442
τῆς ἀγαθῆς πολιτείας ἐμφορηθεὶς ἐπίδηλον ποιεῖ διὰ τοῦ βίου ἑκάστης ἀρετῆς τὸ εἶδος διὰ τοῦ ἤθους ἐπιδεικνύμενος.

Ἔστω κρίνον καθαρὸν ἡ σωφροσύνη τε καὶ δικαιοσύνη καὶ ἀνδρεία καὶ φρόνησις καὶ ὅσα φησὶν ὁ ἀπόστολος ἀληθῆ καὶ ὅσα σεμνὰ καὶ ὅσα προσφιλῆ, ὅσα δίκαια, ὅσα ἁγνά, ὅσα εὔφημα, εἴ τις ἀρετὴ καὶ εἴ τις ἔπαινος· πάντα γὰρ ταῦτα ἐντὸς τῆς ψυχῆς γενόμενα τῷ καθαρῷ διαδείκνυται βίῳ, καλλωπίζοντά τε τὸν περιέχοντα καὶ αὐτὰ διὰ τοῦ εἰσδεξαμένου καλλωπιζόμενα.

Ἡ τοίνυν ἀναθεῖσα ἑαυτὴν τῷ ἀδελφιδῷ καὶ δεξαμένη τοῦ ἀγαπηθέντος τὸ κάλλος ἐν τῇ ἰδίᾳ μορφῇ οἵων ἀξιοῦται παρὰ τοῦ τοὺς δοξάζοντας αὐτὸν δοξάζοντος, ἀκούσωμεν διὰ τῆς προσκειμένης τοῖς εἰρημένοις ἀκολουθίας· φησὶ γὰρ πρὸς τὴν νύμφην ὁ λόγος· *Καλὴ εἶ, ἡ πλησίον μου, ὡς εὐδοκία, ὡραία ὡς Ἰερουσαλήμ, θάμβος ὡς τεταγμέναι.*

Ὅτι μὲν οὖν ἡ δόξα παρὰ τῆς οὐρανίου στρατιᾶς ἀναπέμπεται τῷ ἐν ὑψίστοις θεῷ ὑπὲρ τῆς ἐν ἀνθρώποις εὐδοκίας ἐν ταῖς ἀκοαῖς τῶν ποιμένων, ὅτε εἶδον γεννηθεῖσαν ἐπὶ γῆς τὴν | εἰρήνην, καὶ ὅτι πόλις τοῦ μεγάλου βασιλέως ἡ Ἰερου- | 443
σαλὴμ παρὰ τοῦ δεσπότου πάσης κτίσεως ὀνομάζεται, παντὶ

---

[27] Zur Formulierung des LXX-Textes siehe Anm. 5f, oben 766f.

[28] GREGOR versteht den Lobgesang der Engel in Lk 2,14 in dreifacher Weise anders als wir: Der „Friede auf Erden" scheint in seiner Darstellung Christus zu sein; in ihm wurde „der Gott in den Höhen" geboren (vgl. das Folgende); und die εὐδοκία (das Wohlgefallen) Gottes an den Menschen ist der *Grund* für den Lobpreis der Engel. Unserer Auffassung zufolge zielt weder die Bezeichnung „Gott in den Höhen" noch der Terminus „Friede" direkt auf Christus; vielmehr wird der „Friede unter den Menschen seines (*sc.* Gottes) Wohlgefallens" proklamiert.

was hineingelegt wird, zeigt deutlich seine jeweilige Beschaffenheit, sei es, daß es sich bei dem Inhalt um Ruß handelt oder um etwas von den reineren und glänzenderen Dingen. Wenn er (*sc.* Christus) also den „Glanz der Lilien" in die Seelen legt, macht er diese Seelen mit ihrer Hilfe glänzend, da das Aussehen des Darinliegenden nach außen durchscheint. Damit indes der Gedanke für uns an Klarheit gewinnt, sagen wir folgendes: Durch die Tugenden wird die Seele „genährt"; „Lilien" aber nennt (der Text) die Tugenden in einem Rätselbild. Wer sich dank seines guten Lebenswandels an ihnen sättigt, macht während seines Lebens das Aussehen einer jeden Tugend deutlich, weil er sie durch sein Ethos aufzeigt.

Eine reine „Lilie" seien Besonnenheit, Gerechtigkeit, Tapferkeit und Klugheit und, wie der Apostel sagt, alles, was wahr, was ehrwürdig, freundlich, gerecht, was heilig und erfreulich ist, sei es eine Tugend oder ein Lob (vgl. Phil 4,8). All dies zeigt sich nämlich, wenn es sich in der Seele befindet, deutlich durch das reine Leben. Es verschönt denjenigen, der es besitzt, und wird auch selbst verschönt durch den, der es in sich aufgenommen hat.

Sie (*sc.* die Braut) hat sich demnach ihrem Brudersohn anvertraut und die Schönheit des Geliebten in die eigene Gestalt aufgenommen. Wessen sie nun gewürdigt wird von dem, der *die* verherrlicht, die *ihn* verherrlichen, laßt uns (jetzt) in der Textsequenz, die mit dem (zuletzt) Gesagten verbunden ist, hören. Der Logos sagt nämlich zur Braut: *Schön bist du, meine Nächste, wie Wohlgefallen, anmutig wie Jerusalem, ein Entsetzen wie geordnete Schlachtreihen* (Cant 6,4)[27].

Daß dem Gott in den Höhen vom himmlischen Heer für sein Wohlgefallen an den Menschen die Ehre erwiesen wird vor den Ohren der Hirten, als sie den Frieden auf Erden geboren sahen (vgl. Lk 2,13f)[28], und daß Jerusalem vom Herrscher der ganzen Schöpfung „Stadt des großen Königs" genannt wird (vgl. Mt 5,35), dürfte wohl jedem

δῆλον ἂν εἴη τῷ τοῖς εὐαγγελικοῖς καθομιλήσαντι λόγοις, ὡς διὰ τούτων μὴ ἀγνοῆσαι, ποῖον μαρτυρεῖ τῇ νύμφῃ κάλλος ὁ λόγος διὰ τῆς πρὸς τὴν Ἰερουσαλὴμ καὶ πρὸς τὴν εὐδοκίαν συγκρίσεως. Δῆλον γὰρ ὅτι τοῦτο περὶ αὐτῆς ὁ λόγος ἐνδείκνυται τὸ διὰ τῆς κατορθουμένης ἀνόδου μέχρις ἐκείνου τὴν ψυχὴν ὑψωθῆναι, ὡς πρὸς τὰ τοῦ δεσπότου θαύματα ἑαυτὴν ἐπεκτεῖναι· εἰ γὰρ ὁ ἐν ὑψίστοις θεός, ὁ ὢν ἐν τοῖς κόλποις τοῦ πατρός, ὑπὲρ τῆς ἐν ἀνθρώποις εὐδοκίας αἵματι καὶ σαρκὶ κατακίρναται, ἵνα γεννηθῇ ἐπὶ τῆς γῆς εἰρήνη, δῆλον ὅτι ἡ πρὸς ταύτην τὴν εὐδοκίαν τὸ ἑαυτῆς ὁμοιώσασα κάλλος τὸν Χριστὸν μιμεῖται τοῖς κατορθώμασιν, ἐκεῖνο γινομένη τοῖς ἄλλοις ὅπερ ὁ Χριστὸς τῇ φύσει τῶν ἀνθρώπων ἐγένετο· καθάπερ καὶ ὁ μιμητὴς τοῦ Χριστοῦ Παῦλος ἐποίει ἑαυτὸν τῆς ζωῆς ἀφορίζων, ἵνα τοῦ ἰδίου πάθους τὴν σωτηρίαν τῷ Ἰσραὴλ ἀνταλλάξηται, λέγων· »Ηὐχόμην ἀνάθεμα εἶναι ἀπὸ τοῦ Χριστοῦ ὑπὲρ τῶν ἀδελφῶν μου, τῶν συγγενῶν μου κατὰ σάρκα.« Πρὸς ὃν εἰκότως εἰπεῖν ἁρμόζει τὸ εἰρημένον τῇ νύμφῃ ὅτι | »Τοιοῦτόν ἐστι τῆς ψυχῆς σου τὸ κάλλος, οἵα ἡ | 444 τοῦ δεσπότου γέγονεν ὑπὲρ ἡμῶν εὐδοκία, ὃς ἑαυτὸν ἐκένωσε μορφὴν δούλου λαβών, καὶ ἔδωκεν ἑαυτὸν ἀντάλλαγμα ὑπὲρ τῆς τοῦ κόσμου ζωῆς καὶ δι' ἡμᾶς ἐπτώχευσε πλούσιος ὤν, ἵνα ἡμεῖς ἐν τῷ θανάτῳ αὐτοῦ ζήσωμεν καὶ ἐν τῇ πτωχείᾳ αὐτοῦ πλουτήσωμεν καὶ ἐν τῇ τῆς δουλείας αὐτοῦ μορφῇ βασιλεύσωμεν.«

Τὸ δὲ αὐτὸ μέγεθος καὶ ἡ πρὸς Ἰερουσαλὴμ ὡραιότητος ὁμοιότης ἐνδείκνυται, τὴν ἄνω δηλαδὴ Ἰερουσαλήμ, τὴν ἐλευθέραν, τὴν τῶν ἐλευθέρων μητέρα, ἣν πόλιν τοῦ μεγάλου βασιλέως εἶναι παρὰ τῆς τοῦ δεσπότου φωνῆς μεμαθήκαμεν· ἡ γὰρ χωρήσασα ἐν ἑαυτῇ τὸν ἀχώρητον, ὥστε ἐνοικεῖν αὐτῇ

---

[29] Zur Bedeutung des Verbums ἐπεκτεῖναι (sich noch weiter ausstrekken) für GREGORS Theologie des Aufstiegs vgl. oben 66 und Anm. 43, oben 152. Der Skopos der Ausführungen hier ist, daß die *Epektasis* der Seele/Braut bis an Gott (bzw. die göttlichen Eigenschaften) heranreicht.

deutlich sein, der sich mit den Worten des Evangeliums vertraut gemacht hat. Folglich weiß man dadurch ganz gut, welche Art von Schönheit der Logos der Braut durch den Vergleich mit „Jerusalem" und dem „Wohlgefallen" bescheinigt. Deutlich nämlich ist, daß der Logos in bezug auf sie folgenden Hinweis gibt: Die Seele wurde durch den aufsteigenden Weg, den sie zurücklegte, bis zu jenem Grad erhöht, daß sie sich ausstreckt[29] zu den Wundern des Herrschers. Wenn nämlich der Gott in den Höhen, der im Schoß des Vaters ist (*sc.* der Logos; vgl. Joh 1,18), sich aus Wohlgefallen an den Menschen mit Fleisch und Blut vermischt, damit Friede auf Erden geboren werde, ist deutlich, daß jene, die ihre Schönheit an dieses „Wohlgefallen" anglich, mit ihren glücklich vollbrachten Leistungen Christus nachahmt, indem sie für die anderen dasjenige wird, was Christus für die Menschennatur wurde. Ganz genau so machte es auch Paulus, der Nachahmer Christi, indem er sich vom Leben absonderte, um das Heil für Israel gegen das eigene Leid einzutauschen, sagt er doch: „Ich wünschte, verflucht zu sein, von Christus getrennt, für meine Brüder, meine Verwandten dem Fleische nach" (Röm 9,3). Es ist wahrscheinlich passend, das zu ihm zu sagen, was zur Braut gesagt ist: „Die Schönheit deiner Seele ist von solcher Art, wie es das ‚Wohlgefallen' des Herrschers für uns gewesen ist. Er entäußerte sich, als er Knechtsgestalt annahm (vgl. Phil 2,7), und gab sich als Lösegeld für das Leben der Welt hin. Unseretwegen wurde er bettelarm, obwohl er reich war (vgl. 2Kor 8,9), damit wir in seinem Tod leben könnten, in seiner Armut reich seien und in der Gestalt seiner Knechtschaft Könige würden."

Dieselbe Größe zeigt aber auch die Ähnlichkeit der Anmut (*sc.* der Braut) mit Jerusalem, dem „oberen Jerusalem" versteht sich, dem „freien", der „Mutter" der Freien (vgl. Gal 4,26), das die „Stadt des großen Königs" ist, wie wir von dem Wort des Herrschers gelernt haben (vgl. Mt 5,35). Jene nämlich, die in sich den Unfaßbaren faßt, so daß

καὶ ἐμπεριπατεῖν τὸν θεόν, τῇ ὡραιότητι τοῦ ἐν αὐτῇ κατοικοῦντος καλλωπισθεῖσα Ἰερουσαλὴμ ἐπουράνιος γίνεται τὸ ἐκείνης κάλλος ἐφ᾽ ἑαυτῆς δεξαμένη. Κάλλος δὲ τῆς πόλεως τοῦ βασιλέως καὶ ὡραιότης, αὐτοῦ πάντως ἐστὶ τοῦ βασιλέως τὸ κάλλος· ἐκείνου γάρ ἐστι κατὰ τὸν λόγον τῆς ψαλμῳδίας ἡ ὡραιότης καὶ τὸ κάλλος, πρὸς ὃν ἡ προφητεία φησί· »Τῇ ὡραιότητί σου καὶ τῷ κάλλει σου καὶ ἔντεινον καὶ κατευοδοῦ καὶ βασίλευε ἕνεκεν ἀληθείας καὶ πραότητος καὶ δικαιοσύνης.« Τούτοις γὰρ τὸ θεῖον κάλλος χαρακτηρίζεται, τῇ ἀληθείᾳ λέγω καὶ τῇ δικαιοσύνῃ καὶ τῇ | πραότητι. Ἡ | 445 τοίνυν ἐν τοῖς τοιούτοις κάλλεσι μορφωθεῖσα ψυχὴ ὡραία γίνεται ὡς Ἰερουσαλὴμ τῇ τοῦ βασιλέως ὥρᾳ καλλωπισθεῖσα.

Ἀλλὰ ταῦτα μὲν πρόδηλον ἔχει τοῦ τῆς νύμφης κάλλους τὸν ἔπαινον τῇ πρὸς τὴν εὐδοκίαν τε καὶ τὴν Ἰερουσαλὴμ συγκρίσει πληρούμενον, τὸν δὲ ἐφεξῆς λόγον ἐγκώμιον μὲν εἶναι τῆς νύμφης οὐκ ἀμφιβάλλομεν, τὴν δὲ διάνοιαν, καθ᾽ ἣν τῷ τοιούτῳ ἐπαίνῳ σεμνύνεται ἡ τῆς εὐφημίας ταύτης ἀξιωθεῖσα, οὐκ ἔστιν ἐκ τοῦ προχείρου μαθεῖν. Ἔχει γὰρ ἡ λέξις οὕτως· *θάμβος ὡς τεταγμέναι.*

Τάχα δ᾽ ἄν τις τοῖς προθεωρηθεῖσιν ἑπόμενος εἴποι διὰ τῆς πρὸς τὴν ὑπερκόσμιον φύσιν συγκρίσεως μεγαλύνεσθαι ὑπὸ τοῦ λόγου διὰ τῶν ἐπαίνων τὴν νύμφην· ἐκεῖ γάρ εἰσιν αἱ τεταγμέναι δυνάμεις ὅπου αἱ μὲν ἐξουσίαι διὰ παντὸς ἐν τῷ κυριεύειν εἰσί, κρατοῦσι δὲ διόλου αἱ κυριότητες, βεβήκα-

---

30 Im Kontext von Ps 44,4–6 LXX wird der Kriegszug des Königs panegyrisch geschildert.

31 LANGERBECK zufolge (siehe GNO 6, 445 kritischer Apparat) wäre das in den Handschriften bezeugte Nomen δυνάμεις an dieser Stelle zu tilgen, da es weiter unten als *Teil* der „überirdischen Natur“ wiederkehrt. Mir scheint es jedoch plausibel, daß GREGOR selbst das Partizip τεταγμέναι um ein passendes Nomen ergänzte, damit den Zuhörern der Sinn des Verses deutlich werde. Der Begriff δυνάμεις bietet sich gerade wegen seiner Allgemeinheit an. Daß er in den Anspielungen auf Eph 1,21 bzw. Ps 102,21 LXX nochmals begegnet, erzeugt zwar eine gewisse Spannung, doch macht dies eine Athetese des fraglichen Nomens nicht

Gott in ihr wohnt und wandelt (vgl. 2Kor 6,16), wird durch die Anmut dessen, der in ihr wohnt, verschönt und wird somit zum „himmlischen Jerusalem“ (vgl. Hebr 12,22), weil sie dessen Schönheit bei sich aufgenommen hat. Schönheit und Anmut der Königsstadt aber bedeuten auf jeden Fall die Schönheit des Königs selbst. Jenem nämlich sind dem Wort des Psalmengesangs zufolge Anmut und Schönheit zu eigen. Die Prophetie sagt zu ihm: „Mit deiner Anmut und deiner Schönheit spanne an, fahr zu und herrsche[30] um der Wahrheit, der Sanftmut und der Gerechtigkeit willen“ (Ps 44,4b–5 LXX). Dadurch nämlich wird die göttliche Schönheit charakterisiert, ich meine durch Wahrheit, Gerechtigkeit und Sanftmut. Die Seele also, die durch solche Formen der Schönheit Gestalt gewonnen hat, wird „anmutig wie Jerusalem“, verschönt vom Liebreiz des Königs.

Dies (alles) impliziert jedoch ein ganz deutliches Lob auf die Schönheit der Braut, das durch den Vergleich mit dem „Wohlgefallen“ und „Jerusalem“ sein volles Ausmaß erreicht. Daß der folgende Text seinerseits ein Lobpreis auf die Braut ist, bezweifeln wir zwar nicht, den Sinn aber, in dem jene, die dieses guten Zurufs gewürdigt wurde, durch ein solches Lob geehrt wird, kann man der vordergründigen Textgestalt nicht entnehmen. Der Wortlaut bietet nämlich folgendes: *ein Entsetzen wie geordnete Schlachtreihen* (Cant 6,4c).

Es könnte vielleicht jemand im Anschluß an die vorigen Betrachtungen sagen, die Braut werde vom Logos in den Lobesworten durch den Vergleich mit der überirdischen Natur gerühmt. Die „geordneten“ Kräfte[31] sind nämlich dort, wo die Gewalten fortwährend daran sind zu gebieten, die Herrschaften ganz und gar die Gewalt haben, die Thro-

---

zwingend erforderlich. Im folgenden Satz gebraucht GREGOR die Termini ἐξουσίαι und δυνάμεις zudem ein weiteres Mal im allgemeineren Sinn.

σι δὲ παγίως οἱ θρόνοι, ἀδούλωτοι δὲ μένουσιν αἱ ἀρχαί, εὐλογοῦσι δὲ ἀδιαλείπτως τὸν θεὸν αἱ δυνάμεις, ἥ τε πτῆσις τῶν Σεραφὶμ οὐχ ἵσταται καὶ ἡ στάσις οὐ μεταβαίνει καὶ τὰ Χερουβὶμ ἀνέχοντα τὸν ὑψηλόν τε καὶ ἐπηρμένον θρόνον οὐκ ἀπολήγει, οἵ τε λειτουργοὶ ποιοῦντες τὸ ἔργον | καὶ | 446
ἀκούοντες τῶν λόγων οὐ παύονται. Ἐπεὶ οὖν αἱ ἐξουσίαι αὗται ὑπὸ τοῦ θεοῦ τεταγμέναι εἰσὶ καὶ ἡ τάξις τῶν νοητῶν καὶ ὑπερκοσμίων δυνάμεων ἀσύγχυτος εἰς τὸ διηνεκὲς μένει μηδεμιᾶς κακίας ἀνατρεπούσης τὴν εὐταξίαν, διὰ τοῦτο καὶ ἡ πρὸς μίμησιν ἐκείνων [ψυχὴ] πάντα κατὰ τάξιν καὶ εὐσχημόνως ποιοῦσα τοιοῦτον ἐφ' ἑαυτῆς κινεῖ τὸ θαῦμα οἷον ἐν ταῖς δυνάμεσιν ἐκείναις ταῖς τεταγμέναις ἐστίν· ἔκπληξιν γὰρ ἡ τοῦ θάμβους ἑρμηνεύει διάνοια, διὰ δὲ τῆς ἐκπλήξεως τὸ θαῦμα νοοῦντες τῆς ἀληθείας οὐχ ἁμαρτάνομεν.

Ἡ δὲ τούτοις ἐκ τοῦ ἀκολούθου προσκειμένη ῥῆσις ἀμφίβολα ποιεῖ τὰ πρόσωπα, παρ' οὗ τε εἴρηται καὶ πρὸς ὃν εἶπε τὸ *Ἀπόστρεψον τοὺς ὀφθαλμούς σου ἀπεναντίον ἐμοῦ, ὅτι αὐτοὶ ἀνεπτέρωσάν με·* τοῖς μὲν γὰρ δοκεῖ παρὰ τοῦ δεσπότου πρὸς τὴν καθαρὰν εἰρῆσθαι ταῦτα ψυχήν, ἐγὼ δὲ τῇ νύμφῃ πρέπειν ὑπονοῶ μᾶλλον τὸ ῥητὸν ἐφαρμόζεσθαι. | Ταύτῃ γὰρ | 447
κατάλληλον εὑρίσκω τὴν τῶν σημαινομένων ὑπὸ τοῦ λόγου διάνοιαν.

---

[32] Im Text der kritischen Edition (GNO 6, 446 Zeile 1) wurde aus der Konjunktion ἐπεί (vgl. PG 44, 1100 B) aufgrund eines Druckfehlers die Präposition ἐπί.

[33] LANGERBECK macht (im Testimonienapparat zu GNO 6, 446) darauf aufmerksam, daß GREGOR sich hier von der Lehre des ORIGENES abgrenzt, nach der es in der Ordnung der „Vernunftwesen" (also auch der Engel) durchaus Bewegung nach unten (und umgekehrt wieder nach oben) geben kann. Bezeichnend dafür ist das Resümee, das ORIGENES in *De principiis* 1,6,3 (228 GÖRGEMANNS/KARPP in der Bezeugung des RUFIN und des MAXIMUS CONFESSOR) gibt, daß (durch Fall und Wiederaufstieg) jedes beliebige Vernunftwesen aus jedem beliebigen anderen Vernunftwesen entstehen könne; vgl. auch *princ.* 1,5 insgesamt (ebd. 192–212).

ne fest gegründet stehen, die Reiche frei von Versklavung bleiben (vgl. Eph 1,21; Kol 1,16), die Kräfte ununterbrochen Gott benedeien (vgl. Ps 102,21a LXX), wo der Flug der Serafim (vgl. Jes 6,2) nicht zum Stillstand kommt und ihr Standort doch nicht wechselt, wo die Kerubim nicht aufhören, den hohen und erhabenen Thron hochzuhalten (vgl. Ez 10,1.15), und die Diener nicht davon ablassen, ihr Werk zu tun und auf die Worte zu hören (vgl. Ps 103,20–22: LXX Ps 102,20–22). Da[32] also diese Gewalten von Gott geordnet sind und die Ordnung der geistigen und überirdischen Kräfte für immer frei von Verwirrung bleibt[33], da keinerlei Bosheit die gute Ordnung verkehrt, darum erregt auch die [Seele[34]], die, um jene nachzuahmen, alles der Ordnung gemäß und in anständiger Weise tut, aufgrund ihres eigenen Verhaltens eine solche Verwunderung, wie sie angesichts jener geordneten Kräfte herrscht. Der tiefere Sinn des Terminus „Entsetzen“ nämlich meint „Bestürzung“. Wenn wir unter der „Bestürzung“ aber „Verwunderung“ verstehen, verfehlen wir die Wahrheit nicht.

Der Vers, der von der Abfolge (des Textes) her daran angeschlossen ist, läßt bezüglich der beteiligten Personen[35] Zweifel aufkommen, von wem er gesprochen ist und an wen sich das Gesagte richtete: *Wende deine Augen ab von dem, was mir entgegen ist, weil sie mich wieder beflügelten* (Cant 6,5a–b). Einigen (Exegeten) nämlich scheint es so, als sei dies vom Herrscher zur reinen Seele gesagt. Ich aber vermute, es sei angemessen, das Gesagte eher der Braut in den Mund zu legen. Denn ich finde, daß der Sinn der Inhalte, die vom Text bezeichnet werden, ihr entspricht.

---

[34] LANGERBECK spricht sich im kritischen Apparat zu GNO 6, 446, dafür aus, das (überflüssige bzw. störende) Nomen ψυχή zu tilgen.

[35] Die Frage nach dem πρόσωπον λέγον, dem Sprecher (und gegebenenfalls auch dem Adressaten) eines bestimmten Textabschnitts gehört zum Repertoire der antiken philologischen Exegese; vgl. dazu die Einleitung, oben 55 mit Anm. 180.

Τὰ δέ μοι παραστάντα δι᾽ ὀλίγων ἐκθήσομαι· ἤκουσα πολλαχῇ τῆς θεοπνεύστου γραφῆς πτέρυγας εἶναι τῷ θεῷ διηγουμένης, νῦν μὲν τῆς προφητείας λεγούσης ὅτι »Ἐν σκέπῃ τῶν πτερύγων σου σκεπάσεις με«, καὶ ὅτι »Ὑπὸ τὰς πτέρυγας αὐτοῦ ἐλπιεῖς«, πάλιν δὲ τοῦ Μωϋσέως ἐν τῇ μεγάλῃ ᾠδῇ τὸ αὐτὸ ὑπογράφοντος ἐν οἷς φησιν ὅτι »Διεὶς τὰς πτέρυγας αὐτοῦ ἐδέξατο αὐτούς.« Καὶ τὸ παρὰ τοῦ κυρίου πρὸς τὴν Ἰερουσαλὴμ εἰρημένον, ὅτι »Ποσάκις ἠθέλησα ἐπισυναγαγεῖν τὰ τέκνα σου ὃν τρόπον ὄρνις συνάγει τὰ νοσσία ὑπὸ τὰς πτέρυγας αὐτῆς«, οὐκ ἔξω τοῦ προκειμένου νοήματος εἴποι τις ἂν εἶναι πρὸς τὸ ἀκόλουθον βλέπων.

Εἰ τοίνυν κατά τινα λόγον ἀπόρρητον πτέρυγας εἶναι περὶ τὴν θείαν φύσιν ὁ θεόπνευστος διορίζεται λόγος, ἡ δὲ πρώτη τοῦ ἀνθρώπου κατασκευὴ τὸ κατ᾽ εἰκόνα καὶ ὁμοίωσιν θεοῦ γεγενῆσθαι τὴν φύσιν ἡμῶν μαρτύρεται, | 448 ὁρίζεται πάντως ὅτι διὰ πάντων εἶχεν ὁ κατ᾽ εἰκόνα γενόμενος τὴν πρὸς τὸ ἀρχέτυπον ὁμοιότητα. Ἀλλὰ μὴν ἐπτέρωται κατὰ τὴν ἁγίαν γραφὴν τὸ πρωτότυπον. Οὐκοῦν πτερόεσσα καὶ ἡ τοῦ ἀνθρώπου κατεσκευάσθη φύσις, ὡς ἂν καὶ ἐν ταῖς πτέρυξιν ἔχοι πρὸς τὸ θεῖον ὁμοίως. Δῆλον δὲ ὅτι τὸ τῶν πτερύγων ὄνομα διά τινος τροπικῆς θεωρίας εἴς τι θεοπρεπὲς μεταληφθήσεται νόημα, δυνάμεώς τε καὶ μακαριότητος καὶ ἀφθαρσίας καὶ τῶν τοιούτων διὰ τοῦ ὀνόματος τῶν πτερύγων σημαινομένων. Ἐπεὶ οὖν ταῦτα καὶ περὶ τὸν ἄνθρωπον ἦν,

---

[36] An dieser Stelle schon wird klar, daß GREGOR das Verbum ἀναπτεροῦν zunächst rein lexikalisch analysiert („wieder mit Flügeln versehen“) und deshalb das Nomen πτέρυξ in den Mittelpunkt seiner Untersuchung stellt. Das „Beflügeln“ meint hier jedoch (wie im Deutschen) eine Gemütsbewegung.

[37] Als „Schöpfungsbericht“ interpretiert LANGERBECK (GNO 6, 447 kritischer Apparat) das Nomen κατασκευή, dem er als Pendant den Begriff „Hexaemeron“ gegenüberstellt.

[38] GREGORS Vorstellung von den „Flügeln“ der menschlichen Natur erinnert an das Bild der geflügelten Seele, das bei PLATO, *Phdr.* 246–256, verwendet ist, zumal es auch dort um Verlust und Wiedergewinnung des „Gefieders“ geht. Die (biblische) Begründung und die Ausgestaltung des Motivs sind bei GREGOR freilich anders gefaßt als bei PLATO.

Ich werde kurz auseinandersetzen, was mir in den Sinn kam. Die göttlich inspirierte Schrift berichtet, wie ich höre, an vielen Stellen, Gott habe „Flügel“[36]. Das eine Mal sagt die Prophetie: „In der Deckung deiner Flügel wirst du mich schirmen“ (Ps 17,8b: LXX Ps 16,8b), und: „Unter seinen Flügeln wirst du Hoffnung schöpfen“ (Ps 90,4b LXX). Mose wiederum beschreibt in seinem großen Gesang (*sc.* Dtn 32) dasselbe mit den Worten: „Er breitete seine Flügel aus und nahm sie auf“ (Dtn 32,11c LXX). Auch das, was vom Herrn zu Jerusalem gesagt worden ist: „Wie oft wollte ich deine Kinder sammeln, wie eine Henne ihre Küken unter ihre Flügel sammelt“ (Mt 23,37), fällt nicht aus dem Rahmen des hier vorgelegten Gedankens, könnte wohl jemand sagen, sofern er sich an der inneren Logik (des Zusammenhangs) orientiert.

Zum einen definiert der göttlich inspirierte Text demnach, einem geheimen Verständnis zufolge gehörten „Flügel“ zur göttlichen Natur. Zum andern bezeugt der erste Bericht über die Erschaffung[37] des Menschen die Tatsache, daß unsere Natur nach dem Bild und Gleichnis Gottes entstanden sei (vgl. Gen 1,26). Wenn dem so ist, wird damit jedenfalls definiert, daß der, der nach dem Bild (*sc.* Gottes) entstanden war, in allem Ähnlichkeit mit dem Urbild hatte. Das Original war aber doch der Heiligen Schrift zufolge geflügelt! Also wurde auch die Natur des Menschen mit Flügeln ausgestattet[38], damit sie sich auch in den Flügeln dem Göttlichen ähnlich zeige. Klar ist indes, daß der Begriff „Flügel“ mit Hilfe figurativer Betrachtung in einen gottgeziemenden Gedanken verwandelt werden soll: Mit dem Begriff „Flügel“ werden dabei Kraft, Seligkeit, Unvergänglichkeit und dergleichen bezeichnet. Dies gehörte also auch zum Menschen, solange er Gott in allem ähnlich war.

LANGERBECK verweist im Testimonienapparat zu GNO 6,448, auf METHODIUS VON OLYMPUS, *symp.* 8,1–3 (GCS 27, 80–84), als Vorlage. Zum Thema der „geflügelten Seele“ vgl. auch DANIÉLOU, *Colombe* 396–400.

ἕως ὅτε τῷ θεῷ διὰ πάντων ὅμοιος ἦν, μετὰ ταῦτα δὲ ἡ πρὸς τὴν κακίαν ῥοπὴ τῶν τοιούτων πτερύγων ἡμᾶς ἀπεσύλησεν (ἔξω γὰρ τῆς σκέπης τῶν τοῦ θεοῦ πτερύγων γενόμενοι καὶ τῶν ἰδίων πτερύγων ἐγυμνώθημεν), διὰ τοῦτο ἐπεφάνη ἡ τοῦ θεοῦ χάρις φωτίζουσα ἡμᾶς, ἵνα ἀποθέμενοι τὴν ἀσέβειαν καὶ τὰς κοσμικὰς ἐπιθυμίας πάλιν δι' ὁσιότητός τε καὶ δικαιοσύνης πτεροφυήσωμεν.

Οὐκοῦν εἰ ταῦτα τῆς ἀληθείας οὐκ ἀπεσχοίνισται, πρέπει παρὰ τῆς νύμφης ὁμολογεῖσθαι τὴν ἐπ' αὐτῆς γεγενημένην παρὰ | τῶν θείων ὀφθαλμῶν χάριν· ὁμοῦ τε γὰρ ἐπεῖδεν ἡμᾶς | 449 τοῖς τῆς φιλανθρωπίας ὀφθαλμοῖς ὁ θεὸς καὶ ἡμεῖς κατὰ τὴν ἀρχαίαν χάριν ἀνεπτερώθημεν.

Ταὐτὰ οὖν οἶμαι διὰ τῶν εἰρημένων τὸν λόγον ἐνδείκνυσθαι, ἃ προσευχόμενος ὁ Δαβὶδ ἐν ἑξκαιδεκάτῃ ψαλμῳδίᾳ φησὶ πρὸς τὸν κύριον ὅτι »Οἱ ὀφθαλμοί σου ἰδέτωσαν εὐθύτητας«, τὰς ἐμὰς δηλονότι· »Ἐδοκίμασας«, γάρ φησι, »τὴν καρδίαν μου, ἐπεσκέψω νυκτός, ἐπύρωσάς με καὶ οὐχ εὑρέθη ἐν ἐμοὶ ἀδικία.« Ἶσον οὖν ἐστιν εἰπεῖν ὅτι »Οἱ ὀφθαλμοί σου ἰδέτωσαν εὐθύτητας«, καὶ ὅτι »Οἱ ὀφθαλμοί σου τὸ ἐναντίον μὴ θεασάσθωσαν«· ὁ γὰρ τὸ εὐθὲς ἰδὼν σκολιὸν οὐκ εἶδε καὶ ὁ σκολιὸν μὴ ἰδὼν τὸ εὐθὲς πάντως τεθέαται. Οὐκοῦν διὰ τῆς τοῦ ἐναντίου ὑπεξαιρέσεως τὸ ἀγαθὸν τοῖς θείοις ὀφθαλμοῖς ὑποδείκνυσι, δι' ὧν ἀναπτεροῦται πάλιν ἡ ψυχή, ἡ διὰ τῆς παρακοῆς τῶν πρωτοπλάστων πτερορρυήσασα.

Τοῦτο τοίνυν διὰ τῶν εἰρημένων κατενοήσαμεν ὅτι »Οἱ ὀφθαλμοί σου, ὅταν ἐπ' ἐμὲ ἐπιβλέπωσιν, ἀποστρέφονται ἀπὸ

---

[39] GREGOR bezieht hier seine Argumentation auf die anfangs gestellte Frage zurück, wer der Sprecher von Cant 6,5a–b sei.

[40] Das Nomen εὐθύτης bedeutet wie in Cant 1,4f „Geradheit“ (im Sinne von „Rechtschaffenheit“, „Gerechtigkeit“), doch läßt sich der Plural („Geradheiten“) im Deutschen noch weniger verwenden als der Singular. Ich wähle für die Übersetzung das Adjektiv „gerade“, um den Gegensatz „gerade — krumm“, mit dem GREGOR hier spielt, auch im Deutschen sprachlich präsent zu halten.

[41] Den Sinn des Verses faßt GREGOR — wie so oft — in eine Paraphrase,

Hernach aber beraubte uns das Absinken zur Bosheit dieser Art von „Flügel" — als wir uns nämlich aus der Dekkung der „Flügel" Gottes herausbegeben hatten, wurden wir auch der eigenen „Flügel" ledig. — Und eben deshalb erschien die Gnade Gottes, die uns erleuchtete, damit wir die Gottlosigkeit und die weltlichen Begierden ablegten (vgl. Tit 2,11 f) und durch Heiligkeit und Gerechtigkeit wieder „Flügel" bekämen.

Wenn damit also die Grenze der Wahrheit nicht überschritten ist, wird passenderweise von der Braut[39] die Gnade, die ihr von den göttlichen „Augen" widerfuhr, offen bekannt (vgl. Cant 6,5a–b). Denn im selben Moment, da uns Gott mit den „Augen" der Menschenfreundlichkeit ansah, wurden wir der ursprünglichen Gnade entsprechend auch wieder mit „Flügeln" versehen.

Der Text drückt, wie ich meine, mit diesen Worten also dasselbe aus, was David im 16. Psalm betend zum Herrn sagt: „Deine Augen sollen Gerades[40] sehen" (Ps 17,2b: LXX Ps 16,2b), Gerades an mir, versteht sich. „Du hast mein Herz erforscht", sagt er nämlich, „hast es nachts untersucht, hast mich im Feuer geprüft, doch kein Unrecht wurde an mir gefunden" (Ps 17,3: LXX Ps 16,3). Einerlei also ist es zu sagen: „Deine Augen sollen Gerades sehen" und: „Deine Augen sollen das Gegenteil davon nicht schauen". Denn wer Gerades sieht, sieht nicht Krummes. Und wer Krummes nicht sieht, hat auf jeden Fall Gerades geschaut. Demnach zeigt (der Text) durch den Ausschluß des Gegenteils den göttlichen „Augen" indirekt das Gute. Durch diese (*sc.* Augen) wird die Seele, die durch den Ungehorsam der Ersterschaffenen ihre „Flügel" verloren hatte, wieder neu beflügelt.

Aufgrund dieser Worte verstanden wir also folgendes[41]: „Deine Augen wenden sich, sobald sie auf mich blicken,

---

die in der Form direkter Rede gehalten ist.

τοῦ ἐναντίου· οὐ γὰρ ὄψονταί τι ἐν ἐμοὶ τῶν ἐναντιουμένων μοι. Διὰ τοῦτο γίνεταί μοι ἀπὸ τῶν ὀφθαλμῶν σου τὸ πάλιν πτερωθῆναι καὶ ἀναλαβεῖν διὰ τῶν ἀρετῶν τὰς πτέρυγας τῆς ὡσπερεὶ περιστερᾶς, δι' ἧς γίνεταί μοι ἡ τῆς | πτήσεως | 450 δύναμις, ὥστε πετασθῆναι καὶ καταπαῦσαι, ἐκείνην δηλαδὴ τὴν κατάπαυσιν ἣν κατέπαυσεν ὁ θεὸς ἀπὸ τῶν ἔργων αὐτοῦ.«

Πάλιν δὲ μετὰ τὰς φωνὰς ταύτας ἡ τοῦ κάλλους τῆς νύμφης ὑπογραφὴ διαδέχεται τῶν εἰς τὴν ὥραν αὐτῆς συντελούντων ἕκαστον διά τινος προσφυοῦς ὁμοιώσεως τοῦ λόγου σεμνύνοντος· ἐπαινεῖται γὰρ αὐτῆς τῶν τε τριχῶν τὸ κάλλος καὶ τῶν ὀδόντων ἡ θέσις καὶ τὸ ἐπὶ τοῦ χείλους ἄνθος καὶ τὸ ἡδὺ τῆς φωνῆς τῆς τε παρειᾶς τὸ ἐρύθημα. Ὁ δὲ περὶ ἑκάστου τῶν εἰρημένων ἔπαινος διά τινος καταλλήλου συγκρίσεώς τε καὶ παραθέσεως πληροῦται τῇ νύμφῃ. Αἱ μὲν γὰρ τρίχες ἀγέλαις αἰγῶν ταῖς ἀναφανείσαις ἀπὸ τοῦ Γαλαὰδ ὡμοιώθησαν, αἱ δὲ τῶν κεκαρμένων ἀγέλαι αἱ διδύμοις τόκοις ἐπαγαλλόμεναι τὸ τῶν ὀδόντων ἐγκώμιον πληροῦσι διὰ τῆς ὁμοιώσεως, σπαρτίῳ δὲ κοκκοβαφεῖ τὸ χεῖλος εἰκάζεται καὶ τῷ λεπύρῳ τῆς ῥόας ἡ παρειὰ καλλωπίζεται. Ἔχει δὲ ἡ λέξις οὕτω· *Τρίχωμά σου ὡς ἀγέλαι τῶν αἰγῶν αἳ ἀνεφάνησαν ἀπὸ τοῦ Γαλαάδ. Ὀδόντες σου ὡς ἀγέλαι τῶν κεκαρμένων αἳ ἀνέβησαν ἀπὸ τοῦ λουτροῦ, αἱ πᾶσαι διδυμεύουσαι καὶ ἀτεκνοῦσα οὐκ ἔστιν ἐν αὐταῖς. Ὡς σπαρτίον κόκκινον χείλη σου καὶ ἡ λαλιά σου ὡραία. Ὡς λέπυρον ῥόας μῆλόν σου ἐκτὸς τῆς σιωπήσεώς σου.*

Ὧν ἁπάντων ἐν τοῖς φθάσασιν ἱκανῶς ἐξητασμένων περιττὸν ἂν εἴη διὰ τῆς τῶν αὐτῶν θεωρημάτων παλιλλογίας ὄχλον | ἐπεισάγειν τῷ λόγῳ. Εἰ δέ τις καὶ νῦν τὸν περὶ τῶν | 451

---

[42] Nämlich in *hom.* 7 bei der Auslegung zu Cant 4,1d–e.2.3a–b.c–d — Verse, die in Cant 6,5c–7 fast wörtlich wiederholt werden. Das hier vorliegende Beschreibungslied erweist sich im Vergleich zu Cant 4,1–7 allerdings als Torso.

vom Gegenteil ab. Denn sie werden an mir nichts sehen, was sich mir entgegensetzt. Deshalb widerfährt mir dies von deinen Augen, daß ich erneut beflügelt werde und dank der Tugenden die Flügel wiederaufnehme — die Flügel der Taube sozusagen; durch diese (*sc.* Taube) wird mir die Fähigkeit des Fliegens zuteil, so daß ich mit ausgebreiteten Flügeln davonfliege und Ruhe finde (vgl. Ps 55,7: LXX Ps 54,7) — jene Ruhe offenbar, die Gott genoß, um von seinen Werken auszuruhen (vgl. Gen 2,2)."

Erneut folgt nach diesen Worten die Beschreibung der Schönheit der Braut, da der Text jedes von den (Gliedern), die zu ihrem Liebreiz beitragen, durch einen angemessenen Vergleich ehrt. Es werden nämlich die Schönheit ihrer Haare, die Stellung der Zähne, das blühende Aussehen der Lippen, die Süße der Stimme und die Röte der Wange gelobt. Das Lob zu jedem der genannten Details wird für die Braut durch entsprechende Vergleiche und Gegenüberstellungen vervollständigt. Die Haare wurden mit Ziegenherden verglichen, die von Gilead her sichtbar wurden, die Herden geschorener Schafe wiederum, die auf Zwillingsjunge stolz sind, vervollständigen durch den Vergleich (im Text) den Lobpreis der Zähne, die Lippe wird mit einer scharlachrot gefärbten Schnur verglichen, und die Wange wird mit der Granatapfelschale verschönt. Der Wortlaut bietet folgendes: *Dein Haar ist wie Ziegenherden, die sichtbar wurden von Gilead her. Deine Zähne sind wie Herden geschorener Schafe, die aufstiegen vom Bad; sie alle haben Zwillinge, und eine Kinderlose ist nicht unter ihnen. Wie eine scharlachrote Schnur sind deine Lippen, und deine Rede ist anmutig. Wie eine Granatapfelschale ist deine Wange, außerhalb deines Schweigens* (Cant 6,5c–7).

Da dies alles früher schon ausreichend untersucht worden ist[42], dürfte es überflüssig sein, die Rede durch Wiederholung derselben Betrachtungsinhalte beschwerlich zu machen. Falls aber jemand verlangen wollte, daß auch jetzt über dieselben Themen gesprochen werde wegen derjeni-

αὐτῶν λόγον ἐπιζητοίη γενέσθαι διὰ τοὺς ἀνηκόους τῶν πρώην εἰς τὰ ῥητὰ ταῦτα θεωρηθέντων, δι' ὀλίγων τὴν διάνοιαν τῶν αἰνιγμάτων ἐπιδραμούμεθα.

Αἱ τρίχες τοῦ σώματος ἰδιάζουσαν ἔχουσι παρὰ τὸ λοιπὸν σῶμα τὴν φύσιν· παντὸς γὰρ τοῦ σώματος αἰσθητικῇ δυνάμει διοικουμένου, ἧς ἄνευ ἐν τῷ ζῆν εἶναι φύσιν οὐκ ἔχει (ζωὴ γὰρ τοῦ σώματός ἐστιν ἡ αἴσθησις), μόνας ὁρῶμεν τὰς τρίχας καὶ μέρος οὔσας τοῦ σώματος καὶ ἀμοιρούσας αἰσθήσεως. Δείκνυσι δὲ ταύτην ἐπὶ τοῦ μέρους τούτου τὴν ἰδιότητα τὸ μήτε διὰ καύσεως μήτε διὰ τομῆς καθ' ὁμοιότητα τοῦ ἄλλου σώματος καὶ ταύτας ἀλγύνεσθαι.

Ἐπειδὴ τοίνυν κατὰ τὴν Παύλου φωνὴν δόξα τῆς γυναικός ἐστιν ἡ κόμη <ἡ> διὰ τῶν πλοκάμων τὴν κεφαλὴν ὡραΐζουσα, τοῦτο διὰ τοῦ ἐπαίνου τῶν τῆς νύμφης τριχῶν διδασκόμεθα ὅτι χρὴ τοὺς περὶ τὴν κεφαλὴν τῆς νύμφης θεωρουμένους, δι' ὧν ἡ ἐκκλησία δοξάζεται, κρείττους τῶν αἰσθήσεων εἶναι κρύπτοντας διὰ τῆς σοφίας τὴν αἴσθησιν, καθὼς ἡ Παροιμία φησὶν ὅτι »Σοφοὶ κρύψουσιν αἴσθησιν«· οἷς οὐχ ὅρασις τοῦ καλοῦ κριτήριον γίνεται, οὐ τῇ γεύσει τὸ ἀγαθὸν δοκιμάζεται, οὐκ ὀσφρήσει τε καὶ ἀφῇ οὐδὲ ἄλλῳ τινὶ αἰσθητηρίῳ ἡ τοῦ καλοῦ ἐπιτρέπεται κρίσις, ἀλλὰ πάσης νεκρωθείσης αἰσθήσεως διὰ μόνης τῆς ψυχῆς τῶν | 452 κατ' ἔννοιαν φαινομένων ἀγαθῶν ἐφάπτονταί τε καὶ ἐπορέγονται καὶ οὕτω δοξάζουσι τὴν γυναῖκα, τὴν ἐκκλησίαν, οὔτε τιμαῖς διογκούμενοι οὔτε μικροψυχίαις πρὸς τὰ λυπηρὰ συστελλό-

---

43 In dieser Rechtfertigung GREGORS ist uns ein deutliches Indiz dafür erhalten, daß es sich bei den *Canticum-Homilien* ursprünglich um echte Predigten handelte. Die vorgetragene Begründung für die Wiederaufnahme früher behandelter Themen leuchtet im situativen Kontext einer Predigtreihe ein — in einem rein literarisch konzipierten Werk (das die Möglichkeit bietet, nachzuschlagen) wäre sie dagegen sinnlos. Die folgende Exegese GREGORS gleicht in Grundzügen derjenigen in *hom.* 7;

gen, die nicht hören konnten, was neulich im Zusammenhang mit diesen Worten (*sc.* des Canticum) betrachtet worden war[43], werden wir den Sinn der Rätselbilder kurz abhandeln.

Die Haare des Leibes besitzen im Vergleich zum übrigen Leib eine besondere Natur: Während nämlich der ganze Leib von einer empfindungsfähigen Kraft durchwaltet wird, ohne die er natürlicherweise nicht am Leben sein kann — denn die Empfindung ist das Leben des Leibes —, sehen wir, daß allein die Haare zwar Teil des Leibes sind, nicht aber an der Empfindung teilhaben. Die genannte Besonderheit dieses Teils (des Leibes) zeigt die Tatsache, daß weder beim Brennen oder Schneiden auch diese (*sc.* die Haare) wie der übrige Leib Schmerz empfinden.

Nachdem also dem Wort des Paulus zufolge das Haupthaar, das in Form von Flechten das Haupt verschönt, der „Ruhm der Frau" (vgl. 1 Kor 11,15) ist, werden wir durch das Lob der Haare der Braut folgendes gelehrt: Diejenigen, die man am Haupt der Braut sehen kann, durch die die Kirche Ruhm erlangt, müssen den Sinnesempfindungen überlegen sein, indem sie die Sinnesempfindung durch Weisheit verbergen, wie das Buch der Sprichwörter sagt: „Weise werden ihre Sinnesempfindung verbergen" (Spr 10,14a LXX). Das Sehen dient ihnen nicht als Kriterium für das Schöne, das Gute wird nicht vom Geschmackssinn geprüft, und die Beurteilung des Rechten wird nicht dem Geruchs- und dem Tastsinn noch irgendeinem anderen Sinnesorgan überlassen. Vielmehr erfassen sie nach Abtötung jeder Sinnesempfindung allein mit Hilfe der Seele das Gute, das sich in einer dem Denken entsprechenden Gestalt zeigt, trachten danach und verleihen so der „Frau", (das heißt) der Kirche, Ruhm, da sie sich weder durch Ehren aufblähen noch durch Kleinmut dem Leidvollen gegenüber einschränken lassen. Vielmehr tragen sie, auch

---

einige Details variieren freilich.

μενοι, ἀλλὰ κἂν τέμνεσθαι δέῃ διὰ τὴν εἰς Χριστὸν πίστιν, κἂν θηρίοις ἢ πυρὶ παραβάλλεσθαι, κἂν ἄλλο τι τῶν λυπηρῶν ὑπομένειν, τὴν τῶν τριχῶν ἀναισθησίαν ἐν τῇ πείρᾳ τῶν ἀλγεινῶν ὑποκρίνονται.

Τοιοῦτος Ἠλίας ἦν ὁ ἐκ τοῦ Γαλαὰδ ἀνασχὼν ἐν δασεῖ καὶ αὐχμῶντι τῷ σώματι, δέρμασιν αἰγὸς σκεπαζόμενος, πρὸς πᾶσαν ἀπειλὴν τοῦ τυράννου μένων ἀπτόητος. Ὅσοι τοίνυν κατὰ μίμησιν τῆς τοῦ προφήτου μεγαλοφυΐας τοῦ κόσμου παντὸς ἑαυτοὺς ὑπεραίρουσιν, ὑστερούμενοι, θλιβόμενοι, κακουχούμενοι, ἐν ὄρεσι καὶ σπηλαίοις καὶ ταῖς ὀπαῖς τῆς γῆς, ὧν οὐκ ἔστιν ἄξιος ὁ κόσμος, οὗτοι ἀγεληδὸν περὶ τὴν τοῦ παντὸς κεφαλὴν θεωρούμενοι δόξα γίνονται τῆς ἐκκλησίας ἐπὶ τὴν οὐράνιον χάριν τῷ Γαλααδίτῃ συναναβαίνοντες.

Τὸ δὲ τῆς αἰγὸς ζῷον εἰς τὸν τῶν τριχῶν ἔπαινον ἀνελήφθη τάχα μὲν ὅτι καὶ ἡ φύσις τοῦ τοιούτου ζῴου κατάλληλος πρὸς γένεσιν τριχῶν κατεσκεύασται, ὥστε αἴνιγμα τοῦ διὰ τῶν τριχῶν κόσμου γενέσθαι τὸ ζῷον τὸ ταῖς θριξὶ φυσικῶς δασυνόμενον, ἢ ὅτι διὰ τῶν πετρῶν ἀνολισθήτως | βαίνει καὶ [| 453] περὶ τὰς κορυφὰς τῶν ὀρῶν ἀναστρέφεται διὰ τῶν δυσπορεύτων τε καὶ ἀποτόμων εὐθαρσῶς τὴν πορείαν ποιούμενον, ὅπερ τοῖς τὴν τραχεῖαν τῆς ἀρετῆς ὁδὸν κατορθοῦσι προσφυῶς ἁρμοσθήσεται· μᾶλλον δ' ἂν τις εἴποι διὰ τὸ πρὸς πολλὰ τῆς νομικῆς ἱερουργίας ὑπὸ τοῦ νομοθέτου παρειλῆφθαι τὸ ζῷον συντελεῖν ταύτας τῇ κεφαλῇ πρὸς ἐγκώμιον. Οἶδα δὲ καὶ ἐν τοῖς τῆς Παροιμίας αἰνίγμασιν ἐν τοῖς τέσσαρσι

---

[44] GREGOR denkt hier an die Möglichkeit des Martyriums, wie der folgende Hinweis auf die „wilden Tiere“ und das „Feuer“ deutlich zeigt. Wenn er in diesem Kontext auch vom „Schneiden“ redet, schlägt er damit erneut eine Brücke zum Bild der Haare.

[45] In dieser Passage sind Motive aus Hebr 11,37f verwendet, die sich eigentlich auf alttestamentliche Gerechte beziehen. GREGOR verfremdet diese Anspielungen, indem er sie auf die christlichen Asketen bezieht, die ihr hartes Leben in Gruppen verbringen; vgl. dazu die ähnliche

wenn es nötig werden sollte, um des Glaubens an Christus willen „geschnitten“ [44], den wilden Tieren oder dem Feuer vorgeworfen zu werden oder etwas anderes Leidvolles auszuhalten, die Unempfindlichkeit der „Haare“ in der Erfahrung des Schmerzhaften zur Schau.

Von solcher Art war Elija, der mit einem dicht behaarten und verwildert aussehenden Leib aus Gilead daherkam. Mit Ziegenfellen bedeckte er sich und blieb unerschrocken gegenüber jeder Drohung des Tyrannen (vgl. 2 Kön [LXX: 4 Kön] 1,8–17). Alle, die sich in Nachahmung der edlen Natur des Propheten über die ganze Welt erheben, indem sie Mangel leiden, Bedrängnis erfahren und sich mißhandeln, auf Bergen, in Höhlen und Erdlöchern — die Welt ist ihrer nicht wert! (vgl. Hebr 11,37 f) [45] —, sie eben werden zum Ruhm der Kirche, wenn man sie „herdenweise“ am Haupt des Alls sieht, da sie mit dem Gileaditer (*sc.* Elija) zur himmlischen Gnade aufsteigen.

Vielleicht aber wurde die Ziege als (geeignetes) Tier für das Lob der Haare herangezogen, weil auch die Natur dieses Tieres so beschaffen ist, daß es für das Hervorbringen von Haaren förderlich ist. Folglich wird das Tier, das von Natur aus dicht mit Haaren bewachsen ist, zum Rätselbild für den Schmuck, der aus Haaren besteht. Oder der Grund liegt darin, daß (dieses Tier) ohne Fehltritt durch die Felsen steigt und sich in der Region der Berggipfel aufhält, indem es durch unwegsames und schroffes Gelände guten Mutes seinen Weg nimmt. Das läßt sich passend auf diejenigen beziehen, die den rauhen Weg der Tugend glücklich zurücklegen. Noch eher könnte man aber sagen, diese (*sc.* Ziegen) trügen deshalb etwas zum Lob für das Haupt bei, weil das Tier vom Gesetzgeber für viele Verrichtungen des gesetzlichen Opferdienstes herangezogen worden sei (vgl. z. B. Lev 4,23). Ich weiß indes, daß auch in den Rätseln der Sprichwörter unter den vieren, die stattlich

---

Exegese zu Cant 4,1d–e in *hom.* 7, oben 423–429.

τοῖς εὐοδουμένοις ἓν καὶ τοῦτο τῶν καλῶς διαβαινόντων ἀπηριθμῆσθαι τὸν τράγον τὸν ἡγούμενον τοῦ αἰπολίου.

Ὃ δὲ περὶ τούτου στοχαστικῶς ὑπονοοῦμεν τοιοῦτόν ἐστι· πᾶν ἐπιτήδευμα δι' ἑνὸς ἀρχόμενον εἰς πολλοὺς διαδίδοται· ὡς ἐπὶ τῆς χαλκευτικῆς ἡ γραφὴ τὸν Θόβελ εὑρετὴν τῆς τέχνης εἰποῦσα πάντων τῶν μετ' αὐτὸν μεταχειριζομένων τοῦ σιδήρου τὴν ἐργασίαν εἰς ἐκεῖνον ἀνάγει τὴν ἐπιστήμην. Οὕτω καὶ τῆς ποιμαντικῆς ὁ Ἄβελ ἡγήσατο καὶ ὁ Κάϊν τῆς γεωργίας, καὶ τὸν Νεβρῶδ ἀρχηγὸν λέγει τῆς κυνηγετικῆς ἐπιστήμης καὶ τῆς ἀμπελουργίας τὸν Νῶε καὶ τῆς εἰς θεὸν ἐλπίδος τὸν Ἐνώς φησιν ἄρξασθαι· καὶ πολλὰ τοιαῦτα παρὰ τῆς ἁγίας ἔστι διδαχθῆναι γραφῆς, ὅτι ἑνός τι ἐπιτηδεύσαντος εἰσῆλθε κατὰ μίμησιν εἰς τὸν βίον τὸ ἐπιτήδευμα. Ἐπειδὴ τοίνυν τοῦ θείου ζήλου διαφερόντως κατὰ πᾶσαν ἐξοχὴν ὁ Ἠλίου καθηγήσατο, ὅσοι μετ' ἐκεῖνον τὸν ἐκείνου μιμησάμενοι ζῆλον τοῖς αὐτοῖς | ἴχνεσι τῆς τοῦ προφήτου παρρησίας | 454 ἐπηκολούθησαν, αἰπόλιον γεγόνασι τοῦ ἡγησαμένου τῆς τοιαύτης ζωῆς· οἵτινες δόξα τῆς ἐκκλησίας καὶ ἔπαινος γίνονται εἰς τὸν τῶν τριχῶν καταταγέντες κόσμον, ὧν ἡ αἰσθητικὴ ζωὴ κεχώρισταί τε καὶ ἠλλοτρίωται.

Διὰ τῶν ὁμοίων δὲ πληροῖ καὶ τοῖς ὀδοῦσι τὸν ἔπαινον. Οὗτοι δ' ἂν εἶεν οἱ τρέφοντες δι' ἑαυτῶν τῆς ἐκκλησίας τὸ σῶμα, οὓς βούλεται πάντοτε μὲν ὡς ἀπὸ λουτροῦ καθαροὺς ὁρᾶσθαι, ἀπερίττους δὲ διὰ παντὸς ὡς ἀπὸ προσφάτου κουρᾶς, κατὰ δὲ τὸν τόκον τῶν ἀρετῶν διδυμεύοντας τῆς διπλῆς

---

[46] Die positive Interpretation der Ziegen in Cant 6,5c–d, bei der sich GREGOR auch auf den „Zahlenspruch" Spr 30,29–31 stützt, unterscheidet sich deutlich von der negativen Wertung, die bei der Exegese von Cant 4,1d–e in *hom.* 7, oben 427, vorherrscht.

[47] Tubal (bzw. Thobel) lautet der Name in der LXX-Fassung von Gen 4,22. Dem hebräischen Urtext zufolge wäre er als Tubal-Kajin wiederzugeben.

[48] Diese Bemerkung zielt auf den oben angeführten „Zahlenspruch" Spr 30,29–31, genauer: auf Spr 30,31b LXX.

einhergehen, auch folgendes (Tier) aufgezählt ist als eines von denen, die trefflich ausschreiten (vgl. Spr 30,29): der Bock, der die Ziegenherde führt (vgl. Spr 30,31b LXX)[46].

Was wir diesbezüglich vermutungsweise annehmen, ist folgendes: Jede Tätigkeit, die einmal von einem einzelnen eingeführt wird, wird an viele (andere) weitergegeben. Beim Schmiedehandwerk beispielsweise nennt die Schrift Tubal[47] den Erfinder dieser Kunstfertigkeit und führt das Wissen aller, die nach ihm die Eisenbearbeitung als Handwerk betreiben, auf jenen zurück (vgl. Gen 4,22 LXX). Entsprechend war auch Abel Urheber der Viehzucht und Kain der des Ackerbaus (vgl. Gen 4,2). Den Nimrod nennt sie (*sc.* die Schrift) Begründer des Jagdwesens (vgl. Gen 10,9), den Noach den des Weinanbaus (vgl. Gen 9,20), und Enosch, sagt sie, habe damit begonnen, die Hoffnung auf Gott zu setzen (vgl. Gen 4,26). Und über vieles in der Art kann man von der Heiligen Schrift belehrt werden. Wenn ein einzelner einmal angefangen hatte, eine bestimmte Tätigkeit auszuüben, ging diese Tätigkeit auf dem Wege der Nachahmung in das Leben (der Menschen) ein. Da nun (auf dem Gebiet des) göttlichen Eifers also besonders der (Eifer) des Elija in ganz hervorragender Weise das Vorbild gab, folgten alle, die später seinen Eifer nachahmten, direkt den Spuren der Freimütigkeit des Propheten. Sie sind die „Ziegenherde“ dessen geworden, der als Anführer eines solchen Lebens auftrat[48]. Sie werden zum „Ruhm der Kirche“ und zu deren Lob, eingereiht in den Schmuck der „Haare“, deren empfindungsfähiges Leben von ihnen abgetrennt und ihnen fremd geworden ist.

Mit ähnlichen Mitteln vervollständigt (der Text) das Lob auch für die Zähne. Bei ihnen dürfte es sich um diejenigen handeln, die durch ihr Wirken den Leib der Kirche nähren. (Der Text) will, daß sie fortwährend rein anzusehen sind, als ob sie vom Bad kämen, und durchweg frei von Überflüssigem, als ob sie gerade erst von der Schur kämen. Und weiterhin sollen sie „Zwillinge“ haben, was die „Geburt“

καθαρότητος γινομένους πατέρας, τῆς τε κατὰ ψυχὴν καὶ τῆς κατὰ σῶμα θεωρουμένης, ὡς ἐξόριστον εἶναι τῶν ὀδόντων τούτων πᾶν τὸ ἀγονοῦν ἐν τῷ κρείττονι.

Τὸ δὲ σπαρτίον ἐπὶ τοῦ χείλους τιθέμενον τὴν μεμετρημένην τοῦ λόγου διακονίαν παραδηλοῖ τῷ αἰνίγματι, ὅπερ ὁ προφήτης φυλακήν τε καὶ θύραν περιοχῆς κατωνόμασεν, ὅταν ἐν καιρῷ ἀνοίγηται τῷ λόγῳ τὸ στόμα καὶ κατὰ καιρὸν ἐπικλείηται. Μέτρου δὲ ὄνομα τὸ σπαρτίον εἶναι παρὰ τῆς προφητείας Ζαχαρίου ἐμάθομεν, ὅτι σπαρτίον γεωμετρικὸν ἐν χερσὶν εἶχεν ὁ ἐν αὐτῷ λαλῶν ἄγγελος. Τότε δὲ μάλιστα τυγχάνει τοῦ μέτρου ὁ λόγος, ὅταν περικεχρωσμένος | τύχῃ 455 τῷ ἐρυθήματι, ὅπερ τοῦ αἵματος τοῦ λυτρωσαμένου ἡμᾶς αἴνιγμα γίνεται. Ἐὰν οὖν τις κατὰ τὸν Παῦλον λαλοῦντα ἔχῃ ἐν ἑαυτῷ τὸν Χριστὸν τὸν τῷ ἰδίῳ αἵματι ἡμᾶς λυτρωσάμενον, οὗτος ἔχει τὸ γεωμετρικὸν σπαρτίον ἐπὶ τοῦ στόματος τῇ βαφῇ τῇ αἱματώδει καλλωπιζόμενον.

Ὁ δὲ ἐφεξῆς λόγος ἑρμηνεία ἐστὶ τοῦ αἰνίγματος· λαλιὰν γὰρ ὡραίαν ὀνομάζει τὸ σπαρτίον τὸ κόκκινον, δι' οὗ πάλιν σημαίνει τὸ κάθωρον καὶ ἔμμετρον· τὸ γὰρ ἀκριβῶς ὡραῖον, ἐν τῷ ἰδίῳ τῆς ἀκμῆς καιρῷ προφαινόμενον, οὔτε ἄωρόν ἐστιν οὔτε ἔξωρον.

Τῷ δὲ λεπύρῳ τῆς ῥόας τὸ μῆλον τῆς παρειᾶς ὡραΐζων μεγάλην τινα προσμαρτυρεῖ τῇ νύμφῃ τὴν ἐν τοῖς ἀγαθοῖς

---

[49] LANGERBECK, GNO 6, 454 kritischer Apparat, schlägt eine andere Interpretation vor, nach der die Schnur im *Vergleich* zur Lippe hinzugesetzt ist. M.E. denkt GREGOR jedoch hier bereits an das richtige Maß, das an die „Lippe" (d.h. ans Wort der Verkündigung) anzulegen ist; vgl. das Folgende.

[50] GREGOR übernimmt eine Formulierung aus der LXX-Fassung von Sach 2,7, die ihre hebräische Vorlage sehr unglücklich wiedergibt (der Engel spricht eigentlich „zum" Propheten, nicht „in" ihm). Die Vorstellung, daß im Propheten ein anderer spricht (Christus, der Heilige Geist, hier: der Engel) war GREGOR allerdings nicht fremd.

[51] Die Erklärung GREGORS beruht auf dem etymologischen Zusammenhang der griechischen Adjektive ὡραῖον, κάθωρον, ἄωρον und ἔξωρον, die sich alle vom Nomen ὥρα (Zeit/rechte Zeit/Blütezeit/Jugendzeit/Jugendschönheit/Anmut) ableiten lassen. Im Deutschen läßt sich das

der Tugenden angeht, indem sie „Väter“ der zweifachen Reinheit werden — jener Reinheit, die an der Seele, und jener, die am Leib betrachtet werden kann, so daß alles, was ohne „Nachkommenschaft“ im Bereich des Besseren ist, aus diesen „Zähnen“ verbannt ist.

Die Schnur aber, die an die Lippe gelegt wird[49], deutet durch das Rätselbild versteckt den (richtig) bemessenen Dienst des Wortes an. Der Prophet nannte das „Wache“ und „Schutztür“ (vgl. Ps 141,3: LXX Ps 140,3), wenn der Mund im rechten Augenblick für das Wort geöffnet und zur rechten Zeit geschlossen wird. Daß die „Schnur“ indes ein Maßbegriff ist, lernten wir von der Prophetie des Sacharja, weil der Engel, der in ihm redete (vgl. Sach 2,7 LXX)[50], eine Meßschnur in Händen hatte (vgl. Sach 2,5). Das Wort (*sc.* der Verkündigung) aber erreicht vor allem dann das rechte Maß, wenn es eben ganz von der Röte gefärbt ist, die zum Rätselbild für das Blut wird, das uns erlöst hat. Wer also wie Paulus Christus als Sprecher in sich hat (vgl. 2Kor 13,3), der uns durch sein eigenes Blut erlöste, der hat die Meßschnur am Mund, die durch die Blutfarbe verschönt wird.

Der folgende Text aber stellt eine Erläuterung des Rätselbildes dar, denn er nennt die scharlachrote Schnur eine „anmutige Rede“. Dadurch wiederum bezeichnet er die Rechtzeitigkeit und Angemessenheit der Rede. Denn das, was im strengen Sinn „anmutig“ (ὡραῖον) ist, ist, da es zu der besonderen Zeit der höchsten Blüte zum Vorschein kommt, weder unzeitig (ἄωρον) noch über die rechte Zeit hinaus (ἔξωρον)[51].

Wenn (der Text) den „Apfel“ der Wange[52] durch die Granatapfelschale verschönt, bestätigt er der Braut durch sein Zeugnis große Vollkommenheit im Guten. Er signalisiert

Wortspiel jedoch kaum wiedergeben.

52 In *hom.* 7 hatte GREGOR bei der Auslegung von Cant 4,3c–d bereits gesagt, daß der Begriff μῆλον (Apfel) in uneigentlichem Sinn als Bezeichnung der „Wange“ (παρειά) gebraucht werde; vgl. Anm. 39, oben 438. So erklärt sich hier die Wendung (τὸ μῆλον τῆς παρειᾶς).

τελειότητα· σημαίνει γὰρ μὴ ἐν ἄλλῳ τινὶ τὸν θησαυρὸν αὐτῇ παρεσκευάσθαι, ἀλλ᾽ αὐτὴν εἶναι θησαυρὸν ἑαυτῆς παντὸς ἀγαθοῦ παρασκευὴν ἐν ἑαυτῇ περιέχουσαν. Ὡς γὰρ τῷ λεπύρῳ περιέχεται τῆς ῥόας τὸ ἐδώδιμον, οὕτως ἐνδείκνυται τῷ φαινομένῳ κάλλει τοῦ βίου τὸν ἔνδον αὐτῆς θησαυρὸν περιέχεσθαι. Οὗτος οὖν ἐστιν ὁ κρυπτὸς θησαυρὸς τῶν ἐλπίδων, ὁ ἴδιος καρπὸς τῆς ψυχῆς ὁ τῷ ἐναρέτῳ βίῳ | καθάπερ 456
τινὶ ῥόας λεπύρῳ περικρατούμενος.

Τὸ δὲ *ἐκτὸς τῆς σιωπήσεώς σου* ταύτην οἶμαι τὴν διάνοιαν ἔχειν, ὅτι ὁ ἔπαινος οὐκ ἐκ τῶν φαινομένων τοσοῦτόν ἐστιν ὅσα τῷ λόγῳ μηνύεται, ἀλλὰ μᾶλλον <ἐκ τῶν> ὅσα τῇ σιωπῇ ὑποκέκρυπται τὴν τοῦ λόγου διαφεύγοντα μήνυσιν· ὥσπερ γὰρ τὸ ἐκτὸς τοῦ λόγου ἡ σιωπὴ νοεῖται, οὕτω καὶ τὸ ἐκτὸς τῆς σιωπῆς τὸν λόγον νοῶν τις οὐχ ἁμαρτήσεται. Ἐκεῖνο γὰρ σιωπῶμεν ὃ διὰ τῶν ῥημάτων ἐξαγγεῖλαι ἀδυνατοῦμεν. Εἰ οὖν τὸ ἐκτὸς ἐκείνου ἡ σιωπὴ νοεῖται, τὸ ἐκτὸς τῆς σιωπῆς ἀκόλουθόν ἐστι πάντως τὸν λόγον οἴεσθαι. Οὐκοῦν ὁ εἰπὼν τὸ ἐκτὸς τῆς σιωπήσεως, τοῦτο σαφῶς τῷ λόγῳ παρίστησιν ὅτι καλὰ μέν ἐστι καὶ μεγάλα τὰ τῷ λόγῳ φανῆναι δυνάμενα, ὅσα ἐκτός ἐστι τῆς σιωπήσεως, τὰ δὲ τοῦ λόγου ἐκτός, τὰ τῇ σιωπῇ καλυπτόμενα, τὰ ἄρρητά τε καὶ ἀνεκφώνητα, μείζω πάντως καὶ θαυμασιώτερα τῶν ἐκφωνουμένων ἐστίν.

Ἀκούσωμεν δὲ καὶ τῶν ἐφεξῆς ἐπαίνων, ὧν ἡ διάνοια τῷ τῆς ἱστορίας ἔοικε φρέατι οὗ βαρύς τις λίθος ἐπέχων τὸ στόμιον ἄπορον ἐποίει ταῖς ποιμαινούσαις τὴν μετουσίαν τοῦ

---

53 Der Editor des griechischen Textes hat die Worte ἐκ τῶν sinngemäß ergänzt; siehe GNO 6, 456 kritischer Apparat.

54 Der Rekurs auf Gen 29,2–10 dient dazu, die Erwartungen der Zuhörer für den letzten Abschnitt der Canticum-Exegese GREGORS noch einmal zu steigern.

nämlich, daß das Schatzhaus nicht an irgendeinem anderen Ort für sie hergerichtet ist, daß sie vielmehr ihr eigenes Schatzhaus ist, weil sie einen Vorrat an allem Guten in sich einschließt (vgl. Lk 6,45). Wie nämlich der eßbare Teil des Granatapfels von der Schale eingeschlossen wird, so wird durch die sichtbare Schönheit ihres Lebens der Schatz in ihrem Inneren eingeschlossen, wie sie (*sc.* die Braut) zeigt. Es handelt sich dabei freilich um den verborgenen Schatz der Hoffnungen, die besondere Frucht der Seele, vom tugendhaften Leben wie von einer Granatapfelschale eingefaßt.

Die Wendung *außerhalb deines Schweigens* (Cant 6,7d) hat, wie ich meine, *den* Sinn, daß das Lob nicht aufgrund des Sichtbaren — alles, was durch das Wort kundgetan wird — so groß ist, sondern mehr noch <aufgrund dessen>[53], was durch das Schweigen alles verheimlicht ist, weil es sich der Kundgabe im Wort entzieht. Wie man nämlich das Schweigen als das verstehen kann, was „außerhalb des Wortes" liegt, so wird jemand auch nicht fehlgehen, wenn er das Wort als das versteht, was „außerhalb des Schweigens" liegt. Denn wir verschweigen das, was wir durch Worte nicht öffentlich kundtun können. Wenn also das Schweigen als das zu verstehen ist, was „außerhalb jener (Möglichkeit)" liegt, ist es jedenfalls folgerichtig, daß das Wort als das zu gelten hat, was „außerhalb des Schweigens" liegt. Wer also die Wendung „außerhalb des Schweigens" gebraucht, legt jedenfalls durch diese Formulierung deutlich folgendes dar: Was durch das Wort offenbar werden kann, ist zwar schön und großartig — nämlich alles, was „außerhalb des Schweigens" ist —, das aber, was „außerhalb des Wortes" liegt, was durch Schweigen verhüllt wird, das Unsagbare und das Unaussprechliche, ist auf jeden Fall größer und wunderbarer als das Ausgesprochene.

Laßt uns indes auch die folgenden Lobesworte hören, deren Sinn dem Brunnen der (alttestamentlichen) Geschichtsüberlieferung gleicht, dessen Öffnung ein schwerer Stein verschlossen hielt, der so den Hirtinnen die gemeinschaftliche Nutzung des Wassers verwehrte[54]. Jakob

ὕδατος. Ἀλλ' ὁ Ἰακὼβ ἐπιστὰς ἀναμοχλίζει τε τοῦ στομίου τὸν λίθον καὶ πλήρη τὰ ποτιστήρια ποιήσας | 457 τοῦ ὕδατος ἔδωκε τοῖς θρέμμασι κατ' ἐξουσίαν ἐντρυφῆσαι τῷ νάματι. Τίνα τοίνυν ἐστὶν ἃ τῷ τοιούτῳ φρέατι προσεικάζομεν;

Ἑξήκοντά εἰσι βασίλισσαι καὶ ὀγδοήκοντα παλλακαὶ καὶ νεάνιδες ὧν οὐκ ἔστιν ἀριθμός. Μία ἐστὶ περιστερά μου, τελεία μου, μία ἐστὶ τῇ μητρὶ αὐτῆς, ἐκλεκτή ἐστι τῇ τεκούσῃ αὐτήν. Τίς οὖν ἡμῖν ἀποκυλίσει τῆς ἀσαφείας ταύτης τὸν λίθον; Τίς ἐξαντλήσει τῶν νοημάτων τὸ ὕδωρ οὕτως ἐν βάθει κείμενον, ὡς ἀνέφικτον εἶναι τῷ ἡμετέρῳ λόγῳ; Ἀλλά μοι καλῶς ἔχειν δοκεῖ τοῦτο ταῖς ἀκοαῖς ὑμῶν διαμαρτύρασθαι ὅτι τὸ ταῦτα γνῶναι μόνων ἐκείνων ἐστὶν πρὸς οὓς φησιν ὁ ἀπόστολος ὅτι »Ἐν παντὶ ἐπλουτίσθητε, ἐν παντὶ λόγῳ καὶ πάσῃ γνώσει.« Ἡ δὲ ἡμετέρα πενία τῶν προκειμένων τοῦ λόγου θησαυρῶν περιδράξασθαι ἀδυνάτως ἔχει. Πλὴν ὡς ἂν τοῦ τῆς ἀργίας κατακρίματος ἔξω γενοίμεθα, διὰ τὸν ἐρευνᾶν τὰς γραφὰς ἡμῖν νομοθετήσαντα μικρόν τινα καὶ τούτοις ἱδρῶτα προσθεῖναι οὐ κατοκνήσομεν.

Φαμὲν τοίνυν δόγμα τι τῶν ἀστειοτέρων τὴν ἐν τοῖς ῥητοῖς τούτοις φιλοσοφίαν διὰ τῶν ἐπαίνων τῆς νύμφης ἡμῖν παρατίθεσθαι. Τὸ δὲ δόγμα τοιοῦτόν ἐστιν· οὐ μετὰ τῆς αὐτῆς ἀκολουθίας καὶ τάξεως κτίζεται τὰ ὄντα καὶ ἀνακτίζεται· ὅτε μὲν γὰρ κατ' ἀρχὰς διὰ τῆς θείας δυνάμεως ἡ τῆς κτίσεως ὑφίσταται φύσις, ἐφ' ἑκάστου τῶν ὄντων | 458 ἀδιαστάτως τῇ ἀρχῇ συναπηρτίσθη τὸ πέρας πᾶσι τοῖς ἐκ τοῦ μὴ ὄντος εἰς

---

[55] Zum Begriff δόγματα, der an dieser Stelle wieder den Übergang zu einer höheren Ebene theoretischer Abstraktion signalisiert, vgl. auch Anm. 6, oben 160f.

[56] Der Begriff διάστημα (Ausdehnung/Intervall/Abstand) wirft für VERGHESE, *Διάστημα* 255f, in der vorliegenden Passage ein Problem auf: GREGOR gebraucht diesen Begriff in seiner Theologie sonst meist, um die stets im *Werden* begriffene Existenzweise des geschaffenen Seins im Unterschied zu Gottes *Seinsfülle* zu charakterisieren. Hier aber wird dem geschaffenen Sein bei der ersten Schöpfung die Vollkommenheit „ohne διάστημα" zugesprochen. Das Problem löst sich, wenn man beachtet, daß die vom Begriff διάστημα abgeleiteten Formen hier strikt in zeitlichem Sinn zu verstehen sind. Skopos der Aussage ist, daß im

aber trat heran, hob den Stein von der Öffnung hoch, füllte die Tränken mit Wasser und gab den Zuchttieren die Möglichkeit, nach Belieben in dem Naß zu schwelgen (vgl. Gen 29,2–10). Was also wird mit dieser Art von Brunnen verglichen?

60 Königinnen sind es und 80 Nebenfrauen und Mädchen, deren es keine Zahl gibt. Eine *ist meine Taube, meine Vollkommene,* eine *ist sie für ihre Mutter, eine Auserwählte ist sie für die, die sie gebar* (Cant 6,8–9c). Wer also wird uns den „Stein“ dieser Unklarheit wegwälzen? Wer wird das „Wasser“ der Gedanken ausschöpfen, wenn es doch dermaßen in der Tiefe liegt, daß es unserer Vernunft unerreichbar ist? Mir scheint es aber richtig zu sein, dies vor euren Ohren zu beteuern, daß es allein Sache jener ist, dies zu erkennen, zu denen der Apostel sagt: „An allem seid ihr reich geworden, an aller Rede und aller Erkenntnis“ (vgl. 1 Kor 1,5). Unsere Armut aber ist nicht imstande, die hier vorliegenden Schätze des Textes zu fassen. Um jedoch dem Negativurteil der Untätigkeit zu entgehen, werden wir demjenigen zuliebe, der uns das Gesetz gegeben hat, die Schriften zu erforschen (vgl. Joh 5,39), nicht zögern, ein wenig Schweiß auch bei diesen (Versen) daranzusetzen.

Wir behaupten also, daß uns die in diesen Worten (des Canticum) enthaltene Philosophie durch das Lob der Braut einen von den subtileren Grundsätzen[55] vorlegt. Der Grundsatz ist folgender: Das Seiende wird nicht in ein und derselben Abfolge und Ordnung geschaffen und neu geschaffen. Als nämlich zu Anfang die Natur der Schöpfung dank der göttlichen Macht ins Dasein tritt, wurde bei jedem einzelnen Seienden dessen Endstufe ohne zeitlichen Abstand[56] zugleich mit dem Anfang fertiggestellt, weil die

---

Anfang die geschöpfliche Vollkommenheit *sofort* erreicht wurde, während sie bei der Restitution der Schöpfung nur *langsam* wieder zurückgewonnen werden kann. Der Existenzmodus des geschaffenen Seins als solcher ist von dieser Aussage nicht berührt.

τὸ εἶναι παραγομένοις ὁμοῦ τῇ ἀρχῇ συνανασχούσης τῆς τελειότητος. Ἓν δὲ τῶν κτισθέντων καὶ ἡ ἀνθρωπίνη φύσις ἐστίν, οὐδὲ αὐτὴ καθ' ὁμοιότητα τῶν ἄλλων ἐκ προαγωγῆς προελθοῦσα ἐπὶ τὸ τέλειον, ἀλλ' ἀπὸ τῆς πρώτης ὑπάρξεως συμπλασθεῖσα τῇ τελειότητι· ἐγένετο γὰρ ὁ ἄνθρωπος, φησί, κατ' εἰκόνα θεοῦ καὶ ὁμοίωσιν. Ὅπερ ἐνδείκνυται τὸ τῶν ἀγαθῶν ἀκρότατόν τε καὶ τελειότατον. Τί γὰρ ἂν ὑπέρτερον εὑρεθείη τῆς πρὸς τὸν θεὸν ὁμοιώσεως;

Ἐπὶ μὲν οὖν τῆς πρώτης κτίσεως ἀδιαστάτως τῇ ἀρχῇ συνανεφάνη τὸ πέρας καὶ ἀπὸ τῆς τελειότητος ἡ φύσις τοῦ εἶναι ἤρξατο. Ἐπειδὴ δὲ τῷ θανάτῳ διὰ τῆς πρὸς τὴν κακίαν σχέσεως οἰκειωθεῖσα τῆς ἐν τῷ ἀγαθῷ διαμονῆς ἀπερρύη, οὐκ ἀθρόαν καθ' ὁμοιότητα τῆς πρώτης συστάσεως ἐπαναλαμβάνει τὴν τελειότητα, ἀλλ' ὁδῷ τινι πρόεισιν ἐπὶ τὸ μεῖζον διά τινος ἀκολουθίας καὶ τάξεως κατ' ὀλίγον ἀποσκευαζομένη τὴν πρὸς τὰ ἐναντία προσπάθειαν· ἐπὶ μὲν γὰρ τῆς πρώτης κατασκευῆς οὐδὲν ἦν τὸ κωλῦον συνδραμεῖν τῇ γενέσει τὸ τῆς φύσεως τέλειον κακίας οὐκ οὔσης, ἐπὶ δὲ τῆς δευτέρας ἀναστοιχειώσεως ἀναγκαίως ἡ διαστηματικὴ παράτασις συμπαρομαρτεῖ τοῖς πρὸς τὸ πρῶτον ἀγαθὸν | [459] ἀνατρέχουσιν. Διότι τῇ ὑλικῇ προσπαθείᾳ συνδεθεῖσα διὰ κακίας ἡμῶν ἡ διάνοια κατ' ὀλίγον ὥσπερ φλοιοῦ τινος τοῦ περιέχοντος διὰ τῆς ἀστειοτέρας ἀγωγῆς περιξύεται τὴν συμφυΐαν τοῦ χείρονος.

Τούτου χάριν πολλὰς εἶναι παρὰ τῷ πατρὶ μονὰς μεμαθήκαμεν κατὰ τὴν ἀναλογίαν τῆς ἐν ἑκάστῳ πρὸς τὸ καλὸν σχέσεως καὶ τῆς τοῦ χείρονος ἀποστάσεως, ἑτοιμαζο-

---

[57] Im Testimonienapparat zu GNO 6,459, weist LANGERBECK darauf hin, daß der Gebrauch dieses Bildes in der antiken Philosophie gängig gewesen sei. Als Beispiel aus der Zeit vor GREGOR nennt er MARC AUREL, *ad se ipsum* 12,2.8 (115.117 DALFEN).

Vollkommenheit bei allem, was aus dem Nicht-Seienden ins Sein überführt wurde, gleichzeitig mit dem Anfang zum Vorschein kam. *Ein* Teil des Geschaffenen ist aber auch die menschliche Natur. Auch sie kannte — ähnlich wie (alles) andere — kein Fortschreiten von der Hervorbringung zum Vollkommenen hin, sondern war vom ersten Dasein an mit Vollkommenheit ausgestattet. Denn der Mensch, heißt es (in Gen 1,26), wurde nach dem Bild und Gleichnis Gottes (geschaffen). Das weist auf das höchste und vollkommenste Gut hin. Denn was könnte man vortrefflicher finden als die Angleichung an Gott?

Bei der ersten Schöpfung erschien also ohne zeitlichen Abstand mit dem Anfang auch schon die Endstufe, und die Natur begann das Sein bei der Vollkommenheit. Nachdem sie aber durch die Neigung zur Bosheit mit dem Tod vertraut geworden und vom Ausharren im Guten abgewichen war, nimmt sie die Vollkommenheit nicht schlagartig — wie bei ihrer ersten Konstituierung — wieder an, sondern geht auf einer Art von Weg zum Größeren voran in einer bestimmten Abfolge und Ordnung, indem sie nach und nach die leidenschaftliche Neigung zum Entgegengesetzten aus dem Weg räumt. Bei ihrer ersten Erschaffung gab es nämlich nichts, was ein Zusammenfallen der Vollkommenheit der Natur mit ihrer Entstehung verhinderte, da es ja keine Bosheit gab. Bei der folgenden Wiederherstellung aber begleitet notwendig die Erstreckung (dieses Prozesses) über einen zeitlichen Abstand diejenigen, die zum ersten Gut zurückeilen. Das ist so, weil unser Denken, das sich infolge der Bosheit in stoffliche Leidenschaftlichkeit verstrickte, nur nach und nach durch die kultiviertere Lebensweise das Verwachsensein mit dem Schlechteren, das uns wie eine Art Rinde[57] umgibt, ringsherum tilgt.

Darum haben wir gelernt, es gebe beim Vater viele Wohnungen (vgl. Joh 14,2) — in Analogie zu der Neigung, die in einem jeden (Menschen) dem Schönen gegenüber vorhanden ist, und zu seinem Abstand vom Schlechteren, da

μένης πᾶσι τῆς ἀντιδόσεως· ὁ μὲν γάρ τις ἐν ἀρχῇ τῆς τοῦ βελτίονός ἐστι κληρώσεως ἄρτι καθάπερ ἐκ βυθοῦ τινος τοῦ κατὰ κακίαν βίου πρὸς τὴν μετουσίαν τῆς ἀληθείας ἀνανηξάμενος, τῷ δέ τις γέγονεν ἤδη δι' ἐπιμελείας καὶ προσθήκη τοῦ κρείττονος, ἄλλος ἐπὶ πλεῖον διὰ τῆς ἐπιθυμίας τῶν ἀγαθῶν ἐπηυξήθη, ὁ δὲ μέσως ἔχει τῆς τῶν ὑψηλῶν ἀναβάσεως, ἕτερος καὶ τὸ μέσον παρέδραμεν, εἰσὶ δέ τινες οἱ καὶ τούτων ἑαυτοὺς ὑπεράραντες, ἄλλοι κἀκείνους παρήλασαν καὶ ὑπὲρ τούτους ἕτεροι πρὸς τὸν ἄνω δρόμον συντείνονται. Καὶ ὅλως κατὰ τὴν ποικίλην τῶν προαιρέσεων διαφορὰν ἕκαστον ὁ θεὸς ἐν τῷ ἰδίῳ προσδέχεται τάγματι τὰ πρὸς ἀξίαν ἀποκληρῶν | τοῖς πᾶσι, καὶ συνάγων τοῖς ὑψηλοτέροις τὰς | 460
τῶν ἀγαθῶν ἀμοιβὰς καὶ συμμετρῶν τοῖς ἐλάττοσιν.

Ταῦτα διὰ τῶν προκειμένων ῥητῶν φιλοσοφεῖν τὸν λόγον ὑπενοήσαμεν τὴν διαφορὰν τῶν ψυχῶν, αἳ πρὸς τὸν νυμφίον ὁρῶσιν, ἐν τοῖς εἰρημένοις ἡμῖν διαστείλαντα· τὰς μὲν γὰρ ὀνομάζει νεάνιδας τὴν τοῦ ἀριθμοῦ φύσιν διὰ τοῦ πλήθους νικώσας, ἄλλας δὲ παλλακίδας καὶ ἄλλας βασιλίδας εἶναί φησιν, ὀκτὼ δεκάσι τῶν παλλακίδων τὸν ἀριθμὸν περιγράψας, τὰς δὲ βασιλίδας συντελεῖν εἰπὼν εἰς ἑξήκοντα, ὑπερτίθησι δὲ πασῶν τὴν ἐν τῇ μονάδι θεωρουμένην τελείαν περιστεράν, ἣν καὶ μόνην τῇ μητρὶ καὶ ἐκλεκτὴν εἶναι τῇ τεκούσῃ αὐτὴν ἀποφαίνεται.

Ταῦτα οὖν διὰ τῶν θείων τούτων λογίων νοεῖν ἐναγόμεθα ὅτι οἱ μὲν ἄρτι καθάπερ νηδύος τινὸς τῆς ἐν βάθει κειμένης ἀπάτης ἔξω γενόμενοι, ἀρτιγενεῖς τινες ὄντες καὶ οὔπω

---

[58] An dieser Stelle ist der Begriff προαίρεσις (vgl. dazu Anm. 38, oben 146, und Anm. 15, oben 495) wieder im Plural verwendet, um die unterschiedliche Ausgestaltung der Willensfreiheit (bzw. Vorzugswahl) in den einzelnen Menschen zum Ausdruck zu bringen.

für alle das Entgelt bereitgehalten wird. Denn der eine steht gerade erst am Anfang des besseren Loses, weil er gleichsam aus dem Abgrund seines Lebens, das von Bosheit bestimmt war, zur Partizipation an der Wahrheit emportauchte; dem anderen ist dank seiner Bemühung auch schon eine Zugabe des Besseren zuteil geworden. Wieder ein anderer wuchs durch das Verlangen nach dem Guten zu mehr heran, der nächste befindet sich in der Mitte des Aufstiegs zum Hohen, ein weiterer eilte auch über die Mitte bereits hinaus. Einige gibt es wieder, die sich auch darüber erhoben, andere überholten auch jene, und über diese hinaus strengen sich wieder andere zum Lauf nach oben an. Und Gott nimmt — alles in allem — einen jeden in dem ihm eigenen Status an, in Entsprechung zu den vielfältig unterschiedlichen Willensentscheidungen[58], weil er ihnen allen das zuteilt, was im Verhältnis zu ihrer Würdigkeit steht, indem er für die Höheren entsprechende Belohnungen für das Gute zusammenstellt und sie auch für die Geringeren auf das rechte Maß bringt.

Dies, vermuteten wir, philosophiert der Text in den vorliegenden Versen, wenn er uns den Unterschied der Seelen, die auf den Bräutigam sehen, in diesen Worten auseinandersetzt. Denn die einen nennt er „Mädchen", wobei er sich aufgrund ihrer Menge über das Zahlenwesen hinwegsetzt. Andere, sagt er, seien „Nebenfrauen" und wieder andere „Königinnen", wobei er die Zahl der Nebenfrauen mit acht Dekaden angibt, während die Königinnen auf (die Zahl) 60 kommen, wie er sagt. Höher als alle aber setzt er die vollkommene „Taube", die sich der Betrachtung in der Einzahl zu erkennen gibt. Sie ist seiner Äußerung nach auch die einzige für ihre Mutter und eine Auserwählte für die, die sie gebar.

Wir werden also dazu gebracht, folgendes aufgrund dieser göttlichen Logien zu denken: Die einen, die gerade erst wie aus einer Art Mutterschoß der in der Tiefe liegenden Täuschung entkommen sind, zeigen sich der Betrachtung

διηρθρωμένον ἐν ἑαυτοῖς τὸν λόγον χωρήσαντες τῇ ἀλογωτέρᾳ συγκαταθέσει τῆς πίστεως ἐν ἀπείρῳ θεωροῦνται πλήθει, σωτήριον μὲν εἶναι πεπιστευκότες τοῦ μυστηρίου τὸν λόγον, οὐ μὴν ἐν ἐπιστήμῃ τινὶ καὶ τῇ διὰ τοῦ λόγου πληροφορίᾳ καθιδρυμένην ἔχοντες ἐν ἑαυτοῖς τὴν ἀλήθειαν. Αὗταί εἰσιν αἱ ὀνομασθεῖσαι νεάνιδες διὰ τὸ ἔτι νέαν ἄγειν τὴν πνευματικὴν ἡλικίαν, αἳ γεννηθεῖσαι τῷ λόγῳ τῆς πίστεως οὐδέπω διὰ τῆς καθηκούσης αὐξήσεως τοιαῦται γεγόνασιν ὡς ἐπὶ γάμου ἀκμὴν προελθεῖν καὶ φθάσαι εἰς ἄνδρα τέλειον, εἰς μέτρον γαμικῆς ἡλικίας, ὥστε τῷ φόβῳ | τοῦ κυρίου δύνασθαι | 461
κυοφορῆσαι καὶ πνεῦμα σωτηρίας παιδοποιήσασθαι, ἀλλ' ἔτι τῷ νηπίῳ τε καὶ ἀτελεῖ τῆς διανοίας ἀλογωτέρᾳ πως συζῶσι τῇ διαθέσει. Πλὴν ἀλλὰ καὶ οὗτοι τῶν σῳζομένων εἰσί, καθώς φησιν ὁ προφήτης ὅτι »'Ανθρώπους καὶ κτήνη σώσεις, κύριε«, κτήνη λέγων τὸ ἀλογώτερον μέρος τῶν σῳζομένων.

Τῶν δὲ διὰ τῆς καθηκούσης ἐπιμελείας αὐξηθέντων τῇ διανοίᾳ καὶ καταλελοιπότων ἤδη τὴν νηπιότητα διπλῆν ὑπὸ τοῦ λόγου τὴν διαφορὰν διδασκόμεθα· γίνονται μὲν γὰρ αἱ ψυχαὶ σύσσωμοι τῷ λόγῳ καὶ αὗται κἀκεῖναι, ἀλλ' αἱ μὲν ἐρωτικῇ τινι διαθέσει προσκολλῶνται (οἵα ἦν ἡ τοῦ Δαβὶδ καὶ ἡ τοῦ Παύλου ψυχή, ἡ μὲν λέγουσα τὸ »'Εμοὶ δὲ τὸ προσκολλᾶσθαι τῷ θεῷ ἀγαθόν ἐστιν«, ἡ δὲ τὸ »Οὐδεὶς

---

[59] Der Begriff λόγος läßt sich hier wieder einmal nur unzulänglich wiedergeben: Im Kontext meint er auch „Vernunft" — weil ihm die „vernunftlosere Glaubenszustimmung" gegenübergestellt wird — und „Wort", weil es darum geht, es „deutlich artikuliert" zu fassen. Im Duktus der gesamten Passage steht das Verhältnis der einzelnen Arten von Menschen zum göttlichen Logos im Zentrum der Aussageabsicht.

[60] Anders als bei der Auslegung von Cant 1,11–12a in *hom.* 3 (siehe 226 bis 229 mit Anm. 34) und Cant 3,1–4 in *hom.* 6 (siehe 371) ist hier mit πίστις der *unzulängliche* Glaube der „unmündigen" Christen gemeint. Der „naive" Glaube stellt also für GREGOR keineswegs ein Ideal dar.

[61] Das Adjektiv σύσσωμος (zu einem Leib gehörig) begegnet in Eph 3,6, ist dort aber in einem anderen Kontext (Zugehörigkeit der Heiden zum

in unendlicher Menge, da sie gewissermaßen Neugeborene sind und den Logos[59] durch die eher vernunftlose Zustimmung des Glaubens[60] noch nicht deutlich artikuliert in sich fassen. Sie besitzen zwar den Glauben daran, daß das Wort des Mysteriums rettend sei, haben aber die Wahrheit gewiß nicht in der Weise in sich, daß sie sich im Wissen und in der vollen Gewißheit, die durch das Wort bewirkt wird, niederließe. Diese sind es, die „Mädchen" genannt wurden, weil sie noch in einem jungen geistlichen Lebensalter stehen. Obwohl sie durch das Wort des Glaubens gezeugt sind, sind sie doch noch nicht durch gebührendes Wachstum so weit gekommen, daß sie bis zur Hochzeitsreife fortgeschritten und zum Zustand des vollkommenen Menschen gelangt wären (vgl. Eph 4,13), zum (vollen) Maße des Hochzeitsalters, so daß sie in der Furcht des Herrn schwanger gehen und den Geist des Heils zur Welt bringen könnten. Vielmehr bringen sie ihr Leben durch die Unmündigkeit und Unvollkommenheit ihres Denkens in einem irgendwie unvernünftigeren Zustand zu. Gleichwohl sind auch diese (Gläubigen) unter denen, die gerettet werden, wie der Prophet sagt: „Menschen und Tiere wirst du retten, Herr" (Ps 36,7c: LXX Ps 35,7c), wobei er den unvernünftigeren Teil der Geretteten „Tiere" nennt.

Vom Text aber werden wir darüber belehrt, daß es unter denen, die infolge gebührenden Bemühens im Denken heranwuchsen und die Unmündigkeit bereits hinter sich gelassen haben, zwei verschiedene Kategorien gibt: Sowohl diese als auch jene Seelen werden zwar mit dem Logos zu einem gemeinsamen Leib vereinigt[61], aber die einen schließen sich durch die vom Eros geprägte Gesinnung eng an ihn an — Beispiele dafür waren die Seele des David und die des Paulus, da doch die eine sagt: „Für mich ist es gut, mich eng an Gott anzuschließen" (Ps 73,28a: LXX Ps 72,28a), die andere wiederum: „Niemand wird uns tren-

---

Leib Christi) verwendet.

χωρίσει ἡμᾶς ἀπὸ τῆς ἀγάπης τοῦ θεοῦ τῆς ἐν Χριστῷ Ἰησοῦ· οὐ ζωή, οὐ θάνατος, οὐ τὸ παρόν, οὐ τὸ μέλλον, οὐκ ἄλλο τι τῶν ὄντων οὐδέν«), αἱ δὲ φόβῳ κολάσεως τὰς μοιχικὰς ἀποφεύγουσι πείρας· μένουσι γὰρ ἐν ἀφθαρσίᾳ καὶ ἁγιασμῷ καὶ αὗται, ἀλλὰ τῷ φόβῳ μᾶλλον ἢ τῷ πόθῳ μόνῳ παιδαγωγούμεναι τὸ κακὸν οὐ προσδέχονται. Αἱ μὲν οὖν | διὰ τῆς | 462
τελειοτέρας διαθέσεως πόθῳ τῆς ἀφθαρσίας ἀνακραθεῖσαι τῇ τοῦ θεοῦ καθαρότητι βασίλισσαι διὰ τὴν κοινωνίαν τῆς βασιλείας κατονομάζονται, τὰς δὲ τῷ τῆς ἀπειλῆς φόβῳ τὴν ἀρετὴν ἐκπονούσας παλλακίδας ὀνομάζει ὁ λόγος· οὔπω γάρ τις αὐτῶν μήτηρ βασιλέως καὶ κοινωνὸς τῆς ἀξίας γενέσθαι δυνατῶς ἔχει. Πῶς γὰρ ἂν δυνηθείη ἡ μηδέπω ἀναλαβοῦσα ἐν ἑαυτῇ τὸ ἀδέσποτον καὶ αὐτοκρατὲς τοῦ ἐναρέτου φρονήματος, ἀλλὰ δουλικῷ φόβῳ τῆς τῶν κακῶν κοινωνίας ἀφισταμένη;

Ὑποδείγματα δὲ τῶν εἰρημένων ἐστὶν ἐπὶ μὲν τῶν βασιλίδων τὸ κατὰ τοὺς τῆς δεξιᾶς στάσεως ἠξιωμένους, πρὸς οὓς ὁ βασιλεὺς λέγει· »Δεῦτε, οἱ εὐλογημένοι τοῦ πατρός μου, κληρονομήσατε τὴν ἡτοιμασμένην ὑμῖν βασιλείαν«· τοῦ δὲ δευτέρου καὶ ὑφειμένου τάγματος εἶεν ἂν ἐκεῖνοι, πρὸς οὓς λέγει ὁ κύριος· »Φοβήθητε τὸν μετὰ τὸ ἀποκτεῖναι ἔχοντα ἐξουσίαν ἐμβαλεῖν εἰς τὴν γέενναν τοῦ πυρός.«

Ταύτην δέ μοι δοκεῖ τὴν διαστολὴν τῶν δύο ταγμάτων ἡ κατὰ τοὺς ἀριθμοὺς διαφορὰ παραδηλοῦν δι' αἰνίγματος. Πῶς τοῦτό φημι; Ἕξ εἰσιν ἐντολαὶ δι' ὧν ἡ βασιλεία τοῖς δεξιοῖς ἑτοιμάζεται. Λογισώμεθα τούτων ἑκάστην τὸ δεσποτικὸν εἶναι τάλαντον, ὃ προσήκει παρὰ τοῦ ἀγαθοῦ καὶ

---

[62] Das Motiv des Ehebruchs erklärt sich aus dem Bildzusammenhang: Das Verhältnis zwischen den Gläubigen und dem Logos wird als Ehe vorgestellt, die freilich unterschiedlich vollkommene (bzw. unvollkommene) Formen annehmen kann.

nen von der Liebe Gottes, die in Christus Jesus ist: nicht Leben, nicht Tod, nicht das Gegenwärtige, nicht das Zukünftige, noch irgend etwas anderes Seiendes“ (Röm 8,35.38 f); — die anderen aber fliehen vor den „ehebrecherischen“ Erfahrungen[62] aus Furcht vor Strafe. Auch diese verharren nämlich in Unversehrtheit und Heiligung, aber sie nehmen das Böse deshalb nicht an, weil sie eher von Furcht als nur von Sehnsucht unterwiesen werden. Weil die einen also infolge ihres vollkommeneren Zustandes aus Sehnsucht nach der Unversehrtheit sich der Reinheit Gottes zugesellen, werden sie wegen der Teilnahme an der Königsherrschaft „Königinnen“ genannt. Die anderen nennt der Text „Nebenfrauen“, weil sie aus Furcht vor der Drohung mühsam die Tugend verwirklichen. Denn noch ist keine von ihnen imstande, Mutter eines Königs und Teilhaberin an der (Königs)würde zu werden. Wie nämlich dürfte diejenige dazu imstande sein, die noch nicht einmal die Eigenart der tugendhaften Gesinnung in sich aufgenommen hat, keinen Herrn über sich zu haben und Selbstbestimmung zu üben, sondern sich aus knechtischer Furcht von der Beteiligung am Bösen fernhält?

Eine Illustration des Gesagten ist im Falle der Königinnen das, was sich auf diejenigen bezieht, die (*sc.* beim Weltgericht) des Standortes auf der rechten Seite gewürdigt sind. Zu ihnen sagt der König: „Kommt hierher, ihr Gesegneten meines Vaters, nehmt das Reich in Besitz, das für euch bereitet ist“ (Mt 25,34). Illustration des zweiten und niedrigeren Standes dürften jene sein, zu denen der Herr sagt: „Fürchtet den, der nach dem Töten noch Vollmacht hat, in die Hölle des Feuers zu werfen“ (vgl. Lk 12,5).

Eben diese Unterscheidung der beiden Stände scheint mir auch der Unterschied in den Zahlen — versteckt im Rätsel — anzudeuten. Wie soll ich das sagen? Sechs Gebote gibt es, durch deren Erfüllung denen das Reich bereitet wird, die rechts (*sc.* vom Weltenrichter) stehen (vgl. Mt 25,35 f). Laßt uns nun erwägen, daß jedes von diesen (Geboten) das dem Herrn gehörige Talent ist (vgl. Mt 25,14 bis

| 463 πιστοῦ οἰκέτου δεκαπλασιασθῆναι διὰ τῆς ἐργασίας, ἵνα οὕτως εἰσέλθῃ εἰς τὴν χαρὰν τοῦ κυρίου αὐτοῦ ἐν ὀλίγοις πιστὸς εὑρεθεὶς καὶ ἐπὶ πολλῶν καθιστάμενος. Εἰ τοίνυν διὰ τῶν ἓξ τούτων ἐντολῶν ἡ τῆς βασιλείας γίνεται τῇ ψυχῇ κοινωνία, τὸ δὲ τέλειον τῆς ἐργασίας ἐφ᾽ ἑκάστης ἐστὶ τὸ δεκαπλασιάσαι τὴν ἐντολήν, καθὼς ἔφη ὁ ἀγαθὸς δοῦλος ἐκεῖνος ὅτι »Δέκα τάλαντα τὸ ἕν σου τάλαντον κατειργάσατο«, εὑρίσκομεν ἐκ τοῦ ἀκολούθου τὴν μίαν βασίλισσαν εἰς ἑξήκοντα πλατυνομένην, τὴν διὰ τοῦ δεκαπλασιασμοῦ τῶν ἓξ ἐντολῶν εἰς κοινωνίαν τῆς βασιλείας παραδεχθεῖσαν, ὡς πολλὰς εἶναι τὴν μίαν τῷ πολυτρόπῳ χαρακτῆρι τῶν ἐντολῶν ἐμμερισθεῖσαν καὶ ἑκάστῳ τῶν κατορθωμάτων ἰδιαζόντως ἐμμορφωθεῖσαν. Οὕτως οὖν εἰς ἑξήκοντα βασιλίδας ἡ μία καταμερίζεται πρὸς τὰ εἴδη τῶν ἐντολῶν διαιρουμένη τε καὶ ἀριθμουμένη καὶ γίνεται κοινωνὸς τῆς τοῦ Χριστοῦ βασιλείας ἡ νύμφη, δῆμος βασιλίδων ἡ μία γεγενημένη ἡ διὰ τῶν τοσούτων, τῶν κατὰ τὰς ἐντολὰς ἀξιωμάτων, ἀριθμηθεῖσα.

Εἰ δὲ τὴν ἑξάδα τῶν ἐντολῶν ἐν μιᾷ κατὰ τὸ δεκαπλάσιον γεωργηθεῖσαν ψυχῇ διὰ τῶν ἑξήκοντα βασιλίδων σημαίνεσθαι | 464 δι᾽ αἰνίγματος οὐκ ἔξω τοῦ εἰκότος ὑπενοήσαμεν, ἀκολούθως καὶ διὰ τῶν ὀγδοήκοντα τὸ τῆς ὀγδόης μυστήριον παραδηλοῦσθαί φαμεν διὰ τοῦ ὁμοίου αἰνίγματος, πρὸς ἣν βλέποντες οἱ τῷ φόβῳ παιδαγωγούμενοι τῆς τῶν κακῶν κοινωνίας ἀπείργονται· οὕτω γὰρ ἐν ταῖς ψαλμῳδίαις ἐμάθομεν, ἐν αἷς προτέτακται μὲν διὰ τῆς ἐπιγραφῆς ἡ ὀγδόη,

[63] GREGORS Zahlenspekulation beruht — wie schon in *hom.* 6 bei der Auslegung von Cant 3,7–8 (siehe oben 385–393) — darauf, eine biblisch bedeutsame Grundzahl (in diesem Fall die Sechs, in *hom.* 6 die Zwölf) mit einer anderen Zahl (hier die Zehn, dort die Fünf) zu multiplizieren. Auf diese Weise lassen sich zu ein und derselben Zahl (nämlich 60; vgl. Cant 3,7b) auch verschiedene Deutungen entwickeln.

28; Lk 19,12–26), das vom guten und zuverlässigen Diener durch sein Tätigsein verzehnfacht werden soll (vgl. Lk 19,16), damit er so in die Freude seines Herrn eingehe, weil er im Kleinen für zuverlässig befunden wurde und nun über viel gesetzt wird. Wenn der Seele also aufgrund dieser sechs Gebote die Partizipation an der Königsherrschaft zuteil wird, die Vollkommenheit des Tätigseins bei jedem (Gebot) aber darin besteht, das Gebot zu „verzehnfachen", wie jener gute Knecht es sagte: „Zehn Talente hat das *eine* Talent, das dir gehört, erbracht" (Lk 19,16), so stellen wir aufgrund der inneren Logik fest, daß sich die *eine* Königin auf 60 vervielfacht[63] — sie, die aufgrund der Verzehnfachung der sechs Gebote in die Teilhaberschaft an der Königsherrschaft aufgenommen wurde, so daß aus der *einen* viele geworden sind, weil sie sich auf die vielfältige Eigenart der Gebote verteilte und sich in jeder der (ethischen) Leistungen je eigens verkörperte. So also differenziert sich die *eine* in 60 Königinnen aus, indem sie in Hinsicht auf die (verschiedenen) Arten der Gebote unterteilt und dementsprechend auch gezählt wird. Und so wird die Braut zur Teilhaberin an der Königsherrschaft Christi. Ein „Volk" von Königinnen ist die *eine* geworden, die sich unter Zuhilfenahme so bedeutsamer Gegebenheiten — (nämlich) der Würden, die den Geboten entsprechen — berechnen ließ.

Wenn indes unsere Vermutung, durch die 60 Königinnen werde im Rätsel die Sechszahl der Gebote bezeichnet, die in *einer* Seele auf zehnfachen Ertrag hin angelegt sei, sich nicht außerhalb des Wahrscheinlichen bewegt, sagen wir folgerichtig auch, daß durch die Zahl 80 das „Mysterium des achten (Tages)" — in einem ähnlichen Rätsel versteckt — angedeutet werde. Im Hinblick auf diesen (*sc.* Tag) lassen sich diejenigen, die von Furcht unterwiesen werden, von der Beteiligung am Bösen abhalten. So nämlich lernten wir es in den Psalmen, denen in der Überschrift die Bezeichnung „der achte (Tag)" vorangestellt ist (vgl. Ps

μαστιγουμένων δὲ ἄντικρύς εἰσιν αἱ φωναὶ τῷ φόβῳ τῶν ἐλπιζομένων εἰς ἔλεον τὴν ἀκοὴν ἐπικάμπτουσαι.

Φησὶ γὰρ πρὸς τὸν φοβερὸν κριτὴν ὁ πρὸς τὴν ὀγδόην βλέπων· »Κύριε μὴ τῷ θυμῷ σου ἐλέγξῃς με μηδὲ τῇ ὀργῇ σου παιδεύσῃς με. Ἐλέησόν με, κύριε, ὅτι ἀσθενής εἰμι· ἴασαί με, κύριε, ὅτι ἐταράχθη τὰ ὀστᾶ μου«, καὶ ὅσα ἐκ τοῦ ἀκολούθου τῷ ἀδεκάστῳ κριτῇ διὰ τῆς ἱκετηρίας προτείνεται, ἐν οἷς καὶ τὸ μὴ εἶναι θεοῦ μνήμην ἐν τῷ θανάτῳ ὀδύρεται (πῶς γὰρ ἂν εἴη δυνατὸν τοῖς κλαυθμῷ τε καὶ βρυγμῷ καταδεδικασμένοις τὴν ἐκ τῆς μνήμης τοῦ θεοῦ εὐφροσύνην ἐγγίνεσθαι οὕτως εἰπόντος ἑτέρωθι τοῦ προφήτου ὅτι »Ἡ μνήμη τοῦ θεοῦ εὐφροσύνην ποιεῖ«;), καὶ ἄλλα τοιαῦτά τινα προτεινάμενος ὁ δεδοικὼς τὴν ὀγδόην ἐν αἰσθήσει τῆς τοῦ ἐλέου γίνεται μετουσίας λέγων ὅτι »Εἰσήκουσε κύριος τῆς φωνῆς τοῦ κλαυθμοῦ μου.«

Πολλῶν δὲ μακαρίων φόβων ὑπὸ τῆς ἁγίας δηλουμένων γραφῆς εἴη ἂν καὶ ἐπὶ τούτων ἀναλόγως ταῖς | ἓξ ἐντολαῖς ἡ | 465
ἐπὶ τὸ δεκαπλάσιον αὔξησις, ὥστε τὸν διδαχθέντα παρὰ τῆς ψαλμῳδίας, πῶς κατορθοῦται τοῦ κυρίου ὁ φόβος ἐκ τοῦ ἐκκλῖναι μὲν ἀπὸ τοῦ κακοῦ ποιεῖν δὲ τὸ ἀγαθόν, οἷόν τινα μνᾶν ἢ τάλαντον δεκαπλασιάσαι διὰ τῆς ἐργασίας τὸ χρῆμα τοῦ φόβου καὶ οὕτω τὴν δευτερεύουσαν μετὰ τὴν βασιλίδα

---

[64] In der LXX gibt es zwei Psalmen, in deren Überschrift die Formel ὑπὲρ τῆς ὀγδόης begegnet (Ps 6,1; 11,1 LXX), deren hebräische Vorlage eine heute unverständliche Anweisung für den Chorleiter gegeben haben könnte. GREGOR faßt die Formel als Hinweis auf den „achten Tag" auf, der für ihn der Tag der Weltvollendung und des Weltgerichts ist. Dem sechsten Psalm hat GREGOR zudem eine eigene Homilie gewidmet: GREGOR VON NYSSA, *in sextum Psalmum* (GNO 5, 187–193).

[65] Das Verbum ἐλπίζειν kann wie das Nomen ἐλπίς neben seiner geläufigen Bedeutung (hoffen bzw. Hoffnung) auch die negative Stimmung ängstlicher Erwartung und Befürchtung zum Ausdruck bringen.

[66] Mit dieser Deutung behilft sich GREGOR über die Schwierigkeit hinweg, daß sich in Ps 6 (und anderen Teilen des AT) die Vorstellung einer drastisch eingeschränkten Existenz der Toten in der „Unterwelt" („Scheol"; in der LXX: „Hades") findet, die mit der christlichen Auferstehungslehre nicht vereinbar scheint. Im Gedanken an die Hölle

6,1; 12,1: LXX Ps 6,1; 11,1)[64]. Und die Worte in ihnen stammen von Menschen, die sich geradezu geißeln, und sie (*sc.* die Worte) neigen durch die Furcht vor den bang erwarteten[65] Ereignissen das Ohr (*sc.* Gottes) dem Mitleid zu.

Zum furchtbaren Richter sagt nämlich der, der den „achten (Tag)" vor Augen hat: „Herr, verwirf mich nicht in deinem Zorn und züchtige mich nicht in deiner Wut. Hab Mitleid mit mir, Herr, weil ich schwach bin. Heile mich, Herr, weil meine Gebeine erschüttert wurden" (Ps 6,2f), und dazu noch alles, was im folgenden vor dem unbestechlichen Richter in flehentlicher Bitte ausgebreitet wird. Darunter findet sich auch die Klage, daß es im Tod keine Erinnerung an Gott mehr gibt (vgl. Ps 6,6) — denn wie sollte es möglich sein, daß in denjenigen, die zu „Heulen und (Zähne)knirschen" (vgl. z.B. Mt 8,12) verdammt sind, die Freude aufkommt, die aus der Erinnerung an Gott entsteht[66], da doch der Prophet anderswo folgendes sagt: „Die Erinnerung an Gott macht Freude" (vgl. Ps 76,4a LXX)? — Und nachdem der, der den „achten (Tag)" fürchtet, noch anderes in der Art ausgebreitet hat, beginnt er wahrzunehmen, daß er des Mitleids teilhaftig wird, da er sagt: „Der Herr erhörte die Stimme meines Wehklagens" (Ps 6,9b).

Da indes von der Heiligen Schrift viele Formen der seligen Furcht offenbar gemacht werden, dürfte es in Analogie zu den sechs Geboten (von vorhin) auch bei diesen die Zunahme auf das Zehnfache geben. Folglich kann der, der vom Psalmengesang darüber belehrt wurde, wie die Furcht des Herrn realisiert wird — (nämlich) durch die Abwendung vom Bösen und das Tun des Guten (vgl. Ps 34,15a: LXX Ps 33,15a) —, das (anvertraute) Gut der Furcht wie eine Mine oder ein Talent durch sein Tätigsein verzehnfachen (vgl. Mt 25,14–28; Lk 19,12–26, besonders Lk 19,16). Und so vervielfacht sich die Seele, die nach der

---

bietet sich ihm ein Ausweg aus diesem Dilemma.

ψυχήν, ἢ φόβῳ καὶ οὐκ ἀγάπῃ τὸ καλὸν κατεργάζεται, πρὸς τὸν ἀριθμὸν τῶν ὀγδοήκοντα πλατυνθῆναι ἕκαστον εἶδος τῶν διὰ φόβου κατορθουμένων ἐπὶ τοῦ βίου ἑαυτῆς ἀσυγχύτως τε καὶ διακεκριμένως δεικνύουσαν, ὡς καὶ ἐπὶ ταύτης τὸν τῆς ὀγδόης λόγον τῇ πρὸς τὸ δεκαπλάσιον αὐξήσει συμπλατυνθῆναι καὶ οὕτω γενέσθαι ἐν φόβῳ δουλικῷ καὶ οὐχὶ ἔρωτι νυμφικῷ τῷ ἀγαθῷ προσεγγίζουσαν παλλακὴν ἀντὶ τῆς βασιλίδος διὰ τὸν τῆς ὀγδόης φόβον, ὃν δεκαπλασίως ἐν τοῖς κατορθώμασιν ηὔξησεν, εἰς τὸν ἀριθμὸν συντελοῦσαν τῶν ὀγδοήκοντα. Ἣν κελεύει καὶ ὁ τῆς ἱστορίας λόγος νόθῳ πρὸς καιρὸν καὶ οὐκ εὐγενεῖ τόκῳ ὑπηρετήσασαν μὴ συνοικεῖν εἰς τέλος τῇ βασιλίδι, ὡς οὐκ οὔσης ἐκ τοῦ ἴσου τῆς βασιλικῆς κληρονομίας τῇ δουλικῇ γονῇ πρὸς τὸν ἐλεύθερον τόκον· »Ἔκβαλε«, γάρ φησι, »τὴν παιδίσκην καὶ τὸν υἱὸν αὐτῆς· οὐ γὰρ μὴ κληρονομήσῃ ὁ υἱὸς τῆς παιδίσκης μετὰ τοῦ υἱοῦ τῆς ἐλευθέρας.«

Εἰ δέ τινι βιαιοτέρα φαίνεται ἡ εἰς τὸν προκείμενον τοῖς | ῥητοῖς ἀριθμὸν θεωρία, ἀναμνησθήτω ὅτι καὶ κατ' ἀρχὰς 466
τὸ μὴ δύνασθαι τυχεῖν τῆς ἐν τούτοις ἀληθείας ἐμαρτυράμεθα τοσοῦτον μόνον ἀψάμενοι ὅσον μὴ ἀγύμναστα καθόλου παραδραμεῖν τὰ αἰνίγματα.

Πλὴν εἰ ἔξω βάλοι τελείως ἡ ἀγάπη τὸν φόβον κατὰ τὸ γεγραμμένον καὶ μεταποιηθεὶς ὁ φόβος ἀγάπη γένοιτο, τότε εὑρίσκεται μονὰς τὸ σῳζόμενον ἐν τῇ πρὸς τὸ μόνον ἀγαθὸν συμφυΐᾳ πάντων ἀλλήλοις ἑνωθέντων διὰ τῆς κατὰ τὴν

[67] Gregor spielt auf die Erzählung von der Vertreibung Hagars, der Nebenfrau Abrahams, an (vgl. Gen 21,9–21).

Königin den zweiten Rang einnimmt und das Gute aus Furcht und nicht aus Liebe wirkt, bis sie die Zahl 80 erreicht, indem sie in ihrem Leben jede Art von Werken, die infolge von Furcht vollbracht werden, ohne Vermengung und in klar unterschiedener Weise aufzeigt. Folglich wird auch bei dieser (*sc.* Seele) das Verständnis des „achten (Tages)“ durch Zunahme auf das Zehnfache vervielfacht, und so entsteht eine „Nebenfrau“ statt der „Königin“, weil sie sich in knechtischer Furcht und nicht in bräutlichem Eros dem Guten nähert, und zwar wegen der Furcht des „achten (Tages)“, die sie zehnfach vermehrte in ihren glücklich vollbrachten Leistungen, womit sie auf die Zahl 80 kam. Auch der Text der (alttestamentlichen) Geschichtsüberlieferung befiehlt, daß diese (*sc.* die Nebenfrau)[67], weil sie zur Zeit nur mit unehelicher und nicht mit edler Nachkommenschaft dienen kann, nicht endgültig mit der Königin zusammenwohnen darf. Dahinter steht die Ansicht, das königliche Erbe könne für den Nachkommen im Sklavenstand nicht gleich sein mit dem der frei geborenen Nachkommenschaft. „Vertreib die junge Sklavin und ihren Sohn“, heißt es nämlich, „denn der Sohn der jungen Sklavin soll nicht mit dem Sohn der Freien zusammen erben“ (vgl. Gen 21,10 in der Fassung von Gal 4,30).

Falls aber jemandem die Betrachtung zu der von den Worten (des Textes) vorgegebenen Zahl allzu gewaltsam scheint, soll er sich daran erinnern, daß wir schon eingangs beteuerten, wir wären nicht imstande, die darin enthaltene Wahrheit zu treffen, da wir uns nur so weit damit befaßten, daß wir die Rätsel nicht ganz und gar übergingen, ohne uns daran geübt zu haben.

Jedoch: Falls die Liebe die Furcht vollständig vertreiben sollte, wie es geschrieben steht (vgl. 1Joh 4,18), und die Furcht sich verändern und zu Liebe werden sollte, dann stellt sich das Gerettete als Einzahl heraus, in gewachsener Verbundenheit mit dem einzigen Gut, weil dann alle miteinander eins geworden sind durch die Vollkommenheit,

περιστερὰν τελειότητος. Τοιοῦτον γάρ τι νοοῦμεν ἐκ τοῦ ἐφεξῆς λόγου ὅς φησιν ὅτι *Μία ἐστὶ περιστερά μου, τελεία μου, μία ἐστὶ τῇ μητρὶ αὐτῆς, ἐκλεκτή ἐστι τῇ τεκούσῃ αὐτήν.*

Ὅπερ ἐν τῷ εὐαγγελίῳ διὰ τῆς τοῦ κυρίου φωνῆς σαφέστερον ἡμῖν ἑρμηνεύεται· πᾶσαν γὰρ τοῖς μαθηταῖς ἑαυτοῦ ἐναποτιθέμενος διὰ τῆς εὐλογίας δύναμιν τά τε ἄλλα διὰ τῶν πρὸς τὸν πατέρα λόγων ἀγαθὰ τοῖς ἁγίοις χαρίζεται καὶ προστίθησι τῶν ἀγαθῶν τὸ κεφάλαιον, τὸ μηκέτι αὐτοὺς ἐν διαφορᾷ τινι προαιρέσεων ἐν τῇ περὶ τοῦ καλοῦ κρίσει πολλαχῇ διασχίζεσθαι, ἀλλ' ἓν γενέσθαι τοὺς πάντας τῷ ἑνὶ καὶ μόνῳ ἀγαθῷ συμφυέντας, ὥστε διὰ τῆς τοῦ πνεύματος τοῦ ἁγίου ἑνότητος, καθώς φησιν ὁ ἀπόστολος, τῷ συνδέσμῳ τῆς εἰρήνης διασφιγχθέντας | 467 ἓν σῶμα γενέσθαι τοὺς πάντας καὶ ἓν πνεῦμα διὰ μιᾶς ἐλπίδος εἰς ἣν ἐκλήθησαν. Βέλτιον δ' ἂν εἴη αὐτὰς ἐπὶ λέξεως παραθέσθαι τὰς θείας τοῦ εὐαγγελίου φωνάς· »Ἵνα πάντες ἓν ὦσι καθὼς σύ, πάτερ, ἐν ἐμοὶ κἀγὼ ἐν σοί, ἵνα καὶ αὐτοὶ ἐν ἡμῖν ἓν ὦσιν.« Τὸ δὲ συνδετικὸν τῆς ἑνότητος ταύτης ἡ δόξα ἐστίν· δόξαν δὲ λέγεσθαι τὸ πνεῦμα τὸ ἅγιον οὐκ ἄν τις τῶν ἐπεσκεμμένων ἀντείποι πρὸς αὐτὰς βλέπων τὰς τοῦ κυρίου φωνάς· »Τὴν δόξαν«, γάρ φησιν, »ἣν ἔδωκάς μοι, ἔδωκα αὐτοῖς.« Ἔδωκε γὰρ ὡς ἀληθῶς τοῖς μαθηταῖς τοιαύτην δόξαν ὁ εἰπὼν πρὸς αὐτούς· »Λάβετε πνεῦμα ἅγιον.« Ἔλαβε δὲ ταύτην τὴν δόξαν ἣν πάντοτε εἶχε πρὸ τοῦ τὸν κόσμον εἶναι ὁ τὴν ἀνθρωπίνην φύσιν περιβαλόμενος, ἧς δοξασθείσης διὰ τοῦ πνεύματος ἐπὶ πᾶν τὸ συγγενὲς ἡ τῆς δόξης τοῦ πνεύματος διάδοσις γίνεται ἀπὸ τῶν μαθητῶν ἀρξαμένη. Διὰ τοῦτό φησι· »Τὴν δόξαν, ἣν ἔδωκάς μοι, ἔδωκα αὐτοῖς, ἵνα ὦσιν ἕν, καθὼς ἡμεῖς ἕν

---

[68] Gemeint ist das sogenannte „hohepriesterliche Gebet“ Jesu in Joh 17.

[69] GREGOR bezeugt mit der Wiederaufnahme des Zahlworts ἓν eine Lesart von Joh 17,21, die von einer Reihe von Handschriften (darunter z.B. der *Codex Sinaiticus* aus dem 4. Jh.) geboten wird.

die der Taube entspricht. Etwas in der Art nämlich verstehen wir aufgrund des folgenden Textes, der besagt: *Eine (einzige) ist meine Taube, meine Vollkommene, eine (einzige) ist sie für ihre Mutter, eine Auserwählte ist sie für die, die sie gebar* (Cant 6,9a–c).

Im Evangelium wird uns das durch das Wort des Herrn deutlicher erklärt. Als er nämlich durch den Segen alle Macht auf seine Jünger überträgt, da schenkt er den Heiligen durch seine an den Vater gerichteten Worte[68] die anderen Güter und fügt auch das wichtigste Gut hinzu: daß sie bei der Beurteilung des Schönen nicht mehr vielfach gespalten seien in unterschiedliche Entscheidungen, sondern alle *eins* würden, zusammengewachsen mit dem *einen* und einzigen Gut, so daß alle durch die Einheit des Heiligen Geistes, wie der Apostel sagt, durch das Band des Friedens fest verbunden, *ein* Leib und *ein* Geist werden durch *eine* Hoffnung, zu der sie berufen wurden (vgl. Eph 4,3f). Besser dürfte es indes sein, direkt die göttlichen Worte des Evangeliums im Wortlaut vorzulegen: „Damit alle *eins* seien, wie du, Vater, in mir, und ich in dir, damit auch sie in uns *eins*[69] seien" (Joh 17,21). Das Verbindende an dieser Einheit aber ist die Herrlichkeit. Der Tatsache, daß der Heilige Geist „Herrlichkeit" genannt wird, dürfte indes keiner von denen, die darauf geachtet haben, widersprechen, sofern er direkt auf die Worte des Herrn schaut: „Die Herrlichkeit", sagt dieser nämlich, „die du mir gegeben hast, habe ich ihnen gegeben" (Joh 17,22). Denn wirklich gab der den Jüngern eine solche Herrlichkeit, der zu ihnen sprach: „Empfangt den Heiligen Geist" (Joh 20,22). Diese Herrlichkeit, die er vor dem Sein des Kosmos fortwährend hatte (vgl. Joh 17,5), empfing indes *der*, der sich die menschliche Natur umlegte. Seitdem diese durch den Geist verherrlicht wurde, ist die Weitergabe der Herrlichkeit des Geistes an alles Verwandte im Gange, angefangen bei den Jüngern. Deshalb sagt er (*sc.* Christus): „Die Herrlichkeit, die du mir gegeben hast, habe ich ihnen gegeben, damit sie

ἐσμεν· ἐγὼ ἐν αὐτοῖς καὶ σὺ ἐν ἐμοί, ἵνα ὦσι τετελειωμένοι εἰς τὸ ἕν.«

Ὁ τοίνυν ἐκ μὲν νηπίου πρὸς ἄνδρα τέλειον ἀναδραμὼν διὰ τῆς αὐξήσεως καὶ φθάσας εἰς τὸ μέτρον τῆς νοητῆς ἡλικίας, ἐκ δὲ τῆς δούλης τε καὶ τῆς παλλακίδος τὴν τῆς βασιλείας ἀξίαν μεταλαβών, δεκτικὸς δὲ τῆς τοῦ πνεύματος δόξης γενόμενος | δι’ ἀπαθείας καὶ καθαρότητος, οὗτός ἐστιν | 468
ἡ τελεία περιστερὰ πρὸς ἣν ὁ νυμφίος ὁρᾷ λέγων ὅτι *Μία ἐστὶ περιστερά μου, τελεία μου, μία ἐστὶ τῇ μητρὶ αὐτῆς, ἐκλεκτή ἐστι τῇ τεκούσῃ αὐτήν.*

Οὐκ ἀγνοοῦμεν δὲ πάντως τὴν μητέρα τῆς περιστερᾶς ἐκ τοῦ καρποῦ τὸ δένδρον γνωρίσαντες· ὡς γὰρ ἄνθρωπον θεασάμενοι ἐξ ἀνθρώπου αὐτὸν εἶναι οὐκ ἀμφιβάλλομεν, οὕτω καὶ τῆς ἐκλεκτῆς περιστερᾶς τὴν μητέρα ζητοῦντες οὐκ ἄλλην τινὰ ἢ ἐκείνην τὴν περιστερὰν ἐννοήσομεν· τῷ γὰρ τέκνῳ πάντως ἡ τοῦ γεγεννηκότος ἐπιθεωρεῖται φύσις. Ἐπεὶ οὖν τὸ γεγεννημένον ἐκ τοῦ πνεύματος πνεῦμά ἐστι, περιστερὰ δὲ τὸ τέκνον, περιστερὰ πάντως καὶ ἡ τοῦ τέκνου μήτηρ ἐστίν, ἡ ἐπὶ τὸν Ἰορδάνην ἐξ οὐρανῶν καταπτᾶσα, καθὼς Ἰωάννης μαρτύρεται.

Ταύτην μακαρίζουσι νεάνιδες, ταύτην αἰνοῦσι παλλακαὶ καὶ βασίλισσαι· κοινὸς γὰρ ἐκ παντὸς τάγματος πρόκειται

[70] Auch das in diesem Vers bezeugte ἐσμέν entspricht der Lesart verschiedener neutestamentlicher Textzeugen. Daß Langerbeck hier wie öfters erwägt, Gregor habe die Evangelienharmonie des Tatian benutzt (siehe GNO 6, 467 Testimonienapparat), erweist sich daher in diesem Fall als überflüssige Annahme.

[71] Die Wendung ἐκ ... τῆς δούλης τε καὶ τῆς παλλακίδος meint nicht die „Geburt“ aus der Magd und der Nebenfrau (gegen Balthasar, Daniélou/Musurillo und McCambley), sondern ein Stadium spiritueller (Un-)Reife, über das der Mensch nach einiger Zeit hinausgelangt (so auch Canévet/Daniélou und Moreschini).

[72] Obwohl der intendierte Sinn der Aussage klar ist, bestehen doch Unsicherheiten in der Textüberlieferung: Drei Textzeugen (R^a, Σ und T) schreiben: οὐκ ἄλλην τινὰ ἢ ἐκείνην τὴν περιστερὰν (T ergänzt darüber

eins seien, wie wir *eins* sind[70]: ich in ihnen und du in mir, damit sie vollendet seien zur *Einheit*" (Joh 17,22f).

Wer demnach aus einem unmündigen Zustand zu dem eines vollkommenen Menschen emporeilte aufgrund seines Wachstums und zum (vollen) Maße des geistigen Alters gelangte (vgl. Eph 4,13), wer weiterhin — aus (dem Stand) einer „Magd" und „Nebenfrau" kommend[71] — Anteil erhielt an der Würde der Königsherrschaft und durch Leidenschaftslosigkeit und Reinheit fähig wurde, die Herrlichkeit des Geistes aufzunehmen, *der* ist die vollkommene Taube, auf die der Bräutigam schaut, wenn er sagt: *Eine (einzige) ist meine Taube, meine Vollkommene, eine (einzige) ist sie für ihre Mutter, eine Auserwählte ist sie für die, die sie gebar* (Cant 6,9a–c).

Wir sind uns aber über die „Mutter" der Taube bestimmt nicht im unklaren, weil wir aus der Frucht den Baum erkennen. Wie wir nämlich, wenn wir einen Menschen betrachten, nicht daran zweifeln, daß er von einem Menschen abstammt, so werden wir auch, wenn wir die „Mutter" der auserwählten Taube suchen, an keine andere als jene (bekannte)[72] Taube denken. Denn am Kind kann man jedenfalls die Natur dessen betrachten, der es hervorgebracht hat. Da also das, was aus dem Geist hervorgebracht ist, Geist ist (vgl. Joh 3,6), das Kind aber eine Taube ist, ist jedenfalls auch die Mutter des Kindes eine Taube — (jene Taube nämlich), die vom Himmel zum Jordan herniederflog, wie Johannes bezeugt (vgl. Joh 1,32).

Die Mädchen preisen diese Taube selig, die Nebenfrauen und Königinnen loben sie. Denn gemeinsam ist der Lauf

---

hinaus noch: εἶναι). Zwei weitere Textzeugen (E und Λ) wurden nachträglich in diesem Sinn korrigiert. Die übrigen Handschriften lassen die doch offenbar notwendige Partikel ἤ weg. LANGERBECK korrigiert den Text wieder anders: οὐκ ἄλλην τινὰ ἐκείνην ἢ περιστεράν, hat dafür allerdings bei keinem Textzeugen Rückhalt (siehe GNO 6, 468 mit kritischem Apparat). Unter diesen Umständen ziehe ich die Lösung der Zeugen R[a], Σ (und T) der Konjektur des Editors vor.

πάσαις ταῖς ψυχαῖς δρόμος πρὸς τὴν τοιαύτην μακαριότητα. Διό φησιν· »Εἴδοσαν αὐτὴν θυγατέρες καὶ μακαριοῦσιν αὐτήν· βασίλισσαι καὶ παλλακαὶ αἰνέσουσιν αὐτήν.« Φύσις δὲ πᾶσίν ἐστι πρὸς τὸ μακάριόν τε καὶ ἐπαινούμενον τῇ ἐπιθυμίᾳ συντείνεσθαι. Ὥστε εἰ μακαρίζουσι τὴν περιστερὰν αἱ θυγατέρες, ἐπιθυμοῦσι | 469 πάντως γενέσθαι περιστεραὶ καὶ αὐταί. Καὶ τὸ αἰνεῖσθαι τὴν περιστερὰν παρὰ τῶν παλλακῶν τε καὶ βασιλίδων τεκμήριόν ἐστι τοῦ καὶ ταύτας πρὸς τὸ ἐπαινούμενον τὴν σπουδὴν ἔχειν, ἕως ἂν πάντων ἓν γενομένων τῶν πρὸς τὸν αὐτὸν σκοπὸν τῆς ἐπιθυμίας βλεπόντων, μηδεμιᾶς ἐν μηδενὶ κακίας ὑπολειφθείσης, γένηται ὁ θεὸς τὰ πάντα ἐν πᾶσι, τοῖς διὰ τῆς ἑνότητος ἀλλήλοις ἐν τῇ τοῦ ἀγαθοῦ κοινωνίᾳ συγκεκραμένοις ἐν Χριστῷ Ἰησοῦ τῷ κυρίῳ ἡμῶν, ᾧ ἡ δόξα καὶ τὸ κράτος εἰς τοὺς αἰῶνας τῶν αἰώνων. Ἀμήν.

[73] GREGOR führt die Zitate des Canticum-Textes über den Umfang der Schriftlesung vor Beginn der Homilie hinaus fort, um einen wichtigen Gedanken anzuschließen: Die skizzierten Unterschiede zwischen den einzelnen „Ständen“ der Gläubigen sind für ihn keine bleibenden Unterschiede. Sie sollen einst in der eschatologischen Einheit der gesamten geistigen Kreatur mit Christus aufgehoben sein.

zu solcher Seligkeit *allen* Seelen aus jedem Stand aufgegeben. Deshalb heißt es: „Töchter sahen sie und werden sie seligpreisen; Königinnen und Nebenfrauen werden sie loben" (Cant 6,9d–e)[73]. Es gehört nämlich für alle zum naturhaften Wesen, sich mit dem Verlangen auf das, was selig ist und gelobt wird, hin anzustrengen. Wenn daher die Töchter jene „Taube" seligpreisen, verlangen sie auf jeden Fall danach, auch selbst „Tauben" zu werden. Und daß die Taube von den Nebenfrauen und Königinnen gelobt wird, ist ein Beweis dafür, daß auch sie sich bemühen um das, was gelobt wird. (Dies dauert fort,) bis Gott — wenn alle *eins* geworden sind, die sich auf dasselbe Ziel des Verlangens hin orientieren, und keinerlei Bosheit mehr in irgendeinem (Wesen) zurückgelassen wurde — alles wird in allen (vgl. 1 Kor 15,28), die durch die Einheit miteinander in der Gemeinschaft des Guten verschmolzen sind in Christus Jesus, unserm Herrn[74]. Ihm sei die Ehre und die Herrschaft für immer und ewig. Amen.

---

[74] Daß die Canticum-Exegese GREGORS an dieser Stelle endet, ist nicht durch Zufälligkeiten irgendwelcher Art bedingt, sondern muß als Ausdruck einer bewußten inhaltlichen Konzeption angesehen werden: Weiter kann der Exeget seine Zuhörer auf der *Deutungs*ebene nicht führen.

ABKÜRZUNGEN

Werkabkürzungen

Acta pauli
ActPaul acta Pauli

Aelian
NA de natura animalium

Alexander von Aphrodisias
in Sens. in librum de sensu commentarium

Amphilochius von Ikonium
Seleuc. iambi ad Seleucum

Aristoteles
EE ethica Eudemia
EN ethica Nicomachea
HA historia animalium
Metaph. metaphysica
Resp. de respiratione

Ps.-Aristoteles
Aud. de audibilibus

Athanasius von Alexandrien
tom. tomus ad Antiochenos

Basilius von Cäsarea
epist. epistulae

Cicero
nat. deor. de natura deorum

Codex Theodosianus
Cod. Theod. Theodosiani libri XVI cum Constitutionibus Sirmondianis

Epiphanius
exp. fid. expositio fidei

EUNOMIUS

apol.	apologeticus

GALEN VON PERGAMON

Libr. Propr.	de libris propriis
Praecogn.	de praecognitione

GREGOR VON NAZIANZ

carm. Olymp.	carmen ad Olympiadem
epist.	epistulae

GREGOR VON NYSSA

anim. et res.	de anima et resurrectione dialogus
Apol.	antirrheticus adversus Apolinarium
deit.	oratio de deitate filii et spiritus sancti
epist.	epistulae
Eun.	contra Eunomium libri
Flacill.	oratio funebris in Flacillam imperatricem
hom. opif.	de hominis opificio
Maced.	adversus Macedonianos de spiritu sancto
Melet.	oratio funebris in Meletium episcopum
ordin.	de deitate adversus Euagrium oratio qua sententiam suam in concilio Constantinopolitano prolatam confirmavit, vulgo: in suam ordinationem oratio
Ps. 6	in sextum Psalmum
Pulch.	oratio consolatoria in Pulcheriam
spir.	oratio de spiritu sancto sive in Pentecosten
Thphl.	ad Theophilum adversus Apolinaristas
trin.	ad Eustathium de sancta trinitate
v. Gr. Thaum.	de vita Gregorii Thaumaturgi
v. Macr.	vita S. Macrinae
v. Moys.	de vita Moysis
virg.	de virginitate

HIERONYMUS

comm. in Is.	commentarii in Isaiam

IRENÄUS VON LYON

epid.	epideixis
haer.	adversus haereses

JOHANNES CHRYSOSTOMUS

epist. Olymp.	epistulae ad Olympiadem

METHODIUS VON OLYMPUS

symp.	symposium

ORIGENES

comm. in Cant.	commentarius in Canticum Canticorum
comm. in Io.	commentarii in Ioannem
comm. in Rom.	commentarii in epistulam ad Romanos
frg. in Ier.	fragmenta in Ieremiam
frg. in Lam.	fragmenta in Lamentationes
hom. in Cant.	homiliae in Canticum Canticorum
hom. in Gen.	homiliae in Genesim
hom. in Ier.	homiliae in Ieremiam
hom. in Luc.	homiliae in Lucam
hom. in Num.	homiliae in Numeros
philoc.	philocalia
princ.	de principiis
sel. in Ps.	selecta in Psalmos

PALLADIUS

v. Chrys.	dialogus de vita Ioannis Chrysostomi

PHILO VON ALEXANDRIEN

Abr.	de Abrahamo

PLATO

Phd.	Phaedo
Phdr.	Phaedrus
R.	Respublica

THEOPHRAST

HP	historia plantarum

VITA S. OLYMPIADIS

V. Olymp.	vita S. Olympiadis

ALLGEMEINE ABKÜRZUNGEN

ausgew.	ausgewählt	komm.	kommentiert
bearb.	bearbeitet	lat.	lateinisch
Cant	Canticum	LXX	Septuaginta
ders.	derselbe	par	parallele Stellen
eingel.	eingeleitet	r	*recte*
fol.	*folium*	u.ö.	und öfter
griech.	griechisch	übers.	übersetzt
hom.	Homilie	v	*versus*
insges.	insgesamt	verb.	verbessert

Bibliographische Abkürzungen

ACO	Acta conciliorum oecumenicorum
— (ser.sec.)	— series secunda 1, 1984 ff
AGLB	Aus der Geschichte der lateinischen Bibel
AILEHS	The archbishop Iakovos library of ecclesiastical sources, Brookline
ALGM	Ausführliches Lexicon der griechischen und römischen Mythologie
AUS.SGS	Acta Universitatis Stockholmiensis. Studia Graeca Stockholmiensia
BGAM.S	Beiträge zur Geschichte des alten Mönchtums und des Benediktinerordens. Supplementband
BGBE	Beiträge zur Geschichte der biblischen Exegese
BGL	Bibliothek der griechischen Literatur
Bijdr.	Bijdragen. Tijdschrift voor philosophie en theologie, Nijmegen
BK.AT	Biblischer Kommentar. Altes Testament
BKP	Beiträge zur klassischen Philologie
BKV	Bibliothek der Kirchenväter ^{1}1, 1869 – 80, 1888 ^{2}1, 1911 – 62/63, 1931 2. Reihe: 1, 1932 – 20, 1938
BSGRT	Bibliotheca scriptorum Graecorum et Romanorum Teubneriana
BZNW	Beihefte zur Zeitschrift für die neutestamentliche Wissenschaft
CAG	Commentaria in Aristotelem Graeca
CCL	Corpus Christianorum. Series Latina
ChH	Church history. American Society of Church History, Chicago
CMe	Christliche Meister
CMG	Corpus medicorum Graecorum
CSCO	Corpus scriptorum Christianorum Orientalium
CSCO.I	— Scriptores Iberici
CTePa	Collana di testi patristici
DSp	Dictionnaire de spiritualité ascétique et mystique, Paris
ECR	Eastern churches review, Oxford
EPhM	Études de philosophie médiévale, Paris
ErJb	Eranos-Jahrbuch, Zürich
FC	Fontes Christiani
FKDG	Forschungen zur Kirchen- und Dogmengeschichte
GCS	Die griechischen christlichen Schriftsteller der ersten drei Jahrhunderte
GHÅ	Göteborgs Högskolas årsskrift
GNO	Gregorii Nysseni Opera
GOTR	Greek orthodox theological review, Brookline, Mass.
JbAC	Jahrbuch für Antike und Christentum, Münster
JbAC.E	— Ergänzungsband

JÖB	Jahrbuch der österreichischen Byzantinistik, Wien
JThS.NS	Journal of theological studies, Oxford. New series
Kairos	Kairos. Zeitschrift für Religionswissenschaft und Theologie, Salzburg
LCL	Loeb classical library
MBTh	Münsterische Beiträge zur Theologie
ML.T	Museum Lessianum. Section théologique
MThS	Münchener theologische Studien
OBO	Orbis biblicus et orientalis
OrChrA	Orientalia Christiana analecta
Par.	Paradosis. Études de littérature et de théologie ancienne, Fribourg
PatMS	Patristic monograph series
PdK	Predigt der Kirche. Klassikerbibliothek der christlichen Predigtliteratur
PG	Patrologiae cursus completus. Accurante J.-P. Migne, Paris. Series Graeca
PP	Philosophia patrum. Interpretations of patristic texts
PRE	Paulys Real-Encyclopädie der classischen Alterthumswissenschaften. Neuauflage begonnen von G. Wissowa
PRE.S	— Supplement
PTS	Patristische Texte und Studien
RAC	Reallexikon für Antike und Christentum
RAM	Revue d'ascétique et de mystique, Toulouse
REAug	Revue des études augustiniennes, Paris
RQ	Römische Quartalschrift für christliche Altertumskunde und für Kirchengeschichte, Freiburg
RSR	Recherches de science religieuse, Paris
SBA	Schweizerische Beiträge zur Altertumswissenschaft
SBEC	Studies in the Bible and early Christianity
SCh	Sources chrétiennes
SE	Sacris erudiri. Jaarboek voor godsdienstwetenschappen, Steenbrugge
SGLG	Studia Graeca at Latina Gothoburgensia
StAns	Studia Anselmiana. Philosophica [et] theologica, Rom
StPatr	Studia patristica. Papers presented to the international conference on patristic studies
Theoph.	Theophaneia. Beiträge zur Religions- und Kirchengeschichte des Altertums
ThLZ	Theologische Literaturzeitung, Leipzig
ThPh	Theologie und Philosophie. Vierteljahresschrift für Theologie und Philosophie, Freiburg
TRE	Theologische Realenzyklopädie, Berlin 1976ff
TU	Texte und Untersuchungen zur Geschichte der altchristlichen Literatur
TzF	Texte zur Forschung

VigChr Vigiliae Christianae. Review of early Christian life and language, Amsterdam

VSen. NS Verba seniorum. Collana di testi patristici e medievali. Nuova serie

WiWei Wissenschaft und Weisheit. Zeitschrift für augustinisch-franziskanische Theologie und Philosophie in der Gegenwart, Freiburg

ZKTh Zeitschrift für katholische Theologie, Wien u. a.

ZNW Zeitschrift für die neutestamentliche Wissenschaft (21 [1922] ff:) und die Kunde der älteren Kirche, Berlin u. a.

ZThK Zeitschrift für Theologie und Kirche, Tübingen u. a.

BIBLIOGRAPHIE

Quellen

ACTA CONCILIORUM OECUMENICORUM
— *Acta Conciliorum Oecumenicorum 4: Concilium Universale Constantinopolitanum sub Iustiniano habitum. Volumen primum* (hrsg. von J. STRAUB = ACO 4/1), Berlin 1971.

ACTA PAULI
— Paulusakten: *Neutestamentliche Apokryphen in deutscher Übersetzung 2: Apostolisches, Apokalypsen und Verwandtes* (übers. und eingel. von W. SCHNEEMELCHER), Tübingen 5. Aufl. 1989, 193–241.

AELIAN
De natura animalium:
— *On the characteristics of animals*, 3 Bde. (hrsg. von R. HERCHER, übers. von A. F. SCHOLFIELD = LCL), Cambridge/London 1958/59.

ALEXANDER VON APHRODISIAS
In librum de sensu commentarium:
— *Alexandri in librum de sensu commentarium* (hrsg. von P. WENDLAND = CAG 3/1), Berlin 1891.

AMPHILOCHIUS VON IKONIUM
Iambi ad Seleucum:
— *Amphilochii Iconiensis Iambi ad Seleucum* (hrsg. von E. OBERG = PTS 9), Berlin 1969.

ARISTOTELES
De respiratione:
— De respiratione: *Aristotelis Opera 1* (hrsg. von I. BEKKER; Nachdruck hrsg. von O. GIGON), Berlin 1960, 470b–480 (1831).
Ethica Eudemia:
— Ethica Eudemia: *Aristotelis Opera 2* (hrsg. von I. BEKKER; Nachdruck hrsg. von O. GIGON), Berlin 1960, 1214–1249 (1831).
— *Ethica Eudemia* (hrsg. von R. R. WALZER / J. M. MINGAY), Oxford 1991.
— *Eudemische Ethik* (übers. von F. DIRLMEIER = Aristoteles. Werke in deutscher Übersetzung 7), Darmstadt 1962.

Ethica Nicomachea:
— Ethica Nicomachea: *Aristotelis Opera 2* (hrsg. von I. BEKKER; Nachdruck hrsg. von O. GIGON), Berlin 1960, 1094–1181 (1831).
— *Aristotelis Ethica Nicomachea* (hrsg. von I. BYWATER), Oxford 1962 (1894).
— *Nikomachische Ethik* (übers. von F. DIRLMEIER = Aristoteles. Werke in deutscher Übersetzung 6), Darmstadt 4., durchges. Aufl. 1967.
Historia animalium:
— Historia animalium: *Aristotelis Opera 1* (hrsg. von I. BEKKER; Nachdruck hrsg. von O. GIGON), Berlin 1960, 486–638 (1831).

PS.-ARISTOTELES
De audibilibus:
— De audibilibus: *Aristotelis Opera 2* (hrsg. von I. BEKKER; Nachdruck hrsg. von O. GIGON), Berlin 1960, 800–804 (1831).
— De audibilibus: *Porphyrios Kommentar zur Harmonielehre des Ptolemaios* (hrsg. von J. DÜRING = GHÅ 38/2), Göteborg 1932, 67–77.
— De audibilibus (übers. von U. KLEIN): *Aristoteles. Werke in deutscher Übersetzung 18/2–3* (hrsg. von E. GRUMACH / H. FLASHAR), Darmstadt 1972, 155–286.

ATHANASIUS
Tomus ad Antiochenos:
— Tomus ad Antiochenos: *Athanasii Archiepiscopi Alexandrini opera omnia* 2 (PG 26), 795–810.

BASILIUS VON CÄSAREA
Epistulae:
— *Lettres*, 3 Bde. (hrsg. von Y. COURTONNE), Paris 1957. 1961. 1966.
— *Briefe*, 2 Bde. (übers. von W.-D. HAUSCHILD = BGL 32.3), Stuttgart 1990. 1973.
In illud „Attende tibi ipse":
— *L'homélie de Basile de Césarée sur le mot „Observe-toi toi-même"* (hrsg. von S.Y. RUDBERG = AUS.SGS 2), Stockholm u.a. 1962.

CICERO
De natura deorum:
— *M. Tulli Ciceronis de natura deorum libri III*, 2 Bde. (hrsg. von A.S. PEASE), Cambridge/Leiden 1958 (Nachdruck Darmstadt 1968).
— *De natura deorum. Vom Wesen der Götter* (hrsg. und übers. von W. GERLACH/K. BAYER), München/Zürich 3. Aufl. 1990.

CODEX THEODOSIANUS
— *Theodosiani libri XVI cum Constitutionibus Sirmondianis*, Bd. 1/2 (hrsg. von T. MOMMSEN), Berlin 2. Aufl. 1954.

DOXOGRAPHI GRAECI
— *Doxographi Graeci* (hrsg. von H. DIELS), Berlin 4. Aufl. 1965.

EUNOMIUS
Apologeticus:
— Apologie: *Basile de Césarée, Contre Eunome, suivi de Eunome, Apologie 2* (hrsg. und übers. von B. SESBOÜÉ, unter Mitarbeit von G.-M. DE DURAND / L. DOUTRELEAU = SCh 305), Paris 1983, 177–299.

GALEN VON PERGAMON
De libris propriis:
— Περὶ τῶν ἰδίων βιβλίων: *Claudii Galeni Pergameni Scripta Minora*, Bd. 2 (hrsg. von I. MUELLER), Leipzig 1891 (Nachdruck Amsterdam 1967), 91–124.
De praecognitione:
— *De praecognitione. On Prognosis* (hrsg. und übers. von V. NUTTON = CMG 5, 8, 1), Berlin 1979.

GREGOR VON NAZIANZ
Carmen ad Olympiadem:
— S. Gregorii Theologi Carmen ad Olympiadem: *Opera Omnia 3* (PG 37), 1542–1550.
Epistulae:
— *Lettres*, 2 Bde. (hrsg. und übers. von P. GALLAY), Paris 1964. 1967.
— *Briefe* (hrsg. von P. GALLAY = GCS 53), Berlin 1969.
— *Briefe* (übers. von M. WITTIG = BGL 13), Stuttgart 1981.

GREGOR VON NYSSA
Ad Eustathium de sancta trinitate:
— Ad Eustathium de sancta trinitate: *Opera dogmatica minora* (hrsg. von F. MÜLLER = GNO 3/1), Leiden 1958, 3–16.
Ad Theophilum adversus Apolinaristas:
— Ad Theophilum adversus Apolinaristas: *Opera dogmatica minora* (hrsg. von F. MÜLLER = GNO 3/1), Leiden 1958, 119–128.
Adversus Macedonianos de spiritu sancto:
— Adversus Macedonianos de spiritu sancto: *Opera dogmatica minora* (hrsg. von F. MÜLLER = GNO 3/1), Leiden 1958, 89–115.
Antirrheticus adversus Apolinarium:
— Antirrheticus adversus Apolinarium: *Opera dogmatica minora* (hrsg. von F. MÜLLER = GNO 3/1), Leiden 1958, 131–233.
Contra Eunomium libri:
— *Contra Eunomium libri*, 2 Bde. (hrsg. von W. JAEGER = GNO 1–2), Leiden 1960.
— *Contra Eunomium I 1–146* (übers. von J.-A. RÖDER = Patrologia 2), Frankfurt u. a. 1993.
De anima et resurrectione dialogus:
— De anima et resurrectione dialogus: *Opera Omnia 3* (PG 46), 11–160.

De hominis opificio:
— De hominis opificio: *Opera Omnia 1* (PG 44), 123–256.
De virginitate:
— De virginitate (hrsg. von J. P. CAVARNOS): *Opera ascetica* (hrsg. von J. P. CAVARNOS / W. JAEGER / V. WOODS CALLAHAN = GNO 8/1), Leiden 1952, 247–343.
De vita Gregorii Thaumaturgi:
— De vita Gregorii Thaumaturgi (hrsg. von G. HEIL): *Sermones 2* (hrsg. von G. HEIL / J. P. CAVARNOS / O. LENDLE = GNO 10/1), Leiden u. a. 1990, 3–57.
De vita Moysis:
— *De Vita Moysis* (hrsg. von H. MUSURILLO = GNO 7/1), Leiden 1964.
— *Vie de Moïse* (hrsg. und übers. von J. DANIÉLOU = SCh 1bis), Paris 4. Aufl. 1987.
Encomium in Sanctum Stephanum protomartyrem:
— *Encomium in sanctum Stephanum protomartyrem* (hrsg. und übers. von O. LENDLE), Leiden 1968.
Epistulae:
— *Gregorii Nysseni Epistulae* (hrsg. von G. PASQUALI = GNO 8/2), Leiden 1959.
In Canticum canticorum homiliae:
— *In Canticum canticorum* (hrsg. von H. LANGERBECK = GNO 6), Leiden 1960.
— *La colombe et la ténèbre. Textes extraits des „Homélies sur le Cantique des Cantiques" de Grégoire de Nysse* (übers. von M. CANÉVET, ausgew. und eingel. von J. DANIÉLOU), Paris 1967.
— *Commentary on the Song of Songs* (übers. von C. MCCAMBLEY = AILEHS 12), Brookline 1987.
— *Der versiegelte Quell. Auslegung des Hohenliedes* (in Kürzung übers. von H. U. VON BALTHASAR = CMe 23), Einsiedeln 3. Aufl. 1984.
— *From Glory to Glory. Texts from Gregory of Nyssa's Mystical Writings* (übers. von H. MUSURILLO, ausgew. und eingel. von J. DANIÉLOU), New York 1961.
— *Omelie sul Cantico dei Cantici* (übers. von C. MORESCHINI = CTePa 72), Rom 1988.
— Commentarius in Canticum canticorum: *Opera Omnia 1* (PG 44), 755–1120.
— *La version Syriaque du commentaire de Grégoire de Nysse sur le Cantique des Cantiques. Ses origines, ses témoins, son influence* (hrsg. von C. VAN DEN EYNDE), Louvain 1939.
In sextum Psalmum:
— In sextum Psalmum (hrsg. von J. MCDONOUGH): *In inscriptiones Psalmorum, in sextum Psalmum, in Ecclesiasten Homiliae* (hrsg. von J. MCDONOUGH / P. ALEXANDER = GNO 5), Leiden 1962, 187–193.

In suam ordinationem oratio:
— De deitate adversus Euagrium oratio qua sententiam suam in concilio Constantinopolitano prolatam confirmavit, vulgo In suam ordinationem oratio (hrsg. von E. GEBHARDT): *Sermones 1* (hrsg. von E. GEBHARDT u. a. = GNO 9), Leiden 1967, 331–341.
Oratio consolatoria in Pulcheriam:
— Oratio consolatoria in Pulcheriam (hrsg. von A. SPIRA): *Sermones 1* (hrsg. von E. GEBHARDT u. a. = GNO 9), Leiden 1967, 461–472.
Oratio de deitate filii et spiritus sancti:
— Oratio de deitate filii et spiritus sancti: *Opera Omnia 3* (PG 46), 553–576.
Oratio de spiritu sancto sive in Pentecosten:
— Oratio de spiritu sancto sive in Pentecosten: *Opera Omnia 3* (PG 46), 695–702.
Oratio funebris in Flacillam imperatricem:
— Oratio funebris in Flacillam imperatricem (hrsg. von A. SPIRA): *Sermones 1* (hrsg. von E. GEBHARDT u. a. = GNO 9), Leiden 1967, 475–490.
Oratio funebris in Meletium episcopum:
— Oratio funebris in Meletium episcopum (hrsg. von A. SPIRA): *Sermones 1* (hrsg. von E. GEBHARDT u. a. = GNO 9), Leiden 1967, 441–457.
Vita S. Macrinae:
— Vita S. Macrinae (hrsg. von V. WOODS CALLAHAN): *Opera ascetica* (hrsg. von J. P. CAVARNOS / W. JAEGER / V. WOODS CALLAHAN = GNO 8/1), Leiden 1952, 379–414.

HIERONYMUS
Commentarii in Isaiam:
— *S. Hieronymi presbyteri commentariorum in Esaiam libri 1–11* (hrsg. von M. ADRIAEN = CCL 73), Turnholt 1963.
— *S. Hieronymi presbyteri commentariorum in Esaiam libri 12–18* (hrsg. von M. ADRIAEN = CCL 73A), Turnholt 1963, 463–799.

HIPPOLYT VON ROM
Commentarius in Canticum canticorum:
— De Cantico: *Traités d'Hippolyte sur David et Goliath, sur le Cantique des cantiques et sur l'Antéchrist. Version Géorgienne* (hrsg. von G. GARITTE = CSCO 263 = CSCO.I 15), Louvain 1965, 32–70.
— Sermo, interpretatio Cantici canticorum: *Traités d'Hippolyte sur David et Goliath, sur le Cantique des cantiques et sur l'Antéchrist. Version Géorgienne* (übers. von G. GARITTE = CSCO 264 = CSCO.I 16), Louvain 1965, 23–53.
— *Kommentar zum Hohenlied* (übers. von G. N. BONWETSCH = TU 23, 2c), Leipzig 1902.

IRENÄUS VON LYON
Adversus haereses:
— Adversus haereses liber 1. Gegen die Häresien Buch 1: *Epideixis. Darlegung der apostolischen Verkündigung / Adversus haereses. Gegen die Häresien I* (hrsg. und übers. von N. BROX = FC 8/1), Freiburg 1993, 101–357.
— *Adversus haereses. Gegen die Häresien II* (hrsg. und übers. von N. BROX = FC 8/2), Freiburg 1993.
— *Contre les Hérésies*, 10 Bde. : Buch I (hrsg. und übers. von A. ROUSSEAU / L. DOUTRELEAU = SCh 263.264), Paris 1979; Buch II (hrsg. und übers. von A. ROUSSEAU / L. DOUTRELEAU = SCh 293.294), Paris 1982; Buch III (hrsg. und übers. von A. ROUSSEAU / L. DOUTRELEAU = SCh 210.211), Paris 1974; Buch IV (hrsg. von A. ROUSSEAU unter Mitarbeit von B. HEMMERDINGER / L. DOUTRELEAU / C. MERCIER = SCh 100/1–2), Paris 1965; Buch V (hrsg. und übers. von A. ROUSSEAU / L. DOUTRELEAU / C. MERCIER = SCh 152.153), Paris 1969.
Epideixis:
— Epideixis. Darlegung: *Epideixis. Darlegung der apostolischen Verkündigung / Adversus haereses. Gegen die Häresien I* (hrsg. und übers. von N. BROX = FC 8/1), Freiburg 1993, 21–97.

JOHANNES CHRYSOSTOMUS
Epistulae ad Olympiadem:
— Lettres à Olympias: *Lettres à Olympias, seconde édition augmentée de la vie anonyme d'Olympias* (hrsg. und übers. von A.-M. MALINGREY = SCh 13bis), Paris 2. Aufl. 1968, 106–389.
— Die siebzehn Briefe an Olympias: *Des heiligen Kirchenlehrers Johannes Chrysostomus ausgewählte Reden / Des heiligen Kirchenlehrers Johannes Chrysostomus Briefe an Papst Innocentius und an Olympias* (übers. von M. SCHMITZ = BKV [63], Ausgewählte Schriften des heiligen Chrysostomus 3), Kempten 1879, 461–610.

MARC AUREL
Ad se ipsum libri:
— *Ad se ipsum libri 12* (hrsg. von J. DALFEN = BSGRT), Leipzig 1979.

METHODIUS VON OLYMPUS
Symposium:
— *Συμπόσιον ἢ περὶ ἁγνείας*: *Methodius* (hrsg. von G.N. BONWETSCH, GCS 27), Leipzig 1917, 3–141.

ORIGENES
Commentarius in Canticum Canticorum:
— Der Kommentar zum Hohelied: *Homilien zu Samuel 1, zum Hohelied und zu den Propheten. Kommentar zum Hohelied in Rufins und*

Hieronymus' Übersetzung (hrsg. von W.A. BAEHRENS = GCS 33, Origenes 8), Leipzig 1925, 61–241.

Commentarii in epistulam ad Romanos:

— Commentarii in epistulam ad Romanos. Liber primus, liber secundus. Römerbriefkommentar. Erstes und zweites Buch (hrsg. und übers. von T. HEITHER = FC 2/1), Freiburg 1990.

— Commentarii in epistulam ad Romanos. Liber tertius, liber quartus. Römerbriefkommentar. Drittes und viertes Buch (hrsg. und übers. von T. HEITHER = FC 2/2), Freiburg 1992.

— Commentarii in epistulam ad Romanos. Liber quintus, liber sextus. Römerbriefkommentar. Fünftes und sechstes Buch (hrsg. und übers. von T. HEITHER = FC 2/3), Freiburg 1993.

— Commentarii in epistulam ad Romanos. Liber septimus, liber octavus. Römerbriefkommentar. Siebtes und achtes Buch (hrsg. und übers. von T. HEITHER = FC 2/4), Freiburg 1994.

— Origenis commentariorum in epistulam B. Pauli ad Romanos libri decem: *Origenis Opera Omnia 4* (PG 14), 831–1292.

— *Der Römerbriefkommentar des Origenes. Kritische Ausgabe der Übersetzung Rufins, Buch 1–3* (hrsg. von C.P. HAMMOND BAMMEL = AGLB 16), Freiburg 1990.

De principiis:

— *Vier Bücher von den Prinzipien* (hrsg. und übers. von H. GÖRGEMANNS / H. KARPP = TzF 24), Darmstadt 2. Aufl. 1985.

— *Traité des principes,* 5 Bde. (hrsg. und übers. von H. CROUZEL / M. SIMONETTI = SCh 252. 253. 268. 269. 312), Paris 1978. 1978. 1980. 1980. 1984.

Fragmenta in Ieremiam:

— Fragmenta 1–71 in Ieremiam: *Jeremiahomilien. Klageliederkommentare. Erklärung der Samuel- und Königsbücher* (hrsg. von E. KLOSTERMANN = GCS 6, Origenes 3), Leipzig 1901, 195–232.

Fragmenta in Lamentationes:

— Fragmenta 1–118 in Lamentationes: *Jeremiahomilien. Klageliederkommentare. Erklärung der Samuel- und Königsbücher* (hrsg. von E. KLOSTERMANN = GCS 6, Origenes 3), Leipzig 1901, 233–278.

Homiliae in Canticum Canticorum:

— Origenis Homiliae in Canticum Canticorum: *Homilien zu Samuel 1, zum Hohelied und zu den Propheten. Kommentar zum Hohelied in Rufins und Hieronymus' Übersetzung* (hrsg. von W.A. BAEHRENS = GCS 33, Origenes 8), Leipzig 1925, 26–60.

— *Homélies sur le Cantique des Cantiques* (hrsg. und übers. von O. ROUSSEAU = SCh 37 bis), Paris 2., verb. Aufl. 1966.

— *Origenes und die Predigt der ersten drei Jahrhunderte. Ausgewählte Reden* (*hom.* 1, übers. von F.J. WINTER = PdK 22), Leipzig 1893, 53–67.

Homiliae in Genesim:
— Die 16 Genesishomilien: *Homilien zum Hexateuch in Rufins Übersetzung, Erster Teil: Die Homilien zu Genesis, Exodus und Leviticus* (hrsg. von W.A. BAEHRENS = GCS 29, Origenes 6), Leipzig 1920, 1–144.
— *Homélies sur la Genèse* (hrsg. und übers. von H. DE LUBAC / L. DOUTRELEAU = SCh 7bis), Paris 3. Aufl. 1985.
— *Origenes und die Predigt der ersten drei Jahrhunderte. Ausgewählte Reden* (Hom. 2 u. 5, übers. von F.J. WINTER = PdK 22), Leipzig 1893, 20–40.
Homiliae in Ieremiam:
— Jeremiahomilien: *Jeremiahomilien. Klageliederkommentare. Erklärung der Samuel- und Königsbücher* (hrsg. von E. KLOSTERMANN = GCS 6, Origenes 3), Leipzig 1901, 1–194.
Homiliae in Lucam:
— *In Lucam homiliae. Homilien zum Lukasevangelium*, 2 Bde. (hrsg. und übers. von H.J. SIEBEN = FC 4/1–2), Freiburg 1991. 1992.
Homiliae in Numeros:
— Die 28 Numerihomilien: *Homilien zum Hexateuch in Rufins Übersetzung, Zweiter Teil. Die Homilien zu Numeri, Josua und Judices* (hrsg. von W.A. BAEHRENS = GCS 30, Origenes 7), Leipzig 1921, 4–285.
— *Homélies sur les Nombres* (übers. von A. MÉHAT = SCh 29), Paris 1951.
Philocalia:
— *Philocalie 1–20. Sur les écritures* (hrsg. und übers. von M. HARL = SCh 302), Paris 1983.
— *Philocalie 21–27. Sur le libre arbitre* (hrsg. und übers. von É. JUNOD = SCh 226), Paris 1976.
Selecta in Psalmos:
— Ex Origenis commentariis in Psalmos: *Origenis Opera Omnia 2* (PG 12), 1053–1685.

PALLADIUS
Dialogus de vita Ioannis Chrysostomi:
— *Dialogue sur la vie de Jean Chrysostome*, 2 Bde. (hrsg. und übers. von A.-M. MALINGREY / P. LECLERCQ = SCh 341. 342), Paris 1988.
— *Das Leben des heiligen Johannes Chrysostomus* (übers. von L. SCHLÄPFER, eingeleitet von W. NIGG = Heilige der ungeteilten Christenheit, dargestellt von den Zeugen ihres Lebens), Düsseldorf 1966.

PHILO
De Abrahamo:
— De Abrahamo: *Philonis Alexandrini Opera quae supersunt 4* (hrsg. von L. COHN), Berlin 1962, 1–60 (1902).

PLATO
Phaedo:
— Φαίδων: *Platonis opera 1* (hrsg. von I. BURNET), Oxford 1961, 57–118 (Oxford 1900).
— Phaidon. Das Gastmahl. Kratylos (bearb. von D. KURZ, griech. Text von L. ROBIN und L. MÉRIDIER, übers. von F. SCHLEIERMACHER = Platon. Werke in acht Bänden, Bd. 3), Darmstadt 1974.
Phaedrus:
— Φαίδρος: *Platonis opera 2* (hrsg. von I. BURNET), Oxford 1973, 227 bis 279 (Oxford 1901).
— Phaidros: *Platon. Jubiläumsausgabe sämtlicher Werke zum 2400. Geburtstag 3: Meisterdialoge* (eingel. von O. GIGON, übers. von R. RUFENER), Zürich / München 1974, 183–267.
Respublica:
— Πολιτεία: *Platonis opera 4* (hrsg. von I. BURNET), Oxford 1988, 327 bis 621 (Oxford 1902).
— *Πολιτεία. Der Staat* (bearb. von D. KURZ, griech. Text von E. CHOMBRY, übers. von F. SCHLEIERMACHER = Platon. Werke in acht Bänden, Bd. 4), Darmstadt 1971.

PLOTIN
Enneades:
— Enneades 1–3: *Plotini opera 1: Porphyrii vita Plotini. Enneades 1–3* (hrsg. von P. HENRY / H.-R. SCHWYZER), Paris/Brüssel 1951, 47–417.
— *Plotini opera. 2: Enneades IV–V* (hrsg. von P. HENRY / H.-R. SCHWYZER), Paris/Brüssel 1959.
— *Plotini opera. 3: Enneades VI* (hrsg. von P. HENRY / H.-R. SCHWYZER), Paris/Brüssel/Leiden 1973.
— *Plotins Schriften*, 6 Bde. (übers. von R. HARDER, Neubearbeitung mit griech. Lesetext und Anm. fortgeführt von R. BEUTLER / W. THEILER unter Mitwirkung von G. O'DALY), Hamburg 1956–1971.

THEOPHRAST
Historia plantarum:
— *Enquiry into Plants*, 2 Bde. (hrsg. von F. WIMMER, übers. von A. HORT = LCL 70.79), Cambridge/London 1968.1977, 1–321 (1916. 1926).

VITA S. OLYMPIADIS
— Vie d'Olympias: *Jean Chrysostome, Lettres à Olympias, seconde édition augmentée de la vie anonyme d'Olympias* (hrsg. und übers. von A.-M. MALINGREY = SCh 13bis), Paris 1968, 391–448.

LITERATUR

ALTENBURGER, M. / MANN, F. (Hrsg.), *Bibliographie zu Gregor von Nyssa. Editionen — Übersetzungen — Literatur*, Leiden u. a. 1988.

FABRICIUS, C. / RIDINGS, D. (Hrsg.), *A Concordance to Gregory of Nyssa* (SGLG 50), Göteborg 1989.

Literaturangaben, die die Gregor-Bibliographie nach 1987 ergänzen, können in Form eines Computerausdrucks bei der „Forschungsstelle Gregor von Nyssa", Ludgeristr. 114, 48143 Münster, bezogen werden.

ABEL, K., Zone: PRE.S 14, 989–1188.

ABRAMOWSKI, L., Eunomios: RAC 6, 936–947.

—, Was hat das Nicaeno-Constantinopolitanum (C) mit dem Konzil von Konstantinopel 381 zu tun?: ThPh 67 (1992) 481–513.

BALÁS, D. L., Gregor von Nyssa: TRE 14, 173–181.

—, *Μετουσία θεοῦ. Man's Participation in God's Perfections According to Saint Gregory of Nyssa* (StAns 55), Rom 1966.

BALTHASAR, H. U. VON, *Présence et pensée. Essai sur la philosophie religieuse de Grégoire de Nysse*, Paris 1942.

BJERRE-ASPEGREN, K., *Bräutigam, Sonne und Mutter. Studien zu einigen Gottesmetaphern bei Gregor von Nyssa* (Diss.), Lund 1977.

BOER, S. DE, *De anthropologie van Gregorius van Nyssa*, Assen 1968.

BRIGHTMAN, R. S., Apophatic Theology and Divine Infinity in St. Gregory of Nyssa: GOTR 18 (1973) 97–114.

BROCK, S. P., Bibelübersetzungen I. 2. Die Übersetzungen des Alten Testaments ins Griechische: TRE 6, 163–172.

BROX, N., Der einfache Glaube und die Theologie. Zur altkirchlichen Geschichte eines Dauerproblems: Kairos 14 (1972) 161–187.

—, Zur Legitimität der Wißbegier (curiositas): *Das antike Rom in Europa. Die Kaiserzeit und ihre Nachwirkungen* (hrsg. von H. BUNGERT), Regensburg 1985, 33–52.

CAHILL, J. B., The Date and Setting of Gregory of Nyssa's Commentary on the Song of Songs: JThS. NS 32 (1981) 447–460.

CALOZ, M., *Étude sur la LXX origénienne du Psautier. Les relations entre les leçons des Psaumes du Manuscrit Coislin 44, les Fragments des Hexaples et le texte du Psautier Gallican* (OBO 19), Göttingen 1978.

CAMPENHAUSEN, H. VON, *Griechische Kirchenväter*, Stuttgart u. a. 6. Aufl. 1981.

CANÉVET, M., Exégèse et théologie dans les traités spirituels de Grégoire de Nysse: *Écriture et culture philosophique dans la pensée de Grégoire de Nysse* (hrsg. von M. HARL), Leiden 1971, 144–168.

—, *Grégoire de Nysse et l'herméneutique biblique. Étude des rapports entre le langage et la connaissance de Dieu*, Paris 1983.

—, La perception de la présence de Dieu. À propos d'une expression de la XIe homélie sur le Cantique des Cantiques: *Epektasis. Mélanges*

patristiques offerts au Cardinal Jean Daniélou (hrsg. von J. FONTAINE / C. KANNENGIESSER), Paris 1972, 443–454.
CANÉVET / DANIÉLOU, *Colombe:* siehe Quellen, GREGOR VON NYSSA.
CHERNISS, H.F., *The Platonism of Gregory of Nyssa*, New York 1971 (1930).
CROUZEL, H., Grégoire de Nysse est-il le fondateur de la théologie mystique? Une controverse récente: RAM 33 (1957) 189–202.
DANIÉLOU, J., Le bon Samaritain: *Melanges bibliques rédigés en l'honneur de André Robert*, Paris 1955, 457–465.
—, La chronologie des œuvres de Grégoire de Nysse: StPatr 7 (hrsg. von F.L. CROSS = TU 92), Berlin 1966, 159–169.
—, La colombe et la ténèbre dans la mystique byzantine ancienne: ErJb 23 (1954) 389–418.
—, *L'être et le temps chez Grégoire de Nysse*, Leiden 1970.
—, Mystique de la ténèbre chez Grégoire de Nysse: DSp 2, 2, 1872 bis 1885.
—, La ϑεωρία chez Grégoire de Nysse: StPatr 11 (hrsg. von F.L. CROSS = TU 108), Berlin 1972, 130–145.
—, *Platonisme et théologie mystique. Doctrine spirituelle de saint Grégoire de Nysse*, Paris 2. Aufl. 1954.
— / MUSURILLO, *Glory to Glory:* siehe Quellen, GREGOR VON NYSSA, In Canticum Canticorum.
DASSMANN, E., Ecclesia vel anima. Die Kirche und ihre Glieder in der Hoheliederklärung bei Hippolyt, Origenes und Ambrosius von Mailand: RQ 61 (1966) 121–144.
DIELS, *Doxographi Graeci:* siehe Quellen.
DOMAGALSKI, B., *Der Hirsch in spätantiker Literatur und Kunst* (JbAC.E 15), Münster 1990.
DÖRRIE, H., Gregor III (Gregor von Nyssa): RAC 12, 863–895.
DÖRRIES, H., Griechentum und Christentum bei Gregor von Nyssa. Zu H. Langerbecks Edition des Hohelied-Kommentars in der Leidener Gregor-Ausgabe: ThLZ 88 (1963) 569–582.
DÜNZL, F., *Braut und Bräutigam. Die Auslegung des Canticum durch Gregor von Nyssa* (BGBE 32), Tübingen 1993.
—, Die Canticum-Exegese des Gregor von Nyssa und des Origenes im Vergleich: JbAC 36 (1993) 94–109.
—, Formen der Kirchenväterrezeption am Beispiel der physischen Erlösungslehre bei Gregor von Nyssa: ThPh 69 (1994) 161–181.
—, Gregor von Nyssa's Homilien zum Canticum auf dem Hintergrund seiner Vita Moysis: VigChr 44 (1990) 371–381.
ELZE, M., Der Begriff des Dogmas in der Alten Kirche: ZThK 61 (1964) 421–438.
ENSSLIN, W., Olympias (10): PRE 18, 1, 183 f.
ESPER, M., Der Mensch: Ein Turm — keine Ruine. Überlegungen zum Denkprinzip Gleiches zu Gleichem bei Gregor von Nyssa: *Studien*

zu Gregor von Nyssa und der christlichen Spätantike (hrsg. von H. R. DROBNER / C. KLOCK), Leiden u. a. 1990, 83–97.

ESPER, M.N., *Allegorie und Analogie bei Gregor von Nyssa* (Diss.), Bonn 1979.

EYNDE, C. VAN DEN, *Version Syriaque:* siehe Quellen, GREGOR VON NYSSA.

FRANK, K.S., Geordnete Liebe. Cant 2, 4b in der patristischen Auslegung: WiWei 49 (1986) 15–30.

—, Hoheslied: RAC 16, 58–87.

GAÏTH, J., *La conception de la liberté chez Grégoire de Nysse* (EPhM 43), Paris 1953.

GARGANO, G.-I., *La teoria di Gregorio di Nissa sul Cantico dei Cantici. Indagine su alcune indicazioni di metodo esegetico* (OrChrA 216), Rom 1981.

GERLEMAN, G., *Ruth. Das Hohelied* (BK.AT 18), Neukirchen-Vluyn 1965.

GOSSEN, H., Cassia: RAC 2, 912–915.

GOTTLIEB, G., Gratianus: RAC 12, 718–732.

GUNDEL, W., Astronomie: RAC 1, 831–836.

HARL, M., Adam et les deux arbres du paradis: RSR 50 (1962) 321–388.

—, Cadeaux fiançailles et contrat de mariage pour l'épouse du „Cantique des Cantiques" selon quelques commentateurs grecs: *Mélanges d'histoire des religions offerts à Henri-Charles Puech*, Paris 1974, 243–261.

—, „From Glory to Glory". L'interprétation de II Cor. 3, 18b par Grégoire de Nysse et la liturgie baptismale: *Kyriakon. Festschrift Johannes Quasten*, 2. Bd. (hrsg. von P. GRANFIELD / J. A. JUNGMANN), Münster 1970, 730–735.

HARRISON, V. E. F., *Grace and Human Freedom According to St. Gregory of Nyssa* (SBEC 30), Lewiston u. a. 1992.

HEILMANN, A. / KRAFT, H. (Hrsg.), *Texte der Kirchenväter,* 2 Bde., München 1963.

HEINE, R.E., Gregory of Nyssa's Apology for Allegory: VigChr 38 (1984) 360–370.

—, *Perfection in the Virtuous Life. A Study in the Relationship between Edification and Polemical Theology in Gregory of Nyssa's De vita Moysis* (PatMS 2), Cambridge 1975.

HENNESSY, J. E., *The Background, Sources, and Meaning of* Divine Infinity *in St. Gregory of Nyssa* (Diss.), New York 1963.

HOCHSTAFFL, J., *Negative Theologie. Ein Versuch zur Vermittlung des patristischen Begriffs*, München 1976.

HÖRNER, H., Über Genese und derzeitigen Stand der großen Edition der Werke Gregors von Nyssa: *Écriture et culture philosophique dans la pensée de Grégoire de Nysse* (hrsg. von M. HARL), Leiden 1971, 18–50.

HOLL, K., *Amphilochius von Ikonium in seinem Verhältnis zu den großen Kappadoziern*, Darmstadt 1969 (Tübingen/Leipzig 1904).

HÜBNER, R.M., *Die Einheit des Leibes Christi bei Gregor von Nyssa. Untersuchungen zum Ursprung der „physischen" Erlösungslehre* (PP 2), Leiden 1974.

—, Gregor von Nyssa und Markell von Ankyra: *Écriture et culture philosophique dans la pensée de Grégoire de Nysse* (hrsg. von M. HARL), Leiden 1971, 199–229.

IVÁNKA, E. VON, *Hellenisches und Christliches im frühbyzantinischen Geistesleben*, Wien 1948.

—, *Plato Christianus. Übernahme und Umgestaltung des Platonismus durch die Väter*, Einsiedeln 1964.

JANINI CUESTA, J., *La antropología y la medicina pastoral de san Gregorio de Nisa*, Madrid 1946.

KLOCK, C., *Untersuchungen zu Stil und Rhythmus bei Gregor von Nyssa. Ein Beitrag zum Rhetorikverständnis der griechischen Väter* (BKP 173), Frankfurt a.M. 1987.

KOBUSCH, T., Name und Sein. Zu den sprachphilosophischen Grundlagen in der Schrift Contra Eunomium des Gregor von Nyssa: *El „Contra Eunomium I" en la producción literaria de Gregorio de Nisa* (hrsg. von L.F. MATEO-SECO / J.L. BASTERO), Pamplona 1988, 247–268.

KOPECEK, T.A., The Social Class of the Cappadocian Fathers: ChH 43 (1972) 453–466.

LALLEMAND, A., Gewürz A.: RAC 10, 1172–1198.

LAMPE, G.W.H., *A Patristic Greek Lexicon*, Oxford 1961.

LANGERBECK, H., Zur Interpretation Gregors von Nyssa: ThLZ 82 (1957) 81–90.

LENDLE, *Gregorius Nyssenus:* siehe Quellen.

LEWY, H., *Sobria ebrietas. Untersuchungen zur Geschichte der antiken Mystik* (BZNW 9), Gießen 1929.

LEYS, R., *L'image de dieu chez Saint Grégoire de Nysse. Esquisse d'une doctrine* (ML.T 49), Brüssel/Paris 1951.

LIDDELL, H.G. / SCOTT, R. / JONES, H.S., *A Greek-English Lexicon* (with a Supplement 1968 hrsg. von E.A. BARBER), Oxford 9. Aufl. 1983 (1940).

LIPPOLD, A., Theodosius I.: PRE.S 13, 837–961.

LUBAC, H. DE, *Katholizismus als Gemeinschaft,* Einsiedeln / Köln 1943; 2. Aufl. Einsiedeln 1970 unter dem Titel: *Glauben aus der Liebe*.

MACLEOD, C.W., Allegory and Mysticism in Origen and Gregory of Nyssa: JThS.NS 22 (1971) 362–379.

MARAVAL, P., La date de la mort de Basile de Césarée: REAug 34 (1988) 25–38.

MATEO-SECO, L.F., La Cristología del *In Canticum Canticorum* de Gregorio de Nisa: *Studien zu Gregor von Nyssa und der christlichen Spätantike* (hrsg. von H.R. DROBNER / C. KLOCK), Leiden u.a. 1990, 173–190.

MAY, G., Die Chronologie des Lebens und der Werke des Gregor von Nyssa: *Écriture et culture philosophique dans la pensée de Grégoire de Nysse* (hrsg. von M. HARL), Leiden 1971, 51–66.
—, Gregor von Nyssa in der Kirchenpolitik seiner Zeit: JÖB 15 (1966) 105–132.
MCCAMBLEY, *Gregory of Nyssa:* siehe Quellen.
MELONI, P., *Il profumo dell'immortalità. L'interpretazione patristica di Cantico 1, 3* (VSen. NS 7), Rom 1975.
MÉRIDIER, L., *L'influence de la seconde sophistique sur l'œuvre de Grégoire de Nysse*, Rennes 1906.
MERKI, H., *Ὁμοίωσις θεῷ. Von der platonischen Angleichung an Gott zur Gottähnlichkeit bei Gregor von Nyssa* (Par. 7), Fribourg 1952.
MORESCHINI, *Gregorio di Nissa:* siehe Quellen, GREGOR VON NYSSA.
MOSSAY, J., Gregor von Nazianz: TRE 14, 164–173.
MOSSHAMMER, A. A., Non-Being and Evil in Gregory of Nyssa: VigChr 44 (1990) 136–167.
MOUTSOULAS, E. D., Ἀπαρχή. Ein kurzer Überblick über die wesentlichen Bedeutungen des Wortes in heidnischer, jüdischer und christlicher Literatur: SE 15 (1964) 5–14.
MÜHLENBERG, E., Die philosophische Bildung Gregors von Nyssa in den Büchern Contra Eunomium: *Écriture et culture philosophique dans la pensée de Grégoire de Nysse* (hrsg. von M. HARL), Leiden 1971, 230–251.
—, *Die Unendlichkeit Gottes bei Gregor von Nyssa. Gregors Kritik am Gottesbegriff der klassischen Metaphysik* (FKDG 16), Göttingen 1966.
MUNITIZ, J., The Church at Prayer: Ecclesiological Aspects of St. Gregory of Nyssa's In Cantica Canticorum: ECR 3 (1971) 385–395.
MUSURILLO, H., A Note on Gregory of Nyssa's Commentary on the Song of Solomon, Homily IV: *Didascaliae. Studies in Honor of Anselm M. Albareda* (hrsg. von S. PRETE), New York 1961, 321–326.
NEUSCHÄFER, B., *Origenes als Philologe*, 2 Bde. (SBA 18/1–2), Basel 1987.
NYGREN, A., *Eros und Agape. Gestaltwandlungen der christlichen Liebe,* Berlin 2. Aufl. 1955.
OHLY, F., *Hohelied-Studien. Grundzüge einer Geschichte der Hoheliedauslegung des Abendlandes bis um 1200*, Wiesbaden 1958.
OPELT, I., Erde: RAC 5, 1113–1179.
PAPE, W., *Griechisch-Deutsches Handwörterbuch*, 2 Bde., Graz 1954 (Braunschweig, 3. Aufl. 1914).
PÉPIN, J., Hermeneutik. D. Christlich: RAC 14, 751–771.
PÉTRÉ, H., Ordinata Caritas. Un enseignement d'Origène sur la charité: RSR 42 (1954) 40–57.
RAHNER, H., Εὔπλοια: *Perennitas. Festschrift T. Michels* (hrsg. von H. RAHNER / E. VON SEVERUS = BGAM.S 2), Münster 1963, 1–7.
—, *Symbole der Kirche. Die Ekklesiologie der Väter*, Salzburg 1964.

RIEDEL, W., *Die Auslegung des Hohenliedes in der jüdischen Gemeinde und der griechischen Kirche*, Leipzig 1898.

RITTER, A. M., Arianismus: TRE 3, 692–719.

—, Eunomius: TRE 10, 525–528.

—, Konstantinopel. Ökumenische Synoden. I.: TRE 19, 518–524.

—, Noch einmal: „Was hat das Nicaeno-Constantinopolitanum (C) mit dem Konzil von Konstantinopel zu tun?“: ThPh 68 (1993) 553–560.

RÖDER, *Gregor von Nyssa:* siehe Quellen.

SAFFREY, H.-D., Homo bulla. Une image épicurienne chez Grégoire de Nysse: *Epektasis. Mélanges patristiques offerts au Cardinal Jean Daniélou* (hrsg. von J. FONTAINE / C. KANNENGIESSER), Paris 1972, 533–544.

SCHÄUBLIN, C., *Untersuchungen zu Methode und Herkunft der antiochenischen Exegese* (Theoph. 23), Köln/Bonn 1974.

SCHWAGER, R., Der wunderbare Tausch. Zur „physischen“ Erlösungslehre Gregors von Nyssa: ZKTh 104 (1982) 1–24; auch in: ders., *Der wunderbare Tausch. Zur Geschichte und Deutung der Erlösungslehre*, München 1986, 77–100.

SHEA, J. M., *The Church According to Saint Gregory of Nyssa's Homilies on the Canticle of Canticles* (Diss.), Baltimore 1968.

SIEBEN, *Basilius von Cäsarea:* siehe Quellen.

SIEBEN, *Origenes:* siehe Quellen.

STOLL, H. W., Amaltheia: ALGM 1, 1, 262–266.

STRITZKY, M.-B. VON, *Zum Problem der Erkenntnis bei Gregor von Nyssa* (MBTh 37), Münster 1973.

TETZ, M., Über nikäische Orthodoxie. Der sog. Tomus ad Antiochenos des Athanasios von Alexandrien: ZNW 66 (1975) 194–222.

ULLMANN, W., Der logische und der theologische Sinn des Unendlichkeitsbegriffes in der Gotteslehre Gregors von Nyssa: Bijdr. 48 (1987) 150–171.

VERGHESE, T. P., Διάστημα and διάστασις in Gregory of Nyssa. Introduction to a Concept and the Posing of a Problem: *Gregor von Nyssa und die Philosophie* (hrsg. von H. DÖRRIE / M. ALTENBURGER / U. SCHRAMM), Leiden 1976, 243–260.

VÖLKER, W., *Gregor von Nyssa als Mystiker*, Wiesbaden 1955.

WEISSENGRUBER, F., *Der Heilige Bischof Gregor von Nyssa*, Neukirchen bei Lambach 1960.

WELSERSHEIMB, L., Das Kirchenbild der griechischen Väterkommentare zum Hohen Lied: ZKTh 70 (1948) 393–449.

WERNICKE, K., Amaltheia: PRE 1,2, 1720–1723.

WESTERMANN, C., *Genesis 12–36* (BK.AT 1/2), Neukirchen-Vluyn 1981.

WIFSTRAND, A., The New Edition of Gregory of Nyssa's Commentary on the Song of Solomon: JThS. NS 12 (1961) 291–298.

WOLSKA-CONUS, W., Geographie: RAC 10, 155-222.

WYSS, B., Doxographie: RAC 4, 197–210.

ZEMP, P., *Die Grundlagen heilsgeschichtlichen Denkens bei Gregor von Nyssa* (MThS 38), München 1970.

REGISTER

Bibelstellen

ALTES TESTAMENT

NEUES TESTAMENT

Griechische Begriffe

Personen

ANTIKE UND MITTELALTER

Sachen